北京大學《儒藏》編纂與研究中心 編

禮經學

《儒藏》精華編選刊

曹元弼 撰
周洪 校點

北京大學出版社
PEKING UNIVERSITY PRESS

圖書在版編目(CIP)數據

禮經學 / 曹元弼撰；北京大學《儒藏》編纂與研究中心編
.−−北京：北京大學出版社，2024. 7.−−（《儒藏》精華編選刊）.−−ISBN 978−7−301−35188−8

Ⅰ. B222.25

中國國家版本館CIP數據核字第20241TK999號

書　　名	禮經學 LIJINGXUE
著作責任者	曹元弼　撰 周洪　校點 北京大學《儒藏》編纂與研究中心　編
策劃統籌	馬辛民
責任編輯	王　應
標準書號	ISBN 978−7−301−35188−8
出版發行	北京大學出版社
地　　址	北京市海淀區成府路205號　100871
網　　址	http://www.pup.cn　新浪微博：@北京大學出版社
電子郵箱	編輯部 dj@pup.cn　總編室 zpup@pup.cn
電　　話	郵購部 010−62752015　發行部 010−62750672 編輯部 010−62756449
印 刷 者	三河市北燕印裝有限公司
經 銷 者	新華書店
	650毫米×980毫米　16開本　35.25印張　370千字
	2024年7月第1版　2024年7月第1次印刷
定　　價	130.00元

目録

校點説明

曹元弼（一八六七—一九五三），字穀孫，又字師鄭，號叔彦，室名復禮堂，晚號復禮老人。江蘇吴縣（今屬蘇州市）人，世居蘇州閶門西街。清光緒二十年（一八九四）會試中選，因眼疾未與廷試；二十一年補考殿試，因卷面字跡模糊，降列三等五十名。用内閣中書，捐獎分部郎中。因江蘇巡撫陳啓泰進呈曹著《禮經校釋》，光緒三十四年五月庚戌日賞翰林院編修。曾任湖北兩湖書院、湖北存古學堂、江蘇存古學堂經學總教習。辛亥革命後，於故里閉門治學。曹氏一生專治經學，除《禮經學》外，還著有《周易鄭氏注箋釋》、《周易集解補釋》、《周易學》、《古文尚書鄭氏注箋釋》、《禮經校釋》、《大學通義》、《中庸通義》、《孝經鄭氏注箋釋》、《孝經校釋》、《孝經學》等。王大隆、沈文倬、錢仲聯等曾從其受業。

《禮經學》七卷，分别爲明例、要旨、圖表、會通、解紛、闕疑、流别，是曹氏禮學研究的代表作，有如下特點：

一是結構合理，綱目清晰。此書七卷之題乃張之洞於《勸學篇·内篇》第八《守約》中提出。曹氏於《周易鄭氏注箋釋》序中自陳「光緒丁酉、戊戌間，應閣師張文襄公聘主講兩湖書院經學」，「文襄師作《勸學篇》，内有《守約》一章，立治經提要鈎玄之法，約以明例、要旨、圖表、會通、解紛、闕疑、流別七目」，「屬元弼依類撰集『十四經學』」。《禮經學》七篇綱目雖依張氏所定，細目則精心斟酌。二十五萬餘字將《儀禮》十七篇處處顧及，全無遺漏，全仗構思精妙。曹氏以《儀禮》十七篇爲綱，將歷代疑而未決處挑出，再用「今案」剖肌分理，分析簡約明快，如《鄉飲酒禮通考》中認爲選賢之内始終貫穿着以齒爲序的尊老之義。在《會同巡守禮辨》中，又分析朝覲與祭天地之所：「東門、西門、南門、北門與東方、西方、南方、北方相當，一言總祀之禮，一言分祀之禮，而所祀之神則同也。祭天、祭地、祭山川丘陵與禮日、禮月、禮山川丘陵、四瀆相承，一言會同之祭，一言巡守之祭，而所祭之神則同也。」使紛繁複雜的古禮讀來竟如曲徑通幽，爽然明白。

二是搜羅宏富，徵引廣博。曹氏每申説一例，皆先引各家注釋後再下己見。加之曹氏眼光極高，幾乎將所有禮學大師的著作皆檢查一過，擇其精華引入書中，全書引文達千條之多。如卷一《明例》中的《宫室例》引李如圭《儀禮釋宫》，《職官例》引胡匡衷《儀禮釋官》，《節文等殺例》引淩廷堪《禮經釋例》。卷三《圖表》采納了張惠言《儀禮圖》及江筠《喪服等殺表》、程瑶田《喪服通别表》，並對其中的字句位置錯訛加以訂正。曹氏尤其重視胡培翬的《儀禮正義》，卷四《會通》、卷五《解紛》多引該書。《禮經學》可稱集前人禮學研究之大成者。

三是精研有術，眼光獨具。曹氏選出各家争辯不休、没有定論的疑點反復認證辨析，提出自己獨有的觀點，如卷七《流别》中，將《儀禮》注疏傳述人、《儀禮》各家撰述要略及《儀禮》注疏各本得失釐清分析，反映出他嚴謹的治學態度、深厚的經學功底和敏鋭的學術眼光。

曹元弼一生窮經皓首，精研三禮，尤專注《儀禮》。以近十年之功著成《禮經校釋》，又苦心孤詣多年撰成《禮經學》，大量心血鎔鑄於《儀禮》學中。此書最具學術價值的是對淩氏《禮經釋例》的補充與發明。淩廷堪「獨創《儀禮》研究體例，於諸儀中求例，復以諸例中求禮，成爲禮學研究史上的里程碑之作」（彭林點校《禮經釋例》前言），曹氏於《明例》寫道：「禮有禮之例，經有經之例，相須而成。淩氏釋禮例，而未及經例。今輯鄭義，踵淩書得例五十事，爲學者舉隅。」不僅以精深的研究爲淩氏拾遺補闕，而且成爲經例立言之法的明者。所以曹氏《禮經學》爲禮學研究的又一高峰，其學術地位之高是無庸置疑的。

《禮經學》僅有清宣統元年（一九〇九）刻本。此次校點，即以《續修四庫全書》影印宣統刻本爲底本。書中引文，儘量核對原書，酌情校改。有些引《儀禮》經注處，曹氏吸收了其自著《禮經校釋》的成果，雖與通行本不同，亦不出校。底本正文多有缺標題處，依底本目録補入；有與底本目録不一致處，則依正文。又新製目録與正文一致。另將底本目録附於書末，以備參考。

校點者　周　洪

明例第一　禮經

尊尊親親長長賢賢男女有别五大義例❶

《易》曰：「有天地然後有萬物，有萬物然後有男女，有男女然後有夫婦，有夫婦然後有父子，有父子然後有君臣，有君臣然後有上下，有上下然後禮義有所錯。」《禮・大傳》曰：「尊尊也，親親也，❷長長也，男女有别，此不可得與民變革者也。」《中庸》曰：「親親之殺，尊賢之等，禮所生也。天下之達道五：曰君臣也，父子也，夫婦也，昆弟也，朋友之交也。」《論語》曰：「殷因於夏禮，所損益，可知也；周因於殷禮，所損益，可知也。」先儒以所因爲三綱五常，然則禮之大體曰親親、曰尊尊、曰長長、曰賢賢、曰男女有别。此五者五倫之道，而統之以三綱：曰君爲臣綱，父爲子綱，夫爲妻綱。長長統於親親，賢賢統於尊尊。三者以爲之經，五者以爲之緯；五者以爲之經，冠、昏、喪、祭、聘、覲、射、鄉以爲之緯；冠、昏、喪、祭、聘、覲、射、鄉以爲之經，服物、采章、節文、等殺以爲之緯。本末

❶ 此題原無，今據底本目録補。

❷ 「尊尊也親親也」，《禮記・大傳》作「親親也尊尊也」。

終始，同條共貫，須臾不可離也，一物不可繆也。今順考經文，明揭要領，俾學者知禮之所尊尊其義。三代之學皆所以明人倫、天經、地義、民行，得之者生，失之者死；爲之者人，舍之者禽獸。知者知此，仁者體此，勇者强此，政者正此，刑者型此，樂者樂此，聖人之所以作君作師，生民之所以相生相養，皆由此道出也。其大例凡若干事：

凡經十七篇，親親之禮八，嘉禮二：曰「士冠禮」，曰「士昏禮」。

冠禮明父子之親。

昏禮自親迎以下明夫婦之義，凡分兩大節：曰夫婦之禮，曰婦事舅姑之禮，皆親親也。

凶禮三：曰「士喪禮」，曰「既夕禮」，鄭《目録》云：「《士喪》之下篇。」曰「士虞禮」。吉禮三：曰「特牲饋食禮」，曰「少牢饋食禮」，曰「有司徹」。鄭《目録》云：「《少牢》之下篇。」

喪、祭皆明父子之恩。

尊尊之禮五，嘉禮三：曰「燕禮」，曰「大射儀」，曰「公食大夫禮」。賓禮二：曰「聘禮」，曰「覲禮」。

燕，射，君與臣行禮；聘、食，主國之君與使臣行禮；覲，諸侯與天子行禮：皆所以明君臣之義，尊尊也。

長長之禮二，皆嘉禮：曰「鄉飲酒禮」，曰「鄉射禮」。

《鄉飲酒》、《鄉射》「立三賓」及「旅酬」，「少長以齒，終於沃洗者，弟長無遺」，皆明長幼之序。又黨正飲酒，正齒位，亦名「鄉飲酒」，今亡，略見《禮記・鄉飲酒義》篇。

賢賢之禮三，賓禮一：曰「士相見禮」。

士相見，明朋友之道。凡朋友之禮皆賢賢。劉氏敞曰：「古者，非其人不友，非其大夫不見。」

嘉禮二：曰「鄉飲酒禮」，曰「鄉射禮」。

飲、射立賓、介，皆賢賢。

男女有別之禮一：曰「士昏禮」。

昏禮，自親迎以前明男女之別。《曲禮》曰：「男女非有行媒，不相知名；非受幣，不交不親。」鄭曰：「重別。」《昏義》曰：「男女有別，而后夫婦有義。」

親親、尊尊、長長、賢賢、男女有別，五者皆備之禮一：曰「凶禮喪服」。

《大傳》：「服術：一曰親親，二曰尊尊。」鄭曰：「親親，父母爲首。尊尊，君爲首。」又：「父子一體，夫妻一體，昆弟一體。」服之本義，皆至親以期斷，親親也。父至尊，君至尊，夫至尊，皆加隆斬衰三年，以明三綱，尊尊也。期以下旁親，長殤、中殤降一等，下殤降二等，長長也。《大傳》所謂長幼。爲師心喪三年，朋友麻，賢賢也。異姓主名，昆弟之妻，母婦之名，窮則無服。推而遠之，男女有別也。

凡冠禮以親親爲經，而尊尊、長長、賢賢緯之。

冠禮，親親之禮也。而如「適子冠於阼」，則尊祖敬宗之義。冠畢，「奠摯見于君」，則尊君之義，皆尊尊也。冠者見于兄弟，又「以摯見于卿大夫、鄉先生」，長長也。《孝經》「以敬事長則順」，謂官長。「主人戒賓」，樂與賢者歡成之，及「三加彌尊」，責以成人之禮，賢賢也。經文一器數之微，一儀節之細，皆此五者相爲經緯。每篇略舉數事爲例，因一反三，是在學者。

凡昏禮以親親、男女有別爲經，而尊尊、賢賢緯之。

昏禮，親親、男女有別之禮也。而如適婦、庶婦醴、醮不同，則尊尊之義。「先嫁三月，教於公宮、宗室」，「婦入三月，然後祭行」。以三月一時，人之賢否可得知，則賢賢之義。《詩序》曰：「憂在進賢，不淫其色。」

凡喪禮以親親爲經，而尊尊、賢賢、男女有別緯之。

喪禮，親親之禮也。而如初喪，惟君命出。君至，「見馬首不哭」，大夫特拜、士旅拜之等，則尊尊之義。君於士有師友之恩，爲之賜視大斂，公史讀遣，成其得禮之正以終，則賢賢之義。「其母之喪，則内御者浴」，及室中、堂上、堂下男女各異位，則男女有別之義。

凡祭禮以親親爲經，而尊尊、長長、賢賢、男女有別緯之。

祭禮，親親之禮也。而如「支子不祭」，「小宗祭而兄弟皆來，與宗子祭則族人皆侍」，及「嗣舉奠」爲上餕之等，則尊尊之義。賓、兄弟皆有長，賓弟子、兄弟弟子各舉觶于其長，則長長之義。賓備三獻，帥朋友以助敬，則賢賢之義。夫婦致爵不相襲處，酢必易爵，則男女有別之義。

凡燕禮以尊尊爲經，而長長、賢賢緯之。

燕禮，尊尊之禮也。而如「射人作大夫長升受旅」之等，則長長之義。射人請賓，非其人不與燕，則賢賢之義。

凡大射以尊尊爲經，而賢賢緯之。

大射先行燕禮，其射時，「公將射」以下諸儀，尊尊也。唱獲、釋算、勝飲不勝者之等，賢賢也。

凡聘禮以尊尊爲經，而親親、賢賢、長長緯之。

聘禮，尊尊之禮也。而「如兄弟之國，問夫人」，及賓行「釋幣于禰」，「賜饔，羹飪，筮一尸」之等，則親親之義。聘用圭璋，相厲以禮，則賢賢之義。上介及衆介將行，俟於使者之門，反又送於門，則長長之義。

凡食禮以尊尊爲經，而賢賢緯之。

食禮，明賓客、君臣之義。君臣之義，尊尊也。賓客之義，賢賢也。故「使者聘而誤，主君弗親饗食，所以愧厲之也」。

凡覲禮以尊尊爲經，而親親、賢賢緯之。

覲禮，尊尊之禮也。而如諸侯同姓、異姓受舍異位，將覲釋幣于禰之等，則親親之義。侯氏「告聽事」，天子曰「無事」，賜車服、饗醴之等，則賢賢之義。

凡鄉飲酒、鄉射以長長、賢賢爲經，而尊尊緯之。

飲、射，諸公大夫爲遵者，其禮亞於賓，尊尊也。

凡士相見以賢賢爲經，而尊尊、長長緯之。

士相見，始見於君之等，尊尊也。士見於大夫之等，長長也。

節文等殺例❶

若夫節文等殺、器服之例，則莫詳於淩氏廷堪《禮經釋例》。宫室之例，則莫詳於李氏如圭《儀禮釋宫》。職官之例，則莫詳於胡氏匡衷《釋官》。經注疏立文之例及讀經例，則莫詳於陳氏澧《東塾讀書記·儀禮》篇。而末學淺闇，亦有一得，今比緝要删如左。

《禮經釋例》序曰：「《儀禮》十七篇，禮之本經也。其節文威儀，委曲繁重。驟閱之如治絲而棼，細繹之皆有經緯可分也。乍覩之如入山而迷，徐歷之皆有塗徑可躋也。經緯塗徑之謂何？例而已矣。如《鄉飲酒》，此飲食之禮也，而《有司徹》祭畢飲酒，其例亦與之同。尸即《鄉飲酒》之賓也，侑即《鄉飲酒》之介也。主人獻尸、主人獻侑、主人受尸酢，即《鄉飲酒》之主人獻賓、主人獻介、賓酢主人也。主人酬尸、奠而不舉，即《鄉飲酒》之主人酬賓、奠而不舉也。旅酬無算爵，即《鄉飲酒》之旅酬無算爵也。此異中之同也。《有司徹》獻尸、獻侑及受尸酢，有豆籩、牢俎、匕湆、肉湆、燔從諸節，《鄉飲酒》獻賓、獻介及酢主人，但薦與俎而已。《有司徹》獻尸、獻侑之禮，主人、主婦、上賓

---

❶ 此題原無，今據底本目録補。

凡三獻，《鄉飲酒》但主人一獻而已。《有司徹》獻尸侑畢，復有獻長賓、主人自酢及酬賓之儀，《鄉飲酒》但獻衆賓而已。《有司徹》旅酬，使二人舉觶于尸侑以發端，《鄉飲酒》但使一人舉觶于賓而已。《有司徹》無算爵，賓黨則用主人酬賓之觶，主人黨則用兄弟後生所舉之觶以發端，《鄉飲酒》則但使二人舉觶于賓與介而已。此同中之異也。推之于《士冠禮》，冠畢醴賓以一獻之禮，《鄉飲酒》、《鄉射》明日息司正，《特牲饋食禮》祭畢獻賓，其例皆大約相同，而《鄉射》之同於《鄉飲酒》者，更無論也。又如《聘禮》之聘享覿，此賓客之禮也，而聘畢問卿、面卿，及《士昏禮》納采、納徵之屬，其例亦與之同。問卿授束帛，《昏禮》授鴈，即享禮之授璧也。問卿及《昏禮》納徵庭實用皮，即享禮之庭實用皮也。《昏禮》使者禮畢，主人禮賓，即《聘禮》之聘賓禮畢，主國之君禮賓也。面卿幣用束錦、庭實用馬，即私覿之幣用束錦、庭實用馬也。聘賓面卿畢，介面、衆介面，即聘賓之私覿畢，介覿、衆介覿也。此異中之同也。聘用圭，享用璧，面卿及《昏禮》無授玉之事，但用束帛及鴈，如享禮而已。《聘禮》聘賓至、《昏禮》使者至，皆設几筵；問卿，賓及廟門，不几筵，但擯者請命而已。《聘禮》既享未覿之際則禮賓；問卿畢，不儐，但行面卿之禮而已。《聘禮》禮賓，侑醴以幣；《昏禮》禮賓，但醴禮之而已。聘享聘賓、主國之君皆皮弁服，有襲、裼之殊；問卿聘賓、主人但朝服，《昏禮》使者主人但玄端而已。❶《聘禮》受玉于中堂與東楹之閒，問卿則受幣于堂中西，《昏禮》則受鴈于楹閒而

❶ 「玄」，原作「元」，係避清聖祖諱，今回改。以下不再出校。

已。此同中之異也。推之于《士相見禮》及《聘禮》郊勞、致館、歸饔餼，其例皆大約相同，而《聘禮》之同于《覲禮》者，更無論也。是故《鄉飲酒》、《鄉射》、《燕禮》、《大射》不同也，而其爲獻、酢、酬、旅酬、無算爵之例則同也。《聘禮》、《覲禮》不同也，而其爲郊勞、執玉、行享、庭實之例則同也。《特牲饋食》、《少牢饋食》不同也，而其爲尸飯、主人初獻、主婦亞獻、賓長三獻、祭畢飲酒之例則同也。《鄉射》、《大射》不同也，而其爲司射誘射、初射不釋獲、再射釋獲飲不勝者、三射以樂節射飲不勝者之例則同也。不會通其例，一以貫之，祇厭其轇葛重複而已耳，烏覩所謂經緯塗徑者哉！廷堪肆力是經，潛玩既久，知其閒同異之文與夫詳略隆殺之故，蓋悉體夫天命民彝之極而出之，信非大聖人不能作也。學者舍是，奚以爲節性修身之本哉！肄習之餘，心有所得，初仿《爾雅》，爲《禮經釋名》十二篇。如是者有年，漸覺非他經可比，其宏綱細目，必以例爲主，有非訓詁名物所能賅者。乃删蕪就簡，定爲《禮經釋例》。證以群經，區爲八類：曰通例，曰飲食之例，曰賓客之例，曰射例，曰變例，曰祭例，曰器服之例，曰雜例。至于第十一篇，説者雖多，由不明尊尊之旨，故罕得經意，乃爲《封建尊尊服制考》一篇，附於變例後。」

通例

凡迎賓，主人敵者於大門外，主人尊者於大門内。

凡君與臣行禮皆不迎。

凡入門，賓入自左，主人入自右，皆主人先入。

凡以臣禮見者，則入門右。

凡入門，將右曲，揖。北面曲，揖。當碑，揖。謂之三揖。

凡升階皆讓，賓主敵者俱升，不敵者不俱升。

凡升階皆連步，唯公所辭則栗階。

凡門外之拜皆東西面，堂上之拜皆北面。

凡室中、房中拜以西面爲敬，堂下拜以北面爲敬。

凡臣與君行禮，皆堂下再拜稽首，異國之君亦如之。

凡君待以客禮，下拜則辭之，然後升成拜。

凡爲人使者不答拜。

凡拜送之禮，送者拜，去者不答拜。

凡丈夫之拜坐，婦人之拜興。丈夫之拜奠爵，婦人之拜執爵。

凡婦人于丈夫皆俠拜。

凡婦人重拜則扱地。

凡推手曰揖，引手曰厭。

凡送賓，主人敵者于大門外，主人尊者于大門内。

凡君與臣行禮皆不送。

凡授受之禮，同面者謂之並授受。

凡授受之禮，相鄉者謂之訝授受。

凡授受之禮，敵者于楹閒，不敵者不于楹閒。

凡相禮者之授受皆訝授受。

凡卑者于尊者，皆奠而不授。若尊者辭，乃授。

凡佐禮者，在主人曰擯，在客曰介。

凡賓、主人禮，盛者專階，不盛者不專階。

凡戒賓、宿賓，宿者必先戒，禮殺者則不宿。

凡賓升席自西方，主人升席自北方。

凡禮盛者必先盥。

凡降洗、降盥，皆壹揖、壹讓升。

凡賓、主人敵者，降則皆降。

凡一辭而許曰禮辭，再辭而許曰固辭，三辭不許曰終辭。

凡庭洗設於阼階東南，南北以堂深，天子諸侯當東霤，卿大夫士當東榮，水在洗東。

凡内洗設于北堂上，南北直室東隅，東西直房户與隅閒。

凡設尊，賓、主人敵者于房户之閒，君臣則于東楹之西，並兩壺，有玄酒，有禁。

凡醴尊皆設于房中，側尊，無玄酒。

凡堂上之篚，在尊南，東肆。

凡堂下之篚，在洗西，南肆。

凡陳鼎，大夫、士，門外北面，北上。諸侯，門外南面，西上。反吉，則西面。

凡設席，南鄉、北鄉，以西方爲上，惟統于主人則東上。東鄉、西鄉，以南方爲上，惟統于南面之席則北上。此條原文背《曲禮》，不可從，今易之。

飲食之例

凡主人進賓之酒謂之獻。

凡賓報主人之酒謂之酢。

凡主人先飲以勸賓之酒謂之酬。

凡正獻既畢之酒謂之旅酬。

凡旅酬既畢之酒謂之無算爵。

凡獻酒皆有薦，禮盛者則設俎。

凡薦脯醢在升席先，設俎在升席後。

凡獻酒，禮盛者受爵于席前，拜與卒爵于階上。

凡獻酒，禮盛者則啐酒，告旨。

凡啐酒于席末，告旨則降席拜。

凡獻酒，禮盛者受爵、告旨、卒爵皆拜，酢主人；禮殺者不拜告旨；又殺者，不酢主人。

凡酢如獻禮，崇酒，不告旨；禮殺者，則以虚爵授之。

凡賓告旨在卒爵前，于席西拜。主人崇酒在卒爵後，于階上拜。

凡禮盛者坐卒爵，禮殺者立卒爵。

凡酬酒，先自飲，復酌，奠而不授，舉觶、媵爵亦如之。

凡酬酒，奠而不舉；禮殺者則用爲旅酬、無算爵始。

凡酬酒不拜洗。

凡獻工與笙于階上，獻獲者與釋獲者于堂下，獻祝與佐食于室中。

凡一人舉觶爲旅酬始，二人舉觶爲無算爵始。

凡旅酬皆以尊酬卑，謂之旅酬下爲上。

凡旅酬，不及獻酒者不與。

凡旅酬皆拜，不祭，立飲。

凡旅酬，不洗，不拜既爵。

凡無算爵，必先徹俎、降階。
凡無算爵，皆説屨升坐乃羞。
凡無算爵不拜，唯受爵于君者拜。
凡無算爵，堂上、堂下執事者皆與。
凡奠爵，將舉者於右，不舉者於左。
凡君之酒曰膳，臣之酒曰散。
凡食禮，初食三飯，卒食九飯。
凡設饌以豆爲本。
凡正饌先設，用黍稷俎豆；加饌後設，用稻粱庶羞。
凡初食加饌之稻粱，則用正饌之俎豆；卒食正饌之黍稷，則用加饌之庶羞。
凡正饌醯醬大羹湆，加饌簠粱，皆公親設。
凡公親設之饌，必坐遷之；公親臨食，必辭之。
凡食禮有豆無籩，飲酒之禮豆籩皆有。
凡食賓以幣曰侑幣，飲賓以幣曰酬幣。
凡燕禮使宰夫爲主人，食禮公自爲主人。
凡醴皆設柶，用籩豆。

凡醴皆用觶，不卒爵。

凡祭醴，始扱一祭，又扱再祭，謂之祭醴三。

凡酌而無酬酢曰醮。

凡執爵皆左手，祭薦皆右手。

凡祭薦者坐，祭俎者興，祭薦者執爵，祭俎者奠爵。

凡祭薦不挩手，祭俎則挩手。

凡祭酒，禮盛者啐酒，不盛者不啐酒；祭肺，禮盛者嚌肺，不盛者不嚌肺。

凡祭皆于豆籩之閒，或上豆之閒。

凡餕者亦祭。

凡飲酒，君臣不相襲爵，男女不相襲爵。

凡脯醢謂之薦，出自東房。

凡牲皆用右胖，唯變禮反吉用左胖。

凡牲二十一體，謂之體解。

凡牲七體，謂之豚解。

凡肺皆有二，一舉肺，一祭肺。

凡牲，殺曰饔，生曰餼。饔之屬皆陳於堂上下，餼之屬皆陳於門內外。

凡食于廟，燕于寢，鄉飲酒于庠。

賓客之例

凡賓至，則使人郊勞。

凡郊勞畢，皆致館。

凡賓至廟門，皆設几筵。

凡賓、主人相見，皆行受贄之禮。

凡賓、主人受贄畢，禮盛者則行享禮。

凡賓、主人行禮畢，主人待賓，用醴則謂之禮，不用醴則謂之儐。

凡爲人使者，正禮畢，則行私覿或私面之禮。

凡賓、主人禮畢，皆還其摯。

凡庭實之皮，皆攝之，内文，入設于庭。賓致命于堂，則張皮于庭，主人受幣，則受皮者受之。

凡庭實之馬，右牽之，入設于庭。賓授幣于堂，則受馬者受馬于庭，主人授其屬幣，則馬出。

凡聘、覲禮畢，主人皆親勞賓。

凡禮畢勞賓後，則使人致禮于賓。

凡會同之禮四傳擯，皆如覲禮。

凡會同巡守之禮，皆祀方明。

凡天子於諸侯則傳擯，諸侯於聘賓則旅擯。

凡相大禮皆上擯之事。

凡諸侯使人于諸侯謂之聘，使人于大夫謂之問，小聘亦謂之問。

凡聘、問、覲皆于廟，會、同于壇，士相見于寢。

射例

凡射皆三次，初射，三耦射，不釋獲；再射，三耦與衆耦皆射；三射，以樂節射，皆釋獲，飲不勝者。

凡再射、三射，皆先升射，次取矢加楅，次數獲，次飲不勝者，次拾取矢；唯初射不數獲，不飲。

凡射，未升堂之前三揖，曰耦進揖，曰當階北面揖，曰及階揖。

凡射，既升堂之後三揖，曰升堂揖，曰當物北面揖，曰及物揖。

凡射後二揖，曰卒射揖，曰降階與升射者相左交于階前揖。

凡拾取矢前四揖，曰耦進揖，曰當楅北面揖，曰及楅揖，曰上射進坐揖。

凡拾取矢，上射、下射各四揖；若兼取矢，則上射、下射各一揖。

凡拾取矢後四揖，曰既拾取矢揖，曰左還揖，曰北面搢三挾一个揖，曰既退與進者相左揖。

凡飲不勝者，未升堂之前三揖，曰耦進揖，曰當階北面揖，曰及階揖。

凡飲不勝者，既飲之後二揖，曰卒觶揖，曰降階與升飲者相左交于階前揖。

凡設楅于中庭，南當洗，東肆。

凡設中，南當楅，西當西序，東面。

凡有事于射則袒，無事于射則襲。

凡飲不勝者，尊者不勝則卑者不升，卑者不勝則升堂特飲。

凡公射，小射正贊決拾，小臣正贊袒，大射正授弓，小臣師授矢；卒射，小臣正贊襲。

凡公不勝飲公，則侍射者飲夾爵。

凡鄉射，司射命拾取矢，作拾取矢；大射，司射命拾取矢，小射正作拾取矢。所作皆惟上耦。此條原文不合經例，今易之。

凡射者之事及釋獲者之事，皆司射統之。

凡獲者之事，皆司馬統之。

凡鄉射于序，大射于澤宮。

變例

凡始卒于室，小斂後則奉尸于堂。

凡大斂于阼階上，既殯則于西階上。

凡尸柩皆南首，唯朝祖及葬始北首。

凡楔齒、綴足爲奉體魄之始，奠脯醢爲事精神之始。

凡始卒，小斂、大斂、朝夕哭、朔月、薦新、遷柩朝廟、祖、大遣，皆奠。

凡奠，小斂以前皆在尸東，大斂以後皆在室中，遷祖以後皆在柩西，既還車則在柩東。

凡奠席皆東面設之，無席之奠則統于尸。

凡奠于殯宮，皆饋于下室，唯朔月及薦新不饋。

凡朝廟奠、祖奠、大遣奠，皆薦車馬。

凡將奠，皆先饌于東方，徹則設于西方。

凡奠于堂室者，陳徹皆升自阼階，降自西階。奠于庭者，陳由重北而西，徹由重南而東。

凡奠升自阼階，丈夫踊；降自西階，婦人踊；奠者由重南東，丈夫踊：謂之要節而踊。

凡柩朝祖如大斂奠，朝禰如小斂奠。

凡重置於中庭，三分庭，一在南。

凡凶事無洗，或設盥于堂下，或設盥于門外。

凡君使人弔、襚、賵，主人皆拜稽顙成踊，非君之弔、襚、賵則拜而不踊。

凡君臨大斂，則主人拜稽顙成踊。

凡弔、襚、賵、贈、奠，於死者不拜。

凡主人之位，小斂前在尸東，小斂後在阼階下，謂之内位；既殯在門外，謂之外位。

凡婦人之位，小斂前在尸西，小斂後至既殯皆在阼階上，柩將行，始降在階閒。

凡凶事交相右，吉事交相左。

祭例

凡士祭，尸九飯。大夫祭，尸十一飯。

凡尸飯，舉脊爲食之始，舉肩爲食之終。

凡尸所食，皆加於肵俎，若虞祭則以篚代之。

凡肵俎皆載心舌，尸未入，先設于阼階西。

凡尸所食之肺脊，必先奠于菹豆，尸卒食，佐食始受之，加于肵俎。

凡尸未食前之祭，謂之墮祭，又謂之挼祭。

凡主人受尸嘏挼祭，尸酢主婦亦挼祭。

凡尸未入室之前，設饌于奥，謂之陰厭。

凡尸既出室之後，改饌于西北隅，謂之陽厭。

凡卒食酳尸，皆主人初獻，主婦亞獻，賓長三獻。

凡獻尸畢，皆獻祝及佐食。

凡主人初獻，從俎皆以肝；主婦亞獻、賓長三獻，從俎皆以燔；主人、主婦獻祝亦如之。

凡羹，士禮二人，大夫禮四人，羹畢亦有獻酢。

凡祭，尸不就洗，別設槃匜待之。

凡儐尸之禮，唯尸侑及主人備三獻，自主婦以下皆一獻禮成。

凡儐尸，主人獻，其從獻皆用羊；主婦獻，其從獻皆用豕；上賓獻，其從獻皆用魚。

凡儐尸，羊俎爲正俎，其餘皆以二俎益送之。

凡士祭，正獻後加爵三；下大夫祭，正獻後加爵二；儐尸，則正獻後加爵一。

凡致爵，皆在賓三獻之閒，加爵亦致。若儐尸，則於堂上獻尸侑時行之。

凡不儐尸之祭，賓三獻爵止，則均神惠于室；加爵者爵止，則均神惠于庭。

凡祭，陰厭則薦豆設俎，尸飯則加豆，亞獻則薦籩。若將儐尸，則正獻不薦。

凡始虞之祭謂之祫事，再虞之祭謂之虞事，三虞卒哭之祭謂之成事。

凡卒哭明日祔廟之祭謂之祔。

凡期而祭謂之小祥，又期而祭謂之大祥，大祥閒一月之祭謂之禫。

凡虞祭，無肵俎，不致爵、不加爵。獻尸畢，不獻賓、不旅酬、不羹。

凡卒哭祭畢，餞尸于廟門外，亦三獻。

凡士祭，加爵後，嗣子入舉奠。大夫祭，則不舉奠。

凡正祭于室，儐尸則于堂。

凡尸在室中皆東面，在堂上則南面。

凡祭畢告利成，士禮則祝、主人立于户外，大夫禮則祝、主人立于階上。

器服之例

凡所以馮者曰几，所以藉者曰席。

凡盛水之器曰罍，㪺水之器曰枓，棄水之器曰洗。

凡盛酒之器曰尊，㪺酒之器曰勺。

凡酌酒而飲之器曰爵。

凡亨牲體之器曰鑊。

凡升牲體之器曰鼎，出牲體之器曰朼。

凡載牲體之器曰俎。

凡盛濡物之器曰甕，實濡物之器曰豆。

凡實乾物之器曰籩。

凡盛黍稷之器曰簋、曰敦，盛稻粱之器曰簠。

凡實羹之器曰鉶，實大羹之器曰鐙。

凡扱醴、扱羹之器皆曰柶。❶

凡相見，君則以玉爲摯，臣則以禽幣爲摯。

凡相見，婦人則以棗、栗、腶脩爲摯。

凡藉玉之器曰繅。

凡盛婦摯之器曰笲，夫人則曰竹簠方。

凡射者之器曰弓、曰矢、曰決、曰拾。

凡獲者之器曰旌、曰乏、曰侯。

凡釋獲者之器曰中、曰籌。

凡取矢之器曰楅，飲不勝者之器曰豐。

凡衣與冠同色，裳與韠同色，屨與裳同色。

凡士冠禮，賓、主人、兄弟、擯者、贊者及冠者初加，見君與卿大夫、鄉先生，皆用玄端。

凡士昏禮，使者、主人、壻從者，皆用玄端。

凡鄉飲酒、鄉射之禮，息司正皆用玄端。

凡士祭禮，筮日、筮尸、宿尸、宿賓、視濯、視殺、正祭、尸、主人、祝、佐食，皆用玄端。

---

❶「柶」，原作「栖」，據《禮經釋例》改。

凡士冠禮，筮日、筮賓、宿賓、爲期，皆用朝服。

凡飲、射、燕食之禮，皆用朝服。

凡聘禮，君授使者幣，使者受命及釋幣于禰，肄儀，聘畢歸反命，皆用朝服。

凡聘禮，賓至所聘之國，展幣，辭饔餼，問卿，上介問下大夫，士介受餼，皆用朝服。

凡聘禮，主國之君使卿郊勞，宰夫設飧，致士介餼，卿接聘賓，君不親食使大夫致侑幣，皆用朝服。

凡士祭禮正祭，賓及兄弟、助祭者，皆用朝服。

凡大夫祭禮皆用朝服。

凡士冠禮再加，聘禮行聘、還玉、賓受饔餼，覲禮郊勞，士喪禮襲，既夕禮乘車所載，皆用皮弁。❶

凡士冠禮三加，士昏禮親迎，士復、士襲，皆用爵弁服。

凡聘禮，君使卿歸賓饔餼，下大夫歸上介饔餼，夫人使下大夫歸禮，上介受饔餼，皆用韋弁服。

凡覲禮，天子用衮冕，侯氏用裨冕。

凡大夫之妻被錫衣侈袂，士之妻纚笄宵衣。

凡袒裼皆左免衣，見襦若見肉，謂之袒。見裼衣謂之裼。此條原文不合經制，今易之。

凡執玉，有藉者裼，無藉者襲。

❶ 「弁」下，《禮經釋例》有「服」字。

凡縚髮謂之纚，安髮及固冠皆謂之笄。

雜例

凡鄉飲、鄉射明日息司正，略如飲酒之禮。

凡燕四方之賓客，略如燕其臣之禮。

凡昏禮婦至設饌，及婦饋舅姑，略如食禮。

凡舅姑饗婦、饗從者，略如饗賓客之禮。

凡冠醴子，昏醴婦，略如禮賓之禮。

凡女父見壻，略如見賓客之禮。

凡婦見舅姑，略如臣見君之禮。

凡聘賓私獻于主君，略如士介覿之禮。

凡大射飲公，略如賓媵爵于公之禮。

凡昏禮婦奠菜，聘禮賓介將行，及使還有事于禰廟，略如祭禮。

凡燕禮命賓，聘禮命使者，皆于燕朝；聘禮授幣及反命，皆于治朝；聘賓初至及將聘，皆于外朝。

凡卜筮皆于廟門外，唯將葬則于兆南。

凡筮，士坐筮，卿大夫立筮。

凡樂，瑟在堂上，笙管鐘磬鼓鼙之屬在堂下。

凡樂皆四節，初謂之升歌，❶次謂之笙奏，三謂之閒歌，四謂之合樂。

凡士禮，冠、昏、喪、祭皆攝盛。

凡適子冠於阼，庶子冠於房外。

凡適婦酌之以醴，庶婦醮之以酒。

凡冠禮，或醴、或醮皆三加。

凡昏禮，使者行禮皆用昕，惟壻用昏。

凡冠於禰廟，昏于寢。

右淩氏《禮經釋例》目，統而論之，變例、祭例，所以明親親也。賓客、飲食之例，所以明賢賢也。諸例君臣不同禮，敵者、尊者不同禮，所以明尊尊、長長也。尊長對文別，散則通。長亦尊者也。男女不同禮，所以別男女也。夫惟有親親之至恩，而後有奉體魄、事精神之事，而後有襲、斂、奠、薦、葬、祭之節，哭泣、擗踴、祝饗、拜侑之文。有尊尊之大義，而後有君臣盡志于禮樂之事。有君臣盡志于禮樂之事，而後有一獻四舉旅、君與賓射之節，拜稽登降、一二人媵爵、三侯皆獲之文。推之他禮，無不皆然。故禮之所尊，尊其義也。義所以爲例也，

❶ 「升」，原無，據《禮經釋例》補。

例所以爲禮也。淩氏之例善矣，惟《喪服》一篇大義雖舉，微言未析，疏略抵捂亦時有之。今更定義例，改其參錯，掇其精要，著于篇。

喪服例❶

凡喪服有五，曰斬衰，曰齊衰，曰大功，曰小功，曰緦麻。別有繐衰，不在五服中。

凡喪期，斬衰三年。齊衰有三年，有期，有三月。大功殤服有九月，有七月，成人皆九月。小功五月。緦三月。繐衰，既葬除之。

凡服術有六，曰親親、曰尊尊，曰名，曰出入、曰長幼、曰從服。親親、尊尊二者以爲之經，其下四者以爲之緯。

凡親親、尊尊之服又以三綱爲經，餘服爲緯。詳下。

凡親親，本服父子、父兼母，子兼女。昆弟、兼姊妹。夫妻一體，皆期。由父上殺至高祖，由子下殺至玄孫，由昆弟旁殺至族昆弟，皆四世而緦。

凡旁親，父之族服如父，祖之族服如祖，曾之族服如曾，高之族服如高。

凡外親之服皆緦。

❶ 此題原無，今據底本目録補。

以上親親本制。

凡親親之義，以尊尊治之。尊者加隆，卑者殺。

凡加隆之服，父斬衰三年，祖齊衰期，皆加一等。曾祖齊衰，加二等，減其月算爲三月，仍一等。高祖，禮窮則同。

凡父母皆三年之喪，母降于父，服齊衰。

凡祖爲孫，月算不可過于孫爲已。曾孫降一等，緦麻三月。玄孫，禮窮則同。

凡正尊皆加隆，旁尊惟世叔父加隆。

凡正尊於卑者不報，旁尊皆報。

凡外親，惟外祖父母以尊加隆。

凡妻爲夫，加隆如父。

以上親親中之尊尊。

凡諸侯爲天子，臣爲君服如父。庶人爲國君服如曾祖。

凡妾爲君與臣同，爲女君與婦爲舅姑同，妾子爲君母如適子。

君服純乎尊尊。

凡君、父、夫皆至尊，其服皆斬，是謂三綱。遞生他服而不爲他服所生，遞殺他服而不爲他服所殺。

凡父在爲母期，不敢伸其私尊，明父爲子綱。

凡婦人不貳斬，女子子適人者爲父期，明夫爲妻綱。

凡子爲父斬，爲父之父母期。臣爲君斬，爲君之父母期。妻爲夫斬，爲夫之父母期，皆由三綱推之，稱情而立文。

以上尊尊之義。

凡爲父後者爲長子三年。

凡父卒爲祖後者服斬，謂之適孫。凡祖爲適孫期。

凡舅姑爲婦大功，庶婦夫將不受重者。降小功，適婦不降。

凡庶子爲父後者，爲其母緦。

凡爲人後者，後大宗受重者，必以尊服服之。

凡持重於大宗者，降其小宗。

凡族人爲大宗子，齊衰三月。

凡婦人必有歸宗曰小宗，爲昆弟之爲父後者期。

以上諸服，皆尊祖、嚴父、貴適、重正以立宗收族之事，尊尊之義也。經言「爲後」，傳稱「受重」，鄭曰「爲宗廟主也」。凌氏以爲：受重者，受宗廟、土地、人民、禄位之重，惟封建始有之，諸爲後之服及宗法，皆封建之制。愚謂先王所以統壹海内，整齊萬民，累數千年而蠻夷不能逞志於中國，一人不能横行於天下者，惟封建是賴，而宗法實與之相維持。宗法之善，上之，禄位祭祀有永保之祚；次之，子姓兄弟有敦睦之好；下之，鰥寡孤獨無死亡之憂。正倫理以篤恩誼，所謂天之生物使之一本。本立而道生，故禮以義起，其服特隆。後世封建雖廢，而服制變革未盡，宗法遺意猶有存者。好禮君子因是以建宗祠，立義田，而孝弟親睦之行不絕於道微民散之時。告朔餼羊，議者慎勿以舊禮爲無用而欲去之也。

凡旁親，天子諸侯絶，大夫降一等。

凡正尊不降，正體不降，尊同不降。

凡大夫爲宗子不降。

凡諸侯大夫之庶子，以厭降。君之所不服，子亦不敢服。父之所降，子不敢不降。

凡公之昆弟於母、妻、昆弟，以先君餘尊厭降，餘親以旁尊降。

凡父之所不降，子亦不敢降。

凡大夫之妻於族親以尊降，妾不得體君，不降。

以上諸服，淩氏亦以爲封建尊尊之制。蓋封建之世，諸侯有國，大夫有采，父子相傳，惟爲後一人實有之。苟分理不明，短垣易踰，勢必骨肉紛争，生民塗炭。故聖人制禮，凡旁親支庶尊不同者，諸侯絶，大夫降。所以嚴尊卑之分，明枝主之義，定民志，塞亂源，以尊尊保全親親也。其子之降不降，則惟其君父是視也。

凡大夫有地者亦曰君。

凡公士、大夫之衆臣，爲其君布帶、繩屨。

凡公士、大夫爲貴臣、貴妾緦。

凡諸侯之大夫爲天子繐衰。

凡與民同者，爲君皆齊衰三月。

以上亦皆封建尊尊之制。

凡爲異姓婦人來嫁者服，尊行皆以母名，卑行皆報之。

凡報之者名所報爲婦。

凡庶母、乳母亦以名服，從母以名加，從母昆弟、姊妹以名服。

以上名。

凡女子子適人者以出降。

凡女子子適人者自父母不貳斬外，正尊皆不降，旁親皆降。

凡女子子未嫁者逆降旁親及將出者，惟昆弟不逆降。

凡姑、姊、妹、女子子適人無主者不降，姑、姊、妹報。

凡女子子嫁，反，服與在室同。

凡爲人後者，於本宗降一等，報。 於所爲後之親，若子。

以上出入。

凡出妻之子爲母，父卒繼母嫁，從，皆期。

凡繼父同居者齊衰期，嘗同居今不同者，齊衰三月。

凡娣姒婦相與居室中則生小功之親，相與同室則生緦之親。

此亦出入之類。

凡殤服，長殤、中殤降一等，下殤降二等。

凡爲本親服，大功之殤中從上，小功之殤中從下。

凡妻爲夫之親服，齊衰之殤中從上，大功之殤中從下。

以上長幼。

凡從服，子從母服，臣從君服，妻從夫服，夫從妻服。爲母妻之黨不過緦、小功，餘皆降一等。

凡妻爲夫之黨，尊行皆從服，卑行皆報之。

凡臣爲君之父母、妻、長子、祖父母，妻爲夫之君，皆尊尊之從服。子爲母，妻爲夫之父母，皆親親兼尊尊之從服。凡服有尊尊之義者，皆不報。

凡母妻之黨皆從服，其反爲之服，皆報。

以上從服。《喪服》一篇，義至精，例至密，今以六術檃括全篇，其所不説，欲學者以類求之，且互詳要旨、圖表，避複重也。

宫室例

《儀禮釋宫》曰：「宫室之名制不盡見于經。其可考者，宫必南鄉，廟在寢東，皆有堂有門。其外有大門，堂之屋南北五架。中脊之架曰棟，次棟之架曰楣，後楣以北爲室與房。人君左右房，大夫士東房西室而已。室中西南隅謂之奥，東南隅謂之宎，東北隅謂之宧，西北隅謂之屋漏。室南其户，户東而牖西。户牖之間謂之依，户東曰房户之間，房户之西曰房外，房中半以北曰北堂，有北階。堂之上東西有楹，堂東西之中曰兩楹間，南北之中曰中堂。堂之東西牆謂之序，序之外謂之夾室。夾室之前曰箱，亦曰東堂、西堂。東堂下、西堂下曰堂東、堂西。堂角有坫，堂之側邊曰廉。升堂兩階，其東階曰阼階。堂下至門謂之庭，三分庭一在北設碑，堂塗謂之陳。中閒屋爲門，門之中有闑，門限謂之閾，闑謂之扉。夾門之堂謂之塾，門之内兩塾之閒謂之宁。門之内、外，東方曰門東，西方曰門西。寢之後有下室，自門以北皆周以牆，人君之堂屋爲四注，大夫士則南北兩下而已。此其著於經而可考者也。」

職官例

《儀禮釋官》曰：「《周官》三百六十皆紀天子之官，而諸侯之官弗傳。春秋列國之官莫詳《左氏傳》，而往往出東遷後所僭設，不盡可據。惟《儀禮》制自周公，燕、射、聘、食諸篇皆諸侯之禮，而其官名與《周禮》或異或同，因而考之，侯國之制略具於斯：司徒爲宰，執政之官也。宗人、樂正，禮樂之官也。司馬、射人，軍政之官也。工人、士、梓人，事典之官也。膳宰、雍人，飲食之官見焉。内官之士，夫人之官見焉。小臣、僕人，侍從之官見焉。顧諸侯之官，其爵必降等于天子，其職司或兼攝而不備，則聖人決嫌明微之意寓乎其閒，周之諸侯遵而守之，安至有置六卿稱縣公之僭越哉？」又曰：「嗇夫，天子官也，而不見《周禮》，可以補王官之闕。冠、昏、喪、祭諸篇，諸侯之大夫士禮也，可以考家臣之制。」又曰：「《周禮》以官爲紀，《儀禮》以事爲紀，而官因事見，節目較《周禮》更密，稱名較《周禮》更繁。如《周禮》但言射人，而《儀禮》有司射、射正、大射正、小射正。《周禮》但言小臣，而《儀禮》有小臣正、小臣師。《周禮》但言喪祝，而《儀禮》有夏祝、商祝、周祝。《周禮》之宰一耳，《儀禮》則《冠禮》、《喪禮》之宰與《大射》、《聘禮》之宰殊，《大射》、《聘禮》之宰與《食禮》、《覲禮》之宰又殊。且有一篇之中名同而實異者，如《大射》之司馬與司馬正、司馬師異，《公食》立東夾北之宰與執鐙之宰異。此語今據注義易。又有名異而實同者，如《鄉射》之司正與司馬爲一人，《燕禮》大射之司正與射人本一官。《聘禮》，諸侯禮也，而大夫之官在焉。《士喪》、《既夕》，士禮也，而諸侯之官見焉。若此類糾紛錯出，不爲疏通而證明之，則於尊卑繁殺之際，必多窒礙，而不能展卷了然以達于制作之意，故官制之釋非可已也。」又曰：「諸侯官制自《儀禮》外，《左傳》、《戴記》爲詳，然左氏内外《傳》，先王之官制賴以傳者固多，而出於後世之增易者亦不少。《禮記》雜有天子諸侯之禮，且所記非一代之制，今惟一以《周禮》官名考之。」

《士冠禮》

有司　司，主也。凡事有專主之者，謂之有司。胡氏每職標名下各綴數語，分别爵秩、崇卑、名稱、同異，俾學者一覽而悟，今悉録之。其證釋經文之語，惟掇其有關大例者。凡胡氏當職下無説及説未安者，采注疏原文或推約其義以補易之，題注疏若「今案」字，使可識别。

筮人　私臣掌筮者。

卦者　亦私臣，筮人之貳。

宰　家宰，私臣，亦曰家相。

宗人　私臣，掌禮及宗廟。

鄉先生　注：「鄉中老人，爲卿大夫致仕者。」

《士昏禮》

老　注：「群吏之尊者。」按：老即宰。凡言「案」者，皆胡氏原案。其有刊改，稱「今案」以别之。

祝　接神之官。或曰：此祝贊婦廟見，當爲女奴曉祝事者，如《周禮》之女祝。

《士相見禮》

下大夫　上大夫　注：「上大夫，卿也。」按：此對文，散文則通曰大夫。此經諸篇之内有兼卿與大夫總言大夫者，有上大夫單言大夫者，有下大夫單言大夫者，各依文求之。

宅者　注：「致仕者去官而居宅。」

《鄉飲酒禮》

鄉大夫出注。《周禮》：「鄉大夫，每鄉卿一人。」諸侯當以下大夫爲之。

大師　注：「大夫若君賜之樂，謂之大師。」

樂正　疏：「《周禮》有大司樂、樂師，天子之官。此樂正者，諸侯及大夫士之官。」

工　笙　今按：此經及《鄉射》工、笙，據注疏義，皆大夫士樂人。

司正　《鄉飲酒》、《鄉射》，以主人之相爲司正。此注云：「相，主人之吏擯贊傳命者。」《鄉射》注云：「相，主人家臣。」《燕禮》，射人爲擯，則射人爲司正。《大射》，大射正擯，則大射正爲司正。

遵者今補。　注：「謂此鄉之人仕至大夫者。」

《鄉射禮》

州長出注。　《周禮》：「州長，每州中大夫一人。」諸侯當以上士爲之。

司馬　經曰：「司正爲司馬。」案：此大夫士之禮，《大射》別有司馬，不使司正爲之。

司射　注：「司射，主人之吏也。」案：《大射》以射人爲司射，大夫士無射人之官，臨事立一人掌射事，亦謂之司射。

公士　注：「在官之士。」

《燕禮》

膳宰　小膳宰　胥　膳宰如《周禮》膳夫之職。《周禮》：「膳夫，上士二人，中士四人，下士八人，府二人，史四人，胥十有二人，徒百有二十人。」諸侯膳宰當中士、下士爲之。小膳宰，其貳也。

胥則其下府、史、胥、徒之屬。

宰夫出注。　疏：「《燕義》云：『使宰夫爲獻主。』」

司宫　注：「司宫，天子曰小宰。」今按：諸侯蓋小宰兼稱司宫。《大射》又有司宫士，則如《周禮》宫人之職，屬於小宰者。《周禮》：「宫人，中士四人。」諸侯當下士爲之。

士旅食　注：「旅，衆也。」士衆食，謂未得正禄，所謂庶人在官者也。

祝史　掌祝者，即大祝。《周禮》：「大祝，下大夫二人，上士四人。小祝，中士八人，下士十有六人。」諸侯大祝當上士，小祝當下士爲之。

諸公　注：「謂大國之孤也。孤一人，言諸者，容牧有三監。」

樂正　疏：「天子有大司樂，樂師，諸侯無大司樂，直有大樂正、小樂正，并當樂師。」天子樂師，下大夫四人，諸侯大樂正當上士，小樂正當下士爲之。

笙　《周禮》：「笙師，中士二人，下士四人。」諸侯當下士爲之。

司士　《周禮》：「司士，下大夫二人。」諸侯上士爲之。

庶子　如天子諸子之職。《周禮》：「諸子，下大夫二人，上士四人。」諸侯當上士爲之。

左右正　注：「謂樂正、僕人正也。小樂正立於西縣之北，僕人正、僕人師、僕人士立於其北，北上。大樂正立於東縣之北。若射，則僕人正、僕人士陪於工後。」

内小臣　《周禮》：「内小臣，奄上士四人。」諸侯亦以奄爲之。

鐘人　磬人出注。　鎛人出注。　鼓人出注。　《周禮》：「鐘師，中士四人，下士八人。磬師，中士四人，下士八人。鎛師，中士二人，下士四人。鼓人，中士六人。」諸侯並以下士爲之。

闇人　《周禮》：「闇人，王宫每門四人，囿游亦如之。」

弓人　如天子繕人之職。《周禮》：「繕人，上士二人，下士四人。」

《大射儀》

宰　宰夫　宰夫有司　《周禮》：「治官之屬：大宰，卿一人。小宰，中大夫二人。宰夫，下大夫四人，上士八人，中士十有六人，旅下士三十有二人，府六人，史十有二人，胥十有二人，徒百有二十人。」諸侯之宰即司徒，亦卿一人。小宰，下大夫一人。宰夫當上士爲之，宰夫有司則府史之屬。

射人　大射正　小射正　司射　大射正、小射正、司射，皆射人。《周禮》：「射人，下大夫二人，上士四人，下士八人。」諸侯當上士二人爲長：一大射正，一小射正。其屬於公射有事亦稱小射正。三語今據注義易。司射則射時所立，以主射禮者與司正聯事。燕禮輕，小射正爲擯，遂爲司正，故射則大射正爲司射。大射重，大射正擯，遂爲司正，且於公射舍司正，親其職，故小射正爲司射。

自「與司正聯事」以下，亦據注義易。

司馬　司馬正　司馬師　《周禮》：「政官之屬：大司馬，卿一人。小司馬，中大夫二人。軍司馬，下大夫四人。輿司馬，上士八人。行司馬，中士十有六人。旅下士三十有二人。」諸侯之司馬亦卿一人，小司馬下大夫一人。軍司馬當上士爲之。司馬正、司馬師，射時所立以監射事者，蓋軍司馬之屬。

量人　《周禮》：「量人，下士二人。」諸侯當士旅食爲之。

巾車　《周禮》：「巾車，下大夫二人，上士四人，中士八人，下士十有六人。」諸侯當上士爲之。

小臣　小臣正　小臣師　小臣師從者　僕人正　僕人師　僕人士　《周禮》：「大僕，下大夫二人。小臣，上士四人。祭僕，中士六人。御僕，下士十有二人。府二人，史四人，胥二人，徒二十人。」諸侯無太僕，小臣亦四人。蓋上士二人爲官長，一正、一師當太僕下士二人，爲從者。四語今據注易。僕人如《周禮》御僕之職，亦下士爲之。正，其長也；師，其佐也。士，其下府、史、胥、徒也。

小卿　注：「命於其君者也。」

大史　小史　《周禮》：「大史，下大夫二人，上士四人。小史，中士八人，下士十有六人。」諸侯大史當上士，小史當下士爲之。

庶子正　庶子之長也。

工　大師　少師　上工　工，大師以下之通稱。《周禮》：「大師，下大夫二人。小師，上士四人。瞽矇，上瞽四十人，中瞽百人，下瞽百有六十人。」諸侯大師當上士，少師當中士爲之，上工即上瞽也。

工人士　梓人　注：「皆司空之屬，能正方圜者。」

隸僕人　《周禮》：「隸僕，下士二人。」諸侯當士旅食爲之。

矢人　疑如《周禮》司弓矢職。

服不　《周禮》：「服不氏，下士一人，徒四人。」諸侯當士旅食爲之。

《聘禮》

管人　注：「管，猶館也。館人謂掌次舍帷幕者也。」疏：「館人即《天官》掌舍。」內史出注。《周禮》：「內史，中大夫一人，下大夫二人，上士四人，中士八人，下士十有六人。」諸侯內史當下大夫爲之。

祝　此祝，大夫家臣。

賈人　庶人在官者，次於府史。

關人　《周禮》：「司關，上士二人，中士四人，每關下士二人。」諸侯謂之關尹，當中士爲之，每關亦有關人，當士旅食爲之。

老　經曰：「賓降，授老幣。」注：「老，家臣也。」　又記：「延及二三老。」注：「大夫曰老。」案：老，上下通稱。

訝　經曰：「訝賓于館。」注：「此訝下大夫也，以君命迎賓謂之訝。」疏：「《周禮》有掌訝，中士八人。此下大夫，非彼掌訝。」

宗人　《周禮》：「禮官之屬：大宗伯，卿一人。小宗伯，中大夫二人。肆師，下大夫四人，上士八人，中士十有六人，旅下士三十有二人。」諸侯無宗伯，以司馬兼之。亦無小宗伯，其禮官謂之宗人，士爲之。

廋車　今按：此私臣掌車馬者。其職如《周禮》廋人、巾車。

《公食大夫禮》

甸人　如天子甸師之職。《周禮》：「甸師，下士二人。」諸侯當士旅食爲之。

宰　經曰：「宰東夾北。」按：此宰當如天子内宰之職。《周禮》：「内宰，下大夫二人，上士四人，中士八人。」諸侯當上士爲之。

内官之士　注：「夫人之官，内宰之屬也。」

雍人　旅人　《周禮》：「内饔，中士四人，下士八人，府二人，史四人，胥十人，徒百人。外饔，中士四人，下士八人，府二人，史四人，胥十人，徒百人。」諸侯雍人兼彼二職，當下士爲之。旅人則府、史之屬。

《覲禮》

司宫　今案：此司宫，疏以宫人當之，即《大射》司宫士。

嗇夫　注：「嗇夫，蓋司空之屬也。爲末擯。」按：末擯，士爲之。

宰　此宰即家宰，卿一人。

大史　《周禮》：「大史，下大夫二人。」

《喪服》今補。

貴臣　傳曰：「公卿大夫室老、士，貴臣。」注：「室老，家相也。士，邑宰也。」

近臣　注：「閽寺之屬。」

《士喪禮》

甸人　公臣。古者臣有喪事，公家使人治之，以喪事需人孔多，家臣不能具官故也。《特牲》士祭亦有公有司。

管人　亦公臣。

夏祝　商祝　祝　夏祝、商祝、祝皆周祝也。以習夏禮謂之夏祝，習商禮謂之商祝。三祝皆公臣，當《周禮》喪祝之職。

外御　士近臣。

巫　祝　巫，男巫。祝，喪祝。皆君之臣。《周禮》：「男巫無數，其師，中士四人。喪祝，上士二人，中士四人，下士八人。」諸侯男巫當下士，喪祝當中士爲之。

冢人　公臣，如《周禮》冢人之職。天子冢人，下大夫二人，中士四人。諸侯冢人當上士爲之。

卜人　占者　皆公臣。占者如《周禮》占人之職，大夫士有筮無卜。

族長　注：「有司掌族人親疏者。」按：族長，私臣。

宗人　此宗人吉服，疑公臣。

《既夕》

圉人　御者　士得乘兩馬車，故有圉人與御者，亦私臣也。

史　士私臣掌文書者。

公史　注：「君之典禮書者。」

御者　記：「御者四人。」案：御者即外御，士近臣與上御者殊。

内御　注：「女御也。」

隸人　《周禮》五隸之下，各有隸民。此隸人蓋五隸之民，君使之來供役事者。

童子　注：「隸子弟，若内豎寺人之屬。」

遂匠　注：「遂人，匠人也。」案：遂匠亦公臣來助士葬者。

《士虞禮》

祝　此祝亦喪祝。

宗人　此宗人亦公臣。

《特牲饋食禮》

有司群執事　有司群執事，蓋公有司、私臣，皆統之。

雍正　私臣掌割亨者。

公有司　私臣　注：「公有司亦士之屬，命於君者也。私臣，自己所辟除者。」案：通考士禮諸篇，宰、筮人、卦者、外御、族長、圉人、御者、童子、雍正之屬及冠、昏、祭禮之祝、宗人，此語今增。士之私臣也。甸人、管人、夏祝、商祝、冢人、卜人、隸人、遂匠之屬及虞禮之祝、宗人，此語今增。公家之臣來給事者也。公家使人給事於私家惟喪禮，此助祭之公有司，蓋士自宿之。

《少牢饋食禮》

史　筮史，即筮人也。

小祝　佐祝者。據此，則大夫祝非一人。

司馬　大夫家臣爲司馬者，如《周禮》家司馬之職。

司士　司士贊者　今案：司士亦家臣。

雍人　雍正　雍府　雍人，家臣主割亨者。雍正其長，雍府其屬。

廪人　注：「掌米入之藏者。」

司宫　注：「大夫攝官，司宫兼掌祭器。」按：此篇司馬刲羊兼羊人之職，司士擊豕兼司空之職，雍人陳鼎兼甸人之職，廪人摡甑、甗、匕與敦，兼饎人之職，司宫又兼掌祭器，皆攝官。

宰夫　今按：宰夫亦家臣。

有司贊者　贊者，有司之助。

《有司徹》

有司　即司馬、司士，宰夫之屬。

宰夫贊者　宰夫之屬。

私人　注：「私人，家臣，己所自謁除也。」

經文例

禮之大義，尊尊、親親、長長、賢賢、男女有别。聖人既本之以爲大經大法，詳節備文而筆之爲經，垂天下後世法，一字一句又皆準此以辨言正辭，故禮有禮之例，經有經之例，相須而成。凌氏釋禮例，而未及經例，然經例不明，則聖人正名順言、決嫌明微，精義所存，不著不察。而經文詳略異同，若有與禮例不符者，其何以解害辭害志之惑，而深塞離經叛道之源歟？《傳》曰：「屬事比辭，❶《春秋》教也。」周公制禮，猶孔子作《春秋》。《春秋》一字一句皆褒貶所寓，《禮經》一字一句亦皆名義所關。凌氏釋禮例，屬事也；今釋經例，比辭也。言不順則事不成，古之聖者作經，莫不有立言之法；古之明者解經，莫不精究其立言之法。虞氏之於《易》，鄭氏之於《禹貢》、於《禮經》，子夏之於《喪服》，三《傳》之於《春秋》，某氏之於《夏小正》，皆是也。夫治禮如治《春秋》，亦如治律，《春秋》與律，一字不可忽也。故治禮者必以全經互求，以各類各篇互求，以各章各句互求，而後辭達義明，萬貫千條，較若畫一。人倫天秩，斯爲真知。鄭君先通《春秋》，又精《漢律》，故其説經例至密。今輯鄭義，踵凌書得例五十事，爲學者舉隅。其《禮通例》，見鄭注而凌所未及者，并《傳記例》、《注例》、《疏例》、《校疏例》均附見焉。

凡禮經節文度數，皆出於天秩之自然，人心之固有，非由外心以生。魏氏了翁説。

凡周公損益二代之迹，據經文略可推見。

朱子謂：「夏商而上，只是親親、長長之意，至周公始增貴貴之禮。如始封之君不臣諸父昆弟，封

❶「屬事比辭」，《禮記·經解》作「屬辭比事」。

君之子不臣諸父而臣昆弟。期之喪，天子諸侯絶，大夫降。然諸侯大夫尊同，則亦不絶、不降。凡此貴貴之義，皆天下之大經，前世所未備，至周公立爲定制，更不可易。」案：經文凡君大夫服例皆在正服，後重出且多數服并舉，此損益之迹最著明者。他若《冠禮》不醴而醮，《喪禮》有夏祝、商祝之等，文質相變各有精意，當依文求之。

凡經文，條理精密，首尾貫串。

朱子云：「《儀禮》爲禮之根本。」又云：「極細密，極周緻，其閒曲折難行處，都措置恰好。」胡氏云：「培翬初治是經，每於静夜無人時，取各篇熟讀之，覺其中器物陳設之多，行禮節次之密，升降揖讓裼襲之繁，無不條理秩然。每篇循首至尾，一氣貫注，有欲增減一字不得者。」

凡經文各節，鉤連環抱，錯綜成文。

如《鄉飲》、《鄉射》，旅酬在樂備後，而一人舉觶爲旅酬始，在樂作前。無算爵在徹俎後，而二人舉觶爲無算爵始，在徹俎前。射禮，將射特著未旅之文。祭禮，均神惠于室，乃作三獻之爵。事事鉤連，節節環抱，參伍錯綜，鼓舞盡神。故禮意，天下之至精也；禮文，天下之至變也。

凡經文敘事，至孅至悉。

古之治天下至孅至悉也。觀《禮經》可見所謂「事爲之制，曲爲之防」，夫是以國不異政，家不殊俗，而人得寡過也。

凡經文儀節極繁密處，禮意尤精。

如《大射》「公將射」,《喪禮》「君視大斂」之等。

凡經文儀節並行者,敘事不相奪倫。

射禮司馬、司正,事多並行,經敘一事畢,乃更及一事,不使相錯。

凡經文或自著節。

如《大射》「卿大夫升就席」,在司射釋弓反位後;《聘禮》「執幣者西面北上」,在擯者請受後,經皆自著其節。

凡經文器數尤繁者,總敘在上。

如《大射》之席,《有司徹》之俎,皆執要御繁之法。禮之失繁,由不知經例耳。

凡經文多省文互見,有前後諸篇互見者。

如各篇「設洗」皆當有罍、枓,經惟於《少牢》見之。注云:「凡設水用罍,沃盥用枓,禮在此。」又牲腊體數及載法莫詳于《少牢》。注云:「凡牲體之數及載備於此,凡腊之體,載禮在此。」皆明各篇互見之義。又《鄉飲》、《鄉射》互有詳略,《燕禮》、《大射》互有詳略,《鄉射》、《大射》互有詳略,《特牲》、《少牢》互有詳略,注皆互引爲證。

有數節中互見者。

如《鄉射》:「司射猶挾一个以進。」注云:「鄉言還,當上耦,西面。是言進,終始互相明。」此類至多,今每條略舉一二事爲證。

有一節中互見者。

如《鄉射》：「弟子自西方應曰『諾』。」注云：「歸獲者許諾，至此弟子曰『諾』，事同，互相明。」

有數語中互見者。

如《士冠禮》：「纁裳、純衣、緇帶。」注：「先裳後衣者，欲令下近緇，明衣與帶同色。」

有一句中互見者。

如《聘禮》：「醙、黍、清，皆兩壺。」注云：「醙，白酒也。凡酒，稻爲上，黍次之，粱次之。皆有清、白。以黍閒清、白者，互相備，明三酒六壺。」又《既夕》：「丈夫髽，散帶垂。」注云：「髽，婦人之變，此互文以相見。」

有即後明前者。

如《鄉飲》「賓復位，當西序，東面」，注曰：「言復位者，明始降時位在此。」

有空其文者。

如《士昏禮》「緇袘」，注云：「不言衣與帶，而言袘者，空其文，明其與袘俱用緇。」

有舉一事見例者。

如《聘禮》郊勞「受于舍門内」，注云：「不受於堂，此主于侯伯之臣也。」《目録》下疏云「此見侯伯之卿大聘」，《公食》見子男之臣，各據一邊，互見爲義。　又案：冠、昏、喪、祭、飲、射諸禮，王朝侯國士大夫皆有，經惟據侯國言。《既夕》朝廟，上士、下士廟數不同，經惟據下士一廟言，皆是。

有合兩事成文者。

如《鄉射》："主人堂東，袒、決、遂，賓於堂西亦如之。卒射，賓序西，主人序東，皆釋弓，説決、拾，襲。"注云："或言堂，或言序，爲庠謝互言。"案：《鄉射》以州長習射爲主，互見鄉大夫詢衆庶。《有司徹》以上大夫儐尸爲主，附見下大夫不儐尸，皆兩事合舉。又案：周公制禮，事爲之制，曲爲之防。然其作經，若每事平文直敘，則威儀三千倍之且不止，將畢生不能成矣。故互見者，作經之大法，而諸義例之所從出。《春秋》約其文辭，以制義法，蓋本於此。

凡互見之法，《喪服》尤多。

如見世叔父不見姑，見昆弟不見姊妹，見子不見女子子在室。高祖與曾祖同服，則不著。爲人後者，小宗降服多少不定，則不悉著，皆省文互見。鄭君熟於互見之例，故能得降等、若子兩服不相互之旨。程氏瑶田不信互見之例，乃創爲高祖無服之説，害禮傷教，莫此爲甚！治經者其可不知例乎？

有錯舉見例者。

如旁尊不足加尊，服無不報，而《小功章》從祖祖父母條言報。《緦麻章》族曾祖父母條不言報，下惟別見"從祖昆弟之子"一人。

有以一文關二事者。

如"女子子在室爲父"，注："言在室，關已許嫁。""子、女子子之長殤、中殤"，注謂別言女子子，以子關適庶之等。

凡經文别嫌明微，正名順言，不外同辭、異辭兩端。

凡尊卑異辭。

均是爵不相襲也，於尊者言「更」，自敵以下言「易」。均是舉旅也，尊賓則曰「酬」，尊公則曰「賜」。

均是每拜答之也，《特牲》「嗣舉奠」，總言「尸備答拜」。注云：「以尊者與卑者爲禮，略其文。」

貴賤異辭。

均是奠觶取之也，而賓言「取」，介言「受」。

輕重異辭。

如《鄉飲》言「拜辱」，《鄉射》惟言「再拜」。

文質異辭。

如《聘禮》賓見君言「覿」，見卿言「面」。

發端因事異辭。

如發端言「降拜」，因上事言「下拜」。

凡經文覽文自明者，異義不嫌同辭。

如《士相見》，兩言「將走見」。注一云：「走猶往也。」一云：「走猶出也。」又如《鄉飲》、《鄉射》旅酬皆云「辯」。而《鄉飲》之辯，辯衆賓之在下者。《鄉射》之辯，惟辯衆賓之在上者。以上下文可推而知，故不嫌同辭。

同義不嫌異辭。

如各篇皆云「執爵興」，而《少牢》、《有司》獨云「執爵以興」。《鄉飲》、《鄉射》、《有司》云「拜至」，而《燕》、《大射》、《公食》云「至再拜」。以非名義所關，覽文即知，無別義，故不嫌異辭。竊意此等文句參差，皆夏殷舊禮本然，周公以其無關名義而仍之，即此可見損益之迹。而因以知禮經非一王之制，一聖之書，乃自有天地以來神聖相傳至教至文，遞相祖述，代有沿革，至周公而定。所謂「考朕昭子刑，乃單文祖德」。單，盡也。文祖，明堂也。鄭曰明堂祀五帝，大皞之屬。周公制禮就其法度，損益用之。所謂周監二代，所謂思兼三王，皆於此可想見焉。

凡經立文有從辭之便者。

如《聘禮》「玉錦束」之等。

凡君與臣行禮，或空其文以尊君。

如《燕禮》公爲賓舉旅，「賓升再拜稽首」。注云：「此賓拜于公之左，不言之者，不敢敵偶于君。」又云：「不言公酬賓于西階上及公反位者，亦尊君，空其文。」

或不定其辭以優君。

如燕、射媵觶，皆初次二大夫皆致，第二次惟長致，有定法。而經云「若君命皆致」、「若命長致」，皆言「若」，以示不定。注皆以「優君」言之。

凡經文立言皆有法度。

如《大射》「君有命戒射」，注曰：「宰告於君，君乃命之，言君有命，政教宜由尊者。」此立言之法，所以辨上下，定民志。

凡經文法度之言，特謂之「側」，全謂之「純」，移近曰「爾」，正立曰「疑立」，北上曰「南順」，西上曰「東肆」，射所立處曰「物」，射中曰「獲」，勝曰「賢」，膚之精理者曰「倫」，胥之儀度、尊卑可用者曰「儀」。凡不著者，以類求之。

凡《喪服》法度之言，汎言男女曰「丈夫」、「婦人」，指其親曰「女子」，對男子言曰「女子子」，疏之曰「婦人子」。同父、同祖、同曾祖、同高祖之親曰「昆弟」，汎言族親曰「兄弟」，小功以下曰「兄弟服」。凡女行於大夫以上曰「嫁」，行於士庶人曰「適人」。凡爲人後者，降其小宗之服，不改其本親之名。

凡爲人後者、女子子爲本親，皆言「其」以別之。

凡經文賓主有定者不易稱，無定者因事易稱。

凡《燕禮》、《大射》稱官之例，事省而官之供事者少，則直舉其官。事繁而官之供事者多，則兼别其長貳。

如射人有大射正、小射正，小臣有小臣正、小臣師之類。

既别其長貳而仍有直舉其官者，則皆謂其官之長。

如《大射》有司馬正、司馬師，司馬正亦直稱司馬之類。

惟長居他職，乃得謂其官之貳。

如《大射》，大射正爲司正，小射正得直稱射人之類。

又有一篇中長貳並見，而直稱其官，非專謂其長，亦非偏謂其貳者，則爲統舉全官之辭。

如《燕禮》言「小臣納工」之類。

若夫長貳不並見，而專言其長，或專言其貳者，則以其官之長供事多而貳少，故專於其貳別之。

如《燕禮》特言「羞卿者，小膳宰」，而其餘皆言「膳宰」之類。

其官之貳供事多而長少，故專於其長別之。

如《燕禮》特言「若射，則大射正爲司射」，而其餘皆言「射人」。《大射》特言「庶子正徹公俎」，而其餘皆言「庶子」之類。以上六條，本胡氏匡衷説而更定之。

凡經文用樂歌三篇者，必備舉三篇，歌一篇者乃獨舉一篇。

凡經文單言「廟」者，皆謂禰廟。單言「户」者，皆謂室户。

凡經文正禮在前，變禮在後。

凡經文儀節後與前同、變禮與正禮同者，皆言「如初」。其不如初者，别出之。

凡經文辭與儀節相閒，惟《冠禮》辭總在後。

凡《喪服》，以縷之精粗爲序。

凡《喪服》，上言其服，下言其人。

凡服有異者，別文在下。

禮通例

凡制禮自士始，等而上之，以至於天子。

凡禮，多就侯國言。

《周官》稱《周禮》，經但稱禮不稱周，蓋《周官》者周天子之官，諸侯不得用，故特稱周以別之。《禮經》則冠、昏、喪、祭、鄉、相見之等與天下共之，多就侯國立制，故不稱周。

凡禮，大夫避君，士避大夫。凡大夫所避者，士卑或不嫌。

凡禮，有曲而殺，有經而等，有放而文，有放而不致，有順而摭。

鄭注，每就一事示例。

凡禮不參。　凡禮不必事。　凡禮以相人偶爲敬，以相變爲敬，以異爲敬。凡敬不能並。　凡禮，卑者先即事，尊者後。

凡鄉射威儀省，大射威儀多。

凡射禮，別尊卑。

凡燕、大射至酬賓，賓益卑。聘禮賓至所聘國，賓益尊。覲禮至於享，王之尊益君，侯氏之卑益臣。

凡喪禮略於威儀。

凡禮以事名官。

如獲者三獻之等。

凡事彌至，言彌信。

凡事彌至，位彌異。

記傳例

凡記，或補經制，或釋經例，或著經節。

如《鄉射·記》「司射既袒、決、遂而升，司馬階前命張侯，遂命倚旌」，注曰：「著並行也。」此類甚多，皆著行禮之節。

或記禮辭，或類記他禮。

如《鄉射·記》記燕射之侯。

或記異説。

《聘禮》、《士虞·記》皆博記異聞。

凡記節次，皆從經。

《禮書綱目》分記附經，節次更明。

記異説，乃更端。

凡記有一事該數節者。

凡釋經例者皆是。

有後事類記于前者。

如《喪禮》「設棜于東堂下，南順」云云，注曰：「是大斂饌也。」記於此者，明其他與小斂同陳。

有前事别記于後者。

如君視斂不備禮者，附記「君命止柩」下。

凡《喪服》記、傳多釋經例。

記之釋經例者：曰：「大夫、公之昆弟，大夫之子於兄弟降一等。」曰：「爲人後者於兄弟降一等。」曰：「夫之所爲兄弟服，妻降一等。」傳之釋經例者：曰：「齊衰、大功，冠其受也。緦麻、小功，冠其衰也。」曰：「絶族無施服，親者屬。」曰：「與尊者爲一體，不敢服其私親。」曰：「父子、昆弟、夫妻一體。」曰：「旁尊，不足加尊。」曰：「以名服。」曰：「父之所不降，子亦不敢降。」曰：「不貳斬。」曰：「降其小宗。」曰：「婦人不貳斬。」曰：「父卒，然後爲祖後者服斬。」曰：「妾不得體君。」曰：「不敢降其祖。」曰：「嫁者，嫁於大夫；未嫁者成人而未嫁。」曰：「尊同則得服其親服。」曰：「君之所爲服，子亦不敢不服；君之所不服，子亦不敢服。」曰：「大功之殤中從上，小功之殤中從下。」謂服本親。曰：「外親之服皆緦。」曰：「長殤、中殤降一等，下殤降二等；齊衰之殤中從上，大功之殤中從下。」謂妻從夫服。曰：「小功以下爲兄弟。」

注例

凡鄭注説制度、職官，必據《周禮》，説誼理必本《禮記》。

凡鄭注説制度至詳，時以漢制況周制。

盧子幹謂：「修禮者應徵有道之人，若鄭某之徒。」❶朱子謂鄭注可補經。蓋其貫串群經，推表制度，元元本本，博綜無遺。若《聘禮》旅擯、《覲禮》盟祭之等，爛明粲備，足作後王監儀。又古制難明者，每況以漢法，即此可見其明世務、達治體。

凡制度無正文者，以群經推約之。

如朱則四入、玄則六入之等。

凡鄭注引《禮記》，多約文。

如《燕禮》注「酬而後獻卿，别尊卑」，約《燕義》「君舉旅行酬而後獻卿」爲説。

凡鄭注發一義，必貫通全經。

如《冠禮》「筮於廟門」，注：「廟，謂禰廟。」此通合全經爲訓，凡經單言廟，皆禰廟也。

且貫通群經。

---

❶「鄭某」，即鄭玄，避清聖祖諱作「某」。以下不再出校。

如《冠禮》注：「天子與其臣，玄冕以視朔，皮弁以日視朝。諸侯與其臣，皮弁以視朔，朝服以日視朝。」通合《周禮》、《玉藻》爲説。

凡鄭注熟於經例，能於經文無字句處得經意。

如《喪服》高祖服不見，鄭據高祖之族有服，推出高祖服。又爲人後之禮，持重於大宗者，降其小宗，小宗有四，經舉父宗有定者以爲例，而此外凡屬小宗者皆可準之爲服。鄭於「姊妹適人」下，補姑服以舉一隅，使經文降等、若子兩服不相互之旨豁然而解，皆可謂抉經之心。

凡鄭注善引伸觸類，據彼定此。

如《昏禮·記》：「宗子無父，母命之。」注曰：「言宗子無父，是有有父者。」《喪服》傳：「大夫之庶子，則從乎大夫而降也。」注曰「言從乎大夫而降，則於父卒如國人」之等。

凡經文疑似之處，注必別白言之。

如《喪禮》「徹朔奠，敦啓會」，注：「啓會，徹時不復蓋。」卜日「不釋龜，告于涖卜與主人」，注「不釋龜，復執之」之等。

凡經略舉大概者，注細別之。

如《鄉飲》主人酬介如賓酬主人之禮，注別之曰：「其酌，實觶，西南面授介。」

凡經文儀節略者，注彌縫之。

如《燕禮》公酬賓，公答再拜。注曰：「於是賓請旅侍臣。」

字誤者，注變易之。

如《大射》：「諸公卿大夫西面，北上。」注：「大夫誤衍。」 以上諸例，以兩言蔽之曰：以經解經，以經校經而已。賈疏解經之法皆遵此例，不別釋。

凡《喪服》，注引傳解經，注在傳下者，題「某謂」以別之，在傳上者不題某。見賈疏。

《喪服傳》本鄭注，所引與《周禮注》引杜子春、二鄭説一例。今本别傳於注而盡删「某謂」等字，非古也。

凡鄭注大義，足以正人倫、扶名教。今悉録入《要旨》。

凡鄭注今文、古文各本，擇善而從。

胡氏承珙《儀禮古今文疏義序》曰：「鄭注從今文者，則今文在經，古文出注。從古文者，則古文在經，今文出注。然有今文、古文各一字兩作者，有不言今古文但云『某』或作『某』者，殆當時行用，更有別本。博稽廣攬，審定折衷，其略例蓋有數端：有必用其正字者，取其當文易曉，從『甒』不從『廡』、從『盥』不從『浣』之類是也。有即用其借字者，取其經典相承，從『辯』不從『徧』、從『膉』不從『嗌』之類是也。有務以存古者，『視』爲正字，『示』乃俗誤，行之而必從『視』是也。有兼以通今者，『升』當爲『登』，『升』則俗誤已久，而仍從『升』是也。有因彼以決此者，則別白而定所從，《鄉飲》、《鄉射》、《特牲》、《少牢》諸篇是也。有互見而並存者，可參觀而得其義，《士昏》從古文作『枋』，《少牢》從今文作『柄』之類是也。至於句字多寡，語助有無，參酌異同，靡不悉記。隻字去取，義例存焉。」

疏　例

賈疏大例有二：一據舊疏爲本，

賈氏自序曰：「《儀禮》章疏，有黄慶、李孟悊二家：慶則舉大略小，經注疏漏；悊則舉小略大，經注稍周。」又云：「今裁此疏，以諸家爲本，擇善而從。」案：賈疏每節先掇行事大要，所謂舉大也。次細釋經注，所謂舉小也，此其所本於黄、李者。

一易舊疏之失。

序曰：「士冠三加，有緇布冠、皮弁、爵弁，既冠，又著玄冠見于君。故記陳緇布冠、委貌、周弁以釋經。經、記都無天子冠法，而李云委貌與弁皆天子始冠之冠，李之謬也。鄭注《喪服》引《禮記·檀弓》云：經之言實也，明孝子有忠實之心，則經表心明矣。而黄云衰以表心，經以表首，公違鄭注，黄之謬也。今以先儒失路，後宜易塗。」案：賈疏解記必附經，解經必憑注，歧者合之，疏者密之，此其所易於黄、李者。　又按：如序所云，則賈疏當每條先引諸家，次下己意，今疏中未嘗稱引黄、李，而前後設文動多違戾，甚至一條中自相違戾，顯非一人之言。蓋唐時，閭里書師將諸家姓名概加删棄，併入賈氏語中，鹵莽滅裂，不顧文義。如近世村塾學究删《四書》朱注之爲，遂使舊説湮没無聞，賈氏矛盾自陷，謬本相仍。至宋咸平校刊，更無完帙可據，而疏遂受誣千載，經義彌以不章。愚嘗欲撰《儀禮》舊疏考正之書，將疏文一一推核，孰爲舊義，孰爲新義，俾科别條分，文從字順，惜未成也。

校賈疏舉例

《士冠禮》篇目下疏：「若天子之子亦二十而冠。故《禮記·祭法》云『王下祭殤五』。按：所祭者適長殤，十九以下爲長殤。是年十九已下乃乃當爲仍。爲殤，故二十乃冠矣。」

按：此一説，謂天子之子與士同，二十而冠。

案：下文云「天子之元子猶士」，則天子之子雖早冠，亦用士禮而冠。

此又一説，謂天子之子早冠與士異，其禮仍與士同。

案：《家語·冠頌》云：王大子之冠擬冠，則天子元子亦擬。諸侯，四加。

按：此又一説。謂天子之子冠與士禮全異，此必先儒有兩説，賈氏引之而又自爲一説，以明折衷。諦審文義，疑第一説係賈氏自定語，而其下兩説則附存備考。且當有辨正之語，而後人删之。凡讀疏，遇兩説歧互處，皆當以此求之。

讀經例　注疏通例

《東塾讀書記》曰：「《儀禮》難讀，昔人讀之之法，略有數端：一曰分節，二曰繪圖，三曰釋例。

今人生古人後，得其法以讀之，通此經不難矣。」

《士冠禮》：「筮於廟門。」賈疏云：「自此至『宗人告事畢』一節，論將行冠禮，先筮取日之事。」賈疏全部皆如此，此讀《儀禮》第一要法也。《有司徹》鄭注屢言自某句至某句，此賈疏分節之法所自出也。

賈疏之分節有尤細密者。《聘禮》：「君使卿韋弁，歸饔餼五牢。」疏云：「自此盡『無儐』，論主君使卿歸饔餼於賓介之事。」「上介，饔餼三牢」，疏云：「自此盡『兩馬束錦』，論主君使下大夫歸饔餼於上介之事。」「士介四人，皆餼大牢」，疏云：「自此至『無儐』，論使宰夫歸餼於衆介之事。」此一節而又分三節也。《特牲饋食禮》：「賓三獻，如初，燔從如初，爵止。」疏云：「自此盡『卒復位』，論賓長獻尸及佐食，并主人、主婦致爵之事。此一科之内，乃有十一爵：賓獻尸一也，主婦致爵于主人二也，主人酢主婦三也，主人致爵于主婦四也，主婦酢主人五也，尸舉奠爵酢賓長六也，賓長獻祝七也，又獻佐食八也，賓又致爵於主人九也，又致爵于主婦十也，賓獻主人酢十一也。」❶此一科而分十一節也。《有司徹》疏如此類者最多，不可枚舉。其分析細密，使讀之者心目俱朗徹矣。

賈疏分節，偶有遺漏者。如《大射儀》：「司射適次作上耦射。」疏當云：「自此盡『搢扑，反位』，論某事。」而疏無之。又：「司射作射如初。」疏當云：「自此盡『執而俟』，論某事。」而疏無之。又：

---

❶ 「獻」，原作「受」，據《儀禮注疏》改。

「司射猶挾一个以作射，如初。」疏當云：「自此盡『退中與筭而俟』，論某事。」而疏無之。又：「若命曰復射。」疏當云：「自此盡『如獻庶子之禮』，論某事。」而疏無之，皆遺漏也。其餘諸篇之疏，亦偶有遺漏，但不多耳。

朱子《儀禮經傳通解》釐析經文，每一節截斷後一行題云：「右某事。」如《士冠禮》第一節後題云：「右筮日。」第二節後題云：「右戒賓。」此法亦出於鄭君《禮記·禮器》「天子七月而葬，五重八翣」。鄭注云《士喪禮》下篇陳器曰「抗木横三縮二」云云。灃案：《士喪禮》下篇《既夕》云：「陳明器于乘車之西。」鄭君引之而摘出「陳器」二字也。較賈疏尤簡明。其《答李季章書》云：「累年欲修《儀禮》一書，釐析章句而附以傳説。元來典禮淆訛處，古人都已説了，只是其書滚作一片，不成段落，使人難看。故人不會看，便爲憸人舞文弄法，迷國誤朝。若梳洗得此書頭面出來，令人易看，於世亦非小助也。」《答應仁仲書》云：「前賢常患《儀禮》難看，以今觀之，只是經不分章，記不隨經，而注疏各爲一書，故使讀者不能遽曉。今定此本，盡去此諸弊，恨不得令韓文公見之也。」此朱子之大有功於《儀禮》者。至國朝而馬宛斯《繹史》所載《儀禮》、張稷若《儀禮鄭注句讀》、吴中林《儀禮章句》皆用朱子之法。江慎修《禮書綱目》因朱子《通解》而編定之，固宜遵用其法。徐健菴《讀禮通考》、秦文恭《五禮通考》亦皆分節。自朱子創此法，後來莫不由之矣。《郡齋讀書志》云：「編禮三卷，吕大臨編。以《士喪禮》爲本，取士一禮附之。」（卷一）朱子《答潘恭叔書》云：「《禮記》須與《儀禮》參通，修作一書乃可觀。中間伯恭欲令門人爲之。」然則朱子之書本發端於吕氏也。

以上分節。

鄭、賈作注作疏時，皆必先繪圖。今讀注疏，觸處皆見其蹤跡。如《士冠禮》：「筮人許諾，右還，即席坐。」注云：「東面受命，右還北行就席。」疏云：「鄭知『東面受命』者，以其上文有司在西方東面，主人在門東西面，今從門西東面，主人之宰命之，故東面受命可知也。知『右還北行就席』者，以其主人在門外之東南，席在門中，故知右還北行，乃得西面就席坐也。」如此之類，乃顯而易見者。又如《燕禮》：「主人盥，洗象觚。」注云：「取象觚者東面。」疏云：「以膳篚南有臣之篚，不得北面取，又不得南面背君取，從西階來，不得篚東西面取，以是知『取象觚者東面』也。」此必鄭有圖，故知東面取。賈有圖，故知不得北面、南面、西面，而必東面也。《大射儀》：「揖，以耦左還，上射於左。」注云：「上射轉居左，便其反位也。上射少北，乃東面。」疏云：「知不少南者，以其次在楅東南，北面揖時，已在次西，故知上射少北，乃東面，得東當次也。」此亦鄭有圖，故知少北；賈有圖，故知不得少南，皆確不可易也。

《鄉飲酒禮》：「主人實爵介之席前，西南面獻介。」疏云：「以介席東面，故邪向之。」《特牲饋食禮・記》：「主婦及内賓、宗婦亦旅，西面。」注云：「其拜及飲者，皆西面，主婦之東南。」疏云：「知在主婦之東南者，以其不背主婦，又得邪角相向也。」《鄉射禮》：「司射還，當上耦，西面作上耦射。」注云：「還，左還也。」疏云：「知『左還』者，經云『還當上耦』，上耦位在司射之西南，東面。司射還欲西面與上耦相當，故知左還迴身當之取便可知也。」《少牢饋食禮》：「主人西面三拜養者。養者奠舉於俎，皆答拜。」注云：「在東面席者，東面拜；在西面席者，皆南面拜。」疏云：「知面位如此者，以主人在户内，西面三拜餕者，餕者在東面而答主人拜可知。在西面位者，以主人在南西面，不得與主人同面而拜，明迴身南面向主人而拜，故鄭以義解之如此也。」如此之類，或邪向，或迴身，與平直易見者不同，非有圖安能知之？

《鄉射禮》：「司馬出于下射之南，還其後，降自西階。」注云：「圍下射者，明爲二人命去侯。」疏云：「司馬由上射之後立於物間，命去侯訖，物閒南行，西向，適階降，是其順矣。今命去侯訖，乃圍下射之後，繞下射之東南行，而適西階去。若出物閒西行，則似直爲上射命去侯，是以并下射圍繞之，明爲二人命去侯也。」《燕禮》：「若君命皆致，則序進，奠觶于篚，洗象觶，升實之序進，坐奠于薦南。」十三字，兩湖書院校本增。注云：「序進，往來由尊北，交於東楹之北。」疏云：「以其酒尊所陳在東楹之西，東向而陳，其尊有四，并執冪者在南，不得南頭以之君所。又唯君面尊，尊東西面酌酒似背君，故先酌者東面酌訖，由尊北，又楹北，往君所，奠訖，右還而反。後酌者亦於尊北，又於楹北與反者而交。先者於南西過，後者於北東行，奠訖，亦右還而反，相隨降自西階。」如此類者，圍繞交錯，繪圖亦殊不易。或緜蕝習之，乃知之耳。即以疏文而論，曲而能達，栩栩欲動，世人謂賈疏之文不及孔疏，豈其然乎？

楊信齋作《儀禮圖》，厥功甚偉，惜朱子不及見也。《通志堂經解》刻此圖，然其書巨帙不易得，故信齋此圖罕有稱述者。張皋文所繪圖，更加詳密，盛行於世，然信齋創始之功，不可没也。楊信齋《儀禮圖序》云：「嚴陵趙彦肅嘗作《特牲》、《少牢》二禮圖質諸先師，先師喜曰：『更得冠、昏圖及堂室制度并考之，乃爲佳耳。』」據此，則始爲圖者趙彦肅也。《儀禮經傳通解》載《鹿鳴》、《關雎》十二詩譜，云趙彦肅所傳，蓋其人有志於禮樂之事者也。

阮文達公爲張皋文《儀禮圖》序云：「昔漢儒習《儀禮》者必爲容。故高堂生傳《禮》十七篇，而徐生善爲頌，禮家爲頌皆宗之，頌即容也。予嘗以爲讀禮者當先爲頌。昔叔孫通爲緜蕝以習儀，他日亦欲使家塾子弟畫地以肄禮，庶于治經之道事半而功倍也。然則編修之書，非即徐生之頌乎？」澧案：「畫地之法，澧嘗試爲之，真事半而功倍，恨未得卒業耳。」焦里堂作習禮格，繪宫室如弈枰，而人物爲棋，其序云：雖戲而不詭於正。

若夫宫室器服之圖，則當合三禮爲之，此自古有之，今存於世者，惟聶崇義之圖。至國朝諸儒所繪益精，若取《皇清經解》内諸圖與聶氏圖，考定其是非，而别爲《三禮圖》，則善矣。有不能定其是非者，則兼存之。明知其誤者，則不取。如張皋文《深衣圖》，肩上兩幅縫合，此必不然也。《通典》卷六十三「天子諸侯玉佩、劍綬、璽印」，自注云：「秦漢以降，逮於周隋，既多無注解，或傳寫誤舛，研覈莫辨。」澧案：「此不獨玉佩、劍綬、璽印爲然，凡漢以來衣冠，讀史皆難明，而周之冠冕衣裳乃易明，賴有諸經注疏故也。」

以上繪圖。

《儀禮》有凡例，作記者已發之矣。《鄉飲酒禮·記》云：「以爵拜者不徒作。《鄉射禮·記》同。坐卒爵者拜既爵，立卒爵者不拜既爵。凡奠者於左，將舉於右。」此二句《鄉射禮·記》亦同。此記文之發凡者也。《士相見禮》「凡燕見于君」云云，「凡言非對也」云云，「凡與大人言」云云，「凡侍坐於君子」云云，「凡報幣者不趨」云云，此則經文之言「凡」者，然非十七篇之内凡例也。

鄭注發凡者數十條，《士冠禮》注云：「凡奠爵將舉者於右，不舉者於左。」「凡醴事，質者用糟，文者用清。」「凡薦出自東房」，「凡牲皆用左胖」。左當爲右。其餘諸篇，注皆有之。《聘禮》注最多。若抄出之，即可爲《儀禮》凡例矣。

有鄭注發凡而賈疏辨其同異者。《聘禮》：「使者受圭，同面，垂繅以受命。」注云：「凡授受者，授由其右，受由其左。」疏云：「據《鄉飲酒》、《鄉射》、《燕禮》獻酢酬皆授由其右，受由其左，故云『凡』以廣之。若有所因由，則有授由左，受由右，是以使者反命之時，宰自公左受玉。鄭云亦於使者之東，同面並受，不右使者，由便也。又賓授覿時，士受馬適右受。鄭云：『適牽者之右，而受由便。』又《鄉飲酒》云：『受酬者自介右。』鄭云：『尊介，使不失故位。』如此者，皆是變例，鄭據平常行事而言也。」《特牲饋食禮》：「尊于户東，玄酒在西。」注云：「凡尊酌者在左。」疏云：「《鄉飲酒》、《鄉射》皆玄酒在西，事酒在東。若《燕禮》、《大射》唯君面尊，不從此義也。」如此類，皆鄭注發凡，而賈疏辨其同異也。

有鄭注不云凡而與發凡無異，賈疏申明爲凡例者。如《士冠禮》「宿賓」，注云：「宿者必先戒，戒不必宿。」疏云：「凡有戒無宿者，非止於此。案《鄉飲酒》、《鄉射》主人戒賓，及《公食大夫》各以其爵，皆是當日之戒，理無宿也。又《大射》『宰戒百官有事于射者，射人戒諸公卿大夫射，司士戒士射與贊者。前射三日，宰夫戒宰及司馬』，皆有戒而無宿是也。」《覲禮》：「侯氏入門右，坐奠圭。」注云：「卑者見尊，奠摯而不授。」疏云：「案《士昏禮》云：『壻執雁，升奠雁。』又云：『若不親迎，則婦入三月，然後壻見。主人出門，壻入門，奠摯再拜出。』鄭注云：『奠摯者，壻有子道，不敢授也。』又《士相見》凡臣見於君，『奠摯，再拜』，與此奠圭皆是卑者不敢授而奠之。」如此類，皆注不發凡，無異於發凡，而疏申明之也。

有鄭注不發凡，而賈疏發凡者。《鄉射禮·記》：「尊，綌冪。賓至，徹之。」疏云：「凡冪者皆爲塵埃加，故設之。但用冪不用冪不同者，凡用醴，皆不見用冪，質故也。」「醮用酒，亦無冪者，從禮子，質也。或以尊厭卑，亦無冪。《鄉飲酒》、《鄉射》有冪者，無所厭故也。」《覲禮》：「使者左還而立，侯氏還璧，使者受。侯氏降，再拜稽首。」疏云：「直云『使者左還』，不云拜送玉者，凡奉命使，皆不拜送。若卿歸饔餼，不拜送幣，亦斯類也。」如此類皆注不發凡，而疏發凡者也。

有經是變例，鄭注發凡而疏申明之者。《鄉射禮》：「司馬受爵，奠于篚，復位。獲者執其薦，使人執俎從之，辟設于乏南。」注云：「凡他薦俎，皆當其位之前。」疏云：「謂凡燕及食并祭祀之薦俎，皆當其位之前，唯此與《大射》獲者與釋獲者薦俎辟設，不當前也。」此經是變例，注發凡而疏申明之也。又有經是變例，注不發凡而疏發凡者。《聘禮》：「賓降堂，受老束錦，大夫止。」注云：「止不降，使之餘尊。」疏云：「凡賓主體敵之法，主人降，賓亦降。今賓降，使者不降者，使之餘尊，雖合降而不降。」又：「賓稱面，大夫對，北面當楣再拜，受幣于楹閒，南面，退，西面立。」注云：「受幣楹閒，敵也。賓亦振幣進，北面授。」疏云：「凡授受之義，在於兩楹之間者，皆是體敵，故《昏禮》云『授于楹閒南面』，注云：『授于楹閒，明爲合好，其節同也，南面並授也。』謂賓主俱至楹閒，南面並而授。是以《曲禮》云：『鄉與客並，然後受。』注云：『於堂上，則俱南面，禮敵者並授。』此是敵者之常禮也。雖是敵者於兩楹之閒，或有訝受者，皆是相尊敬之法。則此云大夫南面，賓北面授，雖是敵禮，是尊大夫，故訝受。又前致饔餼，儐使者于楹閒，賓北面授幣，鄭云賓北面授，尊君之使。自餘不在楹閒，别相尊敬。是以前云公『受玉于中堂與東楹之閒』，鄭注云：『東楹之閒，亦以君行一，臣行二。』又云公禮賓，賓『受幣，當東楹北面』，注云：『亦訝受。』又賓覿公云：『振幣進授，當東楹北面。』如此之類，不在兩楹之閒者，皆非敵法，就文解之。」此疏釋例最詳，特備録之。此皆經之變例，注不發凡而疏發凡者也。

有賈疏不云凡，而無異發凡者。《士昏禮》：「主人以賓升。」疏云：「禮之通例，賓主敵者，賓主俱升，若《士冠》與此文是也。若《鄉飲酒》、《鄉射》皆主尊賓卑，故初至之時，主人升一等，賓乃升，自卒洗之後亦俱升。唯《聘禮》公升二等，賓始升者，彼注云：『亦欲君行一，臣行二也。』《覲禮》王使人勞侯氏，使者不讓，先升者，奉王命尊故也。」《燕禮》：「降席，坐奠爵，拜告旨。」注云：「降席，席西也。」疏云：「鄭云『降席，席西』，不言面，案前體例降席，席西，拜者皆南面，拜訖則告旨。」此二條疏，言通例，言體例，即無異發凡也。《士冠禮》：「主人酬賓，束帛儷皮。」疏云：「此禮賓與饗禮同，但爲饗禮有酬帛則多。」此疏言同，即例也。《聘禮》：「上介奉幣，皮先，入門左，奠皮。」注云：「執皮者奠皮以有不敢授之義。」疏云：「案享時庭實使人執之，《昏禮》庭實亦使人執之，亦皆東，不奠於地。」此疏言亦即例也。《士昏禮》：「賓即筵，奠于薦左。」疏云：「此奠于薦左，不言面位。下贊禮婦『奠于薦東』，注云：『奠于薦東，升席奠之。』此云奠於薦左，明皆升席，南面奠也。必南面奠者，取席之正。又祭酒亦皆南面，並因祭酒之面奠之，則《冠禮》禮子亦南面奠之。《聘禮》禮賓，賓北面奠者，以公親執束帛待賜己，不敢稽留，故由便疾北面奠之也。《鄉飲酒》、《鄉射》酬酒不祭不舉，不得因祭而奠於薦東也。《燕禮》、《大射》重君物，賓祭酬酒，故亦南面奠。」此段疏屢言，亦其例最通貫矣。《士昏禮》：「建柶興，坐奠觶，遂拜。」疏云：「因建柶興，坐奠觶，不復興，遂因坐而拜。《冠禮》禮子并醮子，及此下禮婦，不言坐奠觶遂者，皆文不具。《聘禮》賓不言拜者，理中有拜可知也。」此言「可知」，以例知之也。經文不具，賈熟於禮例，則可據例以補經。禮之有例豈非至要哉！

綜而論之，鄭、賈熟於禮經之例，乃能作注作疏。注精而簡，疏則詳而密，分析常例變例，究其因由。且經有不具者，亦可以例補之。朱子云：「《儀禮》雖難讀，然卻多是重複。倫類若通，則其先後彼此展轉參照，足以互相發明。」《答陳才卿書》。此所謂倫類，即凡例也。近時則淩氏《禮經釋例》善承鄭、賈之學，大有助於讀此經者矣。澧嘗欲取《儀禮》經文，依吴中林《章句》分節寫之，每一節後寫張皋文之圖。又以淩次仲《釋例》分寫於經文各句下，名曰《儀禮三書合鈔》，如此則《儀禮》真不難讀。惜乎，爲之而未成也。

以上釋例。

韓昌黎《讀儀禮》云：「掇其大要，奇辭奥旨著于篇。」掇其大要者，即所謂「記事者必提其要」也。昌黎著于篇者，今不得而見之，然賈疏每一節所言之事，即大要也。若掇爲一編，當無異於昌黎所云矣。初讀《儀禮》者，尤當如此。昌黎掇奇辭，欲於作爲文章，而上規之也。掇奥旨，即《送陳密序》論習三禮所謂「誦其文，則思其義也」。

《郊特牲》：「三加彌尊，喻其志也。」孔疏云：「按《士冠禮》三加者，謂冠時三徧加冠也。至冠日賓至，而主人設冠身之席于阼階上，近主人之北，又設笄纚櫛具于席南。冠身立于東房，賓揖冠身出就位，佐冠爲冠身梳頭著纚畢，賓洗手，爲正髻。正髻畢，往西階至第一等，受取緇布冠。還至冠席前跪，爲冠身著冠畢。冠身起，入東房著玄端玄裳，士子皆隨其父朝夕之服，朝用玄衣素裳，夕用上士玄裳，中士黄裳，下士雜裳。雜裳前玄後黄，若大夫以上至天子，當同上士玄裳也。畢，又揖冠身出就位，就位畢，賓又下西階至第二等，受皮弁冠。還，爲冠身著冠，然後又著爵弁。其儀皆如緇布冠也。」此即所謂掇其大要者也。

《郊特牲》：「舅姑降自西階，婦降自阼階，授之室也。」孔疏云：「按《昏禮》既昏之後，夙興，贊見婦于舅姑。席于阼，舅即席。席于房外，南面，姑即席。婦執笲棗栗，奠于舅席。又執腶脩，奠于姑席。訖，贊者醴婦，席于户牖間。贊者酌醴以醴婦，薦脯醢。婦受醴畢，取脯，降，出授人于門外。舅姑入于室，共席于奥，婦盥，饋特豚，無魚腊，無稷，卒食，一酳，席于北墉下。婦徹，設于席前，婦即席餕姑之餘，卒食，姑酳之。」此疏所掇亦頗簡明。

《通典》掇取《儀禮》，然如諸侯大夫士冠，卷五十六。掇《士冠禮》而未能簡要，尚可删節。又如諸侯大夫士宗廟，卷四十八。掇《特牲饋食禮》、《少牢饋食禮》，則又太簡，蓋所謂掇其大要者亦不易也。

以上掇要。

既明禮文，尤當明禮意。朱笥河以《儀禮》難讀，欲撰釋例之書，又以禮莫精於《喪禮》，欲撰禮意之書。見《笥河集》子錫庚所撰序。釋例則凌次仲爲之矣。禮意則鄭注最精，非獨《喪禮》也。如《士冠禮》：「筮于廟門。」注云：「冠必筮日於廟門者，重以成人之禮、成子孫也。不於堂者，嫌蓍之靈由廟神。」夫以「筮於廟門」四字，而禮意精細如此，非鄭君孰能知之？又如《鄉飲酒禮》：「司正實觶，降自西階，階間北面坐奠觶，退共，少立。坐取觶，不祭，遂飲。」注云：「少立，自正，慎其位也。己帥而正，孰敢不正。」此司正拱手，少立，實難知其何意，讀鄭注乃知正己以帥人之意。其深微至此，得鄭注而神情畢見，可謂抉經之心矣。

《士喪禮》：「代哭。」鄭注云：「代，更也。孝子始有親喪，悲哀憔悴，禮防其以死傷生，使之更哭，不絶聲而已。」《既夕禮》：「三虞。」注云：「虞，安也。骨肉歸于土，精氣無所不之，孝子爲其彷徨，三祭以安之。朝葬，日中而虞，不忍一日離。」如此之類，乃鄭注發明喪禮之精意，而《禮記》注尤多。如《喪大記》：「主人二手承衾而哭。」注云：「哀慕若欲攀援。」《雜記上》：「朝夕哭不帷。」注云：「緣孝子之心，欲見殯肂也。」尸子云：「曾子讀《喪禮》，泣下沾襟。」讀鄭君之注，真欲泣下沾襟矣。《喪大記》又云：「大夫之喪，將大斂，君即位于序端。卒斂，君撫之。」孔疏云：「君臣情重，方爲分異，故斂竟而君以手案尸與之別也。」此疏説禮意亦沈摯，古之君臣情重如此！所謂視臣如手足也。讀之亦使人泣下也。

《春秋》桓三年：「公子翬如齊逆女。」《穀梁傳》云：「禮，送女，父不下堂，母不出祭門，諸母、兄弟不出闕門。父戒之曰：『謹慎從爾舅之言。』母戒之曰：『謹慎從爾姑之言。』諸母般，申之曰：『謹慎從爾父母之言。』」楊疏云：「傳并釋禮意，故與《士昏禮》本文不同。」昭十五年：「有事于武宮。籥入，叔弓卒。去樂，卒事。」《穀梁傳》云：「君在祭樂之中，大夫有變，以聞可乎？大夫，國體也。古之人重死，君命無所不通。」楊疏云：「言可乎，問言禮意。」澧謂：《穀梁傳》釋禮意、問禮意，亦可謂善於禮矣。楊疏能疏明之，亦可謂心知其意者。

以上明禮意。

張氏爾岐《儀禮鄭注句讀序》曰：「方愚之初讀之也，遥望光氣，以爲非周、孔莫能爲已耳，莫測其所言者何等也。及其矻矻乎讀之，讀已又默存而心歷之，而後其俯仰揖遜之容，如可睹也。忠厚藹惻之情，如將遇也。周文郁郁，其斯爲郁郁矣。君子彬彬，其斯爲彬彬矣。雖不可施之行事，時一神往焉，彷彿戴弁垂紳，從事乎其閒，忘其身之喬野鄙僿，無所肖似也。使當時遇難而止，止而竟止，不幾於望辟雝之威儀而卻步不前者乎？噫！愚則幸矣。顧世之讀是書者，勿徒憚其難也。」

按：學者治禮，當依張氏此説求之。愚又謂禮之本在《孝經》，其法在《春秋》，其義在《禮記》。蓋「經禮三百，曲禮三千」，皆周公以孝治天下之實事，節文度數，委曲繁重，無非愛人敬人之意所彌綸。故《覲禮》可以見天子之孝，燕、射、聘、食可以見諸侯之孝，冠、昏、喪、祭、射、鄉、相見可以見卿大夫、士庶人之孝。故禮必行諸廟，辭必稱其先，尊尊、親親、長長、賢賢則不好犯上、不好作亂而天下平。非法不言，非道不行，而人心正矣。《春秋》以一字褒貶決是非，《禮經》以一字同異正名分，皆聖人精義入神之學。禮之所尊，尊其義，《冠義》、《昏義》、《鄉飲酒義》、《射義》、《燕義》、《聘義》、《朝事義》、《祭義》、《祭統》、《喪服四制》、《三年問》、《閒傳》、《檀弓》、喪禮，哀戚之至也。一章專説喪禮之義。《問喪》等篇，皆孔門七十子言禮之大義。其誼理之精，文辭之美，使讀者鼓舞歆動，油然自生其忠孝仁義之心。據記義求經文，則非惟不苦其難，將好之樂之，終身誦之而不厭，而變化氣質，陶養德性，有日遷善而不自知者。是故學者本《孝經》以讀《禮經》，其學乃有本且有用。以治《春秋》之法治《禮經》，其學乃精。據《禮記》以讀《禮經》，其學乃神。

要旨第二　禮經

淩氏廷堪《復禮》曰：「夫人之所受於天者，性也。性之所固有者，善也。所以復其善者，學也。所以貫其學者，禮也。是故聖人之道，一禮而已矣。孟子曰：『契爲司徒，教以人倫，父子有親，君臣有義，夫婦有別，長幼有序，朋友有信。』此五者，皆吾性之所固有者也。聖人知其然也，因父子之道而制爲《士冠》之禮，因君臣之道而制爲《聘》、《覲》之禮，因夫婦之道而制爲《士昏》之禮，因長幼之道而制爲《鄉飲酒》之禮，因朋友之道而制爲《士相見》之禮，自元子以至於庶人，少而習焉，長而安焉。禮之外，別無所謂學也。夫性具於生初，而情則緣性而有者也。性本至中，而情則不能無過不及之偏，非禮以節之，則何以復其性焉。父子當親也，君臣當義也，夫婦當別也，長幼當序也，朋友當信也，五者根於性者也，所謂人倫也。而其所以親之、義之、別之、序之、信之，則必由乎情以達焉者也。非禮以節之，則過者或溢於情，而不及者則漠焉遇之，故曰：『喜怒哀樂之未發謂之中，發而皆中節謂之和。』其中節也，非自能中節也，必有禮以節之，故曰：『非禮何以復其性焉？』是故知父子之當親也，則爲醴醮祝字之文以達焉，其禮非《士冠》可賅也，而於《士冠》焉始之。知君臣之當義也，則爲堂廉拜稽之文以達焉，其禮非《聘》、《覲》可賅也，而於《聘》、《覲》焉始之。知夫婦之當別也，則爲笄次帨鞶之文以達焉，其禮非《士昏》可賅也，而於《士昏》焉始之。知長幼之當序也，則爲盥洗酬酢之文以達焉，其禮非《鄉飲酒》可賅也，而於《鄉飲酒》焉始之。知朋友之當信也，則爲雉腒奠授之文以達焉，其禮非《士相見》可賅也，而於《士相見》焉始之。《記》曰：『禮儀三百，威儀三千。』其事蓋不僅父子、君臣、夫婦、長幼、朋友也。即其大者而推之，而百行舉不外乎是矣。其篇亦不僅《士冠》、《聘》、《覲》、《士昏》、《鄉飲酒》、《士相見》也。即其存者而推之，而五禮舉不外乎是矣。良金之在丱也，非築氏之鎔鑄不能爲削焉，非㮚氏之模範不能爲量焉。良材之在山也，非輪人之規矩不能爲轂焉，非輈人之繩墨不能爲轅焉。禮之於性也，亦猶是而已矣。如曰舍禮而可以復性也，是金之爲削、爲量不必待鎔鑄模範也，材之爲轂、爲轅不必待規矩繩墨也。如曰舍禮而可以復性也，必如釋氏之幽深微眇而後可。若猶是聖人之道也，則舍禮奚由哉！蓋性至隱也，而禮則見焉者也。性至微也，而禮則顯焉者也。故曰：『莫見乎隱，莫顯乎微，故君子慎其獨也。』三代盛王之時，上以禮爲教也，下以禮爲學也。君子學士冠之禮，自三加以至於受醴，而父子之親油然矣。學聘覲之禮，自受玉以至於親勞，而君臣之義秩然矣。學士昏之禮，自親迎以至於徹饌成禮，而夫婦之別判然矣。學鄉飲酒之禮，自始獻以至於無算爵，而長幼之序井然矣。學士相見之禮，自初見執贄以至於既見還贄，而朋友之信昭然矣。蓋至天下無一人不囿於禮，無一事不依於禮，循循焉日以復其性於禮而不自知焉。劉康公曰：『民受天地之中以生，所謂命也。是以有動作禮義威儀之則以定命也。』故曰：『天命之謂性，率性之謂道，修道之謂教。』夫其所謂教者，禮也，即父子有親、君臣有義、夫婦有別、長幼有序、朋友有信是也。故曰：『學則三代共之，皆所以明人倫也。』」又曰：「《記》曰：『仁者，人也，親親爲大。義者，宜也，尊賢爲大。親親之殺，尊賢之等，禮所生也。』此仁與義不易之解也。又曰：『君臣也，父子也，夫婦也，昆弟也，朋友之交也，五者天下之達道也。知、仁、勇，三者天下之達德也。』此道與德不易之解也。夫人之所以爲人者，仁而已矣。凡天屬之親則親之，從其本也，故曰：『仁者，人也，親親爲大。』亦有非天屬之親而其人爲賢者，則尊之，從其宜也，故曰：『義者，宜也，尊賢爲大。』以喪服之制論之，昆弟，親也，從父昆弟則次之，從祖昆弟又次之。故昆弟之服則疏衰裳齊期，從父昆弟之服則大功布衰裳九月，從祖昆弟之服則小功布衰裳五月，所謂親親之殺也。以鄉飲酒之制論之，其賓，賢也，其介則次之，其衆賓又次之。故獻賓則分階，其俎用肩；獻介則共階，其俎用肫胳；獻衆賓則其長升受，有薦而無俎：所謂尊賢之等也。皆聖人所制之禮也。故曰：『親親之殺，尊賢之等，禮所生也。』親親之殺，仁中之義也。尊賢之等，義中之義也。是故義因仁而後生，禮因義而後生，故曰：『君子義以爲質，禮以行之，孫以出之，信以成之。』《禮運》曰：『禮也者，義之實也。協諸義而協，則禮雖先王未之有，可以義起也。』《郊特牲》曰：『父子親，然後義生。義生，然後禮作。』董子曰：『漸民以仁，摩民以義，節民以禮。』然則禮也者，所以制仁義之中也。故至親可以揜義，而大義亦可以滅親。後儒不知，往往於仁外求義，復於義外求禮，是不識仁且不識義矣。烏覩先王制禮之大原哉？是故以昆弟之服服從父昆弟、從祖昆弟，以獻賓之禮獻介、獻衆賓，則謂之過。以從父昆弟、從祖昆弟之服服昆弟，以獻介、獻衆賓之禮獻賓，則謂之不及。蓋聖人制之而執其中，君子行之而協於中，庶幾無過不及之差焉。夫聖人之制禮也，本於君臣、父子、夫婦、昆弟、朋友五者，皆爲斯人所共由，故曰：『道者，所由適於治之路也。』天下之達道是也。若舍禮而別求所謂道者，則杳渺而不可憑矣。而君子之行禮也，本之知、仁、勇三者，皆爲斯人所同得，故曰：『德者，得也。』天下之達德是也。若舍禮而別求所謂德者，則虚懸而無所薄矣。蓋道無迹也，必緣禮而著見，而制禮者以之。德無象也，必藉禮爲依歸，而行禮者以之。故曰：『苟不至德，至道不凝焉。』是故禮也者，不獨大經大法悉本夫天命民彝而出之，即一器數之微，一儀節之細，莫不各有精義彌綸於其閒，所謂『物有本末，事有終始』是也。格物者，格此也。《禮器》一篇，皆格物之學也。若泛指天下之物，有終身不能盡識者矣。蓋必先習其器數儀節，然後知禮之原於性，所謂致知也。知其原於性，然後行之出於誠，所謂誠意也。若舍禮而言誠意，則正心不當在誠意之後矣。《記》曰：『自天子以至於庶人，壹是皆以修身爲本。』又曰：『非禮不動，所以修身也。』又曰：『修身以道，修道以仁。』即就仁義而申言之。曰『禮所生也』，是道實禮也。然則修身爲本者，禮而已矣。蓋修身爲平天下之本，而禮又爲修身之本也。《曲禮》曰：『道德仁義，非禮不成。』是故『君子尊德性而道問學，致廣大而盡精微，極高明而道中庸，温故而知新，敦厚以崇禮』。」又曰：「聖人之道，至平且易也。其所以節性者，禮焉爾。是故冠昏飲射，有事可循也。揖讓升降，有儀可按也。豆籩鼎俎，有物可稽也。使天下之人少而習焉，長而安焉。其秀者有所憑而入於善，頑者有所檢束而不敢爲惡。上者陶淑而底於成，下者亦漸漬而可以勉而至。聖人之道所以萬世不易者，此也。子所雅言，《詩》、《書》、執禮。顏淵問仁，子曰：『克己復禮爲仁。』請問其目。

曰：『非禮勿視，非禮勿聽，非禮勿言，非禮勿動。』顔淵曰：『夫子循循然善誘人，博我以文，約我以禮。』聖人舍禮無以爲教也，賢人舍禮無以爲學也。《詩》、《書》，博文也；執禮，約禮也，孔子所雅言者也。仁者，行之盛也，孔子所罕言者也。顔淵大賢，具體而微。其問仁與孔子告之爲仁者，惟禮焉爾。子貢曰：『夫子之文章，可得而聞也。夫子之言性與天道，不可得而聞也。』文章，《詩》、《書》、執禮也。性與天道非不可得而聞，即具於《詩》、《書》、執禮之中，不能託諸空言也。顔淵見道之高堅前後，幾於杳渺而不可憑，迨至博文約禮，然後曰『如有所立，卓爾』，即立於禮之立也。故曰：『不學禮，無以立。』又曰：『不知禮，無以立也。』顔子由學禮而後有所立，於是馴而致之其心，三月不違仁。其所以不違者，復其性也。其所以復性者，復於禮也。故曰：『一日克己復禮，天下歸仁焉。』」

張氏惠言《原治》曰：「古之治天下者，上不急乎其下，而下無所拂乎其上，政不令而成，獄不省而措。其逸也如此！其政之施於民者，不過歲時讀法而已。是亦今有司之所奉行者也，其刑罰之條止於二千五百而以待獄訟常有餘，豈今之有司常愚而古之有司常智歟？其民與上相接者，飲酒、習射、吹笙、擊鼓以爲樂，而知仁、聖義、中和之德，孝友、睦婣、任卹之行，禮樂、射御、書數之事，皆後之學士大夫所習焉而難成、成焉而可貴者，鄉黨州閭之子弟常出於其閒，其化之湆而俗之懋也又如此。蓋先王之制禮也，原情而爲之節，因事而爲之防。民之生固有喜怒哀樂之情，即有飲食男女、聲色安逸之欲，而亦有惻隱、羞惡、辭讓、是非之心，故爲之婚姻冠笄、喪服祭祀、賓鄉相見之禮，因以制上下之分、親疏之等、貴賤長幼之序、進退揖讓升降之數，使之情有以自達，欲有以自遂，而仁義禮智之心油然以生，而邪氣不得接焉。民自日用飲食知能所及，思慮所造，皆有以範之，而不知其所以然，故其入之也深，而服之也易。夫蠻粤之人生而侏離，聞中國之音則駭而視。被髮文身之俗，資章甫而無所售。彼其習於鄙陋者猶如此，而況習於禮教者？其有奇衺放恣之民生其閒，有不怪且駭屏之而無所容者乎！故先王所以能一道德、同風俗至於數十百年而不遷者，非其民獨厚，其理自然也。是故先王之制禮也甚繁，而其行之也甚易。其操之也甚簡，而施之也甚博。政也者，正此者也。刑也者，型此者也。樂也者，樂此者也。是故君者制禮以爲天下法，因身率而先之者也。百官有司者奉禮以章其教而布之民者也，度禮之所宜而申之，以民所常習，故政不煩也。權禮之所禁而輕重之，以繩不合者，故刑不擾也。民習於禮，故知有是非。有是非，然後有羞惡，是故賞罰可得而用也。民習於禮，故知有父子、君臣、長幼、上下。知父子、君臣、長幼、上下，然後有孝弟忠信，是故軍旅、田役之事可得而使也。民習於禮，故有孝友、睦婣、任卹。有孝友、睦婣、任卹，然後有知仁、聖義、中和，是故其人材成者可得而用也。故曰：『禮止亂之所由生，猶防止水之所自來也。壞國破家亡人，必先去其禮。』禮不去而風俗隳、國家敗者，未之有也。後之君子則不然，不治其情而罪其欲也，不制其心而惡其事也，令之以政而不知其所由然也，施之以禁而不知其所以失也，民行而無所循習，動而無所法守，不勝其欲而各以知求之，知上之有以禁我也，則各以詐相遁。有司見其然，於是多爲刑辟以束縛之，條律之煩至不可勝數，以治其不幸而不能逃者。其幸而能逃，不抵于法，則又莫之問也。雖其不能逃，而抵于法，吏當之死而不敢怨。而其所以然者，豈非其人之大不幸歟？此三代以下，所以小治不數見，而大亂不止者也。」

案：淩氏、張氏發明禮教，言則大矣，美矣，盛矣，言盡於此而已乎！夫民習于禮則知有親，知有親則知所以安其親。民習于禮則知有君，知有君則知所以衛其君。其有背君親而爲不義者，天下之所共擊也。其有漠視君親之難而不顧者，天下之所共棄不齒也。人人親其親，長其長，則人人同其心，奮其力，精誠之至，愚者且明，懦者亦强。禮達分定，章志貞教，何誨盜誨淫之足憂？衆志成城，同仇敵愾，知深勇沈，思患豫防，强學力政，何蠻夷寇賊之敢侮？故曰：「物恥足以振之，國恥足以興之，爲政先禮，禮其政之本歟？」

《記》曰：「夫禮始於冠，本於昏，重於喪祭，尊於朝聘，和於射鄉，此禮之大體也。」又曰：「禮之所尊，尊其義也，失其義，陳其數，祝史之事也。知其義而敬守之，天子之所以治天下也。」

《士冠禮》第一。鄭《目録》云：「童子任職居士位，年二十而冠，主人玄冠朝服，則是仕於諸侯。天子之士，朝服皮弁素積。古者四民世事，士之子恒爲士。」

《韓詩外傳》曰：「夫爲人父者，必懷慈仁之愛以畜養其子，撫循飲食以全其身。及其有識也，必嚴居正言以先導之。及其束髮也，授明師以成其技。十九見志，請賓冠之。」

《漢書》曰：「八歲入小學，學六甲五方書計之事，始知室家長幼之節。十五入大學，學先聖禮樂，而知朝廷君臣之禮。」《書大傳》曰：「入小學知父子之道、長幼之序，入大學知君臣之義、上下之位，故爲臣則臣，爲子則子。」朱子謂：「古人自能食能言，即有教。一歲有一歲之功，至二十時，已養成聖賢資質。」《語類》。惟然，故可責以成人之禮而冠之。

《白虎通》曰：「所以有冠者何？人懷五常，莫不貴德。示成禮有修飾文章，故制冠以飾首，別成人也。」

《説苑》曰：「冠者所以別成人也，修道束躬以自申飭，所以檢其邪心，守其正意也。君子始冠必祝，成禮加冠，以勵其心。故君子成人必冠帶以行事，棄幼小嬉戲、惰慢之心，而衎衎於進德修業之志。是故服不成象，而内心不變，内心修德，外被禮文，所以成顯令之名也。是故皮弁素積，百王不易，既以修德，又以正容。孔子曰：『正其衣冠，尊其瞻視，儼然人望而畏之，斯不亦威而不猛乎？』」

《記》曰：「凡人之所以爲人者，禮義也。禮義之始，在於正容體、齊顔色、順辭令。容體正、顔色齊、辭令順，而後禮義備，以正君臣、親父子、和長幼。君臣正、父子親、長幼和，而後禮義立。故冠而後服備，服備而後容體正、顔色齊、辭令順，故曰冠者，禮之始也。是故古者聖王重冠。」

《冠禮》。將冠，先筮日，次戒賓，至前期三日又筮賓，筮賓之明日宿賓，又明日爲期，告賓。冠期前事，凡五節。

筮日節　「筮于廟門」，注曰：「冠必筮日于廟門者，重以成人之禮成子孫也。」《記》曰：「成人之者，將責成人禮焉也。責成人禮焉者，將責爲人子、爲人弟、爲人臣、爲人少者之禮行焉。將責四者之行於人，其禮可不重與？故孝弟忠順之行立，而後可以爲人。可以爲人，而後可以治人也。故聖王重禮。」

戒賓節　注曰：「賓，主人之僚友。古者有吉事則樂與賢者歡成之，有凶事則欲與賢者哀戚之。」

筮賓節　注曰：「筮其可使冠子者，賢者恒吉。《冠義》曰：『古者冠禮，筮日筮賓，所以敬冠事。敬冠事所以重禮，重禮所以爲國本。』」

冠至期，先陳設器服，次主人以下即位，次迎賓及贊冠者入，乃行三加之禮。加冠畢，賓醴冠者，冠者見于母，賓字冠者。凡九節。三加爲三節。而冠禮成，賓出矣。

即位節　「主人玄端爵韠，立於阼階下」，注曰：「玄端，士入廟之服也。」《記》曰：「重冠，故行之於廟。行之於廟者，所以尊重事。尊重事而不敢擅重事。不敢擅重事所以自卑而尊先祖也。」

始加節　「主人之贊者，筵于東序少北」，注：「東序，主人位也。適子冠於阼，少北，避主人。」漢匡衡上疏曰：「臣聞室家之道修，則天下理得。故《詩》始《國風》，禮本冠昏。」「適子冠乎阼，禮之用醴，衆子不得與列，所以貴正體而明嫌疑也。非虚加其禮文而已，乃中心與之殊異，故禮探其情而見之外也。」淩氏曰：「冠禮，適子冠于阼，庶子冠於房外。昏禮，適婦酌之以醴，庶婦醮之以酒。此適庶之分也。封建之世，諸侯有國，大夫士有家，傳重及承重者，始爲宗子。先王制禮，於適庶之分最嚴，故于冠昏首重之，蓋慮其啓争也。」此一義。《禮經校釋》曰：「《記》曰：『適子冠於阼，以著代也。』蓋二十成人，漸有代親之端，故冠於阼以著其義。人子於此當有愴然不安者，然主人尚未離其位也。至昏禮婦見舅姑，而舅姑先降自西階，婦降自阼階矣。人年三十娶而有子，至子娶則父年六十，母年五十。人無百年不敝之身，瞻依、怙恃、定省、饋養之日，去一日則少一日，曾子曰：『親戚既没，雖欲孝，誰爲孝？』故禮於冠昏著此義，所以深動子婦愛日之誠，而使之及時以養，冠昏不用樂，職是故也。迨喪禮大斂，殯於西階，三月而葬，苞遣奠而贈制幣，父母而賓客之矣。反哭，升堂，反諸其所作。婦入於室，反諸其所養，此時雖欲致其一日之歡，尚可得乎？而其端則於冠子、饗婦之日，已早見之。事有必至，爲人子者不可不發深省也！」此又一義，相兼乃足。　「賓盥」，陳氏祥道《禮書》曰：「賓盥，所以致潔。降盥，降受冠弁，所以致敬。始加，受冠，降一等。再加，降二等。三加，降三等，以服彌尊，故降彌下也。」　「進容，乃祝」。胡氏曰：「賓特正其容儀，爲冠者取法也。」按：此所謂身教。　「乃冠」。記曰：「始冠，緇布之冠也。大古冠布，齊則緇之。」注曰：「重古，始冠冠其齊冠。」　「冠者興，適房，服玄端爵韠。出房，南面」，注曰：「一加禮成，觀衆以容體。」

再加節　「容，出房，南面」，注曰：「容者，再加彌成，其儀益繁。」

三加節　「賓降三等，受爵弁，加之。」記曰：「三加彌尊，諭其志也。」注曰：「諭其志者，欲其德之進也。」

賓醴冠者節　《記》曰：「醮於客位，加有成也。」注曰：「所以尊敬之，成其爲人也。」淩氏曰：「適子或醴或醮，皆于客位。」

見母節　《記》曰：「見於母，母拜之，成人而與爲禮也。」案：見母在闈門之外。《校釋》曰：「冠禮，父入廟行禮，母離寢而在廟之闈門外待之，蓋父母共以成人之禮成其子也。兄弟隨父而立於堂下，以觀禮。姑、姊隨母而待於寢門内。」讀此經，令人孝弟之心油然生矣。又曰：「父母生子，自呱呱一聲而後，無一刻不望其長大成立。故冠禮父主之，冠畢，即急見母也。聖人制禮，曲達人情如此！母拜，與爲禮，亦所以深動人子事親、立身、孝敬之心。」

賓字冠者節　記曰：「冠而字之，敬其名也。」注曰：「名者質，所受於父母，冠成人，益文，故敬之也。」《白虎通》曰：「人所以有字何？所以冠德、明功、敬成人也。」

冠禮既成，賓出，就次。冠者乃見兄弟，見贊者，入見姑姊。又易服見君，見卿大夫、鄉先生。又主人醴賓，又送賓、歸俎。冠後事，凡四節。

賓出節　「請醴賓」。陳氏祥道曰：「君子之於人，勞之必有以禮之。故昏禮享送者，鄉飲息司正，祭禮儐尸，冠禮醴賓，其義一也。」「冠者見於兄弟」。《記》曰：「見於兄弟，兄弟拜之，成人而與爲禮也。」

見君、見卿大夫、鄉先生。　《記》曰：「以成人見也。」

醴賓節　「主人酬賓」，注曰：「飲賓客而從之以財貨曰酬，所以申暢厚意也。」

自「若不醴」以下，别出冠禮之變：先陳夏殷冠子不醴而醮之法，次孤子冠，次庶子冠，次見母權法。凡四節。

醮用酒節　「若不醴，則醮用酒」，注曰：「謂國有舊俗可行，聖人用焉不改者也。《曲禮》曰：『君子行禮，不求變俗。祭祀之禮，居喪之服，哭泣之位，皆如其國之故，謹修其法而審行之。』是。」

孤子冠節　「主人紒而迎賓」。案：不言采衣者，「孤子當室，冠衣不純采」。況冠者入廟踐其位，行其禮，仰視榱棟，俯見几筵，其器存，其人亡，以是思哀哀可知矣。紒而迎賓，有煢煢在疚之情焉。「禮于阼」。《曾子問》曰：「父没而冠，則已冠，掃地而祭於禰，已祭而見伯父、叔父，而后饗冠者。」按：伯父、叔父與尊者一體，見伯叔父如父存焉。敬其所尊，愛其所親，孝子之心也。

庶子冠節　注曰：「不於阼階，非代也。不醮於客位，成而不尊。」

自「戒賓曰」以下，載冠禮之辭。先陳戒賓、宿賓辭，次三加辭，次醴辭，次三醮辭，次字辭。凡五節。

始加祝辭　「棄爾幼志，順爾成德。壽考惟祺，介爾景福」，注曰：「因冠而戒，且勸之。女如是則有壽考之祥，大女之大福也。」

三加祝辭　「兄弟具在」。《校釋》曰：「父母俱存，兄弟無故，爲生人至難至幸之事。《詩》曰：『豈伊異人，兄弟甥舅。』又曰：『死喪無日，無幾相見。』曾子曰：『年既耆艾，雖欲弟，誰爲弟？』故古人最重兄弟，務使戚戚之恩莫違具爾，《常棣》之孔懷，《行葦》之忠厚，皆於此禮見之。」

醴辭　「拜受祭之，以定爾祥。承天之休，壽考不忘」。張氏爾岐云：「定祥、承休與《易》凝命之旨相類，天人之理見于此。」按：《春秋傳》曰：「民受天地之中以生，所謂命也。是以有動作禮義威儀之則，以定命也。能者養以之福。」是其義。

醮辭　「孝友時格，永乃保之」，注曰：「善父母爲孝，善兄弟爲友。時，是也。格，至也。永，長也。保，安也。行此乃能保之。」

三服之屨，别爲一節，附經末。

《冠禮》經詳，故記惟言其義。首明始冠用緇布冠之義，次明重適之義，次明三加及冠字之義，次記三代冠之同異，次明大夫以上冠皆用士禮之義，次明士爵謚今古之異。凡六節。

大夫以上冠　注曰：「周之初禮，年未五十而有賢才者，試以大夫之事，猶服士服，行士禮。二十而冠，急成人也。五十乃爵，重官人也。」又曰：「自夏初以上，諸侯雖父死子繼，年未滿五十者亦服士服，行士禮，五十乃命也。至其衰末，上下相亂，篡弑所由生，故作公侯冠禮以正君臣也。《坊記》曰：『君不與同姓同車，與異姓同車不同服，示民不嫌也。以此坊民，民猶得同姓以弑其君也。』」「天子之元子猶士也，天下無生而貴者也」，注曰：「無生而貴，皆由下升。」《荀子》曰：「古者天子諸侯子十九而冠，冠而聽治，其教至也。」「繼世以立諸侯，象賢也」，注曰：「爲子孫能法先祖之賢，故使之繼世也。」「以官爵人，德之殺也」，注曰：「殺猶衰也。德大者爵以大官，德小者爵以小官。」

司馬氏光《書儀》云：「凡子生，稍有知，則教之以恭敬尊長，有不識尊卑長幼者，則嚴訶禁之。

六歲教之數與方名，男子始習書字。七歲男女不同席，不共食，始誦《孝經》、《論語》。八歲出入門户，及即席飲食必後長者，始教之讓，男子誦《尚書》。九歲讀《春秋》及諸史，始爲之講解，使曉義理。十歲出就外傅，居宿於外，讀詩、禮、傳，爲之講解，使知仁義禮智信。自是以往，可以讀孟、荀、楊子，讀書之法，今昔異宜，要其大義不可易。荀、楊語不盡純，當分別讀之。博觀群書。凡所讀書必擇其精要者而誦之，其異端非聖賢之書傳宜禁之，勿使妄觀以惑亂其志。觀書皆通，知禮義之方然後冠之，此二語參取上卷自注。責以成人之禮。」案：冠禮自漢以來久曠不行，程子云：「冠禮廢，天下無成人。」禮教之壞，世道之大憂也！温公定《書儀》後，好古君子始稍稍行之。

《士昏禮》第二。鄭《目録》云：「士娶妻之禮，以昏爲期，因而名焉。必以昏者，取其陽往而陰來，日入三商爲昏。」

《禮·經解》曰：「昏姻之禮，所以明男女之別也。昏姻之禮廢，則夫婦之道苦，而淫辟之罪多矣。」《盛德》記曰：「凡婬亂生於男女無別，夫婦無義。昏禮享聘者，享婦聘女。所以別男女、明夫婦之義也。故有淫亂之獄，則飾昏禮享聘也。」按：禮所以重男女之別者，《易》曰：「有夫婦然後有父子君臣上下，禮義有所錯。」蓋生人之道莫大君臣，君臣之義出於父子。故《孝經》之義，天子以德教加于四海爲孝，諸侯以保社稷爲孝，卿大夫士以保宗廟祭祀爲孝，庶人以謹身爲孝。如此，則居上不驕，爲下不亂，在醜不争，災害不生，禍亂不作，所謂明王之以孝治天下也。然父子之道，本於夫婦。上古之世，有男女而無夫婦，則父子不相知，無奉養祭祀、繼世相保之道。則一人横行無所顧忌，貪利殘殺之行莫可禁絶，而愛敬親遜之善機無自而開。故聖人爲之别男女以爲夫婦，而後人人得父其父，子其子，君臣上下由此以立，仁義禮樂由此以行，故夫婦者，生人之本而實聖人不嗜殺人之要道也。故曰：「男女有别，然後父子親。父子親，然後義生。義生，然後禮作。禮作，然後萬物安。」又曰：「先王以是經夫婦，成孝敬。」三綱之始，王化之原也。

《白虎通》曰：「人道所以有嫁娶何？以爲情性之大，莫若男女。男女之交，人倫之始，莫若夫婦。人承天地施陰陽，故設嫁娶之禮者，重人倫、廣繼嗣也。禮，男娶女嫁何？陰卑不得自專，就陽而成之。故《傳》曰：『陽倡陰和，男行女隨。』男不自專娶，女不自專嫁，必由父母，須媒妁何？遠恥防淫佚也。《詩》云：『娶妻如之何？必告父母。』又曰：『娶妻如之何？匪媒不得。』男三十而娶，女二十而嫁何？陽數奇，陰數偶也。男長女幼者何？陽道舒，陰道促。男三十筋骨堅强，任爲人父；女二十肌膚充盈，任爲人母。合爲五十，應大衍之數，生萬物也。故《禮・内則》曰：『男三十壯有室，女二十壯而嫁。』」

《禮・保傅》記曰：「《易》曰：『正其本，萬物理。失之毫釐，差之千里。』故君子慎始也。《春秋》之元，《詩》之《關雎》，《禮》之冠昏，《易》之乾坤，皆慎始謹終云爾。謹爲子孫娶妻嫁女，必擇孝弟世世有行義者，如是，則其子孫慈孝，不敢婬暴，黨無不善，三族輔之，故曰：鳳皇生而有仁義之意，虎狼生而有貪戾之心，兩者不等，各以其母。」《本命》記曰：「逆家子不取，亂家子不取，世有刑人不取。」

漢匡衡上疏曰：「臣聞室家之道修，則天下之理得，故《詩》始國風，《禮》本冠昏。始乎國風，原情性而明人倫也。本乎冠昏，正基兆而防未然也。福之興莫不本乎室家，道之衰莫不始乎梱內，故聖王必慎妃后之際，別適長之位。禮之於內也，卑不踰尊，新不先故，所以統人情而理陰氣也。」

荀爽對策曰：「夫婦，人倫之始，王化之端，故文王作《易》，上經首乾、坤，下經首咸、恒。孔子曰：『天尊地卑，乾坤定矣。』夫婦之道，所謂順也。《堯典》曰：『釐降二女於媯汭，嬪於虞。』降者，下也。嬪者，婦也。言雖帝堯之女，下嫁於虞，猶屈體降下，勤修婦道。《易》曰：『帝乙歸妹，以祉元吉。』婦人謂嫁曰歸，言湯以娶禮歸其妹於諸侯也。《春秋》之義，王姬嫁齊，使魯主之，不以天子之尊加於諸侯也。孔子曰：『昔聖人之作《易》也，仰則觀象於天，俯則察法於地，覩鳥獸之文，與天地之宜。近取諸身，遠取諸物，以通神明之德，以類萬物之情。』今觀法於天，則北極至尊，四星妃后。察法於地，則崑山象夫，卑澤象妻。覩鳥獸之文，鳥則雄者鳴雊，雌能順服。獸則牡爲唱導，牝乃相從。近取諸身，則乾爲人首，坤爲人腹。遠取諸物，則木實屬天，根荄屬地。陽尊陰卑，蓋乃天性。昔者，聖人建天地之中而謂之禮，衆禮之中，昏禮爲首。故天子娶十二，天之數也。諸侯以下各有等差，事之降也。陽性純而能施，陰體順而能化，以禮濟樂，節宣其氣，故能豐子孫之祥，致老壽之福。」

《郊特牲》曰：「天地合而后萬物興焉。夫昏禮，萬世之始也。」《昏義》曰：「昏禮者，將合二姓之好，上以事宗廟，而下以繼後世也，故君子重之。」

昏禮有六：納采、問名、納吉、納徵、請期、親迎是也。請期以上，五禮皆遣使者行之。納采、問名，一使兼行二禮，爲一節。餘三禮各爲一節。昏期前事凡四節，凡使者禮畢，主人皆禮賓，於納采、問名著之。

納采、問名節　「下達」，注曰：「將欲與彼合昏姻，必先使媒氏下通其言。昏必由媒，交接設紹介，皆所以養廉恥。」《記》曰：「夫禮，坊民所淫，章民之别，使民無嫌，以爲民紀者也。故男女無媒不交，無幣不相見，恐男女之無别也。以此坊民，民猶有自獻其身。」《孟子》曰：「不待父母之命，媒妁之言，則父母國人皆賤之。」「納采用雁」，注曰：「取其順陰陽往來。」《白虎通》曰：「取其隨時而南北不失其節，明不奪女子之時也。又是隨陽之鳥，妻從夫之義也。又取飛成行，止成列也，明嫁娶之禮，長幼有序不相踰越也。又昏禮摯不用死雉，故用雁也。」「主人筵于户西」，注曰：「筵，爲神布席也。將以先祖之遺體許人，故受其禮于禰廟也。」《記》曰：「昏禮，納采、問名、納吉、納徵、請期，皆主人筵几于廟，而拜迎於門外。入，揖讓而升，聽命于廟，所以謹慎重正昏禮也。」「擯者出請事」，注曰：「禮不必事，雖知，猶問之，重慎也。」疏説以《論語》云「無必」。「問名」，注曰：「將歸卜其吉凶。」《白虎通》曰：「卜女之德，知相宜否。」《記》曰：「男女非有行媒，不相知名。」

納吉　注曰：「昏姻之事於是定。」

納徵，玄纁、束帛、儷皮　注曰：「徵，成也。使使者納幣以成昏禮。用玄纁者，象陰陽備也。」

《白虎通》曰：「玄三法天，纁二法地也。陽奇陰偶，明陽道之大也。兩皮爲庭實，庭實，偶也。」陳氏立《疏證》云：「《曲禮》：『非受幣，不交不親。』《昏禮》『女子許嫁』，注：『許嫁，已受納徵禮也。』是六禮皆以納徵爲斷。」按：《記》曰：「皮帛必可制。」《郊特牲》曰：「幣必誠，辭無不腆。告之以直信，信，事人也。信，婦德也。壹與之齊，終身不改。故夫死不嫁。」六禮以納徵爲斷，故《記》於納徵發此義。顧氏炎武曰：「『歸妹，人之終始也。』先王於此有省文尚質之意，故辭無不腆無辱。告之以直信，曰先人之禮而已。所以立生民之本，而爲嗣續之基，故以内心爲主，而不尚乎文辭也。」按：此亦《記》義所該，自致其誠信，所以教婦德。

請期　「主人辭」，注曰：「陽倡陰和，期日宜由夫家來也。」

及期，先陳饌，次親迎，次婦至成禮。凡三節。

陳饌節　《記》曰：「腊必用鮮，魚用鮒，必殽全。」疏曰：「用鮮者，取夫婦日新之義。用鮒者，義取夫婦相依附。必殽全者，取夫婦全節無虧之理。」

親迎節　《記》曰：「父親醮子而命之迎，男先於女也。子承命以迎。」又曰：「男子親迎，男先於女，剛柔之義也。天先乎地，君先乎臣，其義一也。」《白虎通》曰：「天子下至士，必親迎授綏者何？以陽下陰也。欲得其歡心，示親之心也。」「主人爵弁」，注曰：「主人，壻也，壻爲婦主。」按：此即夫爲妻綱之義。顧氏炎武曰：「『主人爵弁』，注：『主人，壻也。』『主人筵於户西』，注：『主人，女父也。』親迎之禮，自夫家而行，故壻稱主人。至於婦家，則女父又當爲主人，故不嫌同辭也。

女父爲主人，則壻當爲賓，故曰：『賓東面答拜。』注：『賓，壻也。』對女父之辭也。至於賓出而婦從，則變其文而直稱曰『壻』。壻者，對婦之辭也。曰『主人』、曰『賓』、曰『壻』，一人而三異其稱，可以見禮時爲大，而義之由内矣。」注又曰：「爵弁而纁裳，玄冕之次，言其尊，亞於冕，重之至也。大夫以上親迎冕服。冕服迎者，鬼神之。鬼神之者，所以重之親之。」《記》曰：「玄冕齋戒，鬼神陰陽也。將以爲社稷主，爲先祖後，而可以不致敬乎？」「女次，純衣」。鄭氏珍曰：「孔子曰：『名不正則言不順。』夫婦，名之大者，名正而夫婦之道乃順。壻之迎婦也，女次而純衣，已居然婦矣，名婦可乎。聖人曰未受夫之雁，無從夫義，則仍女也。壻之迎婦歸也，御車、授綏、揖入寢門，已居然夫矣，名夫可乎。聖人曰未入室對筵坐，無匹配義，則仍壻也。故《士昏禮》尊雁以前，婦止稱女。入室以前，夫止稱壻。至奠雁、再拜稽首，乃謹變女名婦，曰婦從，降自西階，於是婦之名定，而壻猶不與以夫之名者，此其際聖人之慮深矣。及壻入于寢室，乃謹變壻名夫，曰夫入于室即席，於是夫之名定。聖人之於名，其不稍苟假若此，故夫婦之道順。」「女從者」，注曰：「謂姪娣也。」《白虎通》曰：「備姪娣從者，爲其必不相嫉妬也。一人有子，三人共之，若己生之也。所以不聘妾何？義不可求人爲賤也。可求人爲士、不可求人爲妾何？士即尊之漸，賢，不止於士。妾雖賢，不得爲嫡。」「主人筵于户西」。《白虎通》曰：「遣女於禰廟者，重先人之遺體，不敢自專，故告禰也。」「賓升，北面奠雁，再拜稽首」，注曰：「賓升奠雁拜，主人不答，明主爲授女耳。」盛氏世佐云：「稽首，拜中最重。臣拜君之拜，乃於奠雁行之者。《昏義》云『蓋親受之於其父母也』，得其旨矣。」按：此一義也。沈氏彤云：「此時女立房中，南面，俟壻。壻當楣北面，奠雁拜，所謂執贄以相見也。壻婦之相見自此始，婦不答拜者，謙不敢當其盛禮也，蓋稍還避之。」又云：「婦人從夫者也，故無論夫下之而不敢當，即夫齊視之而亦不敢當，故夫有親迎之禮，而婦無見夫之儀。夫執贄以拜，而婦不答拜也。不還其贄者，雁取其有常節、隨陽義，不可不受也。婦雖不敢當夫之下之、齊之，而未嘗不隨者，所以明婦順也。主人西面于阼階上，女房外南面，而賓北面奠雁，是許之執贄相見矣。許之執贄相見，若父母親授之，故曰壻親受之於父母也。」按：此又一義。《記》曰：「執贄以相見，敬章別也。無別無義，禽獸之道也。」惟重別，故必親受之於其父母，惟親受之於其父母，故其敬益至。「壻御婦車」。《記》曰：「壻親御授綏，親之也。親之也者，親之也。注言己親之，所以使之親己。敬而親之，先王之所以得天下也。」按：親敬即愛敬，先王治天下，愛敬而已。「壻乘其車先」，注曰：「道之也。男帥女，女從男，夫婦剛柔之義，自此始也。」《記》曰：「婦人，從人者也。幼從父兄，嫁從夫，夫死從子。夫也者，夫也。注夫之言丈夫也。夫也者，以知帥人者也。」

婦至節　「升自西階」，注：「道婦入也。」沈氏云：「主人于婦之至，道之入門，道之升階，道之入室，道之即對筵，共牢、合巹以成夫婦。蓋婦既至則帥之，帥之則惟我之從。同牢而食，同其尊卑，亦夫使之同其尊卑也。」「夫入于室」。沈氏曰：「導婦入室，宜於此正夫婦之名，故稱夫也。夫婦之名正，則復反其故稱矣。故下經稱主人。」「媵、御沃盥交」，注：「媵沃壻盥於南洗，御沃婦盥於北洗。夫婦始接，情有廉恥，媵、御交道其志。」按：道志之説，深得聖人使人男女有別、夫婦有義之旨。《校釋》曰：「昏姻之家，其始路人耳。有媒氏之官以通其言，既則使者往來行納采、問名、納吉、納徵、請期，諸禮備然後壻親迎焉。迨夫婦入室，則將同牢而食矣，猶恐其行事無漸，則志或未通也，乃先使媵、御交沃以道其志焉。迨三酳畢，則將卧息矣，猶恐其行事無漸也，乃先使媵、御交受服、交布席，而夫又親説婦之纓焉，亦道志之意也。敬而不離，親而不狎，生民之本，萬福之原，蓋在是矣。」「三飯，卒食」，注曰：「同牢示親，不主爲食起，三飯而成禮也。」《記》曰：「共牢而食，同尊卑也，故婦人無爵，從夫之爵，坐以夫之齒。」「三酳用卺」。胡氏云：「禮成乃用卺，重之，不輕用也。」《記》曰：「器用陶匏，尚禮然也。三王作牢用陶匏。」又曰：「同牢而食，合卺而酳，所以合體，同尊卑以親之也。敬慎重正而后親之，禮之大體，而所以成男女之別，而立夫婦之義也。男女有別，而後夫婦有義。夫婦有義，而后父子有親。父子有親，而后君臣有正。故曰昏禮者，禮之本也。」「姆授巾」，注曰：「巾所以自潔清。」《詩》箋曰：「婦人之行，尚柔順，自潔清。」「媵衽良席」，注曰：「婦人稱夫曰良。」案：於是稱良，親親之辭。「主人入，親説婦之纓」，注曰：「婦人十五許嫁，笄而醴之，因著纓，明有繫也。」

昏之明日，婦見舅姑，贊禮婦，婦盥饋，舅姑饗婦，饗婦送者。凡五節。

婦見舅姑節　子得而妻之，則父母得而婦之，故昏之明日見于舅姑。汪氏中語。婦之道，親夫以孝舅姑。鄭《坊記》注。順於舅姑而後當於夫，故見舅姑而後成婦。「婦執笲棗栗」。《記》曰：「婦執笲棗栗、腶脩以見，成婦禮也。」《白虎通》曰：「婦人之贄以棗栗、腶脩者，婦人無專制之義，御衆之任，交接辭讓之禮，職在供養饋食之間，其義一也。故后夫人以棗栗、腶脩者，凡内脩陰也。棗，取其朝早起。栗，戰栗自正也。」「舅坐撫之」。淩氏云：「婦見舅姑，略如臣見君之禮。婦奠摯，舅撫之，猶覲禮侯氏四享，王撫玉也。姑舉贄授人，猶聘禮公側授宰玉，側授宰幣也。」

贊醴婦節　注曰：「以其婦道新成，親厚之。」「右祭脯醢，以柶祭醴三」。《記》曰：「成婦禮也。」

盥饋節　《記》曰：「明婦順也。」注曰：「婦道既成，成以孝養。」盛氏曰：「盥以致其潔，饋以致其養。」

饗婦節　「舅姑先降自西階，婦降自阼階」，注曰：「授之室，使爲主，明代己。」《記》曰：「以著代也。成婦禮，明婦順，又申之以著代，所以重責婦順焉也。婦順者，順於舅姑、和於室人，而後當於夫，以成絲麻布帛之事，以審守委積蓋藏。是故婦順備，而後内和理；内和理，而後家可長久也。故聖王重之。」又曰：「昏禮不賀，人之序也。昏禮不用樂，幽陰之義也。」注曰：「欲使婦深思其義。」《白虎通》曰：「《禮》曰：『取婦之家，三日不舉樂，思嗣親也。』感親年衰老代至也。」「歸婦俎于婦氏人」，注曰：「當以反命于女之父母，明其得禮。」案：女之嫁也，父母戒其無違，猶子之能仕，父教之忠也。仕者思無忝所生，則必爲忠臣。嫁者思無父母遺罹，則必爲孝婦。《詩》曰：「歸寧父母。」父母何以寧？寧於女之能盡婦道而已。歸婦俎，所以慰其父母之心，而即以重責婦順也。

奠菜一節，别出舅姑没，婦廟見及醴婦、饗送者之禮。

奠菜節　稱婦之姓。案：凡禮，婦人稱姓，明不取同姓。《記》曰：「取於異姓，所以附遠厚別也。」「婦拜扱地」。盛氏云：「扱地之拜，爲不逮事舅姑者設，將以生其哀慕之心焉。」案：子夏曰：「古之嫁者不逮舅姑，謂之不幸。夫婦，學於舅姑者也。」

賈氏云：「凡言『記』者，皆經不備。」《昏禮記》自「凡行事」以下，皆記昏禮儀節。首詳昏禮時地、辭命、用物，次笄女教女之事，次問名對賓之節，次祭醴法，次納徵、庭實之節，次父母戒女，次婦升車法，次注玄酒之節，次笲飾及受笲之節，次醴婦、饗婦饌具儀節，次婦助祭之期，次庶婦禮降于適者，凡十二節。

行事節　「必用昏昕」，疏曰：「君子舉事尚早。」

笄女節　「女子許嫁，笄而醴之，稱字」。《記》曰：「昏姻冠笄，所以別男女也。」「教于公宮，三月」，注曰：「教以婦德、婦言、婦容、婦功。」《周禮》注曰：「婦德謂貞順，婦言謂辭令，婦容謂婉娩，婦功謂絲枲。」《白虎通》曰：「婦人所以有師何？學事人之道也。《詩》云：『言告師氏，言告言歸。』《昏禮》曰：『教於公宮，三月。』婦人學一時，足以成矣。」《記》曰：「教成祭之，牲用魚，芼之以蘋藻，所以成婦順也。」《白虎通》又曰：「婦人學事舅姑。」又曰：「婦事夫有四禮焉：雞初鳴，咸盥漱，櫛縰笄總而朝，君臣之道也；惻隱之恩，父子之道也；會計有無，兄弟之道也；閨閫之内，衽席之上，朋友之道也。」按：此所謂婦順。

受笲節　注曰：「笲有衣者，婦見舅姑，以飾爲敬。」

醴婦、饗婦節　「婦酢舅，更爵自薦」，注曰：「更爵，男女不相因也。」「不敢辭洗，不敢拜洗」，注曰：「不敢與尊者爲禮。」

祭行節　《白虎通》曰：「取妻不先告廟者，示不必安也。昏禮請期，不敢必也。婦入三月，然後祭行。舅姑既没，亦婦入三月，奠菜于廟。三月一時，物有成者，人之善惡可得知也。然後可得事宗廟之禮。」何氏《公羊解詁》曰：「必三月者，取其一時足以别貞信。貞信者，然後成婦禮。」江氏永《禮記訓義擇言》云：「遲之一時，蓋欲觀婦之性行。和於夫，宜於室人，克成婦道，然後可廟見而祭禰。大夫則有反馬之禮。前此，猶留其送馬，有出道焉。」

庶婦節　「婦不饋」，注曰：「共養統於適也。」按：共養統於適，所以息多争、長和睦也。《内則》曰：「舅姑使冢婦，無怠，不敢無禮於介婦。從朱子讀。舅姑若使介婦，無敢敵偶於冢婦。不敢並行，不敢並命，不敢並坐。」聖人制禮，正倫理以篤恩誼如此。而七出之條，「多言」其一。夫然，故相與居室中，則生小功之親；相與同室，則生緦之親。而娣姒婦之服，遂稱情而立文矣。

自「昏辭曰」以下，記昏禮之辭。先納采辭，次問名辭，次醴賓辭，次納吉辭，次納徵辭，次請期辭，次使者反命辭，次父醮子辭，次親迎至門告擯者辭，次父母送女戒命辭，次姆辭壻授綏辭。凡十一節。

父醮子　《荀子》曰：「親迎之禮，父南面而立，子北面而跪，醮而命之。」「勖帥以敬先妣之嗣，若則有常」，注曰：「勉帥道婦，以敬其爲先妣之嗣。女之行則當有常，深戒之。《詩》曰：『太姒嗣徽音。』」按：《易》「家人」之象曰：「君子以言有物而行有恒。」恒，常也。其上九曰：「有孚威如，終吉。」象曰：「『威如』之吉，反身之謂也。」家之本在身，故戒以有常。

戒女節　「夙夜無違命」，注曰：「命，舅姑之教命。」又「夙夜無違宫事」，注曰：「宫事，宫中之事。」盛氏云：「謂凡宫中之事，無違夫子之命也。」《孟子》曰：「女子之嫁也，母命之曰：『往之女家，必敬必戒，無違夫子。』」是其義。《穀梁傳》曰：「禮，送女，父戒之曰：『謹慎從爾舅之言！』母戒之曰：『謹慎從爾姑之言！』」與禮家説少異。《坊記》説親迎云「恐事之違也」，故此經戒以無違。「視諸衿鞶」，注曰：「皆託戒使識之也。」張氏云：「教以見衿鞶，即憶父母之言也。」《詩》曰：「未見君子，我心傷悲。」傳説以《記》曰：「嫁女之家，三日不息火，思相離也。」箋云：「惟父母思己，故己亦傷悲。」此其情也。

自「宗子無父」至末，記使命所自出，及不親迎者見婦父母之禮。凡二節。

命使者節　《白虎通》曰：「人君及宗子無父母自定娶者，卑不主尊，賤不主貴，故自定之也。」

壻見婦父母節　淩氏曰：「婦見舅姑，如臣之見君。女父見壻，如主人之見賓，陽尊陰卑之義也。」「壻入門，奠摯，再拜」，注曰：「奠摯者，壻有子道，不敢授也。」

陰教。

《昏義》曰：「古者天子后立六宫、三夫人、九嬪、二十七世婦、八十一御妻，以聽天下之内治，以明彰婦順，故天下内和而家理。天子立六官、三公、九卿、二十七大夫、八十一元士，以聽天下之外治，以明彰天下之男教，故外和而國治。故曰：『天子聽男教，后聽女順。天子理陽道，后治陰德。

天子聽外治，后聽内職。教順成俗，外内和順，國家理治，此之謂盛德。』是故男教不修，陽事不得，適見於天，日爲之食。婦順不修，陰事不得，適見於天，月爲之食。是故日食則天子素服而修六官之職，蕩天下之陽事。月食則后素服而修六宫之職，蕩天下之陰事。故天子之與后，猶日之與月，陰之與陽，相須而后成者也。天子修男教，父道也。后修女順，母道也。故曰：『天子之與后，猶父之與母也。』故爲天王服斬衰，服父之義也。爲后服齊衰，服母之義也。」

《内則》曰：「女子十年不出，姆教婉娩聽從，執麻枲、治絲繭、織紝組紃，學女事以共衣服，觀於祭祀，納酒漿籩豆菹醢，禮相助奠。十有五年而笄，二十而嫁。」《詩序》曰：「《采蘋》，大夫妻能循法度也。能循法度則可以奉宗廟、守祭祀矣。」曹大家《女誡》曰：「古者生女三日，卧之牀下，弄之瓦塼而齋告焉。卧之牀下，明其卑弱，主下人也。弄之瓦塼，明其習勞，主執勤也。齋告先君，明當主繼祭祀也。」又曰：「夫婦之道，參配陰陽，通達神明，是以禮貴男女之際，《詩》著《關雎》之義，由斯言之，不可不重也。夫不賢則無以御婦，婦不賢則無以事夫。察今之君子，徒訓其男，檢以書傳。而不教女，不亦蔽於彼此之數乎！禮，八歲始教之書，十五而至於學矣。獨不可依此以爲則哉！」《書儀》曰：「女子六歲始習女工之小者，七歲始誦《孝經》、《論語》，八歲不出中門，九歲爲之講解《論語》、《孝經》及《列女傳》、《女戒》之類，略曉大意，十歲教以婉娩聽從及女工之大者。既笄，責以成人之禮。」又曰：「古之賢女，無不觀圖史以自鑒。如曹大家之徒，皆精通經術，論議明正。今人或教女子以作歌詩，執俗樂，殊非所宜也。」

胎教。

《記》曰：「胎教之道，書之玉版，藏之金匱，置之宗廟，以爲後世戒。」《列女傳》曰：「大任者，文王之母，端一誠莊，惟德之行。及其有娠，目不視惡色，耳不聽淫聲，口不出敖言，能以胎教。」又曰：「古者婦人妊子，寢不側，坐不邊，立不蹕，不食邪味，割不正不食，席不正不坐，目不視于邪色，耳不聽于淫聲，夜則令瞽誦詩，道正事。如此，則生子形容端正，才德必過人矣。故娠子之時，必慎所感。感于善則善，感于惡則惡。人生而肖萬物者，皆其母感于物，故形音肖之。文王母可謂知肖化矣。」

《士相見禮》第三。鄭《目録》云：「士以職位相親，始承摯相見之禮。《雜記》會葬禮曰：『相見也，反哭而退；朋友，虞祔而退。』」秦氏蕙田《五禮通考》云：「《王制》述司徒之六禮，相見居其一焉。蓋先王重交際之禮，必介紹以通其誠，贄幣以厚其禮，揖讓以致其敬，以故上交不諂，下交不瀆，有交孚之德，而無苟合之咎。古人列朋友於五倫，而相見之禮與冠昏喪祭並舉，誠重之也。」

士相見之禮，篇首陳士與士相見正禮。凡再請返、再辭摯而後見賓、初以摯見，次請賓反見，次主人還摯見賓而禮成。凡三節，總爲一節。

士相見節　劉氏敞《士相見義》曰：「古者非其君不仕，非其師不學，非其人不友，非其大夫不見。士相見之禮，必依於介紹，以言其不苟合者也。必依於摯，以言其道可親也。苟而合，惟小人無恥者能之。君子可見也，不可屈也；可親也，不可狎也；可遠也，不可疏也。賓至門，主人三辭見。賓稱摯，主人三辭摯，所以致尊嚴也。大夫以禮相接，士以禮相諭，庶人以禮相同，然而争奪興於末者，未之有也。人苟悦而相若者，末必争。苟簡而相親者，末必怨。是故士相見禮者，人道之大也。所以使人重其身，而毋邇於辱也。所以使人慎其交，而毋邇於禍也。」盛氏世佐曰：「交際之道，情也，有分焉。情不洽則暌，分不嚴則褻。褻之害甚于暌，其端兆于士林，而其禍延于公卿大夫之際。傾險者啓釁于睚眦，卑鄙者失身于闒茸，先王防其微，必自士相見始。是故將之以摯，先之以介紹，五請而後許，一見而即退，所以難其合也。合之也難，則其交必不濫；合之也難，則其交亦不易離。斯禮也，降及戰國而廢不講矣，唯孟子爲能守之以重其道，故七篇之中三致意焉。觀其答公孫丑不見諸侯之問，而引曾子、子路之言爲證，則士之能抗節公卿者，未有不於尋常交契中慎之也。《易》曰：『君子上交不諂，下交不瀆，其知幾乎！』微哉斯言！非豫之六二有安静堅確之德，其孰能與于斯？」「摯」，注曰：「摯，所執以至者，君子見於所尊敬，必執摯以將其厚意也。」《白虎通》曰：「相見有摯何？所以相尊敬、長和睦也。朋友之際，五常之道，有通財之義，振窮救急之意，中心好之，欲飲食之，故財幣者所以副至意也。」《通典》曰：「摯者，至也，信也，明其厚心之至，以表忠信不敢相褻也。」陳氏祥道云：「禮云：『無辭不相接也，無禮不相見也，欲民之無相瀆也。』又云：『君子於其所尊，不敢質也。』故貴至於邦君，賤至於庶人，以至婦人、童子相見，不依摯不足以爲禮。摯而不稱德，不足以爲義。」劉氏曰：「自天子至於庶人，皆有摯。摯者，致也，所以致其志也。天子之摯鬯，諸侯玉，卿羔，大夫雁，士雉。鬯也者，言德之遠聞也。玉也者，言一度不易也。羔也者，言柔而有禮也。雁也者，言進退知時也。雉也者，言死其節也。故天子以遠德爲志，諸侯以一度爲志，卿以有禮爲志，大夫以進退爲志，士以死節爲志。明乎其志之義而天下治矣，故執斯摯也者，致志者也。」「冬用雉」，注曰：「士摯用雉者，取其耿介。」《説苑》云：「雉者，不可指食籠狎而服之。」《白虎通》云：「士以雉爲摯者，取其不可誘之以食，懾之以威，必死不可生畜。士行耿介，守節死義，不當移轉也。」按：《離騷》云：「彼堯舜之耿介兮。」顧氏炎武云：「堯舜之出於人者，以其耿介。同乎流俗，合乎污世，則不可與入堯舜之道矣。」惟然，故孔子論士曰「行己有恥」。「某不敢爲儀」，注曰：「不敢外貌爲威儀，忠誠欲往也。」案：「著誠去僞，禮之經也。」三百、三千，莫不由誠。不誠無物，則是儀也，非禮也。周末，文勝質衰，禮之大本先撥，而屑屑焉習儀以亟，積文成虛，積虛成弱，戎狄豺狼遂裂冠毁冕，以無道行之而莫之能禦。故孔門言禮必曰「至誠」，所以救世也。凡經文委曲辭讓，皆當以「不敢爲儀」之意求之。「賓再拜送摯，出」。秦氏云：「賓奉贄見主人，爲士相見第一節，賓送摯訖而出，其禮主於敬。」「主人請見，賓反見」，注曰：「請見者，爲賓崇禮來，相接以矜莊，歡心未交也。賓反見，則燕矣。」江氏筠以燕爲燕見，非燕飲之燕。秦氏云：「賓反見，爲士相見第二節，其禮主於和。」「主人復見之，以其摯」，注曰：「禮尚往來也。」秦氏云：「主人復見賓還摯，爲士相見第三節，禮無不答，取其稱也。」

自「士見於大夫」以下，分五節。士見大夫一也，士嘗爲大夫臣者、見大夫二也，大夫相見三也，大夫、士、庶人見君四也，他邦之人見君五也，皆由士相見推之。

士見大夫節　「終辭其摯」，注曰：「以將不親答也。凡不答而受其摯，惟君於臣耳。」劉氏敞曰：「君之摯以事神，臣之摯以養人。惟君受摯者，惟君受養也。非其君則還摯，不敢當養也。」按：摯之設，本主於見君。《白虎通》曰：「臣見君有摯何？摯者，質也。質己之誠，致己之悃愊也。王者緣臣子之心以爲之制，差其尊卑以副其意也。」

嘗爲臣者節　「賓出，使擯者還其摯于門外」，注曰：「還其摯者，避正君也。」按：此別嫌明微之義。「某也，夫子之賤私，不足以踐禮」，注曰：「言某臣也，不足以行賓客禮。」按：嘗爲臣者，舊君待以賓禮，而已必執臣道，此天經地義也。如此，則降臣叛子不容於天下矣！《禮經》之辭，足以厚人心而維世教。

大夫相見節　「下大夫相見，以雁」，注曰：「雁取知時，飛翔有行列也。」《說苑》云：「雁者，行列有長幼之禮，故大夫以爲贄。」《白虎通》云：「以雁爲贄者，取其飛成行、止成列也。大夫職在奉命適四方，動作當能自正以事君也。」「上大夫相見以羔」，注曰：「羔取其從帥，群而不黨也。」《春秋繁露》云：「羔有角而不任，設備而不用，類好仁者；執之不鳴，殺之不啼，類死義者；羔食于其母，必跪而受之，類知禮者，故卿以爲摯。」《白虎通》云：「羔者取其群而不黨，卿職在盡忠率下，不阿黨也。」「如麛執之」，注：「或曰麛，孤之摯也。」《白虎通》云：「卿大夫摯，古以麑鹿，胡氏云：「麑」與「麛」同。今以羔雁何？古者質取其内，謂得美草鳴相呼。」胡云：「或說所本。」

見君節　「容彌蹙」，注曰：「蹙猶促也，促，恭慤貌也。」胡氏云：「言其恭敬誠實，踧踖不安之貌如是也。」

自「凡燕見于君」以下，雜記諸儀，分六節。燕見于君一也，進言二也，侍坐三也，賜食賜飲四也，先生異爵者見士五也，廣言稱謂及執幣玉之儀六也。

燕見于君節　「不疑君」，注：「不得疑君所處邪向之。」胡氏云：「凡臣之事君，無一不當出於正，故其見君面位，不苟如是。」

進言節　「與君言，言使臣。與大人言，言事君。與老者言，言使弟子。與幼者言，言孝弟於父兄。與衆言，言忠信慈祥。與居官者言，言忠信。」按：孝弟忠信慈祥，士之所以爲士。士之言如此，則士心正。士心正，則人心正。蓋仁義禮智生於心，若性命肌膚之不可移，而後出言有章，辨説得當，相勸而善，相勵以禮，父兄之教先而子弟之率謹，雖欲風俗不美，道德不壹，其可得乎？後世士不成士，群居終日言不及義，混然無道如蠻如髦，鄙倍成風，是非無正，而邪説暴行作矣。所望有道仁人恪守此禮，非法不言，惠訓不倦，雖滄海横流非一朝一夕之故，而民之秉彝不能盡泯，千百人中，必有一二人奉我教者。千百言中，必有一二言入人心者。爲天地存人心，爲國家培元氣，通經致用，莫急于此！　「凡與大人言，始視面，中視抱，卒視面，毋改」，注曰：「始視面，謂觀其顔色可傳言未也。中視抱，容其思之，且爲敬也。卒視面，察其納己言否也。毋改，謂傳言見答應之間，當正容體以待之，毋自變動，爲嫌懈惰不虛心也。」　「若父，則遊目」，注曰：「子於父，主孝不主敬，所視廣也，因觀安否何如也。」

賜食節　「君祭先飯」，注曰：「示爲君嘗食也。」按：君雖客之，而臣不敢以客禮自居。

稱謂節　「庶人則曰『刺草之臣』」。《孟子》曰：「庶人不傳質爲臣，不敢見於諸侯，禮也。」劉氏曰：「惟仕於君者，召而往。未仕而見於君者，冠而奠摯。在邦曰市井之臣，在野曰草莽之臣。案：此據《孟子》，與此經小異。君雖召，不往也。是故雖有南面之貴，千乘之富，士之所以結者，禮義而已矣，利不足稱焉。刑罰行於國，所誅者，好利之人。未有好利而其俗不亂者也。」

《鄉飲酒禮》第四。鄭《目録》云：「諸侯之鄉大夫，三年大比，獻賢者能者於其君，以禮賓之，與之飲酒。」疏云：「鄉飲酒之禮有四，此賓賢能一也，黨正飲酒二也，鄉射，先行鄉飲酒三也，鄉大夫士飲國中賢者四也。」

《經解》曰：「鄉飲酒之禮，所以明長幼之序也。鄉飲酒之禮廢，則長幼之序失，而争鬬之獄繁矣。」

《盛德》記曰：「凡鬬辨生於相侵陵也，相侵陵生於長幼無序。鄉飲酒之禮，所以明長幼之序，二語依《經解》補。王肅僞《家語》襲此文有之，是肅所見本未脱，盧注於此無説，則盧本亦有。而教以敬讓也。」故有鬬辨之獄，則飾鄉飲酒之禮也。

孔子曰：「吾觀于鄉，而知王道之易易也。」

鄉飲酒之禮有獻賓，有樂賓，有旅酬，有無算爵、樂，凡四大段而禮成。自發首至「當楣北面再拜」，則將飲酒之始事，先謀賓、戒賓，次陳設，次速賓、迎賓、拜至。凡三節。

謀賓戒賓節　「主人就先生而謀賓介」，注曰：「主人，謂諸侯之鄉大夫也。先生，鄉中致仕者。賓、介，處士賢者。《周禮》大司徒之職：『以鄉三物教萬民而賓興之：一曰六德，知、仁、聖、義、中、和；二曰六行，孝、友、睦、婣、任、恤；三曰六藝，禮、樂、射、御、書、數。』《鄉大夫》以『正月之吉，受法于司徒，退而頒之于其鄉吏，使各以教其所治，以考其德行，察其道藝』，及三年大比，『而興賢者、能者。鄉老及鄉大夫帥其吏與其衆寡，以禮禮賓之。厥明，獻賢能之書於王』，是禮乃三年正月而一行也。諸侯之鄉大夫，貢士於其君，蓋如此云。古者年七十而致仕，老於鄉里，大夫名曰父師，士名曰少師，而教學焉，恒知鄉人之賢者。是以大夫就而謀之，賢者爲賓，其次爲介，又其次爲衆賓，而與之飲酒，是亦將獻之，以禮禮賓之也。今郡國十月行此飲酒禮，以《黨正》每歲『邦索鬼神而祭祀，則以禮屬民而飲酒于序，以正齒位』之説，然此篇無正齒位之事焉。凡鄉黨飲酒必於民聚之時，欲其見化，知尚賢尊長也。《孟子》曰：『天下有達尊三，爵也、德也、齒也。』」疏曰：「鄉大夫飲酒尚德也，黨正飲酒尚齒也。」按：此篇賓賢能，尚德也。旅酬弟長無遺，尚齒也。遵者不與鄉人齒，尚爵也。「賓禮辭許」，注曰：「不固辭者，素所有志。」按：幼而學之，壯而欲行之，行義達道，堯舜君民，士之志也。

陳設節　「乃席賓、主人、介」，注曰：「賓席牖前，南面。主人席阼階上，西面。介席西階上，東面。」「衆賓之席，皆不屬焉」，注曰：「席衆賓于賓席之西。」下經「賓若有遵者，席於賓東」。

《記》曰：「賓主象天地也，介僎象陰陽也，三賓象三光也。讓之三也，象月之三日而成魄也。四面之坐，象四時也。天地嚴凝之氣，始於西南而盛於西北，此天地之尊嚴氣也，此天地之義氣也。天地溫厚之氣，始於東北而盛於東南，此天地之盛德氣也，此天地之仁氣也。主人者尊賓，故坐賓於西北，而坐介於西南以輔賓。賓者，接人以義者也，故坐於西北。主人者，接人以德厚者也，故坐於東南，而坐僎於東北以輔主人也。仁義接，賓主有事，俎豆有數曰聖。聖立而將之以敬曰禮，禮以體長幼曰德。德也者，得於身也。故曰：古之學術道者，將以得身也，是故聖人務焉。」按：賢能所學者，仁義。故鄉飲酒席位，為仁義法。《記》又曰：「鄉飲酒之義，立賓以象天，立主以象地，設介僎以象日月，立三賓以象三光。古之制禮也，經之以天地，紀之以日月，參之以三光，政教之本也。」「賓必南鄉。東方者春，春之為言蠢也，產萬物者聖也。南方者夏，夏之為言假也，養之、長之、假之仁也。」西方者秋，秋之為言愁也，愁之以時察，守義者也。北方者冬，冬之為言藏也，中者，藏也。是以天子之立也，左聖鄉仁，右義偝藏也。言前後左右，無非道也。成王中立，四聖維之，是其義也。

介必東鄉，介賓主也。主人必居東方，東方者春，春之為言蠢也，產萬物者也。主人者造之，產萬物者也。月者，三日則成魄，三月則成時，是以禮有三讓，建國必立三卿。三賓者，政教之本，禮之大參也。」按：鄉飲酒之義，廣大精微如此，聖人養賢以及萬民之心盛哉！「尊兩壺於房戶閒」。《記》曰：「貴其質也」。教民不忘本也。

曰：「賓主共之也」。「有玄酒」。「設洗于阼階東南」。

《記》曰：「主人之所以自潔而以事賓也。」「水在洗東」。《記》曰：「祖天地之左海也。」

速賓、迎賓節　孔子曰：「主人親速賓及介，而衆賓自從之。至於門外，主人拜賓及介，而衆賓自入，貴賤之義別矣。」「主人一相迎于門外」。《記》曰：「主人拜迎賓于庠門之外，入，三揖而後至階，三讓而後升，所以致尊讓也。」「主人阼階上當楣北面再拜」。《記》曰：「拜至，所以致敬也。」

飲酒正禮，先主人獻賓，次賓酢主人，次主人酬賓，次主人獻介，次介酢主人，次主人獻衆賓，爲飲酒第一段。

獻賓節　「主人坐取爵于篚，降洗」。《記》曰：「盥洗揚觶，所以致潔也。」「賓拜洗」。《記》曰：「拜洗、拜受、拜送、拜既，所以致敬也。尊讓潔敬也者，君子之所以相接也。君子尊讓則不争，潔敬則不慢，不慢不争，則遠於鬭辨矣。不鬭辨，則無暴亂之禍矣。斯君子之所以免于人禍也。故聖人制之以道。」按：《鄉飲酒義》，亟言聖人賢能所講者聖法也。「賓西階上疑立」，注：「疑，正立自定之貌。」案：正立自定，誠敬之至。「祭脯醢」。「祭酒」。《記》曰：「祭薦、祭酒，敬禮也。」「尚左手，嚌之」。《記》曰：「嚌肺，嘗禮也。」「席末坐啐酒」。《記》曰：「啐酒，成禮也。於席末，言是席之正，非專爲飲食也，爲行禮也，此所以貴禮而賤財也。」「賓西階上北面坐，卒爵」。《記》曰：「卒觶，致實于西階上。言是席之上，非專爲飲食也，此先禮而後財之義也。先禮而後財，則民作敬讓而不争矣。」

酢主人節　「阼階上北面再拜崇酒」，注：「崇，充也，言酒惡，相充實。」按：賓告主人以旨，主人謝酒惡，所以致敬致讓。

酬賓節　注曰：「酬，勸酒也。酬之言周，忠信爲周。」按：君子有諸己，而後求諸人。無諸己，而後非諸人。己欲立而立人，己欲達而達人。酬酒，先自飲乃飲賓，所謂忠信。先自飲而後飲人，則酒雖薄而意厚。君子爲行禮，不爲飲食。《風》有《采蘩》、《采蘋》，《雅》有《行葦》、《洞酌》，昭忠信也。率是道也，何人不親，何事不治？　「賓北面坐奠觶于薦東」，注曰：「酬酒不舉，君子不盡人之歡，不竭人之忠，以全交也。」按：君子竭忠以待人，不竭人之忠。小人欲人之忠於己也，而不責己之忠於人也。

獻介節　「主人介右北面拜送爵」，注曰：「主人拜于介右，降尊以就卑也。」

介酢節　按：介有酢無酬。孔子曰：賓獻酬：「辭讓之節繁，及介省矣。至於衆賓，升受，坐祭、立飲，不酢而降，隆殺之義辨矣。」

獻酒既備，使一人舉觶爲旅酬始，乃作樂，先工歌，次笙奏，皆事畢獻之，次閒歌，次合樂告備。凡五節，爲飲酒第二段，並上段，鄭君所謂禮樂之正。

工歌節　「後首」，注曰：「變於君也。」案：凡臣禮不敢同于君，明嫌之義。　「工歌《鹿鳴》、《四牡》、《皇皇者華》」，注曰：「《鹿鳴》，君與臣下及四方之賓燕，講道修政之樂歌也。此采其己有旨酒，以召嘉賓，嘉賓既來，示我以善道。又樂嘉賓有孔昭之明德，可則效也。《四牡》，君勞使臣之來樂歌也。此采其勤苦王事，念將父母，懷歸傷悲，忠孝之至，以勞賓也。《皇皇者華》，君遣使臣之樂歌也。此采其更是勞苦，自以爲不及，欲諮謀于賢知而以自光明也。」

笙奏節　「樂《南陔》、《白華》、《華黍》」，注曰：「今亡。昔周之興也，周公制禮作樂，采時世之詩以爲樂歌，所以通情，相風切也，其有此篇明矣。後世衰微，幽、厲尤甚，禮樂之書，稍稍廢棄。孔子曰：『吾自衛反魯，然後樂正，《雅》、《頌》各得其所。』謂當時在者而復重雜亂者也，惡能存其亡者乎？且正考父校商之名頌十二篇于周太師，歸以祀其先王。至孔子二百年之閒，五篇而已，此其信也。」

閒歌節　注曰：「《魚麗》，言太平年豐物多也。此采其物多酒旨，所以優賓也。《南有嘉魚》，言太平君子有酒樂與賢者共之也。此采其能以禮下賢者，賢者纍蔓而歸之，與之燕樂也。《南山有臺》，言太平之治以賢者爲本。此采其愛友賢者，爲邦家之基，民之父母，既欲其身之壽考，又欲其名德之長也。」

合樂節　注曰：「《周南》、《召南》，《國風》篇也。王后、國君夫人房中之樂歌也。《關雎》言后妃之德，《葛覃》言后妃之職，《卷耳》言后妃之志，《鵲巢》言國君夫人之德，《采蘩》言國君夫人不失職，《采蘋》言卿大夫之妻能修其法度。昔太王、王季居於岐山之陽，躬行《召南》之教，以興王業。及文王而行《周南》之教，以受命。《大雅》云：『刑于寡妻，至于兄弟，以御于家邦。』謂此也。其始一國耳，文王作邑于豐，以故地爲卿士之采地，乃分爲二國。周，周公所食。召，召公所食。於是文王三分天下有其二，德化被於南土，是以其詩有仁賢之風者，屬之《召南》焉，有聖人之風者，屬之《周南》焉。夫婦之道，生民之本，王政之端，此六篇者，其教之原也。」「正歌備」。《記》曰：「工入升歌三終，主人獻之。笙入三終，主人獻之。閒歌三終。合樂三終。工告樂備，遂出。一人揚觶，乃立司正焉。知其能和樂而不流也。」

自「立司正」以後，言旅酬之事。先司正安賓，次司正表位，次賓酬主人，次主人酬介，次介酬衆賓，衆賓相酬。凡五節。爲飲酒第三段。

司正安賓節　「作相爲司正」，注曰：「禮樂之正既成，將留賓，爲有解惰，立司正以監之。」

司正表位節　「退共，少立」，注曰：「少立，自正，慎其位也。己帥而正，孰敢不正？」「洗，北面坐奠觶于其所」，注曰：「洗觶奠之，示絜敬。」

賓酬主人節　孔子曰：「賓酬主人，主人酬介，介酬衆賓，少長以齒，終於沃洗者焉，知其能弟長而無遺矣。」自二人舉觶以下言無算爵之事，先二人舉觶，次徹俎，次坐燕。凡三節，爲飲酒第四段，飲禮始畢。

徹俎節　「請坐于賓」，注曰：「至此盛禮俱成，酒清肴乾，❶賓主百拜，强有力者猶倦焉。張而不弛，弛而不張，非文武之道。請坐者，將以賓燕也。」「遵者降席」，注曰：「遵者，謂此鄉之人仕

❶「清」，原作「請」，據《儀禮注疏》改。

至大夫者也，今來助主人樂賓，主人所榮而遵法者也，因以爲名。」案：仕至大夫，賢著而德成，故可遵法。

坐燕節　孔子曰：「降，説屨升坐，修爵無數。飲酒之節，朝不廢朝，暮不廢夕。賓出主人拜送，節文終遂焉，知其能安燕而不亂也。貴賤明、隆殺辨、和樂而不流、弟長而無遺、安燕而不亂，此五行者，足以正身安國矣。彼國安而天下安，故曰：『吾觀于鄉，而知王道之易易也。』」「乃羞」，注曰：「鄉設骨體，所以致敬也。今進羞，所以盡愛也。敬之，愛之，所以厚賢也。」

賓出别爲一節。

「賓出，奏《陔》」，注曰：「陔之言戒也，終日燕飲，酒罷，以《陔》爲節，明無失禮也。」

遵者入之禮，别爲一節。

「席于賓東」，注曰：「尊之，不與鄉人齒也。」

飲酒之明日，賓拜賜，主人息司正。凡二節。

息司正節　「以告于先生、君子，可也」，注曰：「先生不以筋力爲禮，於是可以來。君子，國中有盛德者。」「賓、介不與」，注曰：「禮瀆則褻。」

《鄉飲酒·記》首記鄉服及不宿戒，次記器具、牲羞之屬，次記禮樂儀節、隆殺面位次序。凡三節。

次節　「亨于堂東北」，注曰：「祖陽氣之所始也。陽氣主養。《易》曰：『天地養萬物，聖人養賢以及萬民。』」

末節「坐卒爵者拜既爵，立卒爵者不拜既爵」，注曰：「隆殺各從其宜，❶不使相錯。」

黨正飲酒禮。

《周禮·黨正》：「國索鬼神而祭祀，則以禮屬民而飲酒于序，以正齒位。一命齒於鄉里，再命齒于父族，三命而不齒。」注曰：「國索鬼神而祭祀，謂歲十二月大蜡之時。正齒位者，爲民三時務農，將闕於禮，至此農隙而教之尊長、養老，見孝悌之道也。凡射飲酒，此鄉民雖爲卿大夫必來觀禮。《鄉飲酒》、《鄉射·記》『大夫樂作不入，士既旅不入』是也。齒于鄉里者，以年與衆賓相次也。齒于父族者，父族有爲賓者，以年與之相次。異姓雖有老者，居於其上。不齒者，席于尊東，所謂遵。」《鄉飲酒義》曰：「鄉飲酒之禮，六十者坐，五十者立侍，以聽政役，所以明尊長也。六十者三豆，七十者四豆，八十者五豆，九十者六豆，所以明養老也。民知尊長養老，而後乃能入孝弟。民入孝弟，出尊長養老，而後成教。成教而後國可安也。君子之所謂孝者，非家至而日見之也，合之鄉射，教之鄉飲酒之禮，而孝弟之行立矣。」注曰：「此説鄉飲酒，謂《黨正》飲酒也。」

陳氏壽祺《擬請郡縣廣行鄉飲酒禮議》曰：「三代之法，有留之百世而可行，行之一日而立效者，鄉飲酒之禮是也。古者，聖王知民之聚而不能無争也，又慮民之勞于畊穫而曠于孝弟也，於是

❶「隆」，《儀禮注疏》作「降」。

因其農隙，制爲鄉飲酒之禮，以正齒位。其時，則春秋及十二月及三年大比。其主人，則鄉大夫、黨正、州長。其賓、介，則處士賢者。其坐，主人于東南，僎于東北，賓于西北，介于西南。其牲，則狗。其樂，則工歌《鹿鳴》之三，閒歌《魚麗》之三，笙《由庚》之三，合樂《關雎》之三，《鵲巢》之三。尊于房户之閒，羞出東房，洗當東榮。其鄉之大夫士必來觀禮，一命齒於鄉里，再命齒於父族，三命而不齒，謂鄉之卿大夫。士以年與賓、衆賓相次也，不齒者席於尊東也。《周官·族師》：『月吉，則屬民而讀邦法，書其孝弟睦婣有學者。春秋祭酺，亦如之。』鄭氏注謂：『族無飲酒禮，因祭酺而與其民以長幼相獻酬。』古文《明堂禮》，仲秋『乃命國醵』，蓋不得官物而合錢飲酒。是周時，百家以上皆有飲酒禮，其讀法、書賢視黨正也。古者，鄉飲酒禮罰不敬，撻其背。閭胥，凡事掌其比觵撻罰之事。賈公彦謂：鄉飲射之罰，輕者以觵，重者以撻，是鄉飲有失禮之罰也。《周禮》曰：『以陽禮教讓，則民不争。』《禮記》曰：『合諸鄉射，教之鄉飲酒之禮，而孝弟之行立矣。』孔子曰：『吾觀于鄉，而知王道之易易也。』夫言治者，莫不貴教化。言教化者，莫不首學校。然後世學校所以教者，無父師、少師門塾之法，所以升者，又大異於古鄉舉里選之制。獨鄉飲酒禮，可數爲以立德行耳。自周衰禮失，秦棄詩書，漢高帝引兵圍魯，魯中尚弦誦習禮，於是諸儒始得講習飲射。及東京永平二年，迺詔郡國通行鄉飲酒禮於學校，鄭康成《儀禮》注云：『今郡國十月，行飲酒禮。』《漢官儀》云：『春三月，秋九月，習鄉射禮，禮生皆使大學生。』太初元年，詔於鄉射月一饗會。應劭曰：『漢家饗射，皆假士禮而行之。樂縣笙磬籩俎，皆如士制。』是漢時鄉飲射，皆約古州長、黨正之禮爲之。晉束晳與同業疇人肆修鄉飲之禮，補笙詩以綴不備。唐以後，鄉射廢而鄉飲猶存。貞觀及開元六年並頒鄉飲酒禮天下，令牧宰每歲十二月行之。《選舉志》云：鄉貢『試已，長吏以鄉飲酒禮會屬僚，牲用少牢，歌《鹿鳴》之詩，因與耆艾序少長焉』。此賓賢序齒併而爲一之始。而《禮樂志》云：『州貢明經、秀才、進士、孝弟旌表者，行鄉飲禮，刺史爲主。季冬正齒位，縣令爲主。』則固秩然分矣。宋淳化三年，禮院詳定鄉飲儀，不果行。政和三年，改州郡鹿鳴宴爲鄉飲酒。紹興十三年，從禮部言，取明州已行鄉飲儀制，與比部郎林保所奏定規式參酌修具，鏤板頒行其制，兼有約束九事。十七年，國子監請令郡縣科舉之年行於庠序。二十六年，詔行於里社者聽。明初，鄉飲禮詔天下每歲再行。洪武二十五年再定圖式，坐席別三等，聽律責頑民，其法轉煩苛而不可用，頗與古經違異。然吾嘗觀漢以來循吏儒林師古之效矣，韓延壽之守東郡也，修治學官，春秋鄉社陳鐘鼓管弦，盛升降揖讓，三歲斷獄大減，爲天下最。伏湛之在平原也，造次必於文德，以爲禮樂政化之首，顛沛猶不可違。建武五年奏行鄉飲禮，遂施行之。李忠之守丹陽也，起學校，修禮容，春秋鄉飲選用明經，郡中向慕。秦彭之守山陽也，敦明庠序，每春秋饗射，修升降揖讓之儀，百姓遵奉，莫有欺犯。鮑德之守南陽也，修起横舍，備俎豆黻冕，行禮奏樂，尊饗國老，宴會諸儒，百姓觀者莫不勸服。劉昆之在陳留也，教授生徒饗射，備典儀，以素木瓠葉爲俎豆，桑弧蒿矢以射菟首，縣宰每率吏屬觀之。裴耀卿之刺宣州也，與百姓行禮奏樂至《白華》、《華黍》、《由庚》、《南陔》等章，言孝子養親及群物遂性之義，或有泣者。李栖筠之刺常州也，大起學校，堂上畫《孝友傳》示諸生，爲鄉飲禮，登歌降飲，人人知勸。變俗移風，其效如此！且夫是禮之所以善於變俗移風者何也？人性雖殊，莫不固有其仁義之本。人情雖戾，莫不屈意於禮法之場。今自賓主相接，介僎相輔，先禮後財，非爲飲食，則知尊讓而不争。盥洗揚觶，拜至、拜洗、拜受、拜送，則知絜敬而不慢。坐立有等，則尊長之義明。加豆有數，則養老之義著。主人速賓、及介拜賓、及介與衆賓有差，則貴賤之義别。揖讓獻酬之節，賓介、衆賓繁省不同，則隆殺之義辨。工告樂備，乃立司正，則知能和樂而不流。賓主迭酬，少長以齒，終於沃洗者，則知能弟長而無遺。朝不廢朝，暮不廢夕，節文終遂，則知能安燕而不亂。尊讓不争，絜敬不慢，尊長明，養老著，貴賤别，隆殺辨，和樂而不流，弟長而無遺，安燕而不亂，故鬭辨暴亂之禍由此息，而人孝出弟之行由此立，此皆所以束人於禮樂之域而導之於正身安國之塗，是以其教易成也。今民之失其道久矣，邪説詖行日興，奸慝莠秕日蔓：棄忠信，作譸張，私妻孥，薄父母，蔑長幼之序，隳尊卑之防；彊淩弱，衆暴寡，訟獄蕃，鬩争恣，冶南之俗尤好讐鬭殺人，如刈菅然。急則鬻尸買凶，善者不能自脱於網羅，惡者益肆其牙爪。縱之則狼吞，捕之則狐竄。有司患其然也，非有叛亂之跡，盜賊之蹤，動臨兵旅，雞狗擾驚，累月窮年，莫得要領。抱薪救火，政何以平？然而欲正其本，惟有制之以道，返之於禮教而已矣。禮教之上下相親，長幼相受，使民有所觀感而興起者，莫若鄉飲。語曰：以言教者訟，以身教者從。夫朔望讀法，旗亭縣令雖皆示民之則，不如使民以身自納於軌物之中之爲愈也。學者與士大夫不急於修身盡職，而日事博弈娱戲以翫歲愒日；武生不知詩書，而往往武斷鄉曲以撓官法，亦不如閑之威儀揖讓之節之爲愈也。今《會典》鄉飲酒禮，文具而已，自順天府庠外，莫之施行。又，古者黨五百家有庠，今舉縣人户不啻百之，一庠不足以容，取近遺遠則四郊之民末由徧習於禮。誠令三年貢士之歲，輒以鹿鳴宴爲鄉飲禮，又令天下學校及四郊里社、百家以上，皆行鄉飲，略仿《周官》、《州長》、《黨正》、《族師》之意，而參用《禮經》、《會典》之儀，爲之規約。郡中，守爲主人；州、縣，牧令主之；四郊，丞分主之。耆年致仕、德望懋著者爲大賓，處士賢者爲介與三賓，餘爲衆賓，教職爲司正，生員爲贊禮、執事，設樂、設饌、設律。案：其儀式依《大清會典》，其坐序依《大清律例》，高年有德者居上，高年淳篤者並之，以次齒列，違者論笞如律。其有曾違條犯法之人列於外坐，不得紊越正席，違者以違制論如令。歲以孟春、孟冬行之，其酒肴、庀具仿古者，閭共祭器，黨共射器，州共賓器，鄉共禮樂之器，毋致奢靡。素豫擇賓，宿戒，肄儀，及期，長官親率鄉人行事，無失度數，無視虛文。上下相親，長幼相受，父兄之率先也順，子弟之觀摩也深。既有以生其遜悌之心，而消其粗鄙桀驁之氣，又可以察其鄉之賢否，因立鄉正、族正而寄之，以旌別淑慝之宜。如此，而焉有獄不息、俗不成者哉？近奉明詔，令天下舉行保甲法，聯俗詰奸至爲明密，若復徧行鄉飲酒禮，以通物情、以寓教化，且甲長之中即可舉爲賓介，擇爲鄉正、族正，無爵秩名器之授，而有官司尊敬之榮，二法相輔，百姓孰不樂勸相從、久而不倦者哉？故曰：行之一日，而立效者此也。或曰：獷悍之民當用威嚴，不可純任德禮。不知文翁改蜀地蠻夷之風，長公除潁川怨讐之路，禮教之於以化民成俗，曷嘗不捷如影響乎？夫以《周官》之法迂闊難行，而韓延壽、伏湛、李忠、秦彭、鮑德、劉昆、裴耀卿、李栖筠等所爲，垂諸青史，豈欺人哉？世俗即不欲高論三代，獨奈何不求漢以來故事而一試之也？」

《鄉射禮》第五。鄭《目録》云：「州長春秋以禮會民，而射于州序之禮。謂之鄉者，州鄉之屬，鄉大夫或在焉，不改其禮。」

《易·繫辭傳》曰：「弦木爲弧，剡木爲矢，弧矢之利，以威天下。」

《記》曰：「男子生，桑弧蓬矢六，以射天地四方。天地四方者，男子之所有事也。故必先有志於其所有事，然後敢用穀也，飯食之謂也。」言能事其事，然後食其食。

漢吾丘壽王議曰：「臣聞古者作五兵，非以相害，以禁暴討邪也。安居則以制猛獸而備非常，有事則以設守衛而施行陣。《禮》曰：男子生，桑弧蓬矢自舉之，明示有事也。孔子曰：『吾何執？執射乎？』大射之禮，自天子降及庶人，案：《大射》有士旅食，是庶人在官者亦得與大射。三代之道也。《詩》云：『大侯既抗，弓矢斯張。射夫既同，獻爾發功。』言貴中也。」按：古者兵器莫利於弓矢，故男子人人教之射。安不忘危，存不忘亡，國家不可一日無兵，天下不可一人不知兵也。夫天下之勢，弱則衰，衰則亡；强則亂，亂則亡。聖人欲其强而惡其亂，故射而節之以禮，所謂可使有勇且知方也。《聘義》曰：「勇敢强有力者，天下無事則用之于禮義，天下有事則用之于戰勝。」聘之賓、軍之將也。先王之教，禮樂與射御並重。其學，文武不分；其民，兵農不分；其官，將吏不分。敦詩説禮之士皆腹心爪牙之材，用其所習，習其所用，故用力少而成功易。家能爲戰，人能爲守，故伏莽無地而戎心不生，此三代中國之所以盛也。

《記》曰：「古者，卿大夫士之射也，必先行鄉飲酒之禮。鄉飲酒之禮者，所以明長幼之序也。」

《射義》通説諸射禮，而論大射爲詳，今别出數條入此篇，餘詳《大射》。

鄉射之禮，先與賓飲酒如鄉飲酒之義。及立司正將旅酬，乃暫止不旅而射。射已，更旅酬、坐燕如鄉飲。凡賓至之前，賓退之後，其儀節皆同，惟無介爲異。發首言將射，戒賓、陳設、速賓、迎賓。凡四節，皆禮初事。

戒賓節　「主人戒賓」，注曰：「主人，州長也。」又曰：「《周禮》鄉老及鄉大夫，三年正月獻賢能之書於王，退而以鄉射之禮五物詢衆庶。諸侯之鄉大夫既貢士於其君，亦用此禮射而詢衆庶乎？」

陳設節　「乃張侯」。《白虎通》曰：「侯者以布爲之，用人事之始也，本正則末正矣。」

迎賓節　「主人升一等，賓升」，注曰：「不俱升者，賓客之道，進宜難也。」

射前飲酒之禮，先主人獻賓，次賓酢主人，次主人酬賓，次主人獻衆賓。凡四節。

獻賓節　「賓西階上疑立」，注曰：「疑，正也。有矜莊之色。」

獻衆賓節　注曰：「獻賓畢，乃與衆賓拜，敬不能並。」《校釋》曰：「君子之行禮也，致敬于一人，則不以他人貳之。故拜衆賓必在獻賓畢，遵入必在一人舉觶後，所謂持一中者謂之忠也。若以拜衆賓之節，雜于獻賓之時，則其心先不誠，而禮皆不可行矣。敬不能並，禮之通義。」「衆賓之長升拜受者三人」，注曰：「言三人，則衆賓多矣。國以多德行、道藝爲榮，何常數之有乎？」按：多德行、道藝，榮之道也。《書》言有技、彦聖，終以「邦之榮懷」。孟子言「仁則榮」，繼以貴德尊士，人才多則國勢昌，學術精則人才多。

獻畢，一人舉觶；若有遵者，於是入。凡二節。鄉射無介，故敘遵者獻酢特詳。

遵入節　注曰：「謂之遵者，方以禮樂化民，欲其遵法之也。」「大夫辭加席」，注曰：「謙不以己尊加賢者也。」「大夫降，立於賓南」，注曰：「雖尊，不奪人之正禮。」

鄉射樂賓，惟合樂一節；樂備，獻工笙。凡二節。

樂賓節　「乃合樂」，注曰：「不歌、不笙、不間，志在射，略於樂也。不略合樂者，《周南》、《召南》之風，鄉樂也，不可略其正也。」《石渠議》韋玄成曰：「鄉射，合樂歲時，所以合和百姓。」

爵備樂畢，乃立司正。以上並射前飲酒禮。

自「三耦俟于堂西」以下，始言射事。凡三番，第一番三耦射，第二番賓、主、大夫、衆賓皆射，第三番以樂射。三耦之射，先司射請射于賓，次命弟子納射器，次比三耦，次司馬命張侯、倚旌，次樂正遷樂，次三耦取弓矢，次司射誘射，次三耦射，次司馬命設楅、取矢。凡九節。

誘射節　「升堂揖」。《白虎通》曰：「射于堂上何？示從上制下也。」「當左物」。記注曰：「物，謂射時所立處也。物猶事也，君子所有事也。」阮氏元曰：《禮記·仲尼燕居》鄭注：「事之謂立，置于位也。」《釋名·釋言語》曰：「事，傳也。傳，立也。」蓋物字本從勿，勿者，《説文》：「州里所建旗，趣民事，故稱勿勿。」曾子曰：「君子終身守此勿勿也。」勿勿，猶勉勉。《周禮·鄉大夫》「五物詢衆庶」，物即與事同義。而堂上射者所立之位，亦名物者，古人即通會此意，以命名也。《大戴禮·虞戴德》曰「規鵠，豎物。履物以射，其心端色容正」，《大射儀》曰「左足履物」，皆此義也。凡家國天下五倫之事，無不當以身親至其處而履之，以止於至善。譬如射然，升階登堂，履物而後射也。按：《詩》云：「有物有則。」子曰：「仁人不過乎物，孝子不過乎物。」天下之物各有當止之處。止仁、止敬、止孝、止慈、止信，皆止於物所當止。聖賢之學，躬行實踐，務盡事理，故謂射者所履爲物。「俯正足」。《記》曰：「内志正，外體直，持弓矢審固，然後可以言中。」「搢扑」。案：鄉射有扑者，以兵法部勒子弟，使不違節制。

三耦射節　「獲者坐而獲」，注曰：「射，講武田之類，是以中爲獲也。」按：射禮號令嚴明，步伐整齊，賞罰有章，皆教民即戎之道。「上射降三等，下射少右，從之，中等，並行。」《白虎通》曰：「二人爭勝，樂以養德也。故君子無所爭，必也射乎？勝負俱降，以崇禮讓，故可以選士。」所謂揖讓升下，其爭也，君子。按：上下射，俱升俱降，每節輒揖，相人偶之義，所謂耦也。不勝者反求諸己，無怨於人，相人偶之至，故謂之仁。

賓、主人、大夫、衆賓耦射，先司射請射、比耦，次三耦拾取矢，次衆耦受弓矢，序立，次司射作射、請釋獲，次三耦射，次賓、主人射，次大夫與耦射，次衆賓射，次司馬命取矢、乘矢，次司射視數獲，次飲不勝者，次司馬獻獲者，次司射獻釋獲者。凡十三節。

請射比耦節　「賓、主人、大夫若皆與射」，注曰：「射者繹己之志，君子務焉。」「大夫雖衆，皆與士爲耦。以耦告于大夫,曰:『某御于子。』」注曰:「大夫皆與士爲耦,謙也。來觀禮,同爵自相與耦,則嫌自尊别也。大夫爲下射而云御于子,尊大夫也。」按:大夫與士爲耦,以貴下賤也。而云「御于子」,貴有常尊也。

取矢節　《記》曰:「射者,進退周旋必中禮。」進退周旋之禮,拾取矢尤詳。《詩》曰:「威儀棣棣,不可選也。」此可以觀德行矣。

請釋獲節　「司射猶挾一个」,注曰:「猶,有故之辭。司射既誘射,恒執弓挾矢以掌射事,備尚未知,當教之也。今三耦卒射,衆足以知之矣。猶挾之者,君子不必也。」所謂禮不必事。「不貫不釋」,注曰:「不中正不釋算也。」按:鄉射射正。《白虎通》曰:「射正何爲乎?曰夫射者執弓堅固,心平體正,然後中也。」

大夫射節　注曰:「耦於庭,不並行,尊大夫也。在堂如上射之儀,近其事,得申。」

數獲節　「右賢于左」,注曰:「賢猶勝也。言賢者,射之以中爲儁也。」按:所謂習射尚功。

飲不勝者節　子曰:「君子無所争,必也射乎!揖讓而升,下而飲,其争也君子。」《記》曰:「射者,仁之道也。己正而後發,發而不中則不怨勝己者,反求諸己而已矣。」「勝者之弟子洗觶,升酌」,注曰:「耦不酌,下無能也。」「司射命勝者執張弓,不勝者執弛弓」,注曰:「執張弓,言能用之也。執弛弓,言不能用之也。」「勝者先升堂」,注曰:「尊賢也。」「不勝者坐取豐上之觶,立卒觶」,注曰:「受罰爵,不備禮也。」案:此皆習射尚功之義,使其賢不賢彰明較著于衆,以鼓舞之,愧厲之。而興道興藝有不容已，侯以明之，莫明于此。《記》曰：「《詩》云：『發彼有的，以祈爾爵。』祈，求也，求中以辭爵也。酒者，所以養老也，所以養病也，求中以辭爵者，辭養也。」以爲養者耦之義，禮順人情也，故揖讓而行。以爲罰者，國之章律，設大法也，故張弛異節。「賓、主人、大夫不勝則不執弓，執爵者取觶，降洗，升實之，以授于席前」，注曰：「優尊也。」方氏苞云：「雖優尊者，實與不勝者同罰。蓋古者武事莫重於射，君臣長幼莫不盡志於此，無事則以習禮樂，有事則以決戰勝，所以保國衛民將於是乎！在大夫、州長，即有事時之軍帥、師帥也。故老病不能射者，可辭於請射之初，而與於射，則不敢寬其罰。蓋法不行於貴者，則無以肅其下也。」「若大夫之耦不勝，則亦執弛弓，特升飲」，注曰：「尊者可以孤，無能。」《校釋》曰：「《大射》注云：『以尊爲耦，而又不勝，使之獨飲，若無倫匹，孤賤也。』案：大夫與士爲耦，以貴下賢也。賢則以德而不以位，雖以尊爲耦而不疑於僭。今不勝則是無能，徒賤而已，不足以當大夫耦之之禮。故禮使之獨飲，孤之，若無耦者然，所以愧厲之也。見賢則先之，見不善則遠之，亦以戒學士勉修其德行道藝，無盜虛聲而速官謗也。然君子之舉人也周，而與人也壹，雖使之獨飲，至三射，大夫仍與之爲耦，庶其反求諸己而能中，則仍不失爲賢也。先王勸戒之道如是，其周且至，所以爲教思無窮也。」

賓、主人、大夫、衆賓以樂射，先司射請射、命耦反射位，次三耦，賓、主人、大夫、衆賓皆拾取矢，次司射請以樂節射，次取矢、乘矢，次視算、告獲，次飲不勝者，次拾取矢授有司，次退諸射器。凡九節，射事竟。

拾取矢節　「大夫進，坐，説矢束」，注曰：「説矢束者，下耦以將拾取。」「耦揖進坐，兼取乘矢」，注曰：「兼取乘矢者，尊大夫，不敢與之拾也。」相下相尊，君子之所以相接也。」「請以樂樂于賓」。《石渠議》：「鄉射請射告主人，樂不告者何？戴聖曰：『請射告主人者，賓主俱當射也。夫樂，主所以樂賓也，故不告主人。』」「不鼓不釋」，孔子曰：「射者，何以射？何以聽？循聲而發，發而不失正鵠者，其惟賢者乎？若夫不肖之人，則彼將安能以中？」「奏《騶虞》」，注曰：「《騶虞》，《國風・召南》之詩篇也。《射義》曰：『騶虞者，樂官備也。』其詩有『一發五豝、五豵，于嗟騶虞』之言，樂得賢者衆多，歎思至仁之人以充其官，此天子之射節也。而用之者，方有樂賢之志，取其宜也。」

「司馬反爲司正」以下，言射訖飲酒之事。旅酬，二人舉觶、徹俎、坐燕、送賓以至明日拜賜、息司正諸儀並同鄉飲酒。凡七節。

旅酬節　「某酬某子」，注曰：「某者，字也。某子者，氏也。稱酬者之字，受酬者曰某子。旅酬下爲上，尊之也。」

徹俎節　「司正以俎出，授從者」，注曰：「古者與人飲食，必歸其盛者，所以厚禮之。」

坐燕節　「卒受者興，以旅在下者于西階上」，注曰：「不使執觶者酧，❶不以己尊孤人也。」堂上自相酬，使執觶者行之。

❶「酧」，原脱，據《儀禮注疏》補。

《鄉射・記》自發首至薦司正，記射前飲酒之事。惟公士爲賓與鄉飲酒異，餘皆同。

「使能」，注曰：「能者敏於事。」案：古人重敏，《學記》引《兑命》曰：「敬孫務時敏。」《周禮》曰：「敏德以爲行本。」《論語》曰：「敏則有功。」《春秋傳》每言敏不敏。敏之義兼明强，不敏之極至於頑不知道，竊不供事，則士不成士，官不成官，而以兼弱攻昧之口，藉之强有力者矣。

自「三耦者使弟子」至「射無算」，皆記射事。命三耦以下記第一番射，「衆賓不與射，不降」以下記第二番射，「大夫説矢束」以下記第三番射。凡三節。

首節 「凡侯，天子熊侯，白質。諸侯麋侯，赤質。大夫布侯，畫以虎豹。士布侯，畫以鹿豖。」《白虎通》曰：「天子所以射熊何？示服猛遠巧佞也。熊爲獸猛巧者，非但當服猛也，示當服天下巧佞之臣也。諸侯射麋何？示遠迷惑人也，麋之言迷也。大夫射虎豹何？示服猛也。士射鹿豖何？示除害也。各取德所能服也。大夫、士射兩物何？大夫、士俱人臣，示爲君親視事，身勞苦也。或曰：臣陰，故數偶也。名之爲侯者何？明諸侯有不朝者，則當射之。故禮，射祝曰：『嗟爾不寧侯，爾不朝于王所，故亢而射爾。』所以不射正身何？君子重同類，不忍射之，故畫獸而射之。」「始射，獲而未釋獲。復，釋獲。復，用樂行之」，注曰：「君子取人以漸。」「射者有過，則撻之」，注曰：「過，謂矢揚中人。凡射時矢中人，當刑之。今鄉會衆賢以禮樂勸民，而射者中人，本意在侯，去傷害之心遠，是以輕之。」

次節 「衆賓不與射者不降」，注曰：「不以無事亂有事。」案：此治事要法。「司射釋弓矢，視算。與獻釋獲者釋弓矢」，注曰：「惟此二事，休武主文。」然則射本意爲習武明矣。

「主人亦飲于西階上」，注曰：「己無俊才，不可以辭罰。」案：此所謂以責人之道責己。

三節　「大夫説矢束，坐説之」，注曰：「明不自尊别也。」

「古者」以下，記射訖飲酒之禮。

「古者於旅也語」，注曰：「禮成樂備，乃可以言語，先王禮樂之道也。疾今人慢於禮樂之盛，言語無節，故追道古也。」

「鄉侯」以下，記侯及箭籌、楚扑之制。

「君射」以下，雜記諸射禮。

「以翿旌獲」，注曰：「尚文德也。」案：《傳》曰：「國君，文足昭也，武可畏也。」又曰：「有文事者必有武備，有武事者必有文備。」「惟君有射于國中，其餘否」，注曰：「臣不習武事于君側也。」胡氏肇昕云：「注『臣不習武事於君側也』，一語立尊卑之準，定君臣之分，得先王制禮之精意。」焦氏以恕云：「春秋二百年中，臣淩其君者有之。臣不習武事於國中，設爲此制以杜漸防微，以此坊民，猶有跋扈恣睢、尾大不掉者。」

《漢書·吾丘壽王傳》：「丞相公孫宏奏言：『民不得挾弓弩。十賊彍弩，百吏不敢前。盜賊不輒伏辜，免脱者衆，害寡而利多，此盜賊所以蕃也。禁民不得挾弓弩，則盜賊執短兵，短兵接則衆者勝。以衆吏捕寡賊，其執必得。盜賊有害無利，則莫犯法，刑錯之道也。臣愚以爲禁民毋得挾弓弩便。』上下其議。壽王對曰：『臣聞周室衰微，上無明王，諸侯力政，强侵弱，衆暴寡，海内抏敝。是以巧詐並生，知者陷愚，勇者威怯，苟以得勝爲務，不顧義理，故機變械飾，所以相賊害之具不可勝數。於是秦兼天下，廢王道，立私議，滅詩書而首法令，去仁恩而任刑戮，墮名城，殺豪桀，銷甲兵，折鋒刃。其後，民以耰鉏箠梃相撻擊，犯法滋衆，盜賊不勝，至於赭衣塞路，群盜滿山，卒以亂亡。故聖王務教化而省禁防，知其不足恃也。今陛下昭明德，建太平，舉俊材，興學官，三公有司或由窮巷，起白屋，裂地而封。宇内日化，方外鄉風，然而盜賊猶有者，郡國二千石之罪，非挾弓弩之過也。愚聞聖王合射以明教矣，未聞弓矢之爲禁也。且所爲禁者，爲盜賊之以攻奪也，攻奪之罪死，然而不止者，大姦之於重誅固不避也。臣恐邪人挾之而吏不能止，良民以自備而抵法禁，是擅賊威而奪民救也。竊以爲無益于禁姦，而廢先王之典，使學者不得習行其禮，大不便。』」案：三代務教民使共用，後世務防民使無用，此盛衰强弱，所以古今不相及也。壽王之論可謂探本識務矣。

《燕禮》第六。鄭《目録》云：「諸侯無事，若卿大夫有勤勞之功，與群臣燕飲以樂之。」疏云：「案上下經注，燕有四等。《目録》云諸侯無事而燕一也，卿大夫有王事之勞二也，卿大夫聘而來還與之燕三也，四方聘客與之燕四也。」

自篇首至「公升就席」，皆燕初戒備之事。有戒與設具，有納諸臣立於其位，有命大夫爲賓，有請命執役，有納賓。凡五節。

告戒、設具節　「小臣戒與者」，注曰：「君以燕禮勞使臣，若臣有功，故與群臣樂之。小臣則警戒告語焉，飲酒以合會爲歡也。」「司宫尊於東楹之西」，注曰：「予君專此惠也。」❶案：所謂「惟辟作福」。「兩方壺」，注曰：「臣道直方。」

納諸臣定位節　「小臣設公席于阼階上，西鄉，公升，即位于席，西鄉。」《記》曰：「君席阼階之上，居主位也。君獨升立席上，西面特立，莫敢適讀爲敵。之義也。」「公降立于阼階之東南，南鄉。爾卿，卿西面北上。爾大夫，大夫皆少進。」《記》曰：「定位也。」

命賓節　《記》曰：「設賓主，飲酒之禮也。不以公卿爲賓，而以大夫爲賓，爲疑也，明嫌之義也。」「公揖卿大夫，乃升就席」，注曰：「揖之，人之也。」陳氏澧曰：「《中庸》：『仁者，人也。』鄭注云：『人也，讀如相人偶之人，以人意相存問之言。』案：人字篆作⺈，古鼎彝、石鼓文人字皆如此。後世篆作⺈，取字體方整耳。象曲身引手之形。凡人相存問，其形必如此，所謂相人偶也。當造字時，人字所以象此形者。人之所以名爲人，以其性仁愛異於禽獸之頑惡，而仁愛之意，惟曲身引手相存問之形能顯之，故造字如此。此最初之義也。古未有仁字，先有人字，則仁愛之仁亦作人。其後則造仁字，爲仁愛之仁，而人字乃專爲人物之人。《中庸》『人也』之人，猶用最初之義。至鄭君時，人字有最初之義者，惟相人偶一語，故取以爲訓也。」今案：此人之即人偶之義。

❶「惠」，《儀禮注疏》作「酒」。

納賓節　「公降一等揖之」。《記》曰：「禮之也。」按：人之禮之，仁禮存心，見於威儀。

賓升，拜至以後，主人獻賓，賓酢主人，主人獻公，主人受公酢，主人酬賓，二人媵觶于公，公取媵觶酬賓，遂旅酬。凡七節。初燕盛禮成。

主人獻賓節　「主人亦升自西階」。《記》曰：「使宰夫爲獻主，臣莫敢與君亢禮也。」張氏爾岐曰：「代君爲獻主，不敢由阼。」「坐取觚洗」，注曰：「獻不以爵，避正主也。」「主人酌膳」，注曰：「君物曰膳，膳之言善也。酌君尊者，尊賓也。」

賓酢主人節　「主人坐祭，不啐酒」，注曰：「避正主也，未薦者，臣也。」「主人不崇酒」，注曰：「不以酒惡謝賓，甘美君物也。」

主人酬賓節　「賓降筵西，東南面立」，注曰：「賓不立於序内，據上酢畢，立序内言。位彌尊也。位彌尊者，其禮彌卑，《記》所謂『一張一弛』者，是之類與。」

二人媵觶節　「小臣請致者」，注：「請使一人與？二人與？優君也。」

公爲賓舉旅節　《記》曰：「獻君，君舉旅行酬。而後獻卿，卿舉旅行酬。而後獻大夫，大夫舉旅行酬。而後獻士，士舉旅行酬。而後獻庶子。俎豆牲體薦羞，皆有等差，所以明貴賤也。」按：《燕禮》四舉旅，此第一次爲賓舉旅行酬。《記》又曰：「君舉旅於賓、及君所賜爵，皆降再拜稽首，升成拜，明臣禮也。君答拜之，禮無不答，明君上之禮也。臣下竭力盡能以立功於國，君必報之以爵禄，故臣下皆務竭力盡能以立功，是以國安而君寧。禮無不答，言上之不虚取於下也。上必明正道以道民，民道之而有功，然後取其什一，故上用足而下不匱也。是以上下和親而不相怨也。和寧，禮之用也，此君臣上下之大義也。故曰《燕禮》者，所以明君臣之義也。」注曰：「言聖人制禮，因事以託政。」按：因事託政，凡禮皆然。故曰：「禮其政之本與？」「賓進受虛爵」，注曰：「尊君也。」「射人作大夫長升受旅」，注曰：「長者，尊先而卑後。」

君舉旅行酬畢、主人獻卿，又二大夫媵觶于公，公又舉媵酬賓若長、遂旅酬。凡三節。燕禮再成，此獻卿而酬禮稍殺。

獻卿節　注曰：「酬而後獻卿，辨尊卑也。」「司宮兼卷重席，設于賓左，東上」，注曰：「東上，統於君也。」「卿辭重席，司宮徹之」，注曰：「避君也。」按：優君、尊君、避君、統于君，尊尊大義於是爲著。凡不言者，以此求之。「席于阼階西，北面」，注曰：「席孤北面，爲其大尊，屈之也。亦因阼階西位近君，近君則屈，親寵苟敬私昵之坐。」按：近君親賢也，近君則屈，尊尊也。

卿舉旅行酬畢、主人獻大夫，未及旅而樂作，獻工後乃舉旅，旅已笙奏、閒歌、合樂，爵樂更作以成三旅。凡七節。禮又殺而樂大備，所以致和樂之情也。

升歌節　「工歌《鹿鳴》」。案：《詩序》曰：「《鹿鳴》，燕群臣嘉賓也。既飲食之，又實幣帛筐篚以將其厚意，然後忠臣嘉賓能盡其心矣。」傳曰：「夫不能致其樂，則不能得其志，不能得其志，則嘉賓不能竭其力。」古之人君使臣以禮如此，此燕禮之情也。

君三舉旅爵、樂備作、將坐燕盡歡，先立司正安賓，次主人獻士及旅食，次或射以樂賓，次賓媵觶于公爲士舉旅酬，次主人獻庶子以下諸臣乃行無算爵，無算樂。凡六節。而燕禮備。

立司正節　「司正洗角觶，南面坐奠于中庭」，注曰：「明其事以自表，威儀多也。」「君曰『以我安』。」注曰：「君意殷勤，欲留賓飲酒。命卿大夫以我故安。」《校釋》曰：「言爲我故安，於此盡一日之歡，語意殷勤婉篤，似惟恐其不安而勸强之者。卿大夫則聞命踧踖對曰：『諾。敢不安！』古之君臣懇誠相待如此，是以《鹿鳴》序云：『燕群臣嘉賓也。』忠臣嘉賓能盡其心矣！忠臣嘉賓盡其心，則社稷安而民人和矣。故《魯頌》曰：『夙夜在公，在公載燕。自今以始，歲其有。君子有穀，詒孫子。』箋云：『君臣安樂則陰陽和而有豐年，其善道則可以遺子孫也。』學者當以詩情禮意合體味之。」「公以賓及卿大夫皆坐，乃安」，注曰：「禮者尚敬，敬多則不親。燕安坐，相親之心。」

賓媵觚于公，爲士舉旅節　「公坐取賓所媵觶，興」，注曰：「至此又言興者，上爲卿大夫舉旅，不言興。明公崇禮不倦也。」「司正命執爵者爵辨，卒受者興，以酬士」，注曰：「欲令惠均。」案：此所謂上有大澤，惠必及下。

獻庶子節　《記》曰：「古者周天子之官有庶子官。庶子官職諸侯、卿大夫、士之庶子之卒」，注：卒皆當爲倅，諸子副代父者也。掌其戒令，與其教治，別其等，正其位。國有大事，則率國子而致於太子，唯所用之。若有甲兵之事，則授之以車甲，合其卒伍，置其有司，以軍法治之，司馬弗正。凡國之政事，國子存游卒，使之修德學道，春合諸學，秋合諸射，以考其藝而進退之。」注曰：「庶子猶諸子也。」《燕禮》有庶子官，是以義載此以爲說。

無算爵節　「公有命徹冪，則卿大夫皆降，西階下北面東上，再拜稽首。公命小臣辭。公答再拜，大夫皆辟」，注曰：「命徹冪者，公意殷勤，必盡酒也。小臣辭，不升成拜，明雖醉，正臣禮也。不言賓，賓彌臣也。君答拜於上，示不虛受也。」

賓出節　「北面坐取其薦脯以降」，❶注曰：「重得君賜。」「公不送」，注曰：「賓禮訖，是臣也。」

公與客燕一節，別出燕他國之臣、戒賓、辭對之辭。

公與客燕節　「以請吾子之與寡君須臾焉」。顧氏炎武曰：「古者樂不踰辰，燕不移漏，故稱須臾，言不敢久也。《記》曰：『飲酒之節，朝不廢朝，莫不廢夕。』而《書・酒誥》之篇曰：『在昔殷先哲王迪畏天顯，小民經德秉哲。越在外服，侯、甸、男、衛、邦伯。越在内服，百僚、庶尹、惟亞、惟服、宗工。越百姓里居，罔敢湎於酒。不惟不敢，亦不暇。』是豈待初筵之規、三爵之制，而後不得醉哉？」

《燕禮・記》發首先記燕服及燕所，次牲。凡二節。

牲節　「其牲，狗也」，注曰：「狗，取擇人也。明非其人不與爲禮也。」

「若與四方之賓燕」以下二節。記燕客禮，及燕己臣所用爲賓之人。羞與執冪者，自爲一節。

❶ 「降」，原作「出」，據《儀禮注疏》改。

以樂納賓之禮，自爲一節。

「若舞，則《勺》」，注曰：「《勺》，《頌》篇，告成《大武》之樂歌也。奏之，所以美王侯，勸有功也。」

「惟公與賓」以下四節。先記公與賓有俎，次獻公之辭，次爲公所辭，及所酬之禮，皆尊君之義。

獻公節　「臣敢奏爵以聽命」，注曰：「不敢必受之。」

公所辭節　「皆栗階」，注曰：「急趨君命也。」

公所酬節　「請旅侍臣」，注曰：「必請者，不專惠也。」

卿大夫以下薦羞之人及内羞别爲一節，因燕而射爲一節，四方之賓媵觶之辭，及房中樂爲一節。

《大射儀》第七。鄭《目録》云：「名曰大射者，諸侯將有祭祀之事，與其群臣射以觀其禮。數中者，得與于祭。不數中者，不得與於祭。」孔氏《禮記正義》曰：「凡天子諸侯及卿大夫禮射有三：一爲大射，是將祭擇士之射。二爲賓射，諸侯來朝，天子與之射，或諸侯相朝與之射。三爲燕射，謂息燕而與之射。天子、諸侯、大夫三射皆具。士無大射，其賓射、燕射皆有之。」「此三射之外，有鄉射，有主皮之射。凡主皮之射有二：一是卿大夫從君田獵，班餘獲而射。《書傳》云：凡祭取餘獲陳于澤，然後卿大夫相與射也。鄭注《鄉射》云：『主皮者無侯，張獸皮而射之，主於獲也。』二是庶人主皮之射，鄭注《周禮》云『庶人無侯，張獸皮而射之』是也。又有習武之射，《司弓矢》云：『王弓，弧弓以授射甲革椹質者』是也。」按：射禮之目備于此。

《記》曰：「古者諸侯之射也，必先行燕禮。卿大夫士之射也，必先行鄉飲酒之禮。故燕禮者，所以明君臣之義也。鄉飲酒之禮者，所以明長幼之序也。故射者進退周還必中禮。內志正，外體直，然後持弓矢審固。持弓矢審固，然後可以言中，此可以觀德行矣。以上言禮。其節：天子以《騶虞》爲節，諸侯以《貍首》爲節，卿大夫以《采蘋》爲節，士以《采蘩》爲節。《騶虞》者，樂官備也。《貍首》者，樂會時也。《采蘋》者，樂循法也。《采蘩》者，樂不失職也。是故天子以備官爲節，諸侯以時會天子爲節，卿大夫以循法爲節，士以不失職爲節。故明乎其節之志以不失其事，則功成而德行立。德行立，則無暴亂之禍矣，功成則國安。故曰射者，所以觀盛德也。以上言樂。又以上統論各射禮。是故古者天子以射選諸侯卿大夫士。射者，男子之事也，因而飾之以禮樂也。故事之盡禮樂而可數爲以立德行者，莫若射，故聖王務焉。是故古者天子之制，諸侯歲獻，貢士於天子，天子試之於射宮。其容體比於禮，其節比於樂，而中多者，得與於祭。其容體不比於禮，其節不比於樂，而中少者，不得與於祭。數與於祭而君有慶，數不與於祭而君有讓。數有慶而益地，數有讓而削地，故曰射者，射爲諸侯也。以上言天子大射，諸侯大射亦有擇士之義。是以諸侯君臣盡志於射以習禮樂。夫君臣習禮樂而以流亡者，未之有也。故《詩》曰：『曾孫侯氏，四正具舉。大夫君子，凡以庶士，小大莫處，御于君所。以燕以射，則燕則譽。』言君臣相與盡志於射以習禮樂，則安則譽也。是以天子制之，而諸侯務焉。此天子之所以養諸侯而兵不用，諸侯自爲正之具也。」以上言諸侯燕射，其大射亦有此義。又曰：「天子將祭，必先習射於澤。澤者，所以擇士也。已射於澤，而後射於射宫。射中者得與於祭，不中者不得與於祭。不得與於祭者有讓，削以地。得與於祭者有慶，益以地。進爵絀地是也。」此又言天子大射，諸侯大射擇士，亦於將祭。按：諸侯皆盡志於射，則天下之兵强。諸侯貢士皆得其人，則天下之將才多。盡志於射以習禮樂，中多而容節，必比於禮樂，則外有戰勝攻克之用，而內無犯上作亂之患矣。

《白虎通》曰：「天子所以親射何？助陽氣，達萬物也。春，陽氣微弱，恐物有窒塞不能自達者。夫射，自內發外，貫堅入剛，象物之生，故以射達之也。」又曰：「射者，樂以養德、崇禮讓，故可以選士。發近而制遠，其兵短而害長，故可以戒難也。所以必因射助陽選士者，所以扶助微弱而抑其强，和調陰陽，戒不虞也。」得士，則可以戒不虞。

《大射儀》自篇首至「羹定」，皆射前戒備之事。戒諸官，張射侯，設樂縣，陳燕具。凡四節。

戒百官節　「君有命戒射」，注曰：「將有祭祀之事，當射，宰告於君，君乃命之。言君有命，政教宜由尊者。」

張射侯節　注曰：「侯，謂所射布也。尊者射之以威不寧侯，卑者射之以求爲侯。」按：《白虎通》曰：「名之爲侯者何？明諸侯有不朝者，則射之。」《記》曰：「天子之大射謂之射侯。射侯者，射爲諸侯也。射中則得爲諸侯，射不中則不得爲諸侯。」是其義。問者曰：得爲諸侯與否，惟浹於射乎？曰：射，兵事也；諸侯，後世之疆臣將臣也。知兵者，可使爲疆臣將臣；不知兵者，不使爲疆臣將臣，所以保國而庇民也。古之諸侯無不能軍，中國所以强也；無不能禮，天下所以安也。「大侯九十，參七十，干五十。」《白虎通》曰：「尊者所服遠，卑者所服近也。」「大侯之崇，見鵠于參」，注曰：「鵠，所射之主。《射義》曰：『爲人君者以爲君鵠，爲人臣者以爲臣鵠，爲人父者以爲父鵠，爲人子者以爲子鵠。』言射中此，乃能任己位也。鵠之言較，較，直也，射者所以直己志。然則正者，正也。」《記》曰：「射之爲言者繹也，或曰舍也。繹者，各繹己之志也。故心平體正，持弓矢審固；持弓矢審固，則射中矣。」問者曰：射者之鵠，於父子君臣何與？曰：天下之人，父子君臣盡之，而所以能君君、臣臣、父父、子子無離散死亡之禍者，皆兵之由。故射者，男子之所有事也。苟一人不舉其事，即天下有無兵之漸，而彝倫有或斁之憂。聖人之教射，使天下人人互相衛以自衛。爲君父者，以爲保有臣子，在此鵠也。爲臣子者，以爲翼戴君父，在此鵠也。孝子戰陳必勇，以爲臣鵠，以爲子鵠也。僨軍之將、亡國之大夫，不知己之鵠者也。

設樂縣節　「笙磬」，注曰：「笙猶生也。東爲陽中，❶萬物以生。是以東方鍾磬謂之笙。」「頌磬」，注曰：「言成功曰頌。西爲陰中，❷萬物之所成。是以西方鍾磬謂之頌。」

陳設節　「小卿賓西，東上」，注曰：「小卿，命於其君者也。席於賓西，射禮辨貴賤也。」按：

❶「東」，原作「春」，據《儀禮注疏》改。
❷「西爲」，原作「秋謂」，據《儀禮注疏》改。

《燕義》曰：「席，小卿次上卿，大夫次小卿，士、庶子以次就位於下。」

自「射人告具」以下，至「南面反奠於其所北面立」，皆將射先燕之事。公命賓、納賓以來，主人獻賓，賓酢主人，主人獻公，主人受公酢，主人酬賓，二人舉觶，公取觶酬賓遂旅酬，主人獻卿，二人再舉觶，公爲卿舉旅酬，主人獻大夫，工入奏樂。凡十二節。皆與燕禮同，容有小異，主於射故也。

獻賓節　「奏《肆夏》」，注曰：「呂叔玉云：《肆夏》、《時邁》也。《時邁》者，太平巡守，祭山川之樂歌。其詩曰：『明昭有周，式序在位。』又曰：『我求懿德，肆于時夏。』奏此以延賓，其著宣王德，勸賢與？」

賓酢主人節　「主人不崇酒」，注曰：「避正主也。」❶

主人受公酢節　「更爵洗」，注曰：「不敢襲至尊。」

公爲賓舉旅節　「賓進，受虚觶」，❷注曰：「賓進，以臣道就君。」「公有命，則不易不洗」，注曰：「不易，君義也。不洗，臣禮也。」

獻卿節　「不嚌肺」，注曰：「陳酒肴，君之惠也。不嚌啐，亦自貶于君。」

爲卿舉旅節　「惟公所賜」，注曰：「於是言賜，《燕禮》此時言酬。射禮明尊卑。」

❶「主」，原作「君」，據《儀禮注疏》改。

❷「觶」，原作「爵」，據《儀禮注疏》改。

作樂節　「四瑟」，注曰：「禮大樂衆也。」

立司正節　「右還，北面。左還，南面」，注曰：「從觶西往來，爲君在阼，不背之也。」按：不背者，義不後君之意。

「司射適次」以下，方及射事。有三耦不釋獲之射，有三耦、衆耦釋獲之射，有以樂射，共三番射，亦略如鄉射之節，自此至「左右撫之，興，反位」，皆言三耦不釋獲之射。司射納器、比耦，司射誘射，三耦乃射，射已取矢。凡四節。

誘射節　「將乘矢」，注曰：「將，行也。行四矢，象有事於四方。《詩》云：『四矢反兮，以御亂兮。』」

自「司射適西階西」以下，言三耦、衆耦釋獲之射。其在方射時者，有命耦，有三耦取矢于楅，有三耦再射釋獲，有公與賓射，有卿、大夫、士皆射。凡五節。其在射以後者，有取矢，有數獲，有飲不勝者，有獻服不、隸僕、巾車、獲者，有獻釋獲者。亦五節。射之第二番也。

將射命耦節　「倚扑」，注曰：「將即君前，不敢佩刑器。」按：此亦臣無作威之義。

拾取矢節　「揖，以耦左還」，注曰：「言以者，耦之事成於此，意相人偶也。」按：耦者，偶也，相人偶，仁也。凡耦之揖讓升降，皆意相人偶，仁之道也。《說文》：「仁，親也。從人二。」《中庸》：「仁者，人也。」注：「人也，讀如相人偶之人。」鄭《詩》、《禮》箋注多言「人偶」。阮氏元曰：「人偶，猶言爾我親愛之辭。獨則無耦，耦則相親，故其字從人二。」又曰：「《論語》言仁最詳，竊謂詮解仁字，不必煩稱遠引，但舉《曾子制言篇》『人之相與也，譬如舟車然相濟達也。人非人不濟，馬非馬不走，水非水不流』，及《中庸》篇『仁者，人也』，鄭康成注『讀如相人偶之人』數語，足以明之矣。春秋時孔門所謂仁也者，以此一人與彼一人相人偶，而盡其敬禮忠恕等事之謂也。相人偶者，謂人之偶之也。凡仁，必於身所行者驗之而始見，亦必有二人而仁乃見，蓋士庶人之仁，見於宗族鄉黨。天子諸侯卿大夫之仁，見於國家臣民。同一相人偶之道，是必人與人相偶而仁乃見也。鄭君『相人偶』之注，即曾子『人非人不濟』，《中庸》『仁者，人也』，《論語》『己立立人，己達達人』之旨。孔子答司馬牛曰：『仁者，其言也訒。』夫言訒於仁何涉？不知浮薄之人語易侵暴，侵暴則不能與人相人偶，是不訒即不仁矣。所以木訥近仁也。仲弓問仁，孔子答以『見大賓』、『承大祭』諸語，似言敬恕之道，於仁無涉。不知天子諸侯不體群臣，不卹民時，則爲政不仁。極之，視臣草芥，使民糜爛，家國怨而畔之，亦不過不能與人相人偶而已，秦、隋是也。」按：阮氏發明相人偶之義至當，然則射禮習武，守望相助，患難相救，相人偶之急務也。

君與賓耦射節　案：此節禮文尤備，尊尊之義於是大著。「賓降」，注曰：「不敢與君並俟告。」「公將射，則司馬師命負侯，皆執其旌以負其侯而俟」，注曰：「君尊，若始焉。」賓「先待于物北，北一笴，東面立」，注曰：「不敢與君併。東面立，鄉君也。」大射正「以矢行告于公」，注曰：「若不中，使君當知而改其度。」案：此所謂「予違，汝弼」。

「公既發」，注曰：「公，下射也，而先發，不留尊也。」案：下射，主位也。君與賓爲耦，天地交泰，以貴下賤，大得民也。其禮殊絶於賓，上天下澤，辨上下，定民志也。

飲不勝者節　「賓、諸公、卿大夫適西階上，北面立飲」，注曰：「不可以己尊枉正罰也。」「若飲公，則侍射者降洗角觶，升酌散，降拜」，注曰：「飲君則不敢以爲罰。」「賓進受觶，降洗散觶，升實散」，注曰：「夾爵也。夾爵亦所以恥公也。」《校釋》曰：「公既飲賓又自飲，若自咎。平日無將順匡救之功，而與君分謗者，則公自知恥矣。故曰：『亦所以恥公也。』蓋制禮者故使之異於致爵，以寓徹膳去樂之義，俾在上者反身修德正心，以正朝廷百官萬民也。《春秋傳》屠蒯酌自飲，義近之。」

自「司射倚扑于階西」以下，言第三番射，以樂爲節之儀。射前有諸公、卿、大夫拾取矢，正射「不鼓不釋」，射後三耦及衆射者又拾取矢，此三事爲異，其餘並如釋獲之射。

以樂節射節　注曰：「始射，獲而未釋獲。復，釋獲。復，用樂行之。君子之於事，始取苟能，中課有功，終用成法，教化之漸也。」按：此教學定法。「奏《貍首》」，注曰：「《貍首》，逸詩《曾孫》也。貍之言不來也。其詩有『射諸侯首不朝者』之言，因以名篇，後世失之，謂之《曾孫》。曾孫者，其章頭也。《射義》所載《詩》曰『曾孫侯氏』是也。以爲諸侯射節者，采其既有弧矢之威，又言『小大莫處，御于君所，以燕以射，則燕則譽』，有樂以時會君事之志也。」

自「公又舉奠觶」以下，論射畢坐燕以終禮之事。公爲大夫舉旅，徹俎、安坐，主人獻士及旅食，賓舉爵爲士旅酬，獻庶子，無算爵、樂，賓出。凡七節，皆與《燕禮》同。惟獻庶子前或復射一節與燕禮異，合之凡八節。

賓舉爵節　注曰：「賓受公賜多矣。禮將終，宜勸公，序厚意也。」

復射節　「卿大夫皆降，再拜稽首」，注曰：「拜君樂與臣下執事無已。」

賓出節　「公不送」，注曰：「臣也，與之安燕交歡，嫌亢禮也。」

《聘禮》第八。鄭《目録》云：「大問曰聘。諸侯相於久無事，使卿相問之禮。小聘使大夫。《周禮》曰：『凡諸侯之邦交，歲相問也，殷相聘也，世相朝也。』」案：《周禮》注云：「小聘曰問。殷，中也。久無事，又於殷朝者及而相聘也。父死子立曰世。凡君即位，大國朝焉，小國聘焉。此皆所以習禮考義、正刑一德以尊天子也，必擇有道之國而就修之。」《五禮通考》云：「天子之與諸侯，諸侯之與鄰國，皆有聘禮。《大行人》『歲徧存，三歲徧頫，五歲徧省』，此天子所以撫諸侯也。《大宗伯》『時聘曰問，殷頫曰視』，《大行人》『時聘以結諸侯之好，殷頫以除邦國之慝』，此諸侯所以事天子也。《大行人》『歲相問，殷相聘』，《禮記》『諸侯使大夫問于諸侯曰聘』，則諸侯之邦交也。先王制諸侯同方岳者，小聘則使大夫，大聘則使卿，定爲比年、三年之期，俾相厲以禮，相接以敬讓，而潛消其侵陵兼并之萌，故其儀雖委折而不爲繁，其燕賜雖豐厚而不爲費，用意固深且遠也。」

《經解》曰：「聘問之禮，所以使諸侯相尊敬也。聘覲之禮廢，則君臣之位失，諸侯之行惡，而倍畔侵陵之敗起矣。」《盛德》記曰：「凡弑上，生於義不明。義者，所以等貴賤、明尊卑，貴賤有序，民尊上敬長矣。民尊上敬長而弑者，寡有之也。朝聘之禮，所以明義也，故有弑獄，則飾朝聘之禮也。」

《聘禮》自篇首至「遂行，舍於郊」，論遣聘使之事。先命使，次授幣，次使者及介告禰與行，次受命遂行。凡四節。

命使節　古者重使才。春秋列國之使，多其國之良，而孔子論士必曰：「使於四方，不辱君命。」誦《詩》三百，致用在能專對，於爲命争承，尤亟稱子産。蓋聘問之禮，所以踐修舊好，要結外援，謀事補闕。禮之大者，得其人，則繼好結信，社稷賴之。不得其人，則失禮挑釁，三軍暴骨。彼國以此見其有政無政，有人無人，安危榮辱於是乎繫，非奉行故事而已。漢使絶國，才與將相並重。三國、南北朝、宋遼之世，其使才往往極天下之選。本之以忠信篤敬，行之以勇敢强有力，明時勢，知彼己，故能折衝樽俎，樹援捍患。否則，范鞅之貪，慶封之昏，孫林父之傲，王叔陳生之貳，當國家多事之秋，豈特貽笑遠人，其禍之烈，蓋有不可勝言者矣。

授幣節　弗躬弗親，庶民弗信。古人處事，重慎精密，是以奸人不能舞弊，而事立功成。

告禰與行節　「釋幣于禰」。案：生時，出必告，反必面。孝子事死如事生，事亡如事存，故行必告禰。《孝經》曰：「言滿天下無口過，行滿天下無怨惡。然後能守其宗廟。」聘之得失，廟祀安危所繫，可無慎乎？　「主人立于户東，祝立于牖西」，注曰：「少頃之間，示有俟於神。」

受命節　《春秋傳》曰：「大夫受命不受辭，出竟有可以安社稷、利國家者，則專之可也。」「受享束帛加璧，受夫人之聘璋，享玄纁束帛加琮」，注曰：「享，獻也。既聘又獻，所以厚恩惠也。夫人亦有聘享者，以其與己同體，爲國小君也。其聘用璋，取其半圭也。君享用璧，夫人用琮，天地妃合之象也。圭璋特達，瑞也；璧琮有加，往德也。」「遂行」，注曰：「《曲禮》曰：『凡爲君使，已受命，君言不宿於家。』」

自「若過邦」至「不習私事」，言使者在塗之事。過邦假道，未入竟肄儀。凡二節。

假道節　注曰：「諸侯以國爲家，不敢直徑也。」按：春秋楚使申舟聘於齊，不假道於宋。華元曰：「過我而不假道，鄙我也。鄙我，亡也。殺其使者，必伐我，伐我亦亡也。」夫充不假道之類，則何所不至？鄙我、伐我，同歸于亡。如之何而可以不亡？曰修政自强。「賓南面，衆介北面，史讀書，司馬執策立于其後」，注曰：「賓南面，專威信也。史讀書，以勑告士衆，爲其犯禮暴掠也。禮，君行師從，卿行旅從。司馬，主軍法者，執策示罰。」胡氏《釋官》云：「書，誓戒之書也。《左傳》昭六年楚公子棄疾聘于晉，過鄭，禁芻牧采樵，不入田，不樵樹，不采蓺，不抽屋，不强匄。誓曰：『有犯命者，君子廢，小人降。』是其誓書之類。」

自「及竟」以下至「衆介皆少牢」，言至所聘國聘君迎待之事。先謁關迎入，次展幣，次郊勞，次致館設飧，皆聘前事。凡四節。

迎入節　「以介對」。《記》曰：「聘禮，上公七介，侯伯五介，子男三介，所以明貴賤也。」

郊勞節　「君使下大夫請行」，注曰：「士請事，大夫請行，卿勞，彌尊賓也。」「賓北面聽命」，注曰：「若君南面然。」

致館致飧節　「賓曰：『俟閒』」，注曰：「賓之意不欲奄卒主人也。且以道路悠遠，欲沐浴齊戒。」　「卿致館」，注曰：「所以安之。」

自「厥明，訝賓于館」至「賓不顧」，皆主國廟中所行之禮。其爲公禮者有五：聘一，享一，聘夫人一，享夫人一，若有言者又一。於是主君禮賓，其爲私禮者有二：賓私覿一，介私覿一。公乃送賓出，又有問君、問大夫之儀。此聘之正禮也，分爲四節：一聘享若有言，二主國禮賓，三私覿，四公送賓出、問君及大夫。

聘享節　「賓皮弁聘」，注曰：「服皮弁者，朝聘主相尊敬也。」　「卿爲上擯，大夫爲承擯，士爲紹擯」。《記》曰：「介紹而傳命，君子於其所尊弗敢質，敬之至也。」　「擯者出請事」。《記》曰：「三讓而後傳命。」　「公皮弁，迎賓于大門內。」《記》曰：「君使士迎于竟，大夫郊勞，君親拜迎于大門之內而廟受，北面拜貺，拜君命之辱，所以致敬也。」　「公揖入，每門、每曲揖」，注曰：「每門輒揖者，以相人偶爲敬也。凡君與賓入門，賓必後君。《玉藻》曰：『賓入不中門。』中門，門之正也。不敢與君並由之，敬也。介與擯者雁行，卑不踰尊者之迹，亦敬也。」　「公揖入，立于中庭」，注曰：「公揖先入，不復出。如此，得君行一臣行二，於禮可矣。」　「几筵既設，擯者出請命」，注曰：「有几筵者，以其廟受，宜依神也。至此言命，事彌至，言彌信也。」胡氏曰：「臨之以先君以結二國之好，故爲神設几筵也。」　「賓襲，執圭」。《記》曰：「以圭璋聘，重禮也。」　「出辭玉」，注曰：「亦所以致尊讓也。」　「賓入門左」。《記》曰：「三讓而後入廟門，三揖而後至階，三讓而後升，所以致尊讓也。」又曰：「敬讓也者，君子之所以相接也。故諸侯相接以敬讓，則不相侵陵。」「公升二等」，注曰：「先賓升二等，亦以君行一，臣行二。」「受玉于中堂與東楹之閒」，注曰：「入堂深，尊賓事也。東楹之閒，亦以君行一，臣行二。」

禮賓節　《記》曰：「君親禮賓：賓私面、私覿；致饔餼，還圭璋，賄贈；饗，食，燕，所以明賓客君臣之義也。」注曰：「設大禮，則賓客之也。或不親而使臣，則爲君臣也。」此㮣括下數節言之。「賓奉束錦以請覿」，注曰：「鄉將公事，是欲交其歡敬也。」「禮賓，公壹拜送」，注曰：「公尊也。」「公用束帛」，注曰：「言用，尊於下也。」「栗階升」，注曰：「趨君命尚疾。」「受幣，當東楹北面」，注曰：「北面者，禮主於己。己，臣也。」

私覿節　「北面奠幣，再拜稽首」，注曰：「以臣禮見也。」「擯者請受」，注曰：「請以客禮受之。」按：賓客君臣之義，於私覿尤著。

送賓節　「賓告事畢」。《記》曰：「聘射之禮，至大禮也。質明而始行事，日幾中而後禮成，非强有力者弗能行也。故强有力者將以行禮也，酒清人渴而不敢飲也，肉乾人飢而不敢食也，日莫人倦，齊莊正齊而不敢懈惰；以成禮節，以正君臣，以親父子，以和長幼。此衆人之所難而君子行之，故謂之有行。有行之謂有義，有義之謂勇敢。故所貴於勇敢者，貴其能以立義也。所貴於立義者，貴其有行也。所貴於有行者，貴其行禮也。故所貴於勇敢者，貴其敢行禮義也。故勇敢强有力者，天下無事則用之於禮義，天下有事則用之於戰勝。用之於戰勝則無敵，用之於禮義則順治。外無敵，内順治，此之謂盛德，故聖王之貴勇敢强有力如此也。勇敢强有力，而不用之於禮義戰勝，而用之於争鬭，則謂之亂人。刑罰行於國，所誅者亂人也。如此則民順治而國安也。」

送賓節　「公問君」，注曰：「問君『居處何如』，序殷勤也。」「公再拜」，注曰：「拜其無恙。」「公勞賓」，注曰：「勞以道路之勤。」《周禮》注曰：「問君曰：『君不恙乎？』對曰：『使臣之來，寡君命臣於庭。』問大夫曰：『二三子不恙乎？』對曰：『寡君命使臣於庭，二三子皆在。』勞客曰：『道路悠遠，客甚勞。』勞介則曰：『二三子甚勞。』問君，客再拜對者，爲敬慎也。」

聘畢，賓請有事，卿先勞之。爲一節。

聘日致饔，君使卿歸饔餼於賓，賓儐卿；使下大夫歸饔餼於上介，亦如之；使宰夫餼士介，無儐。凡三事，合爲一節。

歸饔餼節　《記》曰：「餼客于舍，五牢之具陳於内，米三十車、禾三十車、芻薪倍禾，皆陳于外，乘禽日五雙，群介皆有餼牢，所以厚重禮也。古之用財者不能均如此，然而用財如此其厚者，言盡之於禮也。盡之於禮，則内君臣不相陵，而外不相侵，故天子制之而諸侯務焉爾。」「受幣堂中西」，注曰：「趨主君命也。」

自「賓朝服」至「如主人受幣禮，不拜」皆言賓問主國卿大夫之事，分爲三節：一賓問卿、面卿，二介面卿，三問下大夫。次又設言大夫不見之禮，别爲一節。《記》曰聘，「明日問大夫」。

問卿、面卿節　高氏愈云：「聘本爲君也，而因以及其夫人，而并以問其卿大夫，則凡内外尊卑之間，無不致其殷勤敬禮之意，而所以睦於鄰者大矣。」「卿受于祖廟」，注曰：「重賓禮也。不几筵辟君也。」「受幣堂中西北面」，注曰：「趨聘君之命。」

問下大夫節　「下大夫嘗使至者，幣及之」，注曰：「君子不忘舊。」

大夫代受幣節　胡氏曰：「賓以聘君之命來問大夫，不可虚其君命，故君使人代爲之受也。」

問卿之夕，夫人使下大夫歸禮於賓介爲一節，凡夫人之禮皆下君禮。

大夫餼賓介爲一節，凡大夫之禮皆避君。

聘問既畢，主國君臣饗食賓介，君使卿還玉、報享，賓將行、君館賓，賓行、主國贈送。凡四節。

饗食節　《記》曰：「壹食、再饗、燕與時賜無數，所以厚重禮也。」「若不親食，使大夫各以其爵朝服致之以侑幣，如致饔，無儐」，注曰：「君不親食，❶謂有疾及他故也。必致之，不廢其禮也。致之必使同班，敵者易以相親敬也。」又《記》曰：「天子制諸侯，比年小聘，三年大聘，相厲以禮。使者聘而誤，主君弗親饗食也，所以愧厲之也。諸侯相厲以禮，則外不相侵，内不相陵，此天子之所以養諸侯，兵不用而諸侯自爲正之具也。」「大夫於賓壹饗、壹食。若不親饗，則公作大夫致之以酬幣」，注云：「大夫有故，君必使其同爵者爲之致之。列國之賓來，榮辱之事，君臣同之。」

還玉節　「君使卿皮弁，還玉于館」，注曰：「君子於玉比德焉。以之聘，重禮也。還之者，德不

❶「君」，原作「若」，據《儀禮注疏》改。

可取於人，相切厲之義也。皮弁者，始以此服受之，不敢不終也。」《記》曰：「以圭璋聘，重禮也。已聘而還圭璋，此輕財而重禮之義也。諸侯相厲以輕財重禮，則民作讓矣。」「賄用束紡」，注曰：「所以遺聘君，可以爲衣服，相厚之至也。」

公館賓節　注曰：「爲賓將去，親存送之，厚殷勤且謝聘君之意也。」

贈送節　「賓三拜乘禽于朝」，注曰：「明已受賜，大小無不識。」「公使卿贈」，注曰：「所以好送之。」按：《春秋傳》曰：「入有郊勞，出有贈賄。」

自「使者歸」至「上介至，亦如之」，言使者反命，及至家奠告之事。凡二節。

反命節　「請反命」，注曰：「必請之者，以己久在外，嫌有罪惡，不可以入。」《校釋》曰：「此可見人臣事君，當夙夜嚴惕，惟恐不勝其任，以速官謗，而覆君之美道。故久在外，將入必請。恐己有罪惡，己未及知而君實知之，則不敢復入，而待放於境也。此禮所以教忠敬，防專僭，使之靖共正直，罔或及邪，下守其宗廟，而上以衛君之社稷也。」「某君再拜」，注曰：「明彼君敬君，己不辱命。」「若有獻」，注曰：「大夫出，反必獻，忠孝也。」「君使宰賜使者幣」，❶注曰：「禮，臣子，人賜之而必獻之君父，不敢自私服也。君父因以予之，則拜受之，如更受賜也。」「介皆送至于使者之門」，注曰：「將行俟於門，反又送於門，與尊長出入之禮也。」

❶「君」，原作「公」，據《儀禮注疏》改。

自「聘遭喪」至「卒殯乃歸」，皆聘者遭喪之禮。或所聘國君薨及夫人、世子喪，或出聘後本國君薨，或聘賓有私喪，或賓死及介死。凡四節。

聘遭喪節　「入竟，則遂也」，注曰：「國君以國爲體。」　「遭喪，將命于大夫」，注曰：「不言使大夫受，子未君，無使臣義也。」

聘君薨于後節　「赴者至，則衰而出」，注曰：「禮爲鄰國闕，於是可以凶服將事。」　「復命于殯」，注曰：「臣子之於君父，存亡同。」

有私喪節　「歸，使衆介先」，注曰：「已有齊斬之服，不忍顯然趨於往來。」

賓、介死節　「歸，介復命，柩止于門外」，注曰：「必以柩造朝，達其忠心。」　「若賓死，未將命，則既斂于棺，造于朝，介將命」，注曰：「未將命，謂俟間之後也。以柩造朝，以已至朝，志在達君命。」按：《春秋傳》芋尹蓋曰：「事死如事生，禮也。」於是乎有朝聘而終，以尸將事之禮，又有朝聘而遭喪之禮。

小聘曰問，別爲一節。

《聘禮・記》發首先記聘故，因及致命、反命之事，次使者受命將行之禮，次玉幣。凡三節。

聘故節　「主人使人與客讀諸門外」，注曰：「受其意，不於內者，人稠處嚴，不得審悉。」胡氏云：「此有二義，一則門外乃清静之所，讀之可以審悉。一則告請或有密事，不欲使衆共聞之故也。必與客讀之者，欲詳悉其事之原委也。」　「客將歸，使大夫以其束帛反命于館。明日君館之」，注曰：「書問尚疾也。」按：不疾則事誤。《語》曰：「敏則有功。」《易》曰：「緩必有所失。」況越國而謀，一或不慎，奸人乘閒，他族生心，失機貽患，悔不可及。「書問尚疾」，外交之要義也。

受命將行節　注曰：「古者君臣謀密。」按：不密則害成。

「辭無常」一節，記修辭之法，郊勞即有辭，故次在此。

「卿館於大夫」以下二節，記賓館及設飧。

設飧節　「沐浴而食之」，注曰：「自潔清，尊主國君賜也。」❶

「卿、大夫訝」以下至「不釋服」，言聘享正禮，以及勞賓。先記賓訝往來之禮，次釋聘用圭璧之故，次記授次，次三記賓介聘享之容，次庭實貨幣之宜，次襲裼之節，次禮賓儀物，次賓私獻，次君不親饗之禮，次勞賓。凡十節，皆聘日事。惟「訝將公命」，在致館日。

賓介聘享之容　注曰：「此皆心變見於威儀。」案：學者於此默存心歷，則於養性敬德之功，思過半矣。

庭實貨幣之宜　「多貨，則傷于德」，注曰：「貨，天地所化生，謂玉也。君子於玉比德焉。朝聘之禮，以爲瑞節，重禮也。多之則是主於貨，傷敗其爲德。」「幣美，則没禮」，注曰：「幣，人所造成，以自覆幣，當爲「蔽」。謂束帛也。愛之斯欲衣食之，君子之情也，是以享用幣，所以副忠信。美

❶ 「賜」，原作「禮」，據《儀禮注疏》改。

之，則是主於幣，而禮之本意不見也。」「賄，在聘于賄」，注曰：「賓客者，主人所欲豐也。若苟豐之，是又傷財也。」

私獻　注曰：「賓所以自序尊敬也，猶以君命致之。」胡氏云：「明不敢自私也。臣之於君與子之於父同。《玉藻》曰：『親在，行禮於人稱父。』亦此意。」

自「賜饔」至「宰夫獻」，記饔餼、禽獻、饗食、燕之事。先記賓受饔而祭，次致饔歸禮之日與禽之數，因及問大夫之節，次既受饔請觀，次士介無饔，次不親饗與無饗，次大夫餼賓介之實與器，次賓拜賜，次燕禮。凡八節。

請觀節　注曰：「聘於是國，欲見其宗廟之好，百官之富，若尤尊大之焉。」李氏云：「吴季札聘魯，請觀於周樂。晉韓起聘魯，觀書於太史氏，皆其事。」

「無行」至「主人不拜」，言賓將歸時，事賄反幣，館賓，賓謝館、主人。凡三節。

主國待客饗不饗之宜，及受聘大小不同，致饔米禾之數，三事各爲一節。

「大夫來使無罪饗之」，❶注曰：「樂與嘉賓爲禮。」「過則餼之」，注曰：「不言罪者，罪將執之。」《校釋》曰：「謂若王叔陳生愬戎於晉，貳於戎，晉人執之，告於王之類。非其罪則不得執之。」

❶「來」，原作「奉」，據《儀禮注疏》改。

《公食大夫禮》第九。鄭《目録》云：「主國君以禮食小聘大夫之禮也。」

劉氏敞《公食大夫義》曰：「食禮，公養賓、國養賢一也。親之故愛之，愛之故養之，養之故食之。食而弗愛，猶豢之也。愛而弗敬，猶畜之也。饗禮，敬之至也。食禮，愛之至也。饗爲愛弗勝其敬，食爲敬弗勝其愛，文質之辨也。」

《公食大夫禮》自篇首至「大夫既匕，匕奠於鼎，逆退，復位」，皆設饌以前事。分爲四節：戒賓、賓從一也，陳具二也，賓入、拜至三也，鼎入、載俎四也。

戒賓節　「使大夫戒，各以其爵」，注曰：「敵者易以相親敬。」劉氏曰：「恭也，己輕則卑之，己重則是以其貴臨之也。」　「三辭」。劉氏曰：「言是禮之貴，弗敢當也。弗敢當，故難進也。」

陳具節　「宰夫設筵，加席几」。劉氏曰：「致安厚之義也。」

賓入、拜至節　「公如賓服，迎賓于大門内」。劉氏曰：「非不能至於外也，所以待人臣之禮也。臣之意欲尊其君，子之意欲尊其父，故迎賓于大門内，所以順其爲尊君之意也。」　「及廟門，公揖入。賓入，三揖」。劉氏曰：「三揖至于階，三讓而升堂，充其意，論其誠也。於廟用祭器，誠之盡也。君子於其所尊敬，不敢狎。不敢狎，故神明之。神明之，故忠臣、嘉賓樂盡其心也。」　「公升二等，賓升」，注曰：「遠下人君。」　「大夫立于東夾南，士立于門東，小臣東堂下，宰東夾北，内官之士在宰東北」。劉氏曰：「百官有司備以樂養賢也。」　「至再拜」，注曰：「興禮俟賓，嘉其來也。」

自「公降盥」以下，乃詳食賓之節。爲賓設正饌，賓祭正饌，爲賓設加饌，賓祭加饌，賓三飯，侑賓以束帛，賓卒食，禮終賓出。凡八節。

設正饌節　「宰夫自東房授醯醬，公設之」。劉氏曰：「公設醬，然後宰夫薦豆菹醢，士設俎；公設大羹，然後宰夫設鉶、啟簋，言以身親之也。」「飲酒，實于觶」，注曰：「食有酒者，優賓也。」

設加饌節　「宰夫授公飯粱，公設之」，注曰：「殷勤之加也。」

賓食饌三飯節　「賓北面自閒坐，左擁簠粱，右執湆以降」，注曰：「必取粱者，公所設也。以之降者，堂，尊處，欲食於階下然也。」「賓三飯」，注曰：「君子食不求飽。」「以湆醬」。劉氏曰：「以君子之厚己也。」

侑賓節　注曰：「侑猶勸也。主國君以爲食賓，殷勤之意未至，復發幣以勸之，欲用深安賓也。」劉氏曰：「雖備物，猶欲其加厚之也。」

禮終賓退節　「北面坐取粱與醬以降」。劉氏曰：「賓必親徹，有報之道也。」「公送于大門内」。劉氏曰：「終之以敬也。」「賓不顧」，注曰：「退禮略也，示難進易退之義。」

歸俎節　「有司卷三牲之俎，歸于賓館」，注曰：「三牲之俎，正饌尤尊，盡以歸賓，尊之至也。」劉氏曰：「不敢褻其餘也。」

自「上大夫八豆」以下，別言食禮之異者。食上大夫之禮，君不親食之禮，大夫相食之禮，大夫不親食之禮。凡四事。

上大夫加禮節　劉氏曰：「見其德之殺也。」又曰：「君子言之曰：愛人者使人愛之者也，敬人者使人敬之者也，親人者使人親之者也，自卑者使人尊之者也，是故公養賓，國養賢，其義一也。未有愛之、敬之、親之、尊之而其位不安者也。未有不愛、不敬、不尊、不親而能長有其國者也。將由乎好德之君，則將怡焉，惟恐其不足於禮。將由乎驕慢之君，則將曰『是食於我』而已矣。故禮，君子所不足，小人所泰餘也。孔子食於少施氏，將祭，主人辭曰：『不足祭也。』將飧，主人辭曰：『不足飧也。』孔子退曰：『吾食而飽，少施氏有禮哉！』故君子難親也。將親之，舍禮，何以哉？」

記首言食禮異於常禮，次亨，次筵席，次乘車，次鉶芼，次贊者升節，次簠，次炙，次上大夫筵席與下大夫同，次擯贊，次庶羞及侑幣。凡十一節。

《覲禮》第十。鄭《目録》云：「覲，見也，諸侯秋見天子之禮。春見曰朝，夏見曰宗，秋見曰覲，冬見曰遇。朝宗禮備，覲遇禮省，是以享獻不見焉。三時禮亡，唯此存爾。」

《朝事義》曰：「古者聖王明義以別貴賤，以序尊卑，以體上下，然後民知尊君敬上，而忠順之行備矣。是故古者天子之官有典命官，掌諸侯之五儀、諸臣之五等，以定其爵。大行人掌諸侯之儀，以等其爵。故貴賤有別，尊卑有序，上下有差也。原文訛脱，今據孔氏廣森校語訂。天子之所以明章別此義者，以朝聘之禮也。」

淩氏廷堪《覲義》曰：「古者天子以賓禮親邦國，春見曰朝，夏見曰宗，秋見曰覲，冬見曰遇，時見曰會，殷見曰同。是故天子當依而立，諸侯北面而覲；天子當宁而立，諸公東面，諸侯西面而朝。凡朝覲宗遇會同于王，公執桓圭，侯執信圭，伯執躬圭，繅皆三采三就。子執穀璧，男執蒲璧，繅皆二采再就。廟中將幣皆三享。諸侯朝于天子曰述職，一不朝則貶其爵，再不朝則削其地，三不朝則六師移之。故曰朝覲之禮，所以明君臣之義也。朝者位于内朝而序進，受摯于朝，受享于廟，生氣文也。覲者位于廟門外而序入，受摯受享皆于廟，殺氣質也。」陳氏祥道云：「朝宗于朝以春夏者，萬物交際之時，故諸公東面，諸侯西面，以象生氣之文。而王於堂下見之，所以通上下之志也。覲遇於廟以秋冬者，萬物分辨之時，故諸侯一於北面，以象殺氣之質，而王於堂上見之，所以正君臣之分也。」

《覲禮》主言特覲于廟之禮，而附見會同，覲于國外巡守，覲于方岳之禮。凡三大節。三大節中又各自分節，自「至于郊」以下至「儐之束帛、乘馬」，言侯氏入覲初至之事，至郊則郊勞，至國則賜舍。凡二節。

郊勞節　淩氏曰：「優侯氏也。」「王使人皮弁用璧勞」，注曰：「璧無束帛者，天子之玉尊也。」「使者不讓，先升」，注曰：「奉王命尊也。」「儐使者」，注曰：「所以致尊敬也。」

賜舍節　注曰：「以其新至，道路勞苦，未受其禮，且使即安也。」李氏云：「聘禮，賓至即欲受之者，主人之禮。覲禮，且使即安者，君上之惠。」「儐之束帛、乘馬」，注曰：「尊王使也。」

自「天子使大夫戒」至「東面北上」，言將覲之事。王使人告覲期，諸侯先期、受次于廟。凡二節。

受次節　「諸侯前朝，皆受舍于朝」，注曰：「此覲也，言朝者，覲遇之禮雖簡，其來之心，猶若朝也。」

自「侯氏裨冕」以下至「升成拜，降出」，備言入覲之事。質明先以將覲告行主，乃入覲，以瑞玉爲贄；次行三享，次肉袒請罪。凡三節。王勞之，乃出。

覲節　《記》曰：「朝聘之禮，千里之内，歲一見。千里之外，千五百里之内，二歲一見。千五百里之外，二千里之内，三歲一見。二千里之外，二千五百里之内，四歲一見。二千五百里之外，三千里之内，五歲一見。三千里之外，三千五百里之内，六歲一見。各執其圭瑞，服其服，乘其輅，建其旌旂，施其繁纓，從其貳車，所以明别義也。」　「以瑞玉」。淩氏曰：「覲用命圭特達，禮以少爲貴也。享用束帛加璧，有庭實，隆殺之義也。」　「天子設斧依於户牖之間，左右几」，注曰：「依，有繡斧文，所以示威也。左右几，優至尊也。」　「天子衮冕，負斧依」。淩氏曰：「鄉明出治，象天道也。侯氏裨冕入門右，所以承天，象地道也。」　「天子曰：『非他，伯父實來，予一人嘉之。』」注曰：「非他者，親之辭。嘉之者，美之辭也。」　「侯氏入門右，坐奠圭」，注曰：「入門右者，執臣道不敢由賓客位也。」《記》曰：「奠圭，降、拜、升成拜，明臣禮也。」淩氏曰：「奠圭於堂下，擯者辭，然後升致命，降階，再拜稽首送玉，擯者辭，然後升成拜。覲禮盛，侯氏先以臣禮見，天子以客禮受之也。」

享節　「庭實惟國所有」。《記》曰：「奉國地所出重物而獻之，明臣職也。明臣禮、臣職，所以教臣也。」「王撫玉」，注曰：「王不受玉，撫之而已，輕財也。」「侯氏西階前再拜稽首」。凌氏曰：「不復升成拜者，享禮殺，全乎爲臣也。」「以馬出，授人」，注曰：「王不使人受馬者，至於享，王之尊益君，侯氏之卑益臣。」「事畢」。凌氏曰：「享畢不禮賓，天子尊也。不覿，侯氏自來，非使人也。」

請罪節　凌氏曰：「天子威諸侯也。」朱子曰：「《周禮》大行人等官屬之司寇，蓋《覲禮》諸侯行禮既畢，則降而肉袒請刑。王曰：『伯父無事，歸寧乃邦！』此所謂懷諸侯則天下威之也。」「乃入門右」，注曰：「入更從右者，臣益純也。」「告聽事」，注曰：「告王以國所用爲罪之事也。」此可見諸侯在國當戰戰栗栗，勤民恤功篤於仁義，奉上法以求免禍適也。無事歸寧，乃能長守其先君之宗廟社稷，故將覲必先釋幣于禰，教諸侯之孝，正以教諸侯之臣也。

覲禮畢，賜車服，因分別王辭命稱謂之殊，並略言王待侯氏之禮。凡三節，廟受覲禮竟。

賜車服節　凌氏曰：「天子懷諸侯也。」

稱謂節　胡氏曰：「謂之伯叔父舅，尊之、親之之辭也。」

「饗禮，乃歸」　凌氏曰：「賓客之道也。」

「諸侯覲于天子」以下言會同之禮，「祭天燔柴」以下言巡守之禮。

會同禮　凌氏曰：「古者諸侯不順服，王將有征討之事，則既朝覲，王爲壇於國外，合諸侯而命事焉，謂之時會。十二歲，王如不巡守，則六服盡朝。朝禮既畢，王亦爲壇，合諸侯以命政焉，所命之政如王巡守，謂之殷同。覲受之于廟，會同受之于壇，文質相變也。」「加方明于其上。設六色、六玉」。凌氏曰：「禮天地四方也。」「公侯伯子男皆就其旂而立」，注曰：「王降階，南鄉見之。土揖庶姓，時揖異姓，天揖同姓。」《朝事義》文。《記》曰：「所以別親疏外内也。」「四傳擯」，注曰：「其奠瑞玉及享幣，公拜於上等，侯伯於中等，子男於下等。」《記》曰：「所以別貴賤，序尊卑也。」「天子乘龍，載大旂，象日月，升龍、降龍，出，拜日于東門之外。」《記》曰：「率諸侯而朝日東郊，所以教尊尊也。」又曰：「率而祀天於南郊，配以先祖，所以教民報德不忘本也。率而享祀於太廟，所以教孝也。與之大射，以考其習禮樂而觀其德行。與之圖事，以觀其能。儐而禮之，三饗三食三宴，以與之習立禮樂。是故一朝而近者三年，遠者六年，有德焉。禮樂爲之益習，德行爲之益修，天子之命爲之益行。然後使諸侯世相朝，交歲相問，殷相聘，以習禮、考義、正刑、一德，以崇天子。故曰：朝聘之禮者，所以正君臣之義也。」凌氏曰：「拜日於東門之外，日生於東也。禮山川丘陵於西門外，山川導自西也。禮日於南門外，就陽位也。禮月與四瀆於北門外，就陰位也。」

巡守節　凌氏曰：「祭天燔柴，祭山丘陵升，本乎天者親上也。祭川沈，祭地瘞，本乎地者親下也。」以上會同巡守禮竟。《記》曰：「古者，大行人掌大賓之禮及大客之義，以親諸侯。春朝諸侯而圖天下之事，秋覲以比邦國之功，夏宗以陳天下之謀，冬遇以協諸侯之慮。時會以發四方之禁，殷同以施天下之政，時聘以結諸侯之好，殷眺以成邦國之貳，間問以喻諸侯之志，歸脤以教諸侯之福，賀慶以贊諸侯之喜，致會以補諸侯之災。天子之所撫諸侯者，歲徧在，三歲徧眺，五歲徧省，七歲屬象胥論言語、計辭令，九歲屬瞽史論書名、聽音聲，十有一歲達瑞節、同度量、成牢禮、同數器、修法則，十有二歲天子巡狩殷國。是故諸侯上不敢侵陵，下不敢暴小民。然後諸侯之國札喪，則令賻補之。凶荒，則令賙委之。師役，則令槁禬之。有福事，則令慶賀之。有禍災，則令哀弔之。凡此五物者，治其事故。及其利害爲一書，其禮俗、政事、教治、刑禁之逆順爲一書，其悖逆暴亂、作慝欲犯令者爲一書，其札喪、凶荒、厄貧爲一書，其康樂、和親、安平爲一書。凡此五物者，每國别異之，天子以周知天下之政。是故諸侯附於德，服於義，則天下太平。古者天子爲諸侯不行禮義、不修法度、不附於德、不服於義，故使射人以射禮選其德行。職方氏、大行人以其治國，選其能功。諸侯之得失治亂定，然後明九命之賞以勸之，明九伐之法以震威之。尚有不附於德，不服於義者，則使掌交説之。故諸侯莫不附於德，服於義者。此天子之所以養諸侯，兵不用，而諸侯自爲正之法也。」淩氏曰：「天子將行會同之禮，必先朝覲諸侯於廟，故孔子曰：『宗廟會同，非諸侯而何。』爲其相者，諸侯之卿大夫士也。故曰：『宗廟之事，如會同，端章甫，願爲小相焉。』朝覲宗遇，常禮也。會同，大禮也。朝覲宗遇之於會同，如祠禴嘗蒸之於禘祫也。先王之制，邦内甸服，邦外侯服，侯衛賓服，蠻夷要服，戎狄荒服。甸服者祭，侯服者祀，賓服者享，要服者貢，荒服者王。日祭，月祀，時享，歲貢，終王，先王之訓也。《大雅》曰：『韓侯入覲，以其介圭，入覲於王。』言覲禮也。又曰：『王錫韓侯，淑旂綏章，簟笰錯衡，玄衮赤舄，鉤膺鏤鍚，鞹鞃淺幭，鞗革金厄。』言既覲而賜之車服也。《小雅》曰：『赤芾金舄，會同有繹。』言會同之禮也。」通結朝覲會同大義。

要旨第二下　禮經

《喪服》經傳第十一。鄭《目録》云：「天子以下，死而相喪，衣服、年月、親疏、隆殺之禮也。喪必有服，所以爲至痛飾也。不忍言死而言喪，喪者，棄亡之辭，若全存於彼焉，已棄亡之耳。」《白虎通》曰：「喪禮必制衰麻何？以副意也。服以飾情，情貌相配，中外相應。不直言死稱喪者何？爲孝子之心不忍言也。天子下至庶人俱言喪何？欲言身體髮膚俱受之父母，其痛一也。」胡氏云：「此篇言喪服，自天子至庶人總包在内。與《士喪》、《士虞》專言士禮者不同。」盛氏云：「《中庸》者，期之喪達乎大夫，三年之喪達乎天子。諸侯以上絶旁期，至於爲高、曾祖父母，父母，妻，長子之屬，則貴賤一而已。曾子云：『哭泣之哀，齊斬之情，饘粥之食，自天子達。』孟子云：『三年之喪，齊疏之服，飦粥之食，自天子達於庶人，三代共之。』以二子之言斷之，喪服亦安有貴賤之等哉？所異者，或絶或降耳。其不絶不降者，則固無以異也，而是篇已具矣。」鄭氏珍曰：「案服制之本，《三年問》曰『至親以期斷』，至親者，一體之親也。父子首足，父兼母，子兼女。夫妻牉合，昆弟四體，兼姊妹。皆骨肉不可分異，是爲至親。其生也，恩愛絶常；其死也，哀痛至極。聖人以送死當有已，復生當有節，一期則天地之中莫不更始也，因象之，而並斷以齊衰期是爲服本。由是親以及親，情有厚薄，則哀有深淺，而大功九月、小功五月、緦麻三月之差生焉。《小記》曰：『親親以三爲五，以五爲九，上殺、下殺、旁殺而親畢矣。』是故由父期而上殺，則祖大功，曾祖小功，高祖緦麻。由子期而下殺，則孫大功，曾孫小功，玄孫緦麻。由昆弟期而旁殺，則從父昆弟大功，從祖昆弟小功，族昆弟緦麻。上之由父而旁殺，則父母期，世叔父母大功，從祖父母小功，族父母緦麻。由祖而旁殺，則祖父母大功，從祖祖父母小功，族祖父母緦麻。由曾祖而旁殺，則曾祖父母小功，族曾祖父母緦麻。下之由子而旁殺，則子期，昆弟之子大功，從父昆弟之子小功，從祖昆弟之子緦麻。由孫而旁殺，則孫大功，昆弟之孫小功，從父昆弟之孫緦麻。由曾孫而旁殺，則曾孫小功，昆弟之曾孫緦麻。上由父至高祖，下由子至玄孫，旁由曾祖之昆弟至族昆弟，由祖之昆弟至從祖昆弟之子，由父之昆弟至從父昆弟之孫，由昆弟至昆弟之曾孫，皆各得四世。其服遞殺至緦而親畢。過此，則姓别於上，戚單於下，彼此皆無服。故曰：『四世而緦，服之窮也。』又由母而推，則有母之父母、昆弟、姊妹、姪；兼繼母、君母。由妻而推，則有妻之父母；由姑而推，則有姑之子；由女而推，則有女之夫及子女，是爲外親。外親之服皆緦麻。惟婦人以夫家爲内，其尊者從夫降一等，其卑者與夫同，此親親之本服也。聖人乃即其至尊重者而加隆焉，至尊莫如父，次莫如母，故特加父期爲斬衰三年，加母期爲齊衰三年。父既加，因上推及祖，旁推及世叔父並加大功爲期。母既加，因上推及外祖，旁推及從母並加緦爲小功。祖既加，因上推及曾祖，復上推及高祖並加小功緦爲齊衰三月。至重莫如適，故加適子期爲三年，加適孫大功爲期。婦人天夫，故移父之斬衰、加夫期以同於父。而夫若加妻三年，則嫌同於母，故仍本服，而獨以與母並杖，示隆於諸期焉。以外諸親，皆如本服，若繼别之宗子及其母妻，其親屬絶屬者，皆爲齊衰，則以尊祖之故。昆弟之子由大功而期，則以不足加尊，引同己子之故，並不得以加服論。凡此皆爲正服，自天子至於庶人男女，但有此親，其服同也。聖人又權其尊卑、長幼、内外、出入而協之以義，於是有五降焉。天子諸侯自期親以下皆其臣也，臣不敢以其戚戚君，故王公期以下不服，諸侯惟尊同者服。大夫爵高職重，不可以崇親抑貴而久曠官守，屢廢祭祀也，故旁期以下尊不同則降一等，是爲以尊降。王公之昆弟視大夫，是爲以旁尊降。王公之子，父已不服，而己以服臨之不敢也，故服不服視父。若大夫之子，則父已服矣，故服不服亦視父，是爲以厭降。女子外成，於本宗之服，非至尊及大小宗皆降一等，其本宗服之亦同之。爲人後者若子，於本生之親皆降一等，其本生服之亦同之，是爲以出降。男女未成人者，可略矣。以其年差三殤，是爲以年降，此皆親親之服。既親親當尊尊，諸侯於天子，大夫士於所事其君也，父君尊同，服君視父，其黨從君降一等，妻從之。庶人雖賤必有君，略之視曾祖。妾於所事亦君也，視君；所事之妻亦女君也，視舅姑，其所服亦從之，此爲尊尊之服。有正無降外，此有不親而親者：有恩之繼父，慈己、乳己之庶母，相與居室、同室之娣姒及有子之庶母其子，己之昆弟。是也，皆爲稱情制服焉。而人之所以群居和壹之理盡矣。」

《記》曰：「凡禮之大體，體天地、法四時、則陰陽、順人情，故謂之禮。訾之者，是不知禮之所由生也。夫禮，吉凶異道不得相干，取之陰陽也。喪有四制，變而從宜，取之四時也。有恩、有理、有節、有權，取之人情也。恩者仁也，理者義也，節者禮也，權者知也。仁義禮智，人道具矣。」

按：《喪服》一篇，禮之大本，聖人精義之學。三綱以立，五倫以敘，政刑以出，萬世之天下以順，國於天地必有與立，撥亂反正，拯衰銷逆，莫近諸此。

《喪服》十有一章：一斬衰三年，二齊衰三年，三齊衰杖期，四齊衰不杖期，五齊衰三月，六殤大功，七成人大功，八繐衰，九殤小功，十成人小功，十有一緦麻。

斬衰三年章　《記》曰：「三年之喪何也？曰：稱情而立文，因以飾群，別親疏貴賤之節，而弗可損益也，故曰無易之道也。創鉅者其日久，痛深者其愈遲。❶三年者，稱情而立文，所以爲至痛極也。斬衰、苴杖、居倚廬、食粥、寢苫、枕塊，所以爲至痛飾也。三年之喪，二十五月而畢，哀痛未盡，思慕未忘，然而服以是斷之者，豈不送死有已、復生有節也哉？凡生天地之閒者，有血氣之屬必有知，有知之屬莫不知愛其類。今是大鳥獸，則失喪其群匹，越月踰時焉，則必反巡，過其故鄉，翔回焉，鳴號焉，蹢躅焉，踟躕焉，然後乃能去之。小者至於燕雀，猶有啁噍之頃焉，然後乃能去之。故有血氣之屬者莫知於人，故人於其親也，至死不窮。將由夫患邪淫之人與？則彼朝死而夕忘之，然而從之，則是曾鳥獸之不若也，夫焉能相與群居而不亂乎？將由夫修飾之君子與？則三年之喪，二十五月而畢，若駟之過隙，然而遂之，則是無窮也。故先王焉爲之立中制節，壹使足以成文理，則釋之矣。然則何以至期也？曰：至親以期斷。是何也？曰：天地則已易矣，四時則已變

❶ 「深」，《禮記·三年問》作「甚」。

矣，其在天地之中者，莫不更始焉，以是象之也。然則何以三年也？曰：加隆焉爾也，焉使倍之，故再期也。由九月以下何也？曰：焉使弗及也。故三年以爲隆，緦、小功以爲殺，期、九月以爲間，上取象於天，下取法於地，中取則於人，人之所以群居和壹之理盡矣。故三年之喪，人道之至文者也，夫是之謂至隆，是百王之所同、古今之所壹也，未有知其所由來者也。孔子曰：『子生三年，然後免於父母之懷，夫三年之喪，天下之達喪也。』」「斬衰裳」。《記》曰：「三年之喪如斬。」「苴絰杖」，注曰：「絰之言實也，明孝子有忠實之心，故爲制此服焉。」《記》曰：「斬衰何以服苴？苴，惡貌也，所以首其内而見諸外也。」《白虎通》曰：「要絰所以結之何？思慕腸若結也。必再結云何？明思慕無已。所以必杖者，孝子失親，悲哀哭泣，三日不食，身體羸病，故杖以扶身，明不以死傷生也。」傳曰：「杖各齊其心。」疏云：「病從心起也。」「童子何以不杖？不能病也。婦人何以不杖？亦不能病也。」《記》曰：「此以權制者也。」「居倚廬。」《白虎通》曰：「孝子哀，不欲聞人之聲，又不欲居故處。居中門之外，倚木爲廬，質反古也。」按：「居倚廬」以下言居喪之禮。《記》曰：「三日而食、三月而沐、期而練，毁不滅性，不以死傷生，告民有終也，以節制者也。」又曰：「始死，三日不怠、三月不解、期悲哀、三年憂，恩之殺也，聖人因殺以制節。此喪之所以三年，賢者不得過，不肖者不得不及。此喪之中庸也。」又曰：「父母之喪，衰冠、繩纓、菅屨。三日而食粥，三月而沐，期十三月而練冠，三年而祥。比終兹三節者，仁者可以觀其愛焉，知者可以觀其理焉，强者可以觀其志焉。禮以治之，義以正之，孝子、弟弟、貞婦，皆可得而察焉。」

斬衰章所陳，皆至尊至重之服。子爲父，臣爲君，妻爲夫，此三綱也。所謂民無二王，國無二君，家無二主，尊無二上，故傳皆曰「至尊」。爲人後者爲之子，則亦父服也。妾爲君，臣妾一例，則亦君服也。爲父後者爲長子三年，加隆其子，以尊其父也。父者，子之天。君者，臣之天。夫者，妻之天。制服之本存焉耳。

「父」，傳曰：「父至尊也。」《記》曰：「其恩厚者，其服重，故爲父斬衰三年，以恩制者也。」「諸侯爲天子。」傳曰：「天子至尊也。」《白虎通》曰：「普天之下，莫非王土，率土之濱，莫非王臣。臣之於君，猶子之於父，明至尊，臣子之義也。」

「君」，傳曰：「君至尊也。」《記》曰：「門内之治恩揜義，門外之治義斷恩。資于事父以事君而敬同，貴貴尊尊，義之大者也，故爲君亦斬衰三年，以義制者也。」《荀子》曰：「君所以三年，何也？曰：君者，治辨之主也，文理之原也，情貌之盡也，相率而致隆之，不亦可乎？《詩》曰：『愷悌君子，民之父母。』彼君子者，固有爲民父母之説焉。父能生之，不能養之。母能食之，不能教誨之。君者，已能食之矣，又善教誨之者也。三年畢矣哉！乳母，飲食之者也，而三月。慈母，衣被之者也，而九月。九當爲五。君曲備之者也，三年畢乎哉！得之則治，失之則亂，文之至也。得之則安，失之則危，情之至也。兩至者俱積焉，以三年事之，猶未足也，直無由進之耳。」

「父爲長子。」胡氏云：「古者重宗法，父爲長子三年，敬宗之義。」按：敬宗所以尊祖。傳曰：「何以三年也？正體於上，又乃將所傳重也。」注曰：「此言爲父後者，然後爲長子三年，重其當先祖之正體，又以其將代己爲宗廟主也。」按：先祖者，長子之祖，其父之父也。父爲長子三年，以其將爲祖後也，此子天父之義。齊衰三年章。「母爲長子。傳曰：父之所不降，母亦不敢降。」注曰：「不敢以己尊降祖禰之正體。」禰即父也，母爲長子三年，以其將爲祖後且爲父後也。此妻天夫之義。

「爲人後者。」傳曰：「受重者，必以尊服服之。」《通典》載「吴商云：『禮貴嫡重正，其爲後者皆服三年。』夫人倫之道有本焉，重本所以重正也，重正所以明尊祖也，尊祖所以統宗廟也，是以宗絶而繼之，使其正宗百代不失也。其繼宗者是曰受重，受重者必以尊服服之，若不三年，豈爲尊重正祖者邪？」按：古人重廟祀，《孝經》言卿大夫士之孝，在保守其宗廟祭祀。《中庸》言大孝，「宗廟饗之，子孫保之」。《大傳》言「宗廟嚴故重社稷，重社稷故愛百姓」。蓋人人思保其宗廟祭祀，則居上不驕，爲下不亂，在醜不争，而天下大治。故《孝經》言：明王治天下必以孝。而禮謂宗祀爲重，因而將所傳重者，雖父之至尊，猶爲之極服。受重於人者，必以尊服服之如子，此人道之大，王政之本也。

「妻爲夫。」傳曰：「夫至尊也。」按：天下之所以相生相養而不相殺者，以有君臣也。所以能君君、臣臣者，以上下各思永保其父子也。所以人人知父其父、子其子者，以别夫婦也。治天下自正三綱始，正三綱自正夫婦始。男女有别，然後父子親。子者，父之子，妻從夫而後父子可得而親，故夫爲妻之至尊。本天地陰陽之義，所謂道之大原，出於天也。亂臣賊子反易天常，以誨淫爲誨盜之階，君子知其有無君之心，而後動于惡也。

「妾爲君。」傳曰：「君至尊也。」注曰：「妾謂夫爲君者，不得體之加尊之也，雖士亦然。」疏云：「《内則》：『聘則爲妻，奔則爲妾。』鄭注：『妾之言接，聞彼有禮，走而往焉，以得接見於君子。』是名妾之義。但其並后匹適，則國亡家絶之本，故深抑之，别名爲妾也。既名爲妾，即不得名壻爲夫，加其尊名，名之爲君也。」

齊衰三年章　盛氏曰：「此於衰裳則齊之，杖則削之，以無子之麻爲絰，纓帶以成布爲之，皆殺於斬也。年月同而服少異者，殊尊卑也，以父餘尊之所厭故也。」王氏士讓云：「齊衰三年章只有四條，皆以繫母子之恩而不及其他。」胡氏云：「斬衰、齊衰之服，本緣父母而制，故斬衰首父，齊衰首母也。」

「父卒則爲母。」注曰：「尊得伸也。」按：惻怛之心，痛疾之意，子於父母一也。資於事父以事母，故父卒，即爲母三年。

「繼母如母。」傳曰：「繼母之配父與因母同，故孝子不敢殊也。」按：繼母之三年以配父，慈母之三年以父命，亦所謂父爲子綱。

「慈母如母。」按：此妾之無子、妾子之無母，父命爲母子者。注曰：「大夫之妾子，父在爲母大功，則士之妾子爲母期矣。父卒則皆得伸也。」明子之於母，惟父可以厭之。父卒則妾子亦得伸。生我者母，創鉅痛深之情，固不能已也。

齊衰杖期章　此章三條，皆母之降服。其一條，妻正服。降、正、義服詳《圖表》。

「父在爲母。」《記》曰：「資於事父以事母而愛同，天無二日，土無二王，國無二君，家無二尊，以一治之也。故父在爲母齊衰期者，見無二尊也。」傳曰：「何以期也？屈也。至尊在，不敢伸其私尊也。父必三年然後娶，達子之志也。」疏云：「父非直於子爲至尊，夫於妻亦至尊，母則於子爲尊，夫不尊之，故言私尊。子於母屈而期，心喪猶三年，故父雖爲妻期，而三年乃娶，達子心喪之志也。」顧氏炎武曰：「所謂三綱者，夫爲妻綱，父爲子綱。夫爲妻之服除，則子爲母之服亦除，此嚴父而不敢自專之義也。」傳曰：「禽獸知母而不知父。野人曰：父母何算焉？都邑之士，則知尊禰矣。」《喪服小記》曰：「祖父卒，而後爲祖母後者三年。」是則父在而不得伸其三年者，厭於父也。祖父在而不得伸其三年者，厭於祖父也。服之者，仁也；不得伸者，義也。「品節斯，斯之爲禮。」雖然，傳曰：「父必三年然後娶，達子之志也。」然則十五月而禫之外，爲之子者，豈忍遂食稻衣錦而居於内乎？志之爲言，即心喪之謂。以父之尊厭之，而又以父之三年不娶者達之，聖人所以處人父子之閒者，仁之至，義之盡矣。自禮教不明，喪紀廢壞，而徒以衰麻之服爲喪，夫經傳言三年之喪，不謂之三年之服也。夫三日不怠，三月不懈，期悲哀，三年憂者，此三年之喪也。練而慨然，祥而廓然者，此三年之喪也。泣血三年，未嘗見齒者，此三年之喪也。喪云，喪云，衰麻云乎哉？胡氏曰：「『父必三年然後娶，達子之志也。』二語申明經義特深，蓋古人爲母期，雖不得三年，亦必盡心喪之實，故父俟三年乃娶以達之。」

「妻」，傳曰：「爲妻何以期也？ 妻至親也。」馬氏融曰：「妻與己共承宗廟，所以至親也。」

「出妻之子爲母。」注曰：「母子至親，無絶道。」

齊衰不杖期章　胡氏云：「喪服以本親爲主，故斬衰首父，齊衰三年及杖期首母，不杖期首祖父母。」

「祖父母。」傳曰：「至尊也。」胡氏云：「凡子孫於一本之親，雖有遠近之不同，而其奉爲至尊則一，以統緒所自來也。故傳於父言『至尊』，於祖言『至尊』，而於曾祖父母傳云『不敢以兄弟之服服至尊也』。則自曾、高以上皆爲至尊可知。」

「世父母、叔父母。」傳曰：「世父、叔父何以期也？ 與尊者一體也。」又曰：「父子一體也，夫妻一體也，昆弟一體也。故父子，首足也；夫妻，牉合也；昆弟，四體也。故昆弟之義無分，然而有分者，則辟子之私也。子不私其父，則不成爲子。故有東宮，有西宮，有南宮，有北宮，異居而同財，有餘則歸之宗，不足則資之宗。」按：此親親之大義。

「昆弟之子」，注曰：「《檀弓》曰：『《喪服》，兄弟之子猶子也。蓋引而進之。』」

「爲人後者爲其父母。」傳曰：「何以期也？ 不貳斬也。何以不貳斬也？ 持重於大宗者，降其小宗也。爲人後者孰後？ 後大宗也。曷爲後大宗？ 大宗者，尊之統也。禽獸知母而不知父。野人曰：父母何算焉？ 都邑之士則知尊禰矣。大夫及學士，則知尊祖矣。諸侯及其大祖，天子及其始祖之所自出，尊者尊統上，卑者尊統下。大宗者，尊之統也。大宗者，收族者也，不可以絶。」按：

此尊尊之大義。注曰：「收族者，謂别親疏，序昭穆。《大傳》曰：『繫之以姓而弗别，綴之以食而弗殊，雖百世婚姻不通者，周道然也。』」《白虎通》曰：「古者所以必有宗何也？所以長和睦也。大宗能率小宗，小宗能率群弟，通其有無，所以紀理族人者也。」又曰：「族者何也？族者，凑也，聚也，謂恩愛相流凑也。上凑高祖，下至玄孫，一家有吉，百家聚之，合而爲親，生相親愛，死相哀痛，有會聚之道，故謂之族。」

「女子子適人者，爲其父母、昆弟之爲父後者。」傳曰：「爲父何以期也？婦人不貳斬也。婦人不貳斬者何也？婦人有三從之義，無專用之道，故未嫁從父，既嫁從夫，夫死從子。故父者，子之天也。夫者，妻之天也。婦人不貳斬者，猶曰不貳天也。婦人不能貳尊也。」按：此亦尊尊之大義。傳又曰：「婦人雖在外，必有歸宗。」注曰：「不自絶於其族類也。」吴氏紱云：「歸宗雖或然之事，而必有可歸之宗，此見婦人在夫家，恒凜凜有不克終之戒焉。」戴氏震曰：「女子子出降服，此與男女異長意同。以女子生而有適人之道，使之異於男子，服有出降。或緣有適人之道，而即降以異於男子，世父母、叔父母、姑姊妹之大功是也。或既適人而後降，爲衆昆弟大功是也。或不敢降，祖父母期，曾祖父母齊衰三月是也。昔儒謂降旁親不降正尊。惟降旁親，而父没則不降昆弟之爲父後者。然後婦人雖在外，必有歸宗之義，明惟不降正尊。而當其既嫁從夫，不能二尊，且降父之服而爲期，舅姑亦期，然後所謂父者，子之天。夫者，妻之天。婦人不貳斬者，猶曰不貳天之義，明聖人制爲父在爲母期，女子子適人者爲其父母期，是二者義之至也。」

「繼父同居者。」傳曰：「何以期也？ 傳曰：『夫死，妻稺，子幼，子無大功之親，與之適人。而所適者，亦無大功之親，所適者以其貨財爲之築宫廟，歲時使之祀焉，妻不敢與焉。若是，則繼父之道也。』」注曰：「爲之築宫廟於家門之外，神不歆非族。妻不敢與焉，恩雖至親，族已絶矣。夫不可二，此以恩服爾。」華氏學泉云：「或問《儀禮》有繼父之服，父可繼乎？ 曰：此以恩服也。聖人所以通人道之窮，使鰥寡孤獨各得其所，舉天下無顛連無告之民者也。夫『夫死，妻稺，子幼、無大功之親』，真天下之窮民而無告者也。婦人不二夫，禮之常也。夫死，妻稺，子幼，遇之變也。而又無大功之親以相周恤，則此煢煢孤孑，係祖父再世之血食，設一旦轉死溝壑，棄兩世之孤，斬先人之祀，聖人之所大不忍也。不得已爲通其窮，制同居繼父之服，而傳爲之申明其制曰：『夫死，妻稺，子幼，子無大功之親，與之適人。而所適者，亦無大功之親，所適者以其貨財爲之築宫廟，歲時使之祀焉，妻不敢與焉。若是，則繼父之道也。』嗚呼！ 傳之言盡之矣。夫其所以適人，而所適亦無大功之親，此其孤單獨立、年老無倚與稺妻幼子窮相埒耳。是故兩人之窮，常兩相恤、兩相倚，聖人之所不禁也。而第爲之教曰：所適者能以其貨財爲若子築宫廟，不絶其先祖之血食，而又爲之不悖於禮，恩莫隆焉！ 是則有繼父之道矣，聖人固許之爲父子矣。許爲父子，而後天下之爲繼父者，能盡其心以相恤，亦唯命之爲父子。而後天下之待繼父者，不背其恩以相棄，使所適者幸而他日有子，則此子歸其本宗，而爲異居繼父，仍不敢忘其前日之恩，爲制齊衰三月之服以報之。若不幸而所適者終於無子，則以恩相終始而爲同居，繼父生則爲之養，死則爲之齊衰期，此亦情之不容諉、義之無可辭者也。然必妻穉、子幼，無大功之親而後許之適人，非是不得藉口以適人矣。必所適者以其貨財爲之築宫廟，以存其先祀而後謂之繼父，非是不得託名於繼父矣。必兩無大功之親，同財而祭其祖禰，而後謂之同居繼父，非是，不得比恩於同居矣。且其所以必爲之築宫廟於家門之外者，神不歆非族，而不敢以非禮瀆也。其所以妻不敢與焉者，婦人不二夫，而不敢以非禮干也。其所以專舉築宫廟、歲祀爲繼父之道者，恩莫隆於崇其先，誼莫重於尊其祖，而不敢以私恩混也。此禮之作，所謂仁至義盡，非聖人莫之能定者也。俗儒謂周立宗子之法以收族，安有顛連而入繼父之家者，疑其非周公之舊。夫宗子之法，窮鄉庶姓或有不能及，且恐法久不能不廢，故制繼父之服，以通人道之窮。禮之作，合經權常變以垂則於萬世，而豈拘拘守一法，以爲盡善而不爲法外之慮哉？嗟乎！三禮唯《儀禮》最古，而乃從而疑之，奮其拘曲之説以詆毁之，則是天下舉無可信之書也，甚矣其妄也！」盛氏云：「俗之薄也，《柏舟》之節，未可概諸凡人。《凱風》之嘆，時或興於孝子。聖人慮後世失節之婦必有棄其遺孤而莫之恤者，故於齊衰杖期章，爲制繼母嫁從之服。而於此章又著繼父同居之文，使之相收相養，而六尺之孤庶不至轉於溝壑焉，此聖人之微權也，賈疏以爲許婦人改嫁，誤矣。或又因是而訾聖經，是惡知禮意哉？」

「姑姊妹、女子子適人無主者。」注曰：「無主後者，人之所哀憐，不忍降之。」疏曰：「謂行路之人，見此無夫復無子而不嫁者，猶生哀愍。」按：「凡民有喪，匍匐救之」，此仁人之言也。

「妾爲女君。」傳曰：「妾之事女君，與婦之事舅姑等。」案：如此，則妾無由上僭，而女君亦不至嫉妬，能以禮義相與和矣。

「婦爲舅姑。」王氏志長云：「婦爲舅姑期，非輕舅姑也，重斬也。女子非夫不天，從夫，則父母降矣。何也？無二天也。婦之尊舅姑也，以舅姑之子爲天也，舅姑死而服斬，是二其天也，故不敢也。」高氏愈云：「古人婦爲舅姑服齊衰期，蓋引而與己之親父母同，則亦恩義之盡矣。婦人之義以夫爲天，不容有二，傳所謂婦人不貳斬也。」華氏學泉云：「先王之制禮，稱情而立文，夫斬者，斬也。三年之喪如斬，所以爲至痛極也。先王以爲惟妻之於夫，孝子之於親，其情爾矣，非可以責婦之於舅也。且禮，女子子適人而降其父母，傳曰：『不二斬也。』不二斬者，不二天也。夫臣之於君，子之於父，婦之於夫，三綱也。臣以君爲天，子以父爲天，婦以夫爲天一也。臣爲君服斬，而爲君之父母期。子爲父服斬，而爲父之父母期。妻爲夫服斬，而爲夫之父母期。稱情而爲之，弗可易也。」方氏苞云：「婦爲舅姑期，何也？稱情以立文，適至是而止也。婦之痛其舅姑，信及其子之半，可以稱婦順矣。其義之重，比於孫之喪其祖，不可謂非隆矣，後世易以斬衰三年，將責以誠乎？抑任其僞乎？信乎，禮非聖人不能作也！」胡氏云：「諸説發明經義精矣！然舅姑之服雖期，而與他期服異。《通典》：『劉系之問：子婦爲姑既期，縓衣邪？荀訥答曰：子婦爲姑，既期除服，時人以夫家有喪，猶白衣。』吴氏澄云：『期之後，夫未除服，婦已除服，而居喪之實如其夫，是舅姑之服期，而實三年也。』故《大戴禮》云：『與更三年喪，不去。』」

「公妾以及士妾爲其父母。」按：此服妾與適同。注曰：「《春秋》之義『雖爲天王后，猶曰吾季姜』，言子尊不加於父母。」

齊衰三月章　吴氏廷華云：「此服以曾祖爲主。」

「寄公爲所寓。」傳曰：「言與民同也。」方氏苞云：「失地之君不宜遽與民同，而特制此服。俾守宗社者，知一旦可降爲鄰國之庶人，而慎乃有位也。」

「丈夫、婦人爲宗子。」傳曰：「尊祖故敬宗。敬宗者，尊祖之義也。」《大傳》曰：「人道親親也。親親故尊祖，尊祖故敬宗，敬宗故收族，收族故宗廟嚴，宗廟嚴故重社稷，重社稷故愛百姓，愛百姓故刑罰中，刑罰中故庶民安，庶民安故財用足，財用足故百志成，百志成故禮俗刑，禮俗刑然後樂。」按：如此，則宗法者聖人治天下之本也。蓋天下人心，散則弱，聚則强。散則亂，聚則治。愛敬則聚，惡慢則散。宗之道，推愛敬先祖之心以愛敬其族，因合族人愛敬之心以事其祖，則一族之人之心一，人之心也。治天下亦猶是也。積族成國，宗子合族人之愛敬以致之君；積國成天下，諸侯合國人之愛敬以致之天子。此天下之大，所以指臂相連、血脈相通而長治久安也。

「曾祖父母。」傳曰：「何以齊衰三月也？小功者，兄弟之服也，不敢以兄弟之服服至尊也。」注曰：「正言小功者，服之數盡於五，則高祖宜緦麻，曾祖宜小功也。據祖期，則曾祖宜大功，高祖宜小功也。曾祖、高祖皆有小功之差，則曾孫、玄孫爲之服同也。重其衰麻，尊尊也。減其日月，恩殺也。」按：子孫之於祖父母，有隆無替。三年以爲隆，緦、小功以爲殺，即加至大功，仍不可以爲隆。聖人於是制爲曾祖父母三月之服，以上殺之義，故減九月、七月、五月之數而三月，以祖雖百世有隆無替，故不敢以功、緦加於祖考而齊衰。四語本戴氏震。又經無高祖服，注據傳及《緦麻章》高祖族有服推補之。戴氏云：「《詩》曰：『曾孫篤之。』箋云：『自孫之子而下事先祖，皆稱曾孫。』禮言曾祖，即關四世祖已上，夫子孫之於祖考，不相逮則已矣。雖不相逮，必不可曰：『有無服之祖也。』苟相逮皆齊衰三月，其殺也者，以上殺爲義。其不復殺也者，以有隆無替爲義，道並行而不相悖，夫是之謂文。」

「舊君。」傳曰：「大夫去，君埽其宗廟，故服齊衰三月也，言與民同也，何大夫之謂乎？言其以道去君而猶未絶也。」按：古之君臣恩義深重如此！子思答穆公，孟子答齊宣王之言，皆謂君遇臣無禮，則臣亦不知報禮，以深戒人君。所謂忠焉能勿誨乎？非謂爲臣可得而叛也。孟子不用於齊而歸，燕昭王使人聘之，孟子謂受齊王厚恩，義不他仕。君子之盡節於舊君如此！僞《孔叢子》造爲子思不服舊君之事，誣罔聖賢，不知大義乃至此哉！

大功章

「姑姊妹、女子子適人者」。《记》曰：「姑姊妹之薄也，蓋有受我而厚之者也。」

「夫之祖父母、世父母、叔父母。」傳曰：「夫之昆弟何以無服也？其夫屬乎父道者，妻皆母道也。其夫屬乎子道者，妻皆婦道也。謂弟之妻婦者，是嫂亦可謂之母乎？故名者，人治之大者也，可無慎乎？」按：此明正名之大義。《大傳》所謂「異姓主名，名著而男女有别」。兄弟之妻不可以母婦名，故不服，此一義也。《檀弓》曰：「嫂叔之無服也，蓋推而遠之也。」此又一義。

「大夫爲世父母、叔父母、子、昆弟、昆弟之子爲士者。」案：古者不降上下，各以其親。殷道親親，兄終弟及，則諸侯有國，大夫有家，法久弊生，兄弟必不免於争，同宗亦必不免於争。日尋干戈以相征討，賊恩害義，敗國殄民，莫此爲甚！故周公制禮，定爲傳子之法：嫡子死，則立嫡孫。而庶子之服，諸侯絶，大夫降。父之所降，子不敢不降。再三傳後，雖諸父昆弟，亦從乎始封、始爵者之降其子，而不得服其親服。非薄其親，正以保其親也。保其親，所以保民也。詳《解紛》。

「君爲姑、姊妹、女子子嫁于國君者。」傳曰：「尊同則得服其親服。諸侯之子稱公子，公子不得禰先君。公子之子稱公孫，公孫不得祖諸侯。此自卑别於尊者也。若公子之子孫有封爲國君者，則世世祖是人也，不祖公子，此自尊别於卑者也。是故始封之君不臣諸父昆弟，封君之子不臣諸父而臣昆弟，封君之孫盡臣諸父昆弟。故君之所爲服，子亦不敢不服也。君之所不服，子亦不敢服也。」按：此極陳封建尊尊之義。注曰：「世世祖是人，不祖公子，後世爲君者，祖此受封之君，不復祀别子也。公子若在高祖以下，則如其親服，後世遷之，乃毁其廟爾。」胡氏云：「此自尊别於卑，乃後世子孫别之，非封君之意。」《校釋》曰：「諸侯以國爲體，國必傳之適子，故别其庶子，上不得禰父，下不得宗兄，父不服之，兄之爲君者亦不服之。若始封之君之昆弟，則其父未嘗别之。己雖爲君，安得臣之？况諸父乎？國自此君始封，則太祖之統適適相傳，自此君始。此君之子孫，乃當自卑别於尊者，而臣于其昆弟之爲君者爾。此尊尊之大義也。」

小功章

「爲人後者，爲其姊妹適人者。」注曰：「不言姑者，舉其親者，而恩輕者降可知。」按：此著四小宗皆降之例，爲人後者必降其小宗，尊尊也。有降無絶，親親也。詳《解紛》。

「爲外祖父母。」傳曰：「以尊加也。」馬氏融云：「以母所至尊，加服小功。」案：外親之服，本皆緦，聖人重本宗、輕外族之意。

娣姒婦　傳曰：「以爲相與居室中，則生小功之親焉。」按：古者陰教修，倫理明，故同居則生親。後世陰教廢，倫理昧，故同居則生嫌。而娣姒遂爲多争之地，禮之失也，民散久矣。

「君母之父母從母。」傳曰：「君母在則不敢不從服。」按：此亦尊尊之義。

緦麻三月章

「庶子爲父後者爲其母。」傳曰：「何以緦也？傳曰：『與尊者爲一體，不敢服其私親也。』然則何以服緦也？有死於宫中者，則爲之三月不舉祭，因是以服緦也。」李氏云：「此士上達天子皆然。」盛氏云：「至情所關，雖加一日愈於已，苟有死於宫中之例可援，以少伸吾情焉。雖天子諸侯，亦不以貴而絶其母也。」

「妻之父母。」李氏云：「妻之父母，妻服期而夫從服緦，抑外親以崇己族，故不從降一等之例，雖母黨亦然。加不過小功而已。」《白虎通》説九族，「父族四，母族三，妻族二，堯時俱三族。周承二弊之後，民人皆厚于末，故貶妻族以附父族。」

記自「公子爲其母」至「布總」，皆補經服。「凡衰，外削幅」至「袪，尺二寸」，記衰裳之制及尺寸之數。「衰三升」至篇末，記斬衰、齊衰、大功之受服及繐衰升數。凡三大節。

公子爲其母、妻服　注曰：「諸侯之妾子厭於父，爲母不得伸，權爲制此服，不奪其恩也。」按：齊王子有其母死，其傅爲之請數月之喪，孟子曰：「是欲終之而不可得也，雖加一日愈於已。」

兄弟加服　傳曰：「小功已下爲兄弟」，注云：「於此發兄弟傳者，嫌大功已上又加也。大功已上，若皆在他國，則親自親矣。若不及知父母，則固同財矣。」戴氏震云：「大功之親，分當相恤。其不相恤，是賊其性也。小功以下而相恤，斯進之也。」

「朋友麻。」注曰：「朋友雖無親，有同道之恩。」《白虎通》曰：「朋友之交，近則謗其言，遠則不相訕。一人有善，其心好之。一人有惡，其心痛之。貨財通而不計，共憂患而相救，生不屬，死不託。故《論語》曰子路云：『願車馬、衣輕裘與朋友共敝之。』又曰：『朋友無所歸，生於我乎館，死於我乎殯。』」案：五倫中之朋友，實兼師弟子在内。《檀弓》曰事師，「服勤至死，心喪三年」。又曰：「孔子之喪，二三子皆絰而出。群居則絰，出則否。」《白虎通》曰：「弟子爲師服者，弟子有君臣、父子、朋友之道也。故生則尊敬而親之，死則哀痛之，恩深義重，故爲之隆服。」古之重師友如此！《記》曰：「師無當於五服，五服弗得不親。」蓋惟有師友而後有學問，有學問而後有倫理。天下師友道盛，則人識君臣父子之綱，家知違邪歸正之路。否則，下無學而賊民興，邪説横行，非聖無法，三綱六紀横決倒懸而大亂起矣。禮，爲師心喪三年，朋友期，所以維持斯道斯民者大矣！

「改葬，緦。」注曰：「謂墳墓以他故崩壞，棺物毀敗，改設之，如葬時也。服緦者，臣爲君也，子爲父也，妻爲夫也。必服緦者，親見尸柩，不可以無服。」案：改葬出於萬不得已。後世士大夫惑於陰陽禍福之説，屢遷其棺，不孝而愚，莫此爲甚！豈有忍心以親骸徼利之人而爲天道所祐者乎？又案：改葬與未葬者異。韓氏愈曰：「古者諸侯五月而葬，大夫三月而葬，士踰月，無故未有過時而不葬者也。過時而不葬，謂之不能葬，《春秋》譏之。若有故而未葬，雖出三年，子之服不變。此孝子之所以著其情，先王之所以必其時之道也。」孫氏星衍謂：「古者未葬不除喪，今國家亦有停棺不葬之律。」應令終喪不葬其親者，官員不準起官，士子不準應試，商賈平民不準離鄉貿易。此政一行，則澤及枯骨之德遠矣。

女子子適人者爲父母，婦爲舅姑服　傳曰：「何以言子折笄首而不言婦？終之也。」注曰：「終子道於父母之恩。」

「衰，長六寸，博四寸。」　注曰：「前有衰，後有負版，左右有辟領，孝子哀戚無所不在。」

斬衰、齊衰升數　注曰：「服之首主於父母。」

緦衰升數　注曰：「服在小功之上者，欲著其縷之精麤也。升數在齊衰之中者，不敢以兄弟之服服至尊也。」

大功升數受服　注曰：「斬衰受之以下，大功受之以正，重者輕之，輕者從禮，聖人之意然也。」案：輕之以抑其過，從禮使不至於不及，此喪之中庸也。《記》説衰裳升數曰：「此哀之發於衣服者也。」

《士喪禮》第十二。鄭《目録》云：「士喪其父母，自始死至於既殯之禮。」胡氏云：「此與下《既夕禮》本爲一篇，以簡册繁重分而爲二。此篇所載至卜葬日止，皆在未啟殯之先，故鄭云：『自始死至於既殯之禮。』」

《經解》曰：「喪祭之禮，所以明臣子之恩也。喪祭之禮廢，則臣子之恩薄，而倍死忘生者衆矣。」《盛德》記曰：「凡不孝，生於不仁愛也。不仁愛，生於喪祭之禮不明。喪祭之禮所以教仁愛也。致愛故能致喪祭，春秋祭祀之不絶，致思慕之心也。夫祭祀，致饋養之道也。死且思慕饋養，况於生而存乎？故曰：喪祭之禮明，則民孝矣。故有不孝之獄，則飾喪祭之禮。」

《孝經》曰：「孝子之喪親也，哭不偯，禮無容，言不文，服美不安，聞樂不樂，食旨不甘，此哀戚之情也。三日而食，教民無以死傷生，毁不滅性，此聖人之政也。喪不過三年，示民有終也。以上言居喪之禮，以下檃括《士喪》、《既夕》兩篇言之。爲之棺椁衣衾而舉之，謂襲斂。陳其簠簋而哀戚之，謂奠、哭踊。擗踊哭泣哀以送之，卜其宅兆而安厝之。謂葬。爲之宗廟以鬼享之，謂虞。春秋祭祀以時思之。謂吉祭。生事愛敬，死事哀戚，生民之本盡矣，死生之義備矣，孝子之事親終矣。」

《荀子》曰：「禮者，謹於治生死者也。生，人之始也；死，人之終也。終始俱善，人道畢矣。故君子敬始而慎終，終始如一，是君子之道，禮義之文也。夫厚其生而薄其死，是敬其有知，而慢其無知也，是奸人之道而倍叛之心也。君子以倍叛之心接臧穀，猶且羞之，而况以事其所隆親乎！故死之爲道也，一而不可得再復也。臣之所以致重其君，子之所以致重其親，於是盡矣。故事生不忠厚、不敬文謂之野，送死不忠厚、不敬文謂之瘠。君子賤野而羞瘠，故天子棺椁七重，諸侯五重，大夫三重，士再重。此説重數與《檀弓》多少不同，各有所受。然後皆有衣衾多少厚薄之數，皆有柳翣從楊讀。文章之等，以敬飾之，使生死終始若一，足以爲人願，是先王之道，忠臣孝子之極也。」又曰：「喪禮之凡，變而飾，動而遠，久而平。故死之爲道也，不飾則惡，惡則不哀。尒則翫，翫則厭，厭則忘，忘則不敬。一朝而喪其嚴親，而所以送葬之者不哀不敬，則嫌於禽獸矣，君子恥之。故變而飾，所以滅惡也。動而遠，所以遂敬也。久而平，所以優生也。」《檀弓》曰：「喪禮，哀戚之至也。」《禮器》曰：「喪禮，忠之至也。」《雜記》曰喪禮，「敬爲上，哀次之」。

《問喪》曰：「親始死，雞斯徒跣，扱上衽，交手哭，惻怛之心，痛疾之意，傷腎、乾肝、焦肺，水漿不入口，三日不舉火，故鄰里爲之糜粥以飲食之。夫悲哀在中，故形變於外也。痛疾在心，故口不甘味，身不安美也。」

《士喪禮》自篇首至設重，皆始死日事。始死先復，次楔齒、綴足、奠，次赴于君，次序主人以下哭位，次君使人弔，次君使人襚，次親者、庶兄弟、朋友襚，次爲銘，次陳沐浴、飯含、襲之具：有在階下者、有在房中者、有在序下者，次沐浴，次飯含，次襲，次設重。凡十五節。

始死復節　「死于適室」，注曰：「正寢之室也。疾者齊，故於正寢焉。」按：曾子曰：「吾得正而斃焉，斯已矣。」　「復」。《記》曰：「復，盡愛之道也，有禱祠之心焉。望反諸幽，求諸鬼神之道也。

北面，求諸幽之義也。」「升自阼階，以衣尸」，注曰：「衣尸者覆之，若得魂返之。」張氏爾岐曰：「復者，猶冀其生，復而不生，始行死事。」《荀子》曰：「紸纊紸當爲注，注，屬也。聽息之時，則夫忠臣孝子亦知其閔已。然而殯斂之具未有求也，垂涕恐懼，然而幸生之心未已，持生之事未輟也。卒矣，然後作具之。故雖備家，必踰日然後能殯。」

楔齒綴足奠節　張氏曰：「喪禮凡二大端：一以奉體魄，一以事精神。楔齒、綴足，奉體魄之始。奠脯醢，事精神之始也。」淩氏云：「若然，則葬乃奉體魄之終，祭乃事精神之終也。」《荀子》曰：「葬埋，敬藏其形也。祭祀，敬事其神也。」案：《檀弓》子游曰：「人死，斯惡之矣。無能也，斯倍之矣。是故制絞衾，設蔞翣，爲使人勿惡也。始死，脯醢之奠。將行，遣而行之，既葬而食之。謂虞祭。未有見其饗之者也，自上世以來，未之有舍也，爲使人勿倍也。」然則奉體魄使人勿惡也，事精神使人勿倍也。「奠脯醢、醴酒」，注曰：「鬼神無象，設奠以馮依之。」

赴君節　注曰：「臣，君之股肱耳目，死當有恩。」《白虎通》曰：「臣死赴于君何？此君哀痛于臣子也，欲聞之加賻賵之禮。」「有賓，則拜之」。《荀子》曰：「士之喪動一鄉，屬朋友。」

哭位節　姜氏兆錫曰：「《喪大記》：『惟哭先復，復而後行死事。』哭最先，而哭位則序於此時者，蓋始死時，主人啼，婦人哭，乃創鉅痛深，心胆摧裂，發於不自禁者。」故至帷堂事小定、命赴後，人哭乃序之。此句用胡氏語足成之。楊氏復曰：「始死，哭位辨室中、户外、堂下之位。《喪大記》人君禮亦必辨室中、堂上、堂下之位者，非特男女内外、親疏上下之位，不可以不正，亦治喪馭繁處變之大法也。」應氏鏞曰：「男東、女西，陰陽之大分也。喪遽哀迫，人雜事叢，先謹男女之辨而各以類從，則紛糾雜亂者有倫矣。」案：《記》曰：喪紀，「以服之精麤爲序」。

君使人弔節　《白虎通》曰：「臣子死君弔之何？親與之共治民，恩深義重。」「主人哭，拜稽顙，成踊」。《記》曰：「拜稽顙，哀戚之至隱也。稽顙，隱之甚也。辟踊，哀之至也。有算，爲之節文也。」

君使人襚節　《白虎通》曰：「贈襚何謂也？所以助生送死，追恩重終，副至意也。」「惟君命，出」，注曰：「以明大夫以下，時來弔襚，不出也。始喪之日，哀戚甚，在室，故不出拜賓也。」「升降自西階」，注曰：「未忍在主人位也。」

親者、庶兄弟、朋友襚節　「親者襚，不將命，以即陳」，注曰：「大功以上，有同財之義也。」「朋友襚，親以進」，注曰：「親之恩也。」

爲銘節　《記》曰：「銘，明旌也。以死者爲不可别已，故以其旗識之，愛之，斯録之矣。敬之，斯盡其道焉耳。」

陳器階下節　「新盆、槃、瓶、廢敦、重鬲，皆濯，造于西階下」，注曰：「新此瓦器五種者，重死事。造，至也，以造言之，喪事遽。」按：《記》曰：「喪事雖遽不陵節。」

陳襲事于房中節　「鬠笄用桑，長四寸」，注曰：「長四寸，不冠故也。」徐氏乾學云：「古人襲斂，全體包裹，其内加冠，則勢有所難容，故不得已而去之。意在堅束其尸，非以爲容飾也。」「爵弁服、皮弁服、褖衣」。王氏士讓云：「此三服者，士冠三加之服也。得正而斃，服是服而安矣。」

沐浴節　《白虎通》曰：「人死必沐浴於中霤何？示潔淨反本也。」「主人皆出，户外北面」，注曰：「象平生沐浴裸裎，子孫不在旁。」《校釋》曰：「沐浴動摇尸，不可無人監視，專任御者。而尸體倮程，又不宜在旁。經曰：『主人皆出，户外北面。』出則象平生沐浴，子孫不在旁，所以爲敬。出而即在户外，迫近户，且北面向户，則仍得監視御者，所以爲慎也。禮之曲盡如此。」「蚤揃如他日」。《荀子》曰：「喪禮者，以生者飾死者也，大象其生以送其死也。故如死如生、如存如亡，終始一也。言死生之道，兼互用之以爲禮文。如卒，沐浴鬠體，體謂爪揃之屬。飯含，象生執也。」象生時所執之事。

飯含節　《記》曰：「飯用米貝，弗忍虚也。不以食道，用美焉爾。」《荀子》曰：「飯以生稻，含以槁骨，反生術矣。」《白虎通》曰：「所以有飯含何？緣生食。今死不欲虚其口，故含。用珠寶物何也？有益死者形體，故天子飯以玉，諸侯以珠，大夫以璧，士以貝也。」按：三代以上家給人足，無盗發人冢之事，故含用珍寶，無慮後患。後世井田既廢，民窮斯濫，草竊姦宄，愍不畏死，掘墓求利，往往而有。苟以珍寶實之，是誨盗而禍其先人，豈孝子之所忍爲哉？故「禮，時爲大」。「商祝襲」，注曰：「祝，習商禮者也。商人教之以敬，於接神宜。」

襲節　《荀子》曰：「設褻衣，襲三稱，搢紳而無鉤帶矣。設掩面儇目，鬠而不冠笄矣。告不用也，是皆所以重哀也。」「設冒」。《記》曰：「冒者何也？所以揜形也。自襲以至小斂，不設冒則形，是以襲而設冒也。」顧氏廣譽曰：「古禮制度莫良於設冒。死者自首至足，非是則保之終不固。」「巾、柶、鬠、蚤，埋于坎」。《校釋》曰：「鬠蚤埋于坎，亦骨肉歸於土之義。凡尸所用之渜濯巾、柶，悉埋之，以其得尸氣，故愛而同歸之。」

設重節　《記》曰：「重，主道也。」注曰：「始死未作主，以重主其神也。」按：重爲主道，故設食以馮依之。

「夏祝鬻餘飯」，注曰：「祝習夏禮者也。夏人教以忠，其於養宜。」

陳衣節　「絞，橫三縮一」，注曰：「絞，所以收束衣服爲堅急者也。」「凡十有九稱」。《記》自「厥明，陳衣于房」至「爲燎于中庭」，言親喪第二日小斂之禮。斂前先陳飾衣物，凡五節：陳衣一也，饌奠及東方之盥二也，陳絰帶三也，陳牀第、夷衾及西方之盥四也，陳鼎實五也。

曰：「備服器，仁之至也。」此兼《既夕》明器言之。

陳絰帶節　注曰：「苴絰，斬衰之絰也。苴麻者，其貌苴，以爲絰。服重者尚麤惡，絰之言實也。下本在左，重服統於内而本陽也。牡麻絰者，齊衰以下之絰也。牡麻絰者其貌易，服輕者宜差好也。右本在上，服輕本於陰而統於外。」

陳鼎實節　「素俎在鼎西」，❶《記》曰：「奠以素器，以生者有哀素之心也。唯祭祀之禮，主人自盡焉爾，豈知神之所饗？亦以主人有齊敬之心也。」

❶「西」，原作「南」，據《儀禮注疏》改。

陳設畢乃小斂，主人、主婦於是髻髮，免、髽，斂畢乃奠。凡二節。

小斂節　「祭服不倒」，注曰：「斂者趨方，或顛倒衣裳。」胡氏云：「倒之，取其前後厚薄均也。」「主人西面馮尸，踊無算」。方氏苞云：「至此則附身之事小備，親之容色髮膚欲再見而不可得矣，故踊無算。」「主人髻髮，袒」。《記》曰：「袒括髮，變也。愠，哀之變也。去飾，去美也。袒括髮，去飾之甚也。有所袒，有所襲，哀之節也。」

小斂奠節　「奠者由重南，東，丈夫踊」。《校釋》曰：「祝既奠由重南，東，以重爲神所憑依，故繞之而過，求神之義也。主人見而增痛，故又踊，蓋感觸於是爲益甚也。」

小斂後代哭，賓或有襚者，宵爲燎。凡三節。

代哭節　注曰：「代，更也。孝子始有親喪，悲哀憔悴，禮坊其以死傷生，使之更哭，不絶聲而已。」《記》曰：「節哀順變也，君子念始之者也。」

自「厥明，滅燎」至「就次」，言親喪第三日大斂而殯之禮。先陳大斂衣奠及殯具，次徹小斂奠，次大斂，次殯，次大斂奠，次送賓。凡六節。

陳衣奠節　「棺入，主人不哭」。朱子曰：「動尸舉棺，擗踊無算，然殯斂之際，亦當輟哭。臨事務令安固，不可但哭而已。」

徹小斂奠節　「設于序西南」，注曰：「爲求神於庭。孝子不忍使其親須臾無所馮依也。」

殯節　子思曰：「喪三日而殯，凡附於身者必誠必信，弗之有悔焉耳矣。」「主人奉尸斂于棺，踊如初」。《記》曰：「三日而斂，在牀曰尸，在棺曰柩。動尸舉柩，哭踊無數，惻怛之心，痛疾之意，悲哀志懣氣盛，故袒而踊之，所以動體安心下氣也。婦人不宜袒，故發胸、擊心、爵踊，殷殷田田，如壞牆然，悲哀痛疾之至也。故曰：『辟踊哭泣，哀以送之，送形而往，迎精而反也。』此檃括襲斂及葬言之。或問曰：『死三日而後斂者，何也？』曰：『孝子親死，悲哀志懣，故匍匐而哭之，若將復生然，安可得奪而斂之也？故曰三日而後斂者，以俟其生也。三日而不生，亦不生矣。孝子之心，亦益衰矣。家室之計，衣服之具，亦可以成矣。親戚之遠者，亦可以至矣。是故聖人爲之斷決以三日，爲之禮制也。』」「乃塗」，注曰：「以木覆棺上而塗之，爲火備。」或問殯禮可行否？朱子曰：「此當自觀其宜，今以不漆不灰之棺，而欲以塼土圍之，必不可。」案：古今異宜，禮文不詳。惟爲火備之義，孝子當頃刻不忘爾。「祝取銘置于肂」。《荀子》曰：「書其名置于其重，則名當爲形。不見而柩獨明矣。又曰：「其銘誄繫世，敬傳其名也。」

大斂奠節　「魚左首，進鬐」，注曰：「未異於生也。凡未異於生者，不致死也。」案：此孝子不忍死其親之意。「奠者由重南，東，丈夫踊」，注曰：「爲神馮依之也。」

「君若有賜焉」一節，別出君視大斂之儀。

君臨大斂節　賈山《至言》曰：「古之賢君於其臣也，尊其爵禄而親之。疾則臨視之無數，死則往弔哭之，臨其小斂、大斂，已棺塗而後爲之服錫衰麻絰，而三臨其喪。未斂，不飲酒食肉。未葬，不舉樂，當宗廟之祭而死，爲之廢樂。故古之君人者於其臣也，可謂盡禮矣。服法服，端容貌，正顏色，然後見之。故臣下莫敢不竭力盡死以報其上，功德立於後世，而令聞不忘也。」「見馬首，不哭」，注曰：「厭於君，不敢伸其私恩。」「君釋菜」，注曰：「祝爲君禮門神也。必禮門神者，明君無故不來也。《禮運》曰：『諸侯非問疾弔喪，而入諸臣之家，是謂君臣爲謔。』」「君降，西鄉，命主人馮尸」，注曰：「君必降者，欲孝子盡其情。」朱子曰：「古人君臣之際，如君臨臣喪，坐撫當心，要節而踊。今日之事，至於死生之際，恝然不相關，不啻如路人，所謂君臣之義安在？」又曰：「看古禮，君於大夫，小斂往焉，大斂往焉。於士，既殯往焉，何其誠愛之至！今乃恝然。古之君臣所以事事做得成，緣是親愛一體。」黄氏叔暘曰：「古者人君，於其臣之喪親臨之，視斂親撫之，其恩禮何厚也！巫不入門祝先之，其恭敬何至也！升主人馮之，又命主婦馮之，其教孝何切也！臣於君之臨也，迎而先入，撫而先降，必俟君命而後馮，馮又不敢當所。且於男女之別，亦不紊焉，細微曲折，無不合禮。觀於此者，仁愛忠孝之心油然生矣。」

大斂之明日成服，杖，拜君命及賓。別爲一節。

「三日成服」，注曰：「既殯之明日，全三日，始歠粥矣。」《檀弓》曰：「歠主人主婦，爲其病也，君命食之也。」「杖」。《問喪》曰：「杖者以何爲也？曰：孝子喪親，哭泣無數，服勤三年，身病體羸，以杖扶病也。」《檀弓》曰：「君子之執親之喪也，水漿不入於口者三日，杖而後能起。」

第四日至葬前，每朝夕哭奠，又朔月奠及薦新。凡二節。按：朝夕奠者，猶生時昧爽而朝，慈以旨甘；日入而夕，慈以旨甘也。兄弟具在，親親之恩於喪尤篤也。賓及他國之賓具來，朋友之義，且緣人情。有凶事，欲與賢者哀戚之也。朔月薦新，殊其禮者，孝子之心哀親不復歷此日，不復食此物，感慟尤甚也。

將葬，先筮宅，又哭椁、哭明器，又卜葬日。凡三節。

筮宅節　《荀子》曰：「三日而成服，然後告遠者出矣，備物者作矣。故殯久不過七十日，速不損五十日。是何也？曰：遠者可以至矣，百求可以得矣，百事可以成矣。其忠至矣，其節大矣，其文備矣，然後月朝卜日，月夕卜宅，然後葬也。當是時也，其義止，誰得行之？其義行，誰得止之？故三月之葬，其貌以生設飾死者也，殆非直留死者以安生也，是致隆思慕之義也。」「歸，殯前北面哭」。吴氏紱云：「悲親之將遠也。」

哭椁、哭器節　子思曰：「三月而葬，凡附於棺者必誠必信，弗之有悔焉耳矣。」

卜日節　《孝經》注曰：「葬事大，故卜之。」慎之至也。「考降，無有近悔」。案：筮宅命曰：「兆基，無有後艱？」求體魄之安也。此命辭求體魄之安，并求精神之安，蓋葬日，神實馮之也。凡此百計審慎，皆以深安其親，故能精誠通於神明，而吉凶不爽也。後世不肖昏愚之徒，惑於陰陽家邪説，其求吉地，皆以爲己，非以爲親。嗚呼！父死之謂，何而因以爲利，忍心害理，至此而極！不沐浴佩玉，石祁子兆。龜筮有知，不占而已矣。利不可得，菑害並至，此天道之必然者。

《既夕禮》第十三。鄭《目録》云：「《士喪禮》之下篇也。既，已也。謂先葬二日，已夕哭時，與葬閒一日。凡朝廟日，請啓期，必容焉。此諸侯之下士一廟，其上士二廟，則既夕哭先葬前三日也。」阮氏云：「《既夕》摘篇首二字爲目，與《有司徹》同例。」

先葬二日，既夕哭，請啓期。爲一節。

既定期，明日先於祖廟陳饌，次啓殯，次遷柩朝祖，次薦車馬、設遷祖奠，次請祖期，乃載柩、飾柩車，次陳器與葬具，次還柩車、設祖奠，其日公有賵、賓有賵、有奠、賻贈。凡九節。

啓殯節　《荀子》曰：「三月之殯何也？此殯謂葬也。曰：大之也，重之也。所致隆也，所致親也，將舉錯之，遷徙之，離宮室而歸丘陵也。先王恐其不文也，是以繇其期，足之日也。故天子七月，諸侯五月，大夫士三月，皆使其須足以容事，事足以容成，成足以容文，文足以容備，曲容備物之謂道矣。」「婦人不哭」，注曰：「將有事，止讙囂。」案：啓殯至重，當肅静以待之，慎之至也。喪禮敬爲上，哀次之，謂此類。「聲三，啓三」，注曰：「聲三，三有聲，存神也。啓三，三言啓，告神也。」「踊無算」。胡氏云：「蓋見柩出殡，將行也。」按：所謂動尸舉柩，哭踊無數。

遷柩朝祖節。注曰：「蓋象平生時，將出必辭尊者。」《檀弓》曰：「喪之朝也，順死者之孝心也。其哀離其室也，故至於祖考之廟而後行。」「升自西階」，注曰：「柩也。猶用子道，不由阼也。」「正柩于兩楹閒」，注曰：「象鄉户牖也。是時柩北首。」疏云：「户牖之閒，人君受臣子朝事之處，父母神之所在，故於兩楹之閒北面鄉之。」

薦車馬節　注曰：「象生時將行陳駕也。」「哭成踊」。《禮記》孔疏云：「薦馬，行期已至，故孝子感之而哭踊。」

載柩、飾柩車節　《荀子》曰：「事生，飾始也。送死，飾終也。終始具，而孝子之事畢，聖人之道備矣。」按：此喪禮所以飾也。

陳器節　《檀弓》曰：「孔子謂爲明器者，知喪道矣，備物而不可用也。其曰明器，神明之也。」《荀子》曰：「具生器以適墓，象徙道也。略而不盡，貌而不功，明不用也。是皆所以重哀也。凡禮，事生飾歡也，送死飾哀也，祭祀飾敬也。」「抗木」，注曰：「所以禦止土者。」「加抗席三」，注曰：「所以禦塵。」「加茵」，注曰：「茵，所以藉棺者。」《荀子》曰：「喪禮者無他焉，明死生之義，送以哀敬，而終周藏也。」

還柩車節　「乃祖」。子云：「喪禮每加以遠。浴於中霤，飯於牖下，小斂於户内，大斂於阼，殯於客位，祖於庭，葬於墓，所以示遠也。」

賓賵奠賻贈節　《記》曰：「賓客之用幣，義之至也。」「若賻，賓坐委之」，注曰：「明主人哀戚，志不在受人物。」「兄弟，賵、奠可也」，注曰：「許其厚也。」按：《傳》曰：「兄弟致美。救乏、賀善、弔災、祭敬、喪哀，親之道也。」「乃代哭如初」，注曰：「棺柩有時將去，不忍絶聲也。」

及葬日，先陳大遣奠，次出重、行器，次讀賵、讀遣，次柩車發行、君使宰夫贈於邦門，次葬，次反哭，次略言葬後儀節及喪祭之目。凡七節。於是以虞易奠，以吉祭易喪祭，生事畢而鬼事始矣。

出重行器節　「苞牲，取下體」，注曰：「苞者，象既饗而歸賓俎者也。」《雜記》曰：「父母而賓客之，所以爲哀。」

讀賵遣節　注曰：「遣者，入壙之物。君使史來讀之，成其得禮之正以終也。」胡氏云：「遣物多寡，皆禮制所繫，君使史讀之以示恩禮，而僭忒亦無由生矣。」

柩車發行節　「公使宰夫贈」。王氏士讓云：「初喪，君既襚之矣，又或視其大斂矣，既則賵之，至柩行又贈之。於士如此，則大夫以上又加厚焉可知。此即體群臣之實也。」

葬節　《檀弓》曰：「弁絰葛而葬，與神交之道也，有敬心焉。❶葬於北方北首，三代之達禮也，之幽之故也。」「贈用制幣玄纁束。拜稽顙，踊如初」。按：贈亦父母而賓客之。踊如初，痛之至也。「藏器于旁，加見」，注曰：「器在見內，明君子之於事，終不自逸也。」「即位，踊襲，如初」，注曰：「哀親之在斯。」

反哭節　《問喪》曰：「其往送也，望望然，汲汲然，如有追而弗及也。其反哭也，皇皇然，若有求而弗得也。故其往送也如慕，其反也如疑。求而無所得之也，入門而弗見也，上堂又弗見也，入室又弗見也，亡矣，喪矣，不可復見已矣，故哭泣辟踊，盡哀而止矣。」「升自西階」。《檀弓》曰：「反哭升堂，反諸其所作也。」「主婦入于室」。《檀弓》曰：「反諸其所養也。」「賓弔者升自西階，曰：『如之何。』」《檀弓》曰：「反哭之弔也，哀之至也。反而亡焉，失之矣，於是爲甚。」子云：「升自

❶「焉」，原誤作「馬」，據《禮記正義》改。

西階，❶受弔於客位，❷教民追孝也。殷人弔於壙，周人弔於家，示民不偝也。死，民之卒事也，吾從周。」「乃就次」。《問喪》曰：「成壙而歸，不敢入處室。居於倚廬，哀親之在外也。寢苫枕塊，哀親之在土也。故哭泣無時，服勤三年，思慕之心，孝子之志也，人情之實也。」

喪祭目節　「三虞」，注云：「虞，喪祭名。虞，安也。骨肉歸於土，精氣無所不之，孝子爲其徬徨，三祭以安之。朝葬，日中而虞，不忍一日離。」

《喪禮·記》自篇首至「哭者皆止」，記《士喪禮》上篇事。首養疾正終，次設牀、復、楔、綴、奠諸儀法器物，次赴君辭，次室中哭位、坐立，次衆主人不出及襚者儀位，次沐浴、含、襲時職司服物，次小斂、大斂二節中衣物、奠設、時會、處所儀法，次殯後居喪之制，次朔月及常日埽絜奉養之事，次筮宅、卜日首末事。凡十節。

首節　「疾者齊」，注曰：「正情性也。」徐氏乾學云：「君子之於禮，終身焉而已。古者婦人姙身，則有胎教之禮。將生子及月辰，則有舉子之禮。子生三月，則有命名之禮，所以正人道之始也。疾病，外内皆埽，疾者、養者皆齋。男子不死於婦人之手，婦人不死於男子之手，所以正人道之終也。若夫知學以來，息養瞬存，造次顛沛罔敢或怠，更可知矣。故曰『父母全而生之，子全而歸之』，

❶「西」，《禮記正義》作「客」。

❷「客」，《禮記正義》作「賓」。

戰戰兢兢，如臨深淵，如履薄冰，君子其敢一日忘此哉？」「養者皆齋」，注曰：「憂也。」案：《孝經》曰：「病則致其憂。」「乃行禱于五祀」，注曰：「盡孝子之情。」「主人啼」。曾子曰：「中道嬰兒失其母焉，❶何常聲之有？」

小斂、大斂節　「小斂，辟奠不出室」，注曰：「未忍神遠之也。」「無踊節」，注曰：「其哀未可節也。」「大斂于阼」，注曰：「未忍便離主人位也。」

既殯居喪節　「主人説髦」，注曰：「兒生三月，翦髮爲鬌，男角女羈。否則男左女右，長大猶爲飾存之，謂之髦。所以順父母幼小之心。至此尸柩不見，喪無飾，可以去之。」「不説絰帶」，注曰：「哀戚不在於安。」「非喪事不言」，注曰：「不忘所以爲親。」「歠粥，不食菜果」，注曰：「不在於飽與滋味。」「御以蒲菆」，注曰：「不在於驅馳。」按：孝子之心，惟在哀痛思慕而已。

埽絜奉養節　「燕養、饋、羞、湯沐之饌，如他日」，注曰：「孝子不忍一日廢其事親之禮。」

自「啓之昕」以下，記《喪禮》下篇事。先啓殯朝祖，次二廟者先朝禰，次自禰適祖，次祖廟巾、薦車、載柩、陳器、贈奠諸事，二廟者與一廟者略同，次柩在道、至壙、卒窆而歸之事：在道遇君命止柩，因及君於士有視斂而不終禮者、有不視斂而終其事者二者之節，次納柩車之節與饌祖奠之處，次入壙用器弓矢之制。凡八節。惟君視斂一節，事在上篇，以禮不備，且不定，故退在下。

❶「道」，《禮記正義》作「路」。

「柩至于壙，斂服載之」，注云：「柩車至壙，祝説載除飾，乃斂乘車、道車、稾車之服載之，不空之以歸。送形而往，迎精而反，亦禮之宜。」「卒窆而歸，不驅」，注云：「孝子往如慕，反如疑，爲親之在彼。」

《士虞禮》第十四。鄭《目録》云：「虞，猶安也。士既葬其父母，迎精而反，日中而祭之於殯宫以安之之禮。」

《記》曰：「既封，主人贈而祝宿虞尸。既反哭，主人與有司視虞牲。有司以几筵舍奠於墓左，反日中而虞。葬日虞，弗忍一日離也。是日也，以虞易奠。卒哭曰成事。是日也，以吉祭易喪祭。明日，祔於祖父。其變而之吉祭也，比至於祔，必於是日也接，不忍一日未有所歸也。」又曰：「心悵焉、愴焉、惚焉、愾焉，心絶志悲而已矣。祭之宗廟，以鬼饗之，徼幸復反也。」

《荀子》曰：「卜筮視日、齋戒、修涂、几筵、饋薦、告祝，如或饗之。按：此章統説喪祭、吉祭、練、祥、禫始筮日。物取而皆祭之，如或嘗之。主人有尊，如或觴之。賓出，主人拜送，反易服，即位而哭，如或去之。按：記卒哭、餞尸畢、賓出、主人送，拜稽顙。主婦亦拜賓，丈夫説絰帶於廟門外。荀云拜賓易服，蓋據此禮。揚注謂易祭服，反喪服，於經無徵。哀夫！敬夫！事死如事生，事亡如事存，狀乎無形影然而成文。」

士虞禮將祭，先陳牲酒、器具，次主人及賓自門外入、即位祭前事。凡二節。

陳牲器節　「特豖饋食」。方氏苞云：「昏禮，婦歸之明日，以特豚饋，子孫忠養之始也。既葬而虞，以特豖饋食，追養之始也。此先王制禮，事死如生，事亡如存之義。」「側亨于廟門外之右」，注曰：「不於門東，未可以吉也。」按：凡虞禮多反吉，以表哀。

祭之始事，設饌饗神，爲一節。是謂陰厭。

陰厭節　「取黍稷祭于苴」，注曰：「苴，所以藉祭也。孝子始將納尸以事其親，爲神疑於其位，設苴以定之。」

正祭先延尸、妥尸，次饗尸，尸九飯，次主人獻尸並獻祝及佐食，次主婦亞獻，次賓長三獻，次祝告利成、尸出。凡六節。

延尸節　注曰：「尸，主也。孝子之祭，不見親之形象，心無所繫，立尸而主意焉。」朱子云：「古人于祭祀必立之尸，因祖考遺體以凝聚祖考之氣，氣與質合，則散者庶乎復聚。」「尸入門」，注曰：「尸入，主人不降者，喪事主哀不主敬。」按：此即「喪與其易也，寧戚」之意。與《雜記》所言「敬爲上，哀次之」，各有所當。　「佐食舉肺脊授尸」。按：《特牲》、《少牢》云食舉，此經無文。方氏苞云：「虞之異於吉祭者，不設肵俎，不備庶羞，尸不食舉，佐食不舉魚、腊，亞飯舉魚、腊，實于篚而不以授尸。祝不侑，主人不拜，蓋以主人心絶志摧，不得已而虞以安神。尸乃子屬，與主人同憂，惟九飯爲饋食之大節，不可減損。」

尸出節　「祝入，尸謖」，注曰：「不告尸者，無遣尊者之道也。」「出户，踊如初；降堂，踊如初；出門，亦如之」，注曰：「三者之節悲哀同。」

正祭畢，改饌西北隅以厭飫神，爲一節，是謂陽厭。

陽厭節　注曰：「改設饌者，不知鬼神之節，改設之。庶幾歆饗，所以爲厭飫也。」「贊闔牖户」，注曰：「鬼神尚居幽闇，或者遠人乎？」

祭禮畢，送賓爲一節。

《士虞·記》先記沐浴、陳牲及行事之期，次牲殺體數、鼎俎陳設之法，次沃尸面位，次宗人佐食面位，次鉶芼與豆籩之實，次尸儀服與侍尸之儀，爲尸之人。凡六節，皆記虞正禮。

首節　「沐浴不櫛」，注曰：「沐浴者，將祭，自潔清。不櫛，未在於飾也。」「日中而行事」，注曰：「君子舉事必用辰正也。」

次節　「主人不視」，注曰：「凡爲喪事略也。」

六節　「尸入，祝從尸」，注曰：「初時，主人之心尚若親存，宜自親之。今既接神，祝當詔侑尸也。」「尸坐，不説屨」，注曰：「侍神，不敢燕惰也。」「過主人」，注曰：「主人見尸，有踧踖之敬。」

「無尸」以下，言虞禮之變，及虞後諸喪祭。先記虞無尸者陰厭之儀，次三虞、卒哭用日不同及祝辭之異者，次卒哭祭畢餞尸與無尸可餞者送神之禮，次卒哭祭告祔于神與饗尸之辭，次祔祭之禮與告祔辭，次祥、禫吉祭之節與祝辭之異。凡六節。

次節　「夙興夜處不寧」，注曰：「悲思不安。」「普淖」，注曰：「普淖，黍稷也。普，大也。淖，和也。德能大和，乃有黍稷。」

「哀薦祫事」，注曰：「始虞謂之祫事者，主欲其祫先祖也，以與先祖合爲安。」「適爾皇祖某甫」，注曰：「告之以適皇祖，所以安之也。」

三節　「婦人出，即位于主人之北」，注曰：「重餞尸。」「哭不止」。方氏苞云：「即位後，皆哭無停聲，以俟尸之即席。親將離其室，故哀更深。」「尸即席坐，唯主人不哭，洗廢爵，酌獻尸，尸拜受。主人拜送，哭，復位。」方氏苞云：「尸即席，主人將有事，故以敬抑哀。既拜送，則獻事畢，哀心不能自抑矣。曰『哭復位』者，號泣而行，別於即位而後哭也。」「主人及兄弟踊，婦人亦如之」。方氏苞云：「初獻尸，卒爵，主人及兄弟踊，婦人亦如之。亞獻，主婦及婦人踊如初，則主人及兄弟亦如之。三獻，則凡在列者皆踊，哭之久，踊之多，幾與殯前啓後等。哀親之體魄既藏，而靈魂亦將離其室也。」

五節　「曰：『孝子某，孝顯相，夙興夜處，小心畏忌，不惰其身，不寧。』」方氏苞云：「《春秋傳》曰：『祝史陳信于鬼神無愧辭。』若主喪者及衆主人心無畏忌，身實懈惰，夙興夜寐，無甚不安，而以此告於先靈，能不怵然内愧而怍於婣族、友黨乎？先王制哭踊之節，正薦告之辭，皆所以振發人之本心，而俾自循省也。」

末節　「是月也吉祭，猶未配」，注曰：「哀未忘也。」

《特牲饋食禮》第十五。　鄭《目録》云：「特牲饋食之禮，謂諸侯之士以歲時祭其祖禰之禮。」

《祭統》曰：「凡治人之道，莫急於禮。禮有五經，莫重於祭。夫祭者，非物自外至者也，自中出生於心者也。心怵而奉之以禮，是故惟賢者能盡祭之義。」又曰：「祭者，所以追養繼孝也。孝者，畜也，順於道不逆於倫，是之謂畜。是故孝子之事親也，有三道焉：生則養，没則喪，喪畢則祭。養則觀其順也，喪則觀其哀也，祭則觀其敬而時也。盡此三道者，孝子之行也。」

《祭義》：「宰我曰：『吾聞鬼神之名，不知其所謂。』子曰：『氣也者，神之盛也。魄也者，鬼之盛也。合鬼與神，教之至也。』衆生必死，死必歸土，此之謂鬼。骨肉斃於下，陰爲野土。其氣發揚於上，爲昭明，焄蒿悽愴，此百物之精也，神之著也。因物之精，制爲之極，明命鬼神，以爲黔首，則百衆以畏，萬民以服。聖人以是爲未足也，築爲宫室，設爲宗祧，以别親疏遠邇，教民反古復始，不忘其所由生也。」《郊特牲》曰：「魂氣歸於天，形魄歸於地，故祭求諸陰陽之義也。」

《祭義》又曰：「祭不欲數，數則煩，煩則不敬。祭不欲疏，疏則怠，怠則忘。是故君子合諸天道，春禘，秋嘗。霜露既降，君子履之必有悽愴之心，非其寒之謂也。春雨露既濡，君子履之必有怵惕之心，如將見之。樂以迎來，哀以送往。」《荀子》曰：「祭者，志意思慕之情也。愅詭、變異感動之貌。悒僾憒鬱之貌。而不能無時至焉。故人之歡欣和合之時，則夫忠臣孝子亦愅詭而有所至矣。歡欣之時，忠臣孝子則感動而思君親之不得同樂也。彼其所至者，甚大動也。案屈然已，屈然，空然，言無祭。凡《荀子》書「案」字皆語辭。則其於志意之情者惆然不嗛，嗛，足也。其於禮節者闕然不具。故先王案爲之立文，尊尊親親之義至矣。故曰：祭者，志意思慕之情也。忠信愛敬之至矣，禮節文貌之盛矣，苟非聖人，莫之能知也。聖人明知之，士君子安行之，官人以爲守，百姓以成俗。」

《國語》楚觀射父曰：「祀所以昭孝息民、撫國家、定百姓也。百姓夫婦擇其令辰，奉其犧牲，敬其齍盛，潔其糞除，慎其采服，禋其酒醴，帥其子姓，從其時享，虔其宗祝，道其順辭，以昭祀其先祖，肅肅濟濟，如或臨之。於是乎合其州鄉朋友婚姻，比爾兄弟親戚。於是乎弭其百苛，殄其讒慝，合其嘉好，結其親暱，億其上下，億，安也。以申固其姓。上所以教民虔也，下所以昭事上也。」《祭統》曰：「夫祭有十倫焉：見事鬼神之道焉，見君臣之義焉，見父子之倫焉，見貴賤之等焉，見親疏之殺焉，見爵賞之施焉，見夫婦之別焉，見政事之均焉，見長幼之序焉，見上下之際焉，此之謂十倫。」案：以《特牲》、《少牢》考之，十倫有其九，臣無作福，故無爵賞之施。

《特牲饋食》之禮，先筮日，次筮尸，次宿尸，次宿賓，次視濯與牲。祭前戒備事，凡五節。

筮日節　胡氏云：「士筮日亦在十日前。」案：前期十日容散齊七日，致齊三日也。《記》曰：「及時將祭，君子乃齊。齊之爲言齊也，齊不齊以致齊者也。是故君子非有大事也，非有恭敬也，則不齊。不齊則於物無防也，嗜欲無止也。及其將齊也，防其邪物，訖其嗜欲。耳不聽樂，故《記》曰『齊者不樂』，言不敢散其志也。心不苟慮，必依於道。手足不苟動，必依於禮。是故君子之齊也，專致其精明之德也。故散齊七日以定之，致齊三日以齊之。定之之謂齊，齊者精明之至也，然後可以交於神明也。」又曰：「齊之日，思其居處，思其笑語，思其志意，思其所樂，思其所嗜。齊三日，乃見其所爲齊者。」「子姓兄弟如主人之服」，注曰：「小宗祭，而兄弟皆來與焉。宗子祭，則族人皆侍。」《記》曰：「庶子不祭，明其宗也。」又曰：「夫祭有昭穆。昭穆者，所以別父子遠近、長幼親疏之序而無亂也。是故有事於大廟，則群昭群穆咸在，而不失其倫，此之謂親疏之殺也。」「孝孫某」。《記》曰：「祭稱孝孫孝子，以其義稱也。祭祀之相，主人自致其敬，盡其嘉而無與讓也。」

筮尸節　《記》曰：「尸，神象也。」又曰：「祭祀之有尸也，宗廟之有主也，示民有事也。修宗廟，敬祀事，教民追孝也。以此坊民，民猶忘其親。」《白虎通》曰：「祭所以有尸者何？鬼神聽之無聲，視之無形，升自阼階，仰視榱桷，俯視几筵，其器存，其人亡，虛無寂寞，思慕哀傷，無可寫泄，故座尸而食之。」以「某之某爲尸」，注曰：「字尸父而名尸，連言其親，庶幾其馮依之也。」《記》曰：「夫祭之道，孫爲王父尸，所使爲尸者，於祭者子行也，父北面而事之，所以明子事父之道也，此父子之倫也。」

宿尸節　《記》曰：「七日戒，三日齊，承一人焉以爲尸，過之者趨走，以教敬也。」「祝許諾，致命」。《記》曰：「祝，將命也。」

視濯、視牲節。《記》曰：「孝子將祭祀，必有齊莊之心以慮事，以具服物，以脩宮室，以治百事。」又曰：「孝子將祭，慮事不可以不豫，比時具物不可以不備，虛中以治之。」

祭日陳設及位次爲一節。

陳設節　「祝筵几于室中」。《記》曰：「鋪筵、設同几，爲依神也。此交神明之道也。」「主婦纚笄宵衣」。《記》曰：「夫祭也者，必夫婦親之。」又曰：「百物既備，夫婦齊戒沐浴，盛服奉承而進之，洞洞乎，屬屬乎，如弗勝，如將失之，其孝敬之心至也與！」

祭之始事，陰厭爲一節。

陰厭節　「主人及祝升，祝先入，主人從，西面于户内。」《記》曰：「祭之日，入室，僾然必有見乎其位。」又曰：「及祭之日，顔色必温，行必恐，如懼不及愛然。」如懼不及見其所愛者。又曰：「孝子之祭可知也，其立之也，敬以詘。」充詘，形容喜貌。又曰：「孝子之有深愛者必有和氣，有和氣者必有愉色，有愉色者必有婉容。和氣，謂立而詘。孝子如執玉，如奉盈，洞洞屬屬然如弗勝，如將失之。」「主人降。」《記》曰：「周還出户，肅然必有聞乎其容聲。」又曰：「是故先王之孝也，色不忘乎目，聲不絶乎耳，心志嗜欲不忘乎心。致愛則存，致慤則著，著、存不忘乎心，夫安得不敬乎？君子生則敬養，死則敬享，思終身弗辱也。」「佐食升肵俎」，注曰：「《郊特牲》曰：『肵之爲言敬也。』言主人所以敬尸之俎。」「俎入」。《記》曰：「孝子之祭，其薦之也，敬以欲。」薦之謂進孰。「腊特于俎北」，注曰：「饌要方也。凡饌必方者，明食味人之性所以正。」「祝洗，酌奠」。《記》曰：「其奠之也，容貌必温，身必詘，如語焉而未之然。」「卒祝」。《記》曰：「薦其薦俎，序其禮樂，備其百官，奉承而進之。於是諭其志意，以其恍惚以與神明交，庶或饗之。庶或饗之，孝子之志也。」「主人再拜稽首。」《記》曰：「拜，服也。稽首，服之甚也。」

自「祝迎尸」以下，言迎尸入、行正祭初、尸入九飯，次主人酳尸，次主婦亞獻尸，次賓長三獻尸，次獻賓及兄弟，次長兄弟爲加爵，次衆賓長爲加爵，次嗣舉奠，次旅酬，次佐食獻尸。凡十節。事尸者八節，其獻賓及兄弟與旅酬，皆承尸意而行神惠者。

尸入九飯節　此節内有妥尸祝饗，有挼祭，有初三飯，有再三飯，有終三飯，有盛肵俎。凡六細節。

「主人降，立于阼階東」，注曰：「主人不迎尸，成尸尊。尸，所祭者之孫也。祖之尸，則主人乃宗子。禰之尸，則主人乃父道。事神之禮，廟中而已，出迎則爲厭。」案：此略本《記》爲説。《記》曰：「君迎牲而不迎尸，別嫌也。尸在廟門外，則疑於臣；在廟中則全於君；君在廟門外，則疑於君。入廟門，則全於臣，全於子。是故不出者，明君臣之義也。」然則此不出者，明枝主之義。「祝饗。」注曰：「其辭取於《士虞》記，則宜云：『孝孫某圭爲孝薦之饗。』舊説云：『明薦之。』」《記》曰：「賢者之祭也，致其誠信與其忠敬，奉之以物，道之以禮，安之以樂，參之以時，明薦之而已矣，不求其爲，此孝子之心也。」又曰：「惟聖人爲能饗帝，孝子爲能饗親。饗者，鄉也，鄉之然後能鄉焉。是故孝子臨尸而不怍。」「祝命挼祭」。《白虎通》曰：「坐尸而食之，毁損其饌，欣然若親之飽，尸醉若神之醉矣。」兼下酳尸言。「啐酒，告旨」，注曰：「旨，美也。齊敬共之，惟恐不美。告之美，達其心，明神享之。」「主人羞肵俎于腊北」，注曰：「肵俎主於尸，主人親羞，敬也。神俎不親設者，貴得賓客以神事其先。」《記》曰：「仲尼嘗奉薦而進，其親也慤，其行也趨趨以數。已祭，子贛問曰：『子之言祭，濟濟漆漆然，今子之祭，無濟濟漆漆，何也？』子曰：『濟濟者，容也、遠也；漆漆者，容也、自反也，夫何神明之及交？夫何慌惚之有乎？』」注曰：「祭宗廟者，賓客濟濟漆漆，主人慤而趨趨。」

主人初獻節　此節内有主人獻尸，有尸酢主人且親嘏，有主人獻祝，主人獻佐食。凡四細節。「進，聽嘏」，注曰：「受福曰嘏。嘏，長也，大也，待尸授之以長大之福也。」《記》曰：「賢者之祭也，必受其福，非世所謂福也。福者，備也。備者，百順之名也，無所不順者之謂備。言内盡於己，而外順於道也。忠臣以事其君，孝子以事其親，其本一也。上則順於鬼神，外則順於君長，内則以孝於親，如此之謂備。惟賢者能備，能備然後能祭。」「寫嗇于房」，注曰：「變黍言嗇，因事託戒，欲其重稼嗇。嗇者，農力之成功。」

主婦亞獻節　此節内有獻尸，有尸酳，有獻祝，有獻佐食。凡四細節。「主人酌，獻祝」，注曰：「行神惠也。」

賓三獻節　疏云：「此一科之内有十一爵：主婦致爵于主人一也，主人酢主婦二也，主人致爵于主婦三也，主婦酢主人四也，尸舉奠爵五也，酢賓長六也，賓長獻祝七也，又獻佐食八也，賓又致爵于主人九也，又致爵于主婦十也，賓受主人酢十一也。」「爵止」，注曰：「尸止爵者，三獻禮成，欲神惠之均于室中，是以奠而待之。」「主人更爵，酌醋」。《記》曰：「夫婦相授受不相襲處，酢必易爵，明夫婦之别也。」

獻賓兄弟節　此下獻賓，獻衆賓，設尊酬賓，獻長兄弟，獻衆兄弟，獻内兄弟。凡六節共爲一科。「獻賓」。《記》曰：「尸飲三，衆賓飲一，示民有上下也。」「衆賓升，拜受爵。」案：先長賓，次衆賓，少長以齒。《記》所謂「明尊卑之等」。「尊兩壺于阼階東，西方亦如之」，注曰：「爲酬賓及兄弟，行神惠，先尊東方，示惠由近。」　「主人洗觶，酌于西方之尊」，注曰：「先酌西方者，尊賓之義。」按：惠由近而敬先賓，親親賢賢皆協諸義而協矣。　「主人洗爵，獻長兄弟于阼階上」。《記》曰：「因其酒肉，聚其宗族，以教民睦也。」「洗獻衆兄弟，如衆賓儀。」按：衆兄弟以次受獻，《記》所謂「長幼有序」。

衆賓長加爵節　「爵止」，注曰：「尸爵止者，欲神惠之均於在庭。」

嗣舉奠節　注曰：「使嗣子飲奠者，將傳重累之也。」官氏獻瑶云：「以傳宗廟之重言之曰『受重』，以承祖宗之旣言之曰『舉奠』，祭祀之陳饌以奠而成，嗣舉奠，則雖在子弟之列，而已付以他日祭祀之事矣。其舉奠必在加爵之後何也？　加爵則室中之禮將畢矣，若待旅酬而後舉，無以行敬也。」吴氏廷華云：「嗣子爲宗祧之寄，父在雖不主祀，亦當自致其誠敬於先人。　然既不可上同於主人，又不可等之于主婦及賓長，故獻終使之略放主人獻酢之節而行之，而仍不干主人之正禮，此禮義之至精者。」案：《記》曰：「登餕受爵以上嗣，尊祖之義也。」注又曰：「大夫之嗣子不舉奠，辟諸侯。」官氏云：「天子諸侯繼世爲君，所以有上嗣受爵之禮，而卿大夫不行舉奠者，不世爵也。　士之子爲士，故得行舉奠禮。」

旅酬無算爵節　前主人酬賓已舉西階一觶，此弟子復舉東階一觶，皆爲旅酬起端。　因於此時告祭、設羞、先旅西階一觶，加爵者即作止爵，次旅東階一觶，又次並旅東、西二觶而神惠均於在庭矣。　凡六節，總爲一科。　「賓弟子及兄弟弟子，舉觶于其長。」注曰：「所以序長幼，教孝弟。」

「爵皆無算」，注曰：「因今接會，使之交恩定好，優勸之。」

正祭畢，尸出，歸尸俎，徹庶羞，乃餕，又改饌陽厭。凡三節。

尸出節 「徹庶羞」，注曰：「《尚書傳》曰：『宗室有事，族人皆侍終日。大宗已侍於賓奠，然後燕私。燕私者何也？已而與族人飲也。』此徹庶羞置西序下者，爲將以燕飲與？然則自尸祝至於兄弟之庶羞，宗子以與族人燕飲於堂，内賓宗婦之庶羞，主婦以燕飲於房。」案：《詩》曰：「諸父兄弟，備言燕私。」傳曰：「燕而盡其私恩。」箋云：「祭祀畢，歸賓客之俎。同姓則留與之燕，所以尊賓客、親骨肉也。」

餕節 「祝曰：『餕有以也。』」注曰：「祝告餕，釋辭以戒之，言女餕於此，當有所以也。以先祖有德而享於此祭，其坐餕其餘，亦當以之也。」「酳有與也」，注曰：「言女酳此，當有所與也。與者，與兄弟也。既知似先祖之德，亦當與女兄弟，謂教化之。」

陽厭節 注曰：「不知神之所在，或諸遠人乎？尸謖而改饌爲幽闇，庶其饗之，所以爲厭飫。」「佐食徹尸薦、俎、敦，設于西北隅。祝告利成，主人降」。《記》曰：「已徹而退，敬齊之色不絶于面。」

禮畢送賓，爲一節。

送賓節 《記》曰：「宿者皆出，其立卑静以正，如將弗見然。及祭之後，陶陶遂遂，如將復入然。是故慤善不違身，耳目不違心，思慮不違親，結諸心，形諸色，而術省之，孝子之至也。」

《特牲饋食禮·記》先記祭時衣冠，次器具品物陳設之法，次事尸之禮，次佐食所事因及宗人佐食齒列，次設内尊與内兄弟面位、旅酬贊薦諸儀，次祭竈之節，次賓送尸反位之節，次諸俎牲體名數，次公有司私臣面位獻法。凡九節。

首節　注曰：「朝服者，大夫以祭。今賓兄弟緣孝子之心欲得尊賓嘉客以事其祖禰，❶故服之。」

俎節　《記》曰：「凡爲俎者，以骨爲主。骨有貴賤，殷人貴髀，周人貴肩，凡前貴于後。俎者，所以明祭之必有惠也，是故貴者取貴骨，賤者取賤骨。貴者不重，賤者不虚，示均也。惠均則政行，政行則事成，事成則功立，功之所以立者，不可不知也。俎者，所以明惠之必均也，善爲政者如此，故曰見政事之均焉。」

公有司、私臣面位獻法　注曰：「獻在後者，賤也。」按：賤而必獻之，惠下之道。《記》説諸侯之祭曰：「夫祭有畀煇、胞、翟、閽者，惠下之道也。唯有德之君爲能行此，明足以見之，仁足以與之。畀之爲言與也，能以其餘畀其下者也。煇者，甲吏之賤者也。胞者，肉吏之賤者也。翟者，樂吏之賤者也。閽者，守門之賤者也。此四守者，吏之至賤者也，尸又至尊，以至尊既祭之末而不忘至賤，而以其餘畀之，是故明君在上，則竟内之民無凍餒者矣，此之謂上下之際。」

❶「之心」，《儀禮注疏》無。

《少牢饋食禮》第十六。鄭《目録》云：「諸侯之卿大夫祭其祖禰之禮。」胡氏云：「此篇自筮日至羹，爲卿大夫正祭之禮，下《有司徹》乃言上大夫儐尸及下大夫不儐尸之禮，與此本爲一篇，亦以簡册繁重，分爲二。」

《記》曰：「王者天大祖，諸侯不敢壞，大夫士有常宗，所以別貴始，德之本也。有天下者事七世，有國者事五世，有五乘之地者事三世，有三乘之地者事二世，持手而食者不得立宗廟，所以別積厚者流澤光，積薄者流澤卑也。」

《白虎通》曰：「王者所以立宗廟何？曰：生死殊路，故敬鬼神而遠之。緣生以事死，敬亡若事存，故欲立宗廟而祭之，此孝子之心所以追養繼孝也。宗者，尊也。廟者，貌也。象先祖之尊貌也。」

少牢饋食之禮，先筮日，次筮尸、宿尸、宿諸官，次爲祭期。凡三節，皆祭日前事。

筮日節　「日用丁、己」，注曰：「取其令名，自丁寧，自變改，皆爲謹敬。」

筮尸節　注曰：「不前期三日筮尸者，大夫下人君。」案：大夫祭禮與士異者，約有二端：一下人君，尊尊也；一威儀多，貴貴也。至祭之大義悉與士同，語在前篇。

爲期節　「主人門東南面」，注曰：「大夫尊，於諸官有君道也。」按：此封建之制。

及期將祭，視殺、視濯及羹定，先實鼎饌器，次即位設几、加勺、載俎。凡三節。

祭前陰厭爲一節。

正祭，先迎尸入、妥尸，次尸十一飯，次主人獻尸，次主婦亞獻，次賓長三獻。凡五節。

尸十一飯節　此節内有挼祭，有初三飯，有四次一飯，有爲祝侑一飯，爲主人侑三飯。凡四細節。「同祭于豆祭」，注曰：「將食神餘，尊之而祭之。」「主人不言，拜侑」，注曰：「祝言而不拜，主人不言而拜，親疏之宜。」「尸又三飯」，注曰：「爲祝一飯，爲主人三飯，尊卑之差。凡十一飯，下人君也。」

主人獻尸節　此節内有主人獻尸，有尸酢主人、命祝致嘏，有主人獻祝，有主人獻兩佐食。凡四細節。「上佐食以綏祭」，注曰：「亦尊尸餘而祭之。」「宜稼于田」。方氏苞云：「《周官》：『不耕者，祭無盛。』士無田則從庶人之薦，故雖卿大夫之尊，祝嘏之辭不過『宜稼于田』而已。《雅》詩有《楚茨》、《大田》，《頌》有《載芟》、《良耜》，自天子以至於庶人，但能知稼穡之艱難，則百行有本，爲萬福之原也。」「辛夫以籩受嗇黍。主人嘗之」，注曰：「收斂曰嗇，明豐年乃有黍稷也。復嘗之者，重之至也。」

主婦亞獻節　此節内有獻尸、尸酢、獻祝、佐食，亦分四節。「有司贊者取爵于篚以升，授主婦贊者于房户」，注曰：「男女不相因。」「不嘏」，注曰：「夫婦一體。」

賓長三獻節　此節有獻尸、尸酢、獻祝，凡分三節，不及佐食，將儐尸，禮殺。

祭畢，尸出蓑。凡二節。

餕節　注曰：「大夫禮，四人餕，明惠大也。」《記》曰：「夫祭有餕，餕者祭之末也，不可不知也。是故古之人有言曰『善終者如始』，餕其是已。是故古之君子曰：『尸亦餕鬼神之餘也。惠術也，可以觀政矣。』」　「主人受祭之福，胡壽保建家室」。案：《孝經》言治家者得人之歡心以事其親，又以能保其宗廟爲卿大夫之孝。《春秋傳》每言保家之主，又言爲人子不可不慎。古之卿大夫懔懔以保建家室爲心，是以移孝作忠，而與國同休戚。此封建世禄所以相爲維繫，而棟折榱崩、巢覆卵破之憂，君臣同之也。自此義不明，而貪以敗官，叛以覆宗者多矣。

《有司徹》第十七。鄭《目録》云：「《少牢》之下篇也。大夫既祭儐尸于堂之禮。祭畢，禮尸於室中。天子諸侯之祭，明日而繹。」疏云：「言『大夫既祭儐尸於堂之禮』者，謂上大夫室中事尸，行三獻禮畢，别行儐尸於堂之禮。又云『祭畢，禮尸於室中』者，據下大夫室内事尸行三獻，無别行儐尸於堂之事。即於室内爲加爵禮尸，即下文云『若不儐尸』以下是也。」

《記》曰：「文王之祭也，事死者如事生，思死者如不欲生。忌日必哀，稱諱如見親。祀之忠也，如見親之所愛，如欲色然，其文王與？《詩》云：『明發不寐，有懷二人。』文王之詩也。祭之明日，明發不寐，饗而致之，又從而思之。祭之日，樂與哀半，饗之必樂，已至必哀。」注曰：「二人，謂父母容尸侑也。」按：此説繹祭之禮，儐尸與繹事類近，學者可據以求禮情。

儐尸之禮：將儐尸，先整設，次戒侑，次迎尸及侑，次陳鼎階下、設俎、侇載。凡四節，皆禮初事。

「有司徹」，注曰：「徹室中之饋及祝佐食之俎。卿大夫既祭而儐尸，禮崇也。儐尸則不設饌西北隅，以此薦俎之陳有祭象，而亦足以厭飫神。」

戒侑節　「乃議侑于賓，以異姓」，注曰：「擇賓之賢者，可以侑尸。必用異姓，廣敬也。」「侑出，俟于廟門之外」，注曰：「待於次，當與尸更入。主人興禮事尸，極敬心也。」

迎尸侑節　「尸與侑北面于廟門之外，西上」，注曰：「北面者，儐尸而尸益卑。西上，統於賓客。」任氏啓運云：「尸者，神之所憑也。憑之則神，離之則人也。案：尸出廟而復入，則疑於神既離也。」二句亦任氏語。故賓客之。然以其向爲神之所憑也，故極敬事之。主人既徹而退，陶陶遂遂如將復入，則愛慕之誠，固足以凝留先祖或去之精神。而此薦俎之設，亦足以爲厭飫矣。

儐尸之禮，主人初獻，凡三大節：獻尸，獻侑，受尸酢，其中又各自分節。

獻尸節　此節内授几，獻爵，主婦薦豆籩，司馬載羊俎，賓長設羊俎，次賓進匕湆，司馬羞肉湆，次賓羞燔。凡分八細節。其豆籩以下諸薦設，是謂從獻，凡五事。其次主人拜送爵而主婦薦，賓長設正俎而尸祭薦。司馬挹匕湆而尸祭俎，次賓授匕湆而尸啐酒、告旨。司馬羞肉湆而尸嚌肺，次賓羞燔而尸卒爵。此其相承相應之次，有不容稍紊者。若司馬載羊俎之下，並列十一俎，則欲以類從，著諸俎之差等耳，不以其次也。

獻侑節　此節内獻爵，薦豆籩，設羊俎，設羊燔，有四節，其從獻降於尸者二。

尸酢節　此節内主人受爵、主婦薦豆籩、長賓設俎，次賓羞匕湇、司馬羞肉湇，次賓羞燔、主人拜崇酒。凡七細節。主人尊，薦設亦五事，與尸同。

主婦亞獻，凡四節：一獻尸，二獻侑，三致爵於主人，四受尸酢。

獻尸節　主婦獻尸，從獻亦五。主婦既獻爵、設兩鉶，又設糗脩，次賓羞豕匕湇，司士羞豕脀，次賓羞豕燔，儀節與主人獻尸並相當。

獻侑節　主婦獻侑，從獻同于尸者亦三。主婦既獻爵、羞糗脩，司士羞豕脀，次賓羞豕燔。降於尸者二，無鉶羹與豕匕湇。

致爵節　致爵、從獻，並與尸同。

受尸酢節　尸酢主婦，從設亦三，與主人獻侑同。主人視尸，主婦視侑，尊卑之差也。

賓長三獻尸，欲均神惠于庭。奠爵不舉，主人酬尸，乃羞。主人獻長賓、獻衆賓，自酢于長賓，酬賓，獻兄弟，獻内賓，獻私人，尸乃作三獻之爵，成禮。凡十一節。

酬尸節　盛氏云：「主人體尸止爵之意，將獻長賓以下。乃先酬尸者，獻之禮成於酬，成尊者之禮。而後及其餘，禮之序也。辯，辯降也。尸侑皆降而對者，惟尸統於尊也。」

羞節　「内羞、庶羞」，注曰：「二羞所以盡歡心。」

獻兄弟節　「主人升，洗酌」，注曰：「宰夫不贊酌者，對獻衆賓，宰夫贊酌。兄弟以親昵來，不以官待之。」「其位在洗東」，注云：「位不繼於主人，而云洗東，卑不統於尊。」案：親親、尊尊並行不悖，即此可見。

獻私人節　注曰：「大夫言私人，明不純臣也。士言私臣，明有君之道。」

尸作三獻爵節　此節内有尸作止爵，獻侑，致爵于主人，受尸酢，凡四細節。其從獻，惟湆魚一。

自「二人洗觶」以下，言旅酬、無算爵。二人舉觶爲旅酬，兄弟後生舉觶于其長、賓長加獻尸，次賓舉爵又旅酬，兄弟舉止爵，賓舉奠觶交錯爲無算爵。又凡五節。而儐尸之禮畢矣。

旅酬節　「二人洗觶，升實爵」，注曰：「三獻而禮小成，使二人舉爵，序殷勤於尸侑。」

賓舉爵更爲旅酬節　胡氏云：「《特牲》尸不與旅酬，此尸與於旅酬而不與於無算爵。與於旅酬者，以賓客之禮待之；不與無算爵，則以留尸之餘尊也。」

尸出、歸俎爲一節，以上上大夫儐尸禮。

自「若不儐尸」以下，言下大夫不儐尸者，尸八飯後，與上大夫異禮之事。先敘尸八飯後事，次十一飯時事，次初獻，次亞獻，次三獻，次主人徧獻賓兄弟、内賓私人次，次賓長爲加爵，次無算爵，次佐食爲加爵，次尸出，次餕，次陽厭。凡十二節，與儐有同有異，注别之綦詳。❶

三獻節　此節内賓獻尸爵既止，主婦致爵于主人，主婦自酢尸，作止爵，尸酢賓，賓獻祝及佐

❶ 「綦」，依文義似當作「綦」。

食，賓致爵，主人致爵主婦，賓自酢乃設羞，亦十小節而禮成。案：《有司徹》一節中每包數節，學者驟閲如治絲而棼，張氏於此篇分析尤精，今悉據録。

圖表第三　禮經

戴東原論治經之難若干事，其一曰：「誦古《禮經》，先《士冠禮》，不知古者宫室衣服等制，則迷於其方，莫辨其用。」愚謂《聘禮》肆儀，「爲壝壇畫階」，此即治禮必先明宫室之義。宫室明，則各篇行禮方位依注疏求之，如指示以掌中，物雖不盡，圖可推知矣。《喪服·記》言端衣之制，《禮記》有《深衣》篇，《玉藻》辨冠服用等尤詳，蓋不學雜服不能安禮。今録張氏《宫室衣服圖》，校訛改錯，以示學者。《儀節圖》惟著尤繁難明數事，餘略之。《喪服》條理精密，特考正張表，附胡氏説，明人親大義焉。

宮室圖❶

禮家相傳大夫士堂室圖

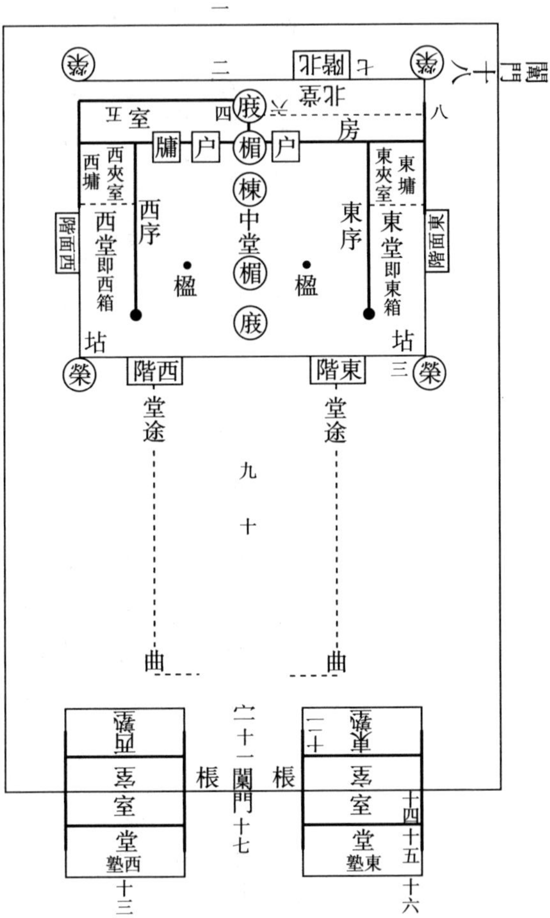

❶ 此題原無，今據底本目録補。

原本引證辯説具列圖中，幅褊字小，難加校注，特設一變通之法：順考次第，於每條本處標一二三四等數，向背縱横各如其故，而依數列説，總著於每圖後。校訛糾違，一一注明，學者兩讀尋省，當轉易了。《書》、《周禮》圖亦多用此例。

一、原題《鄭氏大夫士堂室圖》，今易，詳《解紛》。

二、《鄉射》注云：「是制五架之屋也。正中曰棟，次曰楣，前曰庪。」《聘禮》疏云：凡「堂皆五架」。案：庪者，接簷之梁，庪前仍有接簷，東西之榮是簷也。庪外謂之宇，《喪禮》曰銘「置于宇」。

三、賈疏云：「堂隅有坫，以土爲之。」襲必于隱者。《聘禮》「公襲于序坫之閒」，是坫有築土也。「聘」字今增。　《士冠禮》注：「坫在堂角。」

四、《少牢》注云：「室中迫狹。」疏云棟北楣下爲室，「一架之閒」。

五、《士昏禮》、《士喪禮》、《喪大記》「北堂」皆或爲「北牖」，鄭不破之，則室有北牖。

六、《士昏禮》注：「北堂，房中半以北。」疏云：「房與室相連爲之，房無北壁。」

七、《大射儀》：「工人士與梓人升下自北階。」注云：「位在北堂下。」

八、《特牲》：「豆、籩、鉶在東房。」注：「東房，房中之東，當夾北。」《覲禮・記》注云：「東箱，東夾之前。」又《特牲》注云：「西堂，西夾之前近南耳。」疏云：「即西箱也。」則夾室以前爲堂，亦如北堂相連爲之室，南無壁。《奔喪》婦人「升自東階」。注云：「東階，東面階。」案：《聘禮》云：「西夾六豆，設于西墉下。」則夾兩旁有墉，既爲東西階，則墉蓋盡夾而止。

九、《聘禮》注云「宫必有碑」，其材以石。

十、《聘禮》歸饔餼，「米設于中庭」。注：「庭實固當庭中，❶言當中庭者，南北之中也。此言中庭，則設碑近如堂深也。」《士昏禮》疏云：「碑在堂下三分庭之一，在北。」朱子云：「庭蓋三堂之深。」又《鄉飲酒禮》疏云：「堂深，謂從堂廉至房室之壁。」　案：碑在庭近北則然，若如堂深，則設洗當云南北當碑矣。故鄭亦疑之，或庭三其堂修。　《大射》侯道五十四丈，《鄉射》侯道三十丈，蓋射宫庠序之堂特深其庭，故燕射于寢，則用鄉侯。鄉侯之道三十丈，庭三堂修，容之矣。

十一、《聘禮》注：「俟于宁。」疏：「門屋宁也。」

十二、《士冠禮》注：「東塾，門内東堂。」

十三、《冠禮》注：「西塾，門外西堂。」《士虞禮》：「匕、俎在西塾之西。」注云：「塾有西者，此南向。」

十四、門堂棟當阿，亦五架爲之，則前後各以一架爲室，一架爲堂。　室之户、牖亦宜如正室。

十五、門堂，人君以繹祭，則宜有東西二階。　大夫士之制亦當不異。

十六、《匠人》云：「門堂，三之二。室，三之一。」注云：「門側之堂，取數于正堂。」假令堂修十四步，廣十七步半，則門堂南北九步三尺，東西十一步四尺，兩室與門各居一分。　此明堂之門制，

❶「當」，原脱，據《儀禮注疏》補。

他宮室宜亦然。

十七、門一闈，依孔疏。賈氏以爲二闈。

十八、《士冠禮》注：「適東壁者，出闈門也。」

天子路寢圖

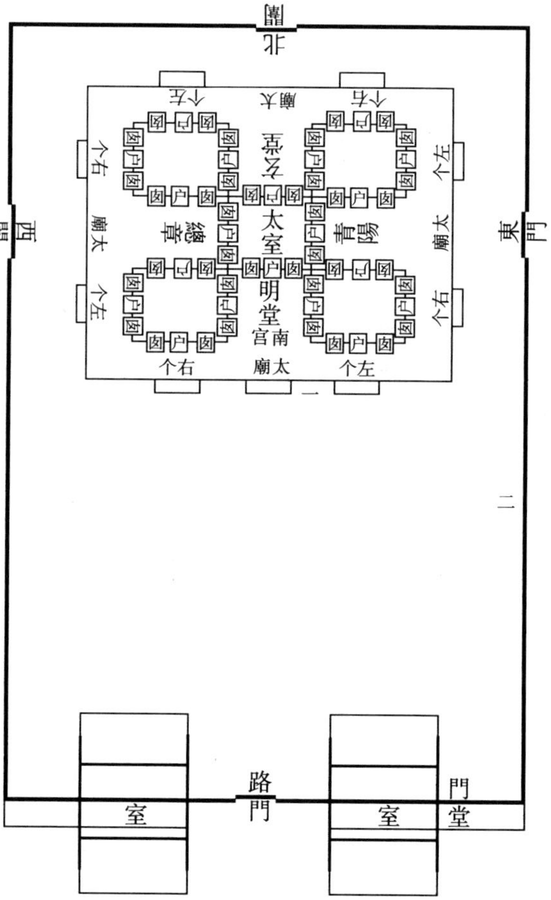

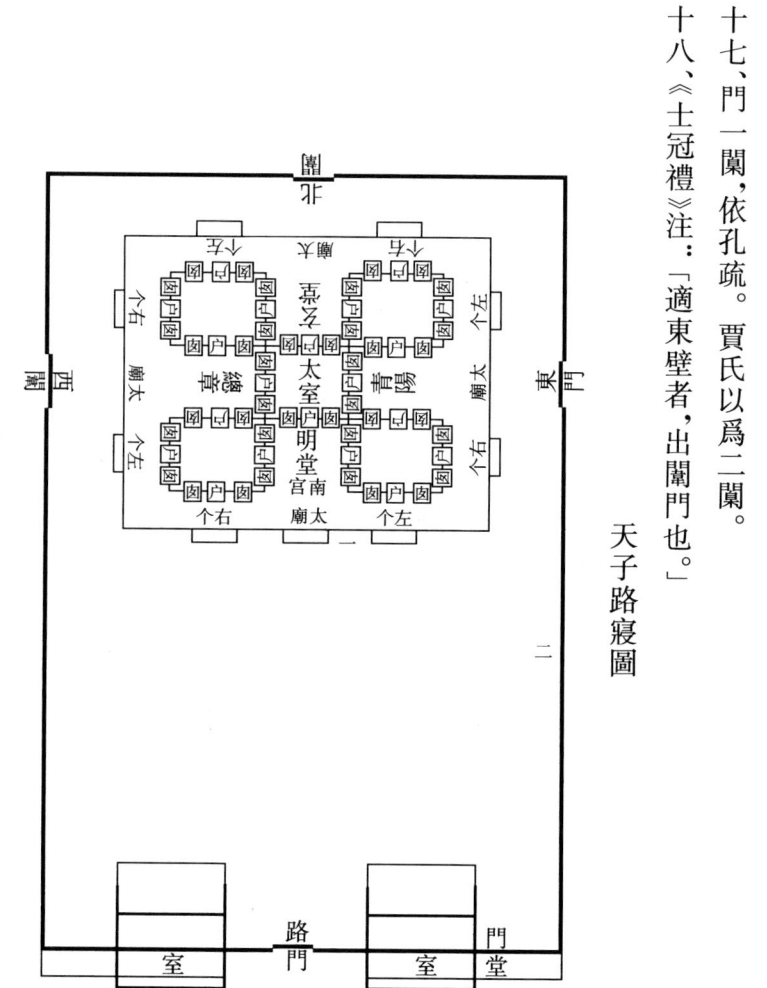

一、中階今補。

二、《考工記》曰：「夏后氏世室，堂修二七，注：「十四步。」廣四修一。注：「十七步半。」五室，三四步，四三尺，注：「四方室修三步，廣益三尺。中室修四步，廣益四尺。」九階。注：「南面三，三面各二。」四旁兩夾窗，注：「每室四户八窗。」白盛。門堂，三之二。注：「南北九步二尺，東西十一步四尺。」室，三之一。注：「兩室與門，各居一分。」殷人重屋，堂修七尋，堂崇三尺，注：「廣九尋七丈二尺，五室各二尋。」四阿，重屋。周人明堂，度九尺之筵，東西九筵，南北七筵，堂崇一筵，五室，凡室二筵。」引注原有譌字，今改正。又曰：「路門不容乘車之五个。」注：「五个三丈三尺。言不容者，兩門乃容之。則此門丈六尺五寸。」

金氏《禮箋》云：「王居聽政之明堂，即路寢。路寢者，大寢也。《月令》十二月，天子所居。《周官·大史》：『閏月，詔王居門終月。』先後鄭皆以大寢釋之。《大戴記·盛德》篇說明堂云：『此天子之路寢也，不齊不居其室。待朝在南宮，揖朝出其南門。』」

鄭氏以天子宗廟、路寢、明堂同制。

今案：明堂四，大廟八个，尚有增益之度，詳《周禮》《解紛》、《圖表》。

大夫士房室圖

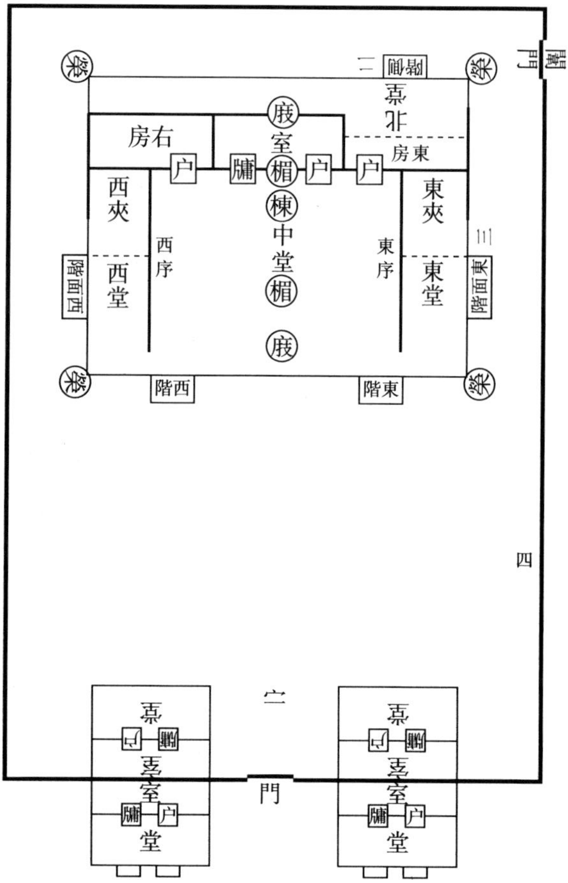

一、案：鄭謂大夫士廟制如此，其寢則東房、西室。

二、金先生云：「以《顧命》立側階者一人，則非東西面階。僞孔注北下階爲是。禮文凡言『側』者，皆訓爲『獨』，北下唯一階，故名側階。《雜記》云夫人奔喪，『入自闈門，升自側階』。《奔喪》云婦人『升自東階』者，側階在東，亦得名東階也。」 今案：《奔喪》東階，案其文義自指東面階。《雜記》注不質言東面階，或以爲北階，《書》注：「側階，東下階。」「下」或「北」字之誤。

三、此處依第一圖改。

四、《禮器》曰：「天子之堂高九尺，諸侯七尺，大夫五尺，士三尺。」疏云：「此周法也。」與《明堂》「崇一筵」合，然則《尚書大傳》云「天子之堂廣九雉，公侯七雉，伯子男五雉，士三雉」者，似爲近之。 又案：《典命》宫室以命爲節。 注謂若公之「宫方九百步」也。 或以命數，則天子之堂當廣十二雉，公九雉，侯伯七雉，子男五雉，大夫士分爲二等：則四雉、三雉矣。 其深，則《大傳》云路寢「東西九雉，南北七雉」，蓋五之四其率也，堂深又十之七。 庭蓋三堂，南北之度而三分之一在北，設碑。

天子諸侯左右房圖

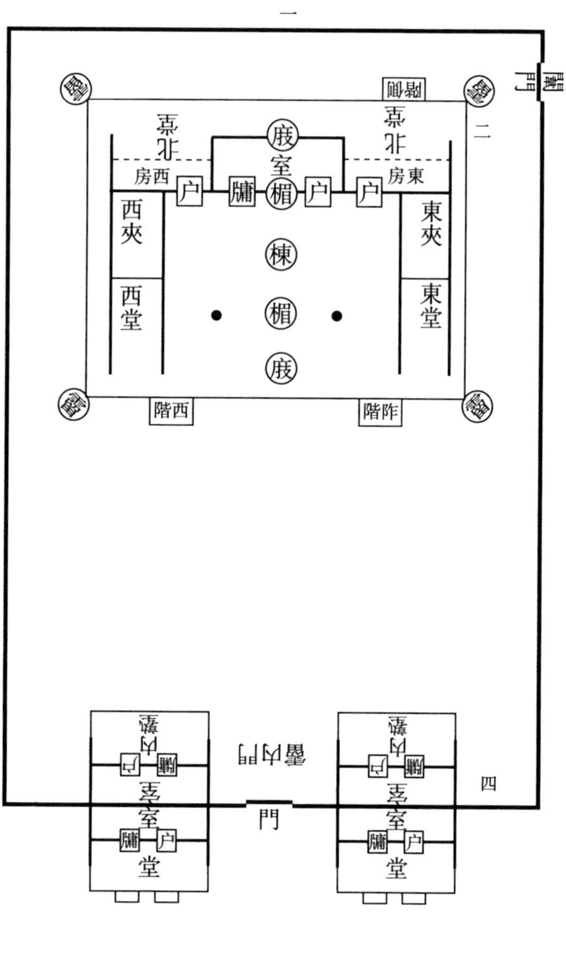

一、案：此天子燕寢，諸侯宗廟、路寢之制。
二、《明堂位》注云：「天子諸侯得爲殿屋四注。」
三、鄭氏言人君左右房，大夫士東房、西室。後儒考之，決其不然。然房之與室，其制當有別，今西房之圖迥異東房，而與室不殊。案：《禮》「房俎」，鄭氏注云：「上下兩間，有似房堂。」蓋凡房之制，皆爲兩閒而無北壁，有北壁則謂之室。東西夾有北壁，故名夾室，而不爲房。《尚書大傳》云天子諸侯「東房西房北堂」，蓋人君東、西房皆有北堂，大夫士西房爲室，制有北壁，故西房不得房名。

今案：此説東房西室之義，尚未盡確，詳《解紛》。

房雖有二，其北下階止一，故夫人奔喪「入自闈門，升自側階。」

四、朱子《釋宫》云門屋「雖人君，亦兩下爲之」。

州學爲榭制圖

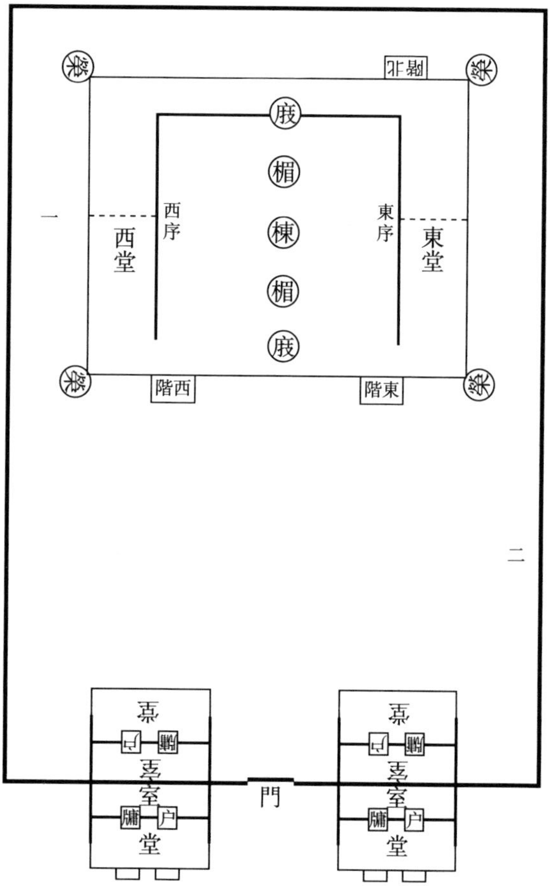

一、《鄉射》疏云：「五架之屋，庠序皆然。」

二、《鄉射》曰：「豫則鉤楹内，堂則由楹外。」注云：「庠之制，有堂有室也。今言豫者，謂州學也。《周禮》作『序』。凡屋無室曰榭，宜從榭。鉤楹，繞楹而東也。序無室，可以深也。」榭無室，則無北堂。升堂者可以深，則設尊當在後楣之後、扆前。弓矢倚于序，不得無東西序，既有東西序，則後宜有北壁。否則，無以安宗廟也，賓、主人説決、拾，襲，在堂下。經言序東西，則序外蓋無兩夾之墉。東方之薦，蓋陳于東堂之北，或仍宜有北階。「楹内」、「楹外」原互譌，今校正。

東房西房北堂

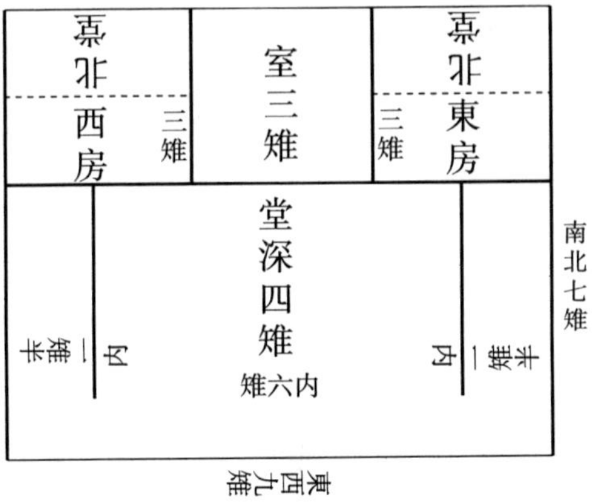

士有室無房堂

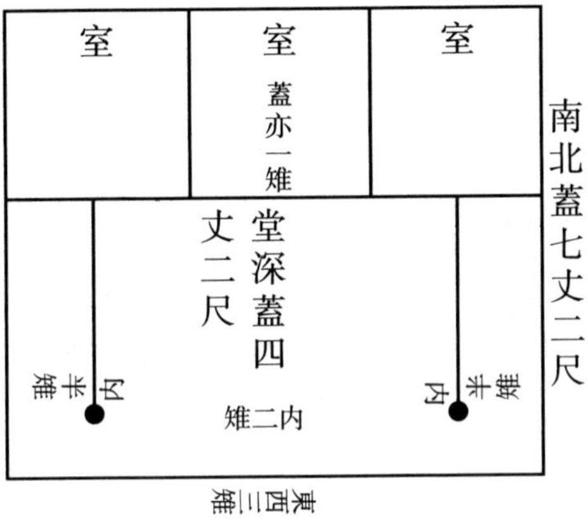

《尚書大傳》云：「天子之堂廣九雉，鄭注：「雉，長三丈。」三分其廣，以二爲内，注：「内堂，東西序之内。」五分内以一爲高，東房、西房、北堂各三雉。公侯七雉，三分其廣以二爲内，五分内以一爲高，東房、西房、北堂各二雉。伯子男五雉，三分其廣以二爲内，五分内以一爲高，東房、西房、北堂各一雉。士三雉，三分其廣，以二爲内，以一爲高，亦内之一。有室無房、堂。」注：「今士禮有房。」案：東房、西房、北堂，謂東房、西房皆通北堂爲之，其中則室。《匠人》疏引《大傳》云：「周人路寢，東西九雉，南北七雉，室居二雉。」蓋互相備，特以三雉爲二雉耳。或此條是明堂之制。士于堂後爲三室，不爲房堂，非止有一室也。禮文殘缺，所傳不與經合，或當云「無右房堂」。

冠服圖❶

冕

《周禮・弁師》：「掌王之五冕，皆玄冕，朱裏，延，紐。五采繅十有二就，皆五采玉十有二，玉笄，朱紘。」注：「延，冕之覆，在上，是以名焉。紐，小鼻在武上，笄所貫也。今時冠卷當簪者，廣袤以冠縱，其舊象與？疏云：「當冠縱之中央。」繅，雜文之名也。合五采絲爲之繩，垂于延之前後，各十二，所謂邃延也。就，成也。繩之每一帀而貫五采玉，十二斿則十二玉也。每就閒蓋一寸，朱紘，以朱組爲紘也。紘一條，屬兩端于武。」《玉藻》：「天子玉藻十有二旒，前後邃延。」注：「天子以五采

❶ 此題原無，今據底本目録補。

藻爲旒，旒十有二，前後邃延者，言皆出冕前後而垂也。天子齊肩。延，冕上覆也，玄表纁裏。」疏引叔孫通《漢禮器制度》云：「凡冕以版，廣八寸，長尺六寸，董巴《輿服志》云：廣七寸，長尺二寸。應劭《漢官儀》云：廣七寸，長八寸。以此上玄下朱覆之。」《左傳》疏云：「孔安國《論語注》言『績麻三十升布以爲冕』，即是綖也。」賈疏又云：冕前低一寸二分。《弁師》：「諸侯之繅斿九就，瑉玉三采，其餘如王之事，繅斿皆就，玉瑱，玉笄。諸侯及孤卿大夫之冕，各以其等爲之。」疏云：「諸公言玉瑱，明王亦有之。」

《禮箋》云：「《後漢書・輿服志》：『孝明皇帝永平二年，初詔有司采《周官》、《禮記》、《尚書・皋陶》篇，乘輿從歐陽氏説，公卿以下從大小夏侯氏説，冕前圓後方，前垂四寸，後垂三寸，三公、諸侯及卿大夫皆有前無後。』案：《玉藻》『天子玉藻十有二旒，前後邃延』，則歐陽氏説所本也。《大戴禮・子張問入官》篇『古者冕而前旒，所以蔽明也』。《禮緯》『旒垂目，纊塞耳，王者示不聽讒，不視非也』，則大小夏侯氏説所本也。鄭君釋《周官》、《禮記》，用歐陽氏説。」

天子冕

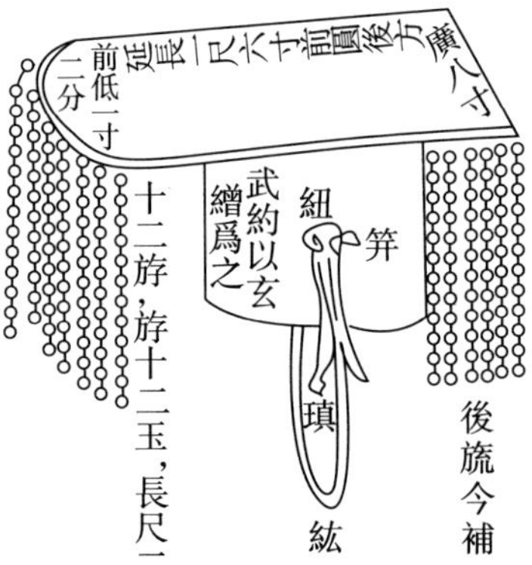

十二斿，斿十二玉，長尺二寸，齊肩。

笄

《喪服·傳》曰：「吉笄尺二寸。」　髺笄，縿中以安髮，冠笄亦當縿中。

瑱

瑱制無文，《春秋傳》曰：「幣錦二兩，縛一如瑱。」則其形必圓而長。又《記》曰：黈纊塞耳。則瑱又加以纊，疑懸玉于紞玉之下當耳處，綴以纊也。

紞，天子五采，士三采。瑱，君黄玉，卿大夫青玉，士象，見《詩傳》。鄭以士用石。

弁

《周禮·弁師》：「王之皮弁，會五采玉璂，象邸，玉笄。諸侯及孤卿大夫各以其等爲之。」注：「會，縫中也。璂讀如薄借綦之綦，結也。皮弁之縫中，每貫結五采玉十二以爲飾，謂之綦。《詩》曰『會弁如星』，又曰『其弁伊綦』是也。邸，下柢也，疏：「弁内頂上。」以象骨爲之。侯伯璂飾七，子男璂飾五，玉亦三采。孤則璂飾四，三命之卿璂飾三，玉亦二采。一命之大夫及士皮弁之會無結飾。」鄭義韋弁、皮弁同制，韋弁則以韎韋爲之，皮弁以白鹿皮爲之，異耳。《詩》曰「充耳琇瑩」，則亦有瑱。

天子弁

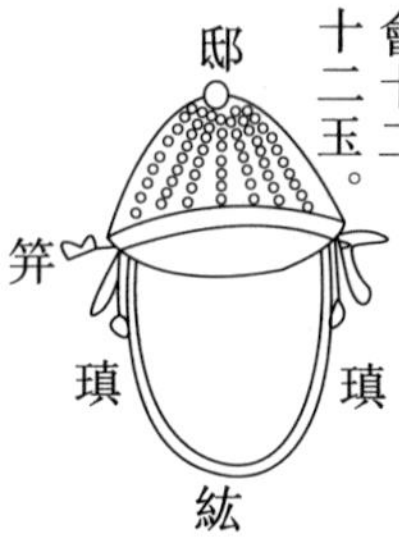

爵弁

《士冠禮》注云：「爵弁者，冕之次，其色赤而微黑，如爵頭然，或謂之緅。其布三十升。」又云：「爵弁者，制如冕，黑色，但無繅耳。」疏云：「冕者，俛也，低前一寸二分，其爵弁則前後平，故不得冕名。」《詩》「充耳以素」，則亦有瑱。

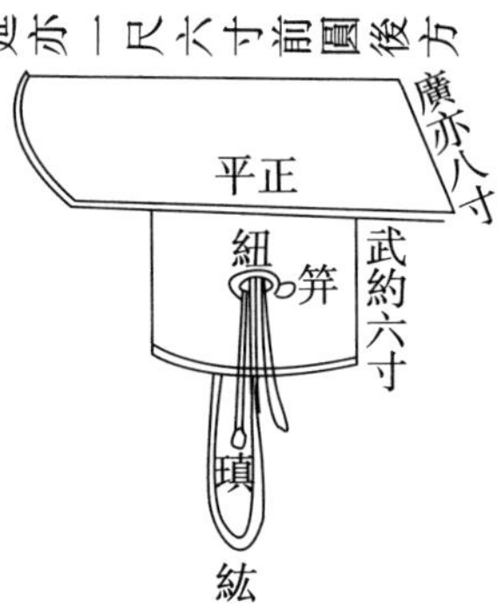

冠

《詩》疏云：「紂帛爲玄冠。」

《檀弓》曰：「古者冠縮縫，今也衡縫。」注云：「今冠横縫，以其辟積多。」冠梁，廣二寸，直爲辟積則少，横爲辟積則多。冠既爲辟積，非縫之則不能平。縮縫、横縫，皆謂縫其辟積耳。

《喪服》曰喪冠「外畢」，注：「冠前後屈而出，縫于武也。」疏云：「冠廣二寸，凡冠皆謂梁。聶崇義《三禮圖》引疏作「冠廣三寸」。落頂，謂縱著于武。前後兩頭皆在武下，鄉外出，反屈之，縫于武而爲之，兩頭縫，畢向外。《曲禮》云『厭冠』也。《檀弓》云：『古者冠縮縫，今也衡縫。』是吉冠則辟積無殺，殺，當爲數，對喪冠三辟積。横縫，亦兩頭皆在武上，鄉内，反屈而縫之。」此似以横爲横著于武，非也。以爲縫于武，亦非，唯居冠屬武耳。《鄉黨圖考》云：吉冠梁亦二寸，武與冠不異色。

《玉藻》「玄冠縞武」，注云：「武，冠卷也。古者冠卷殊。」謂不屬武。《玉藻》又曰：「居冠屬武，自天子達，有事然後緌。」注：「謂燕居冠也。著冠于武，少威儀。」疏云：「若非燕居，則冠與武别，臨著乃合之。」

《内則》曰：「冠、緌、纓。」注：「緌，纓之飾也。」疏云：「結纓頷下以固冠，結之餘者，散而下垂謂之緌。」則緌即纓矣。凡冠無笄，非纓不固。居冠不緌，不能無纓，纓既不爲餘垂則有事，然後緌必易其纓，乃可疑緌者别爲絲組。既結纓，乃著于纓之兩端，故《内則》曰「冠、緌、纓」，爲三事也。

戴東原《記冠》云：「既纓，飾以緌。」

《玉藻》：「緇布冠繢緌，諸侯之冠也。」疏云：「惟繢緌爲異，其青組纓與士同。」是孔亦以緌、纓爲二物矣。　又「玄冠紫緌，自魯桓公始也」。注云：「緌當用繢。」諸侯玄冠丹組纓，而緌當用纘，則鄭以纓、緌爲二。

《曲禮》曰：「父母存，冠衣不純素。」疏謂「緣冠兩邊」。

玄冠

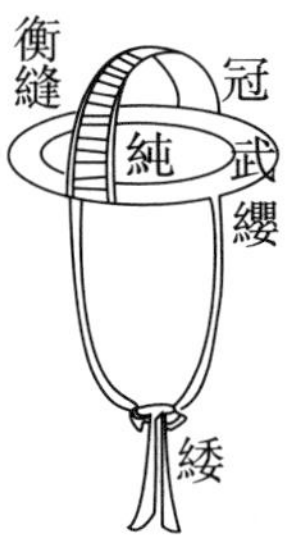

緇布冠

緇布冠以緇布爲之，其制當一如玄冠，但差小。《詩》：「臺笠緇撮。」傳曰：「緇撮，緇布冠也。」疏云：「緇布冠制小，故云撮。」

太古冠未必有純纓屬缺項。

《士冠禮》曰：「緇布冠缺項，青組纓屬于缺。」注：「缺讀如『有頍者弁』之頍。《詩》傳：『頍，弁貌。』」凡冠後曰項。此頍項結于項後，以其頍然在項，故名頍項。而敖繼公以爲其後不合，故曰缺項。則纓屬于缺，是爲屬于後缺中乎？江氏反依其説，竊所未安。緇布冠無笄者，著頍，圍髮際，結項中，隅爲四綴以固冠也。緇布冠無纓，明有四綴繫于武，冠乃得固。《鄉黨圖考》以爲冠與缺項不必連綴，固冠自有纓，偶不思耳。《群經補義》則改之矣。項中有緇，亦由固頍爲之耳。」疏云：「頍之兩頭皆爲緇，別以繩穿緇中結之，然後頍得牢固。」

衣

《喪服·記》：「衣帶，下尺。衽，二尺有五寸。袂，屬幅。衣，二尺有二寸。袪，尺二寸。」注：「衣帶下尺者，要也。廣尺，足以掩裳上際也。云「廣尺」，則正方，衽不屬于其下。若衽屬于其下，不得與有司紳齊。衽，所以掩裳際也。二尺五寸，與有司紳齊也。上正一尺，燕尾一尺五寸，凡用布三尺五寸。疏云：「取布三尺五寸，廣一幅，留上一尺爲正。一尺之下，從一畔旁入六寸，乃向下，斜向下一畔一尺五寸，去下畔亦六寸，横斷之，留下一尺爲正。如是，則用布三尺五寸，得兩條衽，衽各二尺五寸。」屬猶連也。連幅，謂不削。疏云：「凡用布爲衣物及射侯，❶皆去邊幅一寸，爲縫殺，今此屬連其幅，則不削去其邊幅，欲與衣

❶「射」，原脱，據《儀禮注疏》補。

二尺二寸，正方縱横皆二尺二寸。」衣，二尺有二寸，此謂袂中也。言衣者，明與身參齊。二尺二寸，其褎足以容中人之肱也。衣自領至要二尺二寸，倍之四尺四寸，加闕中「闕」原誤「闊」，今正，下同。八寸，而又倍之，凡衣用布一丈四寸。疏云：「闕中謂闕去中央安項處，當縫兩相總闕去八寸，若前後據長而言，則一相各長八寸，通前兩身四尺四寸，總五尺二寸也。」袪，褎口也。尺二寸，足以容中人之併兩手也。」

衣之長，二尺二寸，而用布得前後通爲五尺二寸。是古之衣當肩爲殺縫，中屈其八寸爲曲袷。袷之左右，皆殺去其八寸之布而爲縫。如是則袷方而衣身止二尺二寸也。陳氏澧不以當肩縫殺爲然，則當別安曲袷。

《司服》注云：「端者，取其正也。士之衣袂，皆二尺二寸而屬幅，是廣袤等也。其袪尺二寸。大夫以上侈之。侈之者，蓋半而益一焉。半而益一，則其袂三尺三寸，袪尺八寸。」疏云：「無正文。《雜記》云：『弁絰服，其衰侈袂。』《少牢》主婦綃衣，亦云侈袂。鄭以侈爲大，即以意爲半而益一以解之也。」

裁衽

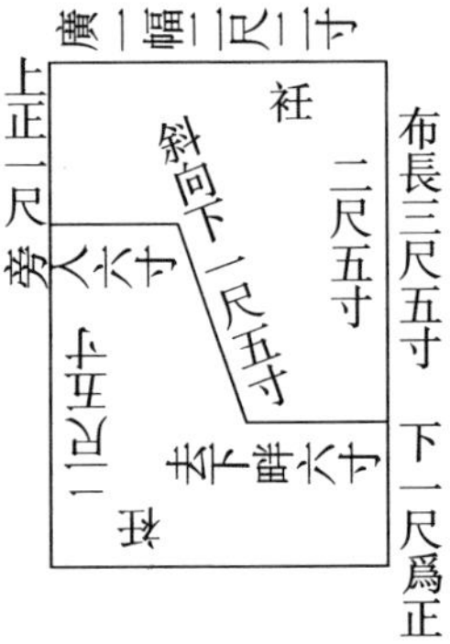

端衣

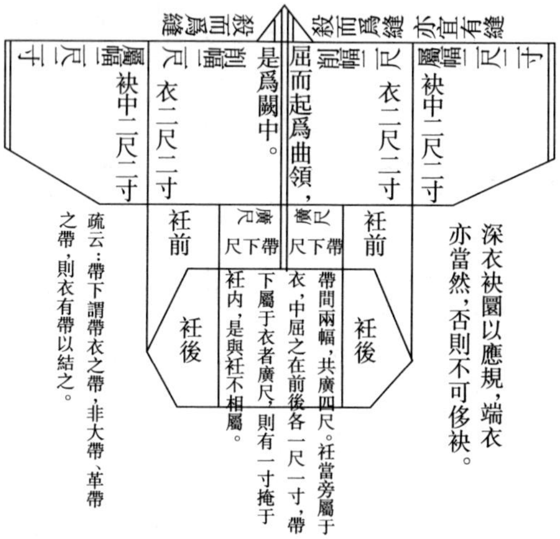
寸
屬幅二尺二
亦宜有縫
袂中二尺二寸
殺而爲縫
削幅二尺
衣二尺二寸
屈而起爲曲領，
是爲闕中。
殺而爲縫
削幅二尺
衣二尺二寸
屬幅二尺二寸
袂中二尺二寸
衽前
帶下尺
廣尺
衽後
深衣袂圜以應規，端衣亦當然，否則不可侈袂。
帶間兩幅，共廣四尺。衽當旁屬于衣，中屈之在前後各一尺一寸，帶下屬于衣者廣尺，則有一寸掩于衽內，是與衽不相屬。
疏云：帶下謂帶衣之帶，非大帶、革帶之帶，則衣有帶以結之。

侈

袂凡冕服之衣皆如此。

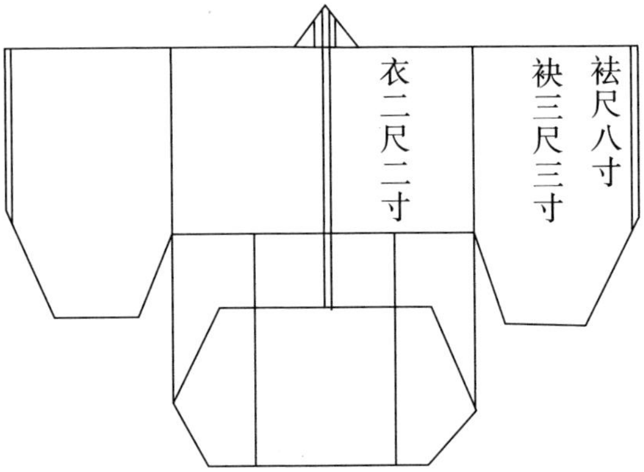

裳

《喪服》注云：「祭服朝服，辟積無數。凡裳，前三幅，後四幅也。」疏云：「凡服唯深衣、長衣之等，六幅破爲十二幅，狹頭向上，此非也，江氏《深衣考》正之。不須辟積。其餘要間以外，皆辟積無數，喪服三辟積，有數也。前爲陽，後爲陰，前三後四，各象陰陽也。唯深衣之等，連衣裳十二幅，以象十二月也。」又案：《喪禮·記》「明衣裳，縓綼緆」，注云：「飾裳，在幅曰綼，在下曰緆。」則裳每幅有飾，亦如衣純，寸半可知。

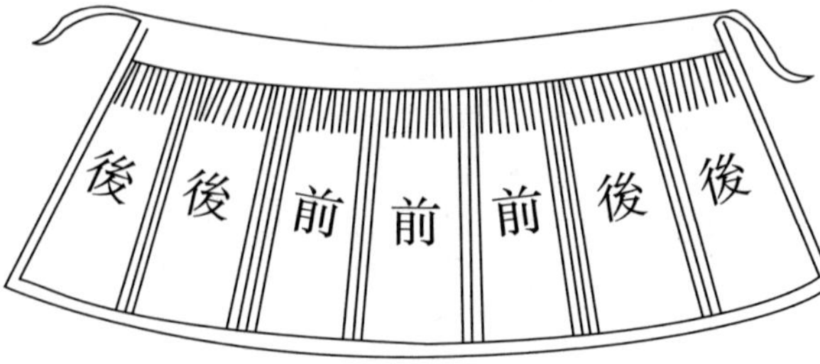

以深衣約之，七幅各削兩畔一寸爲縫，下齊一丈四尺也。要如衣八尺也，《玉藻》曰：「三分帶下，紳居二焉。」帶下四尺五寸，約以爲裳之長。

深衣　中衣

《深衣》目録云：「深衣，連衣裳而純之以采者。素純曰長衣，有表則謂之中衣。謂有上衣。大夫以上，祭服之中衣用素。《詩》曰：『素衣朱襮。』《玉藻》曰：『以帛裏布，非禮也。』士祭以朝服，中衣以布明矣。」長衣、中衣又繼揜尺爲異。疏云：「吉服中衣，亦以采緣。諸侯得綃黼爲領，丹朱爲緣，大夫士但用采純而已。」

深衣之制，孔疏解誤。江氏作《深衣考誤》正之最爲詳確，故備録其圖，不列經注焉。

裁衣身

布四尺四寸
中屈之

案：深衣要中三尺六寸，此以四幅布爲之，去縫廣四尺不相應，故江氏之説，以衣二尺二寸與袂方也。竊謂深衣無取于方，衣身二幅，當減之爲三尺六寸，人張兩手爲尋八尺，以三尺六寸加二袂四尺四寸則八尺，肘以前尺二寸，應注文矣。

布一幅，闊二尺二寸，長約四尺四寸，中屈而下垂爲衣之左畔，前後兩邊各去一寸爲縫，下亦各去邊縫，右亦如之。

案：此以四尺四寸布中屈，則無闕中之八寸，而別安曲袷，非古法也。又深衣之帶當無骨者，則較端衣爲近。下深衣既無帶下，則衣宜稍長，今以二尺二寸又去縫一寸，則二尺一寸之衣帶下于裳矣。今以爲衣，宜連帶下之長，以布七尺二寸中屈之，闕中八寸，前後各三尺二寸。

裁袂

又，布一幅，亦如衣左右畔之長，闕中屈之各去邊縫，屬于衣幅。其外漸殺之以爲袂，袂之口爲袪，徑一尺二寸，兩面二尺四寸。

案：亦宜以兩幅縫之。

前右外襟

又，布一幅長約二尺二寸，闊二尺二寸，其上漸殺之，皆各去邊縫，以爲右前之外襟。

案：此無文，江氏以意增之。

裁裳前襟後裾

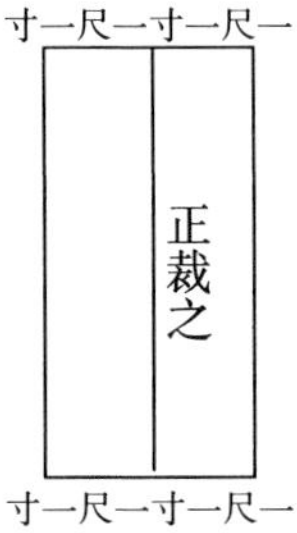

布一幅，正裁爲兩幅，皆闊一尺一寸，兩邊各去一寸爲縫，每幅上下皆闊九寸。凡用布四幅裁爲八幅，各去邊縫，八幅上下皆闊七尺二寸，爲裳之前後。

裁裳衽

布一幅，交解爲兩幅，狹頭二寸，寬頭二尺，兩邊各去一寸爲縫，狹頭成角，寬頭一尺八寸，凡用布二幅裁爲四幅，各去邊縫一寸，狹頭向上，寬頭向下，爲兩旁之衽。

裁鉤邊

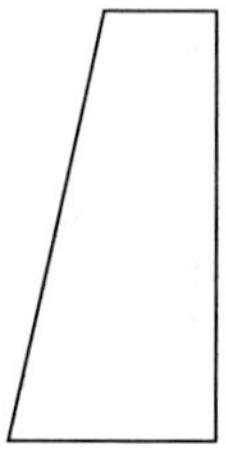

鉤邊無明文，大約如此。裁布各去邊縫，其斜殺一邊，連綴于右後衽上頭狹處，縫著于衣之右内衿，以掩裳際。

深衣前

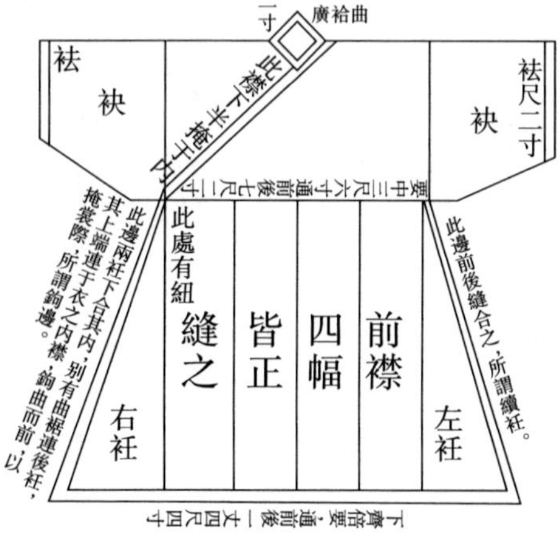

深衣後

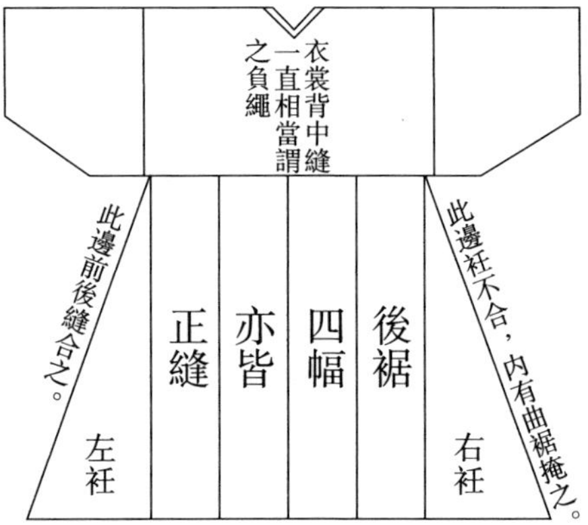

附圖

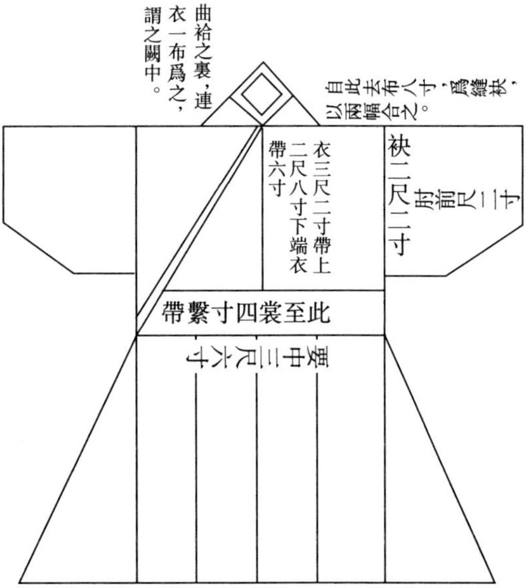

又《士喪禮》襲有「褖衣」。注云：「黑衣裳，赤緣之謂褖。褖之言緣也，所以表袍者也。」疏云：「此褖衣則玄端，但此玄端連衣裳，與婦人褖衣同。」

帶

《玉藻》曰：「天子素帶，朱裏，終辟；而素帶，終辟；大夫素帶，辟垂；士練帶，率，下辟；居士錦帶；弟子縞帶。并紐約用組，三寸，長齊于帶。紳長制：士三尺，有司二尺有五寸。子游曰：『三分帶下，紳居二焉；紳、韠、結三齊。』大夫大帶四寸。雜帶：君朱緑，大夫玄華，士緇辟二寸，再繚四寸。凡帶有率，無箴功。」注：「謂大帶也。『而素帶，終辟』，謂諸侯也。諸侯不朱裏，合素爲之，下天子也。大夫亦如之，率，綷也。士以下皆禪，不合而綷積，如今作幧頭爲之也。辟，讀如『裨冕』之『裨』，謂以繒采飾其側。人君充之，大夫裨其紐及末。士裨其末而已。疏云：「裨其身之兩旁及屈垂者。」《儀禮》賈疏云：大夫不裨其繞要者，直裨垂之三尺、屈而垂者。案：賈説是。士裨其末而已。疏云：「裨其一條下垂者。」《儀禮》疏云：士裨其末，繞三尺，所垂者不裨。案：孔以爲一條下垂者，是謂帶之下端而已。然「雜帶」注云內外皆緇，若唯下端，不得云內外。賈以爲裨末，繞則從其末而繞出兩旁。然天子以至大夫皆言上下內外，無兩端之文，則兩端蓋不裨。士裨末者，應是垂之半以下耳。三寸，謂約帶紐組之廣也。長齊于帶，與紳齊也。紳，帶之垂者也，言其屈而重也。凡紳，上屬于帶當紐處，必反屈乃得正垂，故重也。三分帶下而三尺，則帶高于中也。結，約餘也。疏云：「以物穿紐，約結其帶。組餘三尺，與帶垂者齊。」雜猶飾也，即上之裨也。君裨帶，上以朱，下以緑終之。大夫裨垂，外以玄，內以華。華，黄色也。士裨垂之下，外內皆以緇，是謂緇帶。熊氏云：上下「據要爲正，近人爲内，遠人爲外」。大夫以上以素，皆廣四寸。士以練，廣二寸，再繚之。凡帶，有司之帶也，亦綼之如士帶矣。無箴功，則不禆之。士雖綼帶，禆亦用箴功。凡帶不禆，下士也。」

案：疏云率者，縫旁邊，非也。唯禆用箴功，則綼不縫明矣。注云綼積者，謂織帶時，以兩條繩置其邊而織之，故破率爲綼，以如碑綼也。

天子帶　諸侯唯素裏爲異

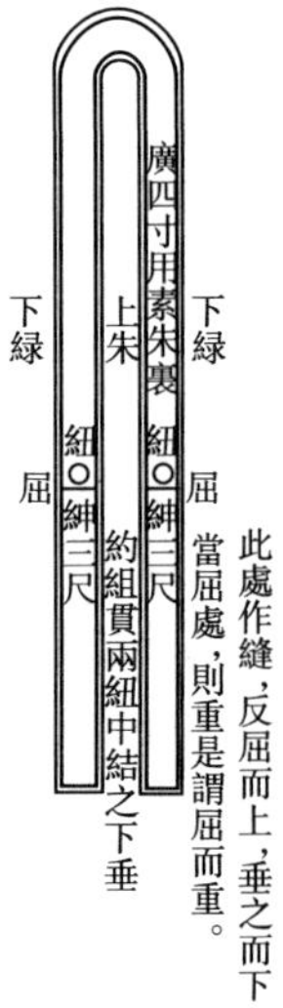

大夫帶

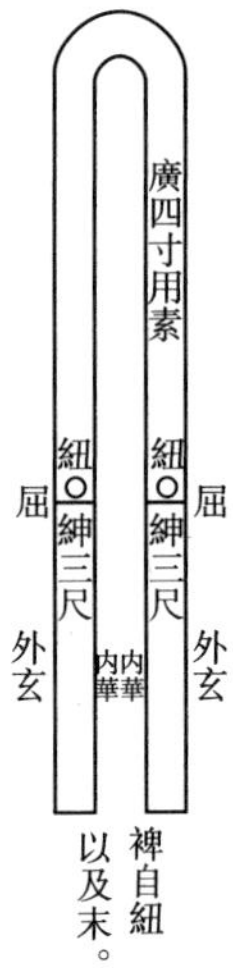

士帶　有司帶不禆爲異

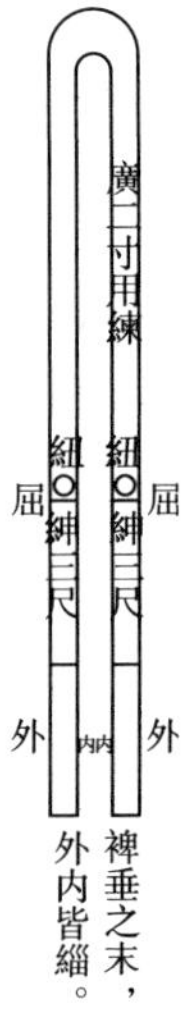

韠　韍

《玉藻》曰：「韠，君朱，大夫素，士爵韋。圜，殺，直。天子直，公侯前後方，大夫前方後挫角，士前後正。韠下廣二尺，上廣一尺，長三尺，其頸五寸，肩、革帶博二寸。」注：「此玄端服之韠也。韠之言蔽也。凡韠，以韋爲之，必象裳色。則天子、諸侯玄端朱裳，大夫素裳，唯士玄裳、黄裳、雜裳也。皮弁服皆素韠。圜，殺，直，目韠制。天子直，四角直，無圜、殺。公侯前後方，殺四角，使之方，變于天子也。所殺者去上下各五寸。大夫前方後挫角，圜其上角，變于君也。韠以下爲前，以上爲後。士前後正，士賤，與君同，不嫌也。正，直、方之閒語也。天子之士則直，諸侯之士則方。頸五寸，亦謂廣也。頸中央，肩兩角，皆上接革帶以繫之，肩與革帶廣同。凡佩，繫于革帶。」疏云：「去上下各五寸者，即《雜記》云『韠會去上五寸』，『紕以爵韋』，不至下五寸也。唯去上畔下畔，而云『殺四角』使之方者，蓋四角之處別異之，使殊于餘邊也。」《雜記》曰：「韠長三尺，下廣二尺，上廣一尺，會去上五寸，紕以爵韋六寸，不至下五寸，純以素，紃以五采。」注：「會，謂領上縫也。頸下曰領。領之所用蓋與紕同。在旁曰紕，在下曰純。素，生帛也。紕六寸者，中執之，表裏各三寸也。古者紕飾表裏如一，故深衣緣廣寸半。注云表裏共三寸矣。純、紕所不至者五寸，與會去上同。會去上之上，謂韠中朱之上畔，非上廣一尺之上。紃，施諸縫中，若今時絛也。」

如《玉藻》疏說，則《雜記》爲諸侯韠制也。然韠之上領、下純、旁紕宜爲通制，疏以爲上下所殺之五寸，非也。若其言四角之處別異之，則當然。蓋若前後殺而方，則上下同廣，非韠制矣。

以此言之挫角者，亦當角處别異之，其别異唯在領與純，故注云「所殺者，去上下各五寸」也。

天子直

諸侯前後方

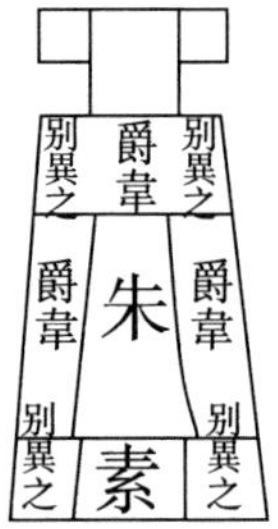

大夫前方後挫角

天子之士亦直，諸侯之士亦前後方。

祭服則謂之韍，廣、長、紕、純之制盡同。但于其中畫之。《明堂位》曰：「有虞氏服韍，夏后氏山，殷火，周龍章。」注：「天子備焉，諸侯火而下，卿大夫山，士韎韋而已。」韎韋，即《玉藻》曰：「一命緼韍。」《儀禮》所謂韎韐，自大夫而上皆赤韍。人君朱韍，韋弁。雖非祭服，亦服韍。《詩》方叔將兵，「服其命服，朱芾斯皇」，韋弁服也。

舄　屨

《士冠禮》記曰：「屨，夏用葛，玄端黑屨，青約繶純，純博寸。素積白屨，以魁柎之，緇約繶純，純博寸。爵弁纁屨，黑約繶純，純博寸。冬，皮屨可也。」注：「屨者順裳色，玄端黑屨，以玄裳爲正也。約之言拘也，以爲行戒，狀如刀衣鼻，在屨頭。《屨人》疏云：以絛爲之。繶，縫中紃也。疏：「謂牙底相接之縫中有條紃也。」純，緣也。疏：「繞口緣邊。」三者皆青。博，廣也。魁，蜃蛤。柎，注也。」

《周禮》：「屨人掌王及后之服屨。爲赤舄、黑舄、赤繶、黃繶；青句、素屨，葛屨。辨外内命夫命婦之命屨、功屨、散屨。」注：「複下曰舄，《古今注》：舄以木置屨下。禪下曰屨。絇繶純者同色，今云赤繶、黃繶、青句，雜互言之，明舄屨衆多，反覆以見之。凡舄之飾，如繢之次。相對也。凡屨之飾，如繡次也。相比也。天子諸侯吉事皆舄，其餘唯服冕衣翟著舄耳。士爵弁纁屨，黑絇繶純，尊祭服之屨，飾從繢也。素屨者，非純吉，有凶去飾者。言葛屨，明有用皮時。散屨，亦謂去飾。」

《内則》：「偪。屨、著綦。」注：「偪，行縢。綦，屨繫也。」疏云：「皇氏云：屨頭施繫以爲行戒。未知然否。或可著屨之時，屨上自有繫，以結于足也。」案：當是以繫穿于絇中，而結于足。《玉藻》曰：「童子不屨絇。」

屨

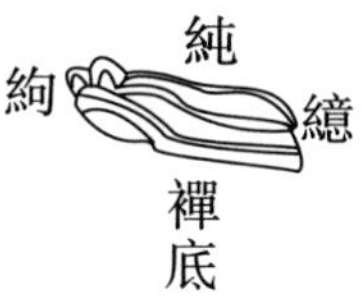

舄

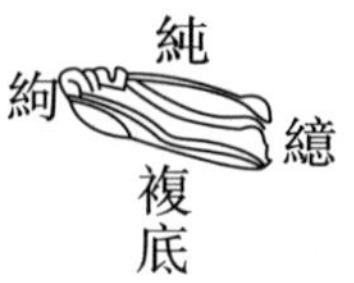

偪，《詩》謂之邪幅，箋云：「如今行縢也。偪束其脛，自足至膝。」疏云：「邪纏于足，謂之邪幅。」

閻百詩《尚書疏證》云：「《詩》之『邪幅』，臧哀伯所謂偪，人君之盛服也，非行縢者也。康成、杜預時無復此制，故第曰『若今行縢』而已。至《内則》之偪，則常人之服也。康成直注爲『行縢』，不言『若』，其密如此！」

冕弁冠服表

	裘冕	衮冕	鷩冕	毳冕	希冕	玄冕	爵弁
天子	冕而無旒。玉笄、朱紘、玉瑱。服大裘加玄衣。案：此及衮冕制度，張説未確，今仍依鄭注更正。朱韍，龍、火、山。素帶，朱裏終辟。赤舄，黑絇、繶、純。	冕十二旒，五采繅十二就，皆五采玉十二，就間長尺二寸。笄、紘、瑱同裘冕。衣五章，裳四章。賈云：天子之服，小章，皆十二。羔裘裼玄衣，帶、韍、舄並同。	冕九旒。衣三章，裳四章。餘並同衮冕。	冕七旒。衣三章，裳二章。	冕五旒。衣一章，裳二章。	冕三旒。衣無文，裳刺黻。餘並同衮冕。	紂衣，纁裳。

祀天祭地賈説
享先生受覲 賈云：春夏受于朝，當皮弁服。案：諸侯朝天子皆裨冕，天子不得以皮弁受。 齋 熊氏謂天子齋服降祭服一等。則大裘所祭者，當袞冕齋。以下差之可知。此條今補。 親迎賈、孔説
享先公饗食賓客大射食三老五更于大學孔説
祀四望山川
祭社稷五祀
祭群小祀朝日聽朔
哭諸侯變用士祭服 承天變 《金縢》：「王與大夫盡弁。」鄭注：「爵弁者，承天變，降服。」

上公

冕九旒，三采繅九就，就間九寸，三采玉九。青紘，玉笄，玉瑱。衣五章，有降龍，無升龍。裳四章，小章九。素帶，終辟。黄朱紱，火、山。黄朱舄，黑絇、繶、純。

朝天子從王大祭祀服

鄭云：魯在國，祭服與天子同。今案：據鄭義，二王后祭先王、魯祭周公皆服衮。

冕七旒，旒九玉。此孔說，賈以諸侯唯一冕。衣三章，裳四章。餘同衮冕。

從王享先公饗、射服之

冕五旒，旒九玉。衣三章，裳二章。

從王中祭祀服

冕三旒，旒九玉。衣一章，裳二章。

從王小祭祀服

冕無旒。衣無文，裳刺黻。

祭宗廟親迎

《郊特牲》疏以爲天子以下皆用上服之冕，《昏禮》疏以爲不得過玄冕。

紂衣，纁裳，韎韐。紘、笄、瑱、裘、中衣、帶、屨當同士。

始受命于王服之

諸侯遷廟當爵弁

侯伯	子男
朝天子 從王鷩冕 以上 冕七旒，三采繅七就，就間七寸，三采玉七。服小章，皆七。餘並同公。	
從王服 冕五旒，旒七玉。餘同鷩冕。	朝天子 從王毳冕 以上 冕五旒，三采繅五就，就間五寸，三采玉五。服小章，皆五。餘並同侯伯。
從王服 冕三旒，旒七玉。	從王服
同公 冕無旒。	同公
同公	同公

王之三公	
加一命則服袞，與上公同	
孔云：服毳冕。以命數爲節，則八旒，三采繅八就，就間八寸，三采玉八。服小章，皆八。餘應同子男。	助王祭
冕之旒無文，以差當六旒，旒玉八。餘同毳冕。	
當四旒，旒玉八。	從王聽朔郊勞諸侯親迎賈説
	自祭 《王制》疏云：王之孤卿爵弁自祭。則公當同。

	助王祭	從王聽朔 親迎賈説	自祭其廟
王之孤	冕蓋六旒，朱緑繅六就，就間六寸，朱緑玉六。緇組紘，纁邊。象笄。瓊瑱。衣一章，裳二章，小章六。素帶，辟垂。赤韍，山。赤舄，黑絇、繶、純。	冕蓋四旒，旒六玉。衣無文，裳刺黻，小章六。餘同希冕。	絺衣，纁裳，韎韐。纁屨，黑絇、繶、純。餘同冕。

王之卿大夫 諸侯入爲王官，仍服其服。《詩·大車》「毳衣」箋云：「子男入爲大夫者。」
冕，卿六旒，朱緑繅六玉，六就。服小章六。大夫四旒，旒四玉，朱緑繅四就，長四寸。服小章四。餘同孤。 助王祭 從王聽朔 親迎賈説
自祭未聞 《王制》疏：王之卿爵弁自祭，與孤同，大夫皮弁。案：諸臣分三等，卿大夫爲一。賈疏以卿玄冕，是也。

公之孤 次國卿	
旒玉、繅就、服小章各以其命數。餘同王之孤。	
旒玉及服小章各以其命數。餘同王之孤。	
	《玉藻》疏：熊氏説，天子大夫爵弁自祭，與諸侯孤同。皇氏説，天子大夫與諸侯大夫同。朝服以祭，便與鄭氏「四命以上齋祭異冠」相妨，非也。

助君祭 次國之卿助君祭不得希冕，未聞所用。今案：依《雜記》疏引崔氏義：孤服絺冕，惟二王後之孤助其君祭先王、魯之孤助祭周公則然，餘皆服玄冕，以其君玄冕自祭，不得逾之。
助君祭 親迎賈説
未聞卿所用 孤弁而祭于己

公之卿大夫　次國大夫　子男卿大夫
再命以上，旒玉、繅就、服小章各以命數，赤韍。一命者，冕無旒，緼韍。餘同孤。　助君祭　親迎賈説《昏禮》注：大夫以上冕服親迎，鬼神之。
未聞

士天子、諸侯之士同

純衣，纁裳。練帶，率下辟以緇。韎韐。纁屨，黑絇、繶、純。象笄。象瑱。緇組紘，纁邊。

助君祭

凡入君廟皆爵弁。

冠三加。

親迎則緇袘。

	天子
韋弁	鄭云：「以韎韋爲弁，又以爲衣、裳。」弁綦飾如皮弁，朱紘，玉笄，玉瑱。服狐裘，裼黃衣孔《詩》疏素帶，朱韍。鄭云：白舄，青絇、繶、純。《鄭志》又云：韎韋衣、素裳。《聘禮》注：「韎布爲衣，而素裳。」
皮弁	白鹿皮爲弁，綦飾五采，玉十二，朱紘，玉笄，十五升白布衣，積素以爲裳。服狐白裘，裼素錦衣。《文王世子》疏云：皮弁服，以采爲領緣。素帶。素韠。白舄，青絇、繶、純。蜡則葛帶榛杖。
冠弁	玄冠，朱組纓。十五升緇布衣，積素以爲裳。服羔裘，裼緇衣。素帶、素韠、白舄同皮弁。
玄端	玄冠，朱組纓。玄衣，朱裳，朱韠。服羔裘，裼緇衣。孔説黑屨，青絇、繶、純。帶同弁。
素服	鄭云：素服，縞冠。素屨。
深衣	
緇布冠	天子始冠，玄冠，朱組纓。蓋即玄端，不用緇布冠。

兵事 《月令》疏：熊氏云：天子秋冬田，韋弁服。

眡朝食郊聽祭報蜡燕 《詩·頍弁》注：「天子、諸侯朝服以燕。天子之朝，皮弁。」《王制》「燕衣而養老」注則云：燕衣，玄衣素裳，其冠委皃。諸侯以天子之燕服爲朝服。孔以天子燕同姓皮弁、燕群臣玄冠，兩用其說。

賓射、燕射 孔以爲與燕同，皮弁。

田 賈據《月令》注謂四時正田戎服，惟習兵冠弁。非也。

養老 《王制》云：「周人玄衣而養老。」注云：天子、諸侯皆以燕服養老。《燕禮》曰：燕，朝服是也。

卒食而居

大札大荒大烖

諸侯

綦飾三采玉，玉數如其命。青紘，玉笄，玉瑱。衣、裳、裘、裼與天子同。素帶、朱紱與冕同。白舄與天子同。

綦飾三采玉，玉數如其命。紘、笄、瑱同韋弁。衣、裳同天子。鄭注《詩》：錦衣、狐裘爲皮弁服。注《論語》又以素衣、麑裘爲皮弁服。孔釋之以諸侯受命服皮弁于天子，服錦衣、狐裘歸以告廟，不常服，常服素衣、麑裘也。帶、舄與韋弁同，素韠。

天子冠弁，諸侯以下謂之朝服。玄冠，丹組纓，繢緌。十五升緇布衣，素裳。羔裘，裼緇衣。帶、裼、❶韠同皮弁。《王制》注云：王者之後，朝服亦以燕服爲之，魯季康子朝服以縞，僭宋王者之後禮也。據此則杞之朝服玄衣、玄裳、冠弁，追宋之朝服縞衣、素裳、冠章甫。又《玉藻》「玄冠紫緌」注云：蓋宋王者之後服。則章甫紫緌。

玄冠，丹組纓，繢緌。玄衣，朱裳。服羔裘，裼緇衣。朱韠。黑屨，青絇、繶、純。帶同弁。

《禮箋》云：諸侯而下有素端。素端之服蓋縞冠、素衣、素裳、素屨。

十五升白布爲衣，其冠則亦玄冠也。

緇布冠，繢緌。冠而敝之。疏云：其頍項、青組纓等並同士。

❶ 「裼」，前文已言「裼緇衣」，而「皮弁」條未嘗言「裼」，據上文，此「裼」字當爲「舄」字之誤。

兵事
田孔《王制》
疏

視朔
相朝孔說
接聘賓
蜡
巡牲　卜竈
《射義》
疏：諸侯
射于竟，
其服皮弁
服。
弔服爲卿
大夫錫
衰，同姓
之士緦
衰，異姓
之士疑
衰。

視朝食
食聘賓
燕
賓射
燕射
大射大射先
行燕禮。
《射義》疏
以在學宮
當用皮
弁。
養老
釁廟、禮
君、聽反命
世子生，君
名之

齋
燕居
諸侯未命
入廟之服
韋昭《國語》
注說

凶裁齋禱

夕　燕居

	王之公卿、大夫、士	
兵事	綦飾各如其命數。一命無飾 緇組紘纁邊，象笄，瓊瑱。衣、裳、裘、裼與天子同。再命以上赤韍，一命韞韍。帶素與冕同。白屨，黑絇、繶、純。士練帶，韎韐	
朝	綦飾各如其命數，一命無飾。餘同韋弁。衣、裳同天子，麑裘青豻褎，裼絞衣。又《詩·羔羊》疏云：卿大夫狐白，士麑裘。素韠。帶、屨同韋弁。	大夫自祭，孔說。大學「皮弁祭菜」，注云「朝服」，則諸侯之有司不皮弁。
聽私朝	玄冠，綦組纓。衣、裳同諸侯，羔裘豹袪，裼緇衣。帶、韠、屨同皮弁。	
齋	玄冠，綦組纓。玄衣，大夫素裳、上士玄裳、中士黃裳、下士雜裳。裘、裼當同朝服。大夫以上素帶、素韠，士緇帶、爵韠，並黑屨，青絇、繶、純。	王朝之臣夕當以玄端。《春秋》傳曰：有司免牲，玄端。
凶烖齋	素委皃，素衣，素裳，散屨。	
燕居	同諸侯。	
	大夫無冠禮，不用緇布冠。	

諸侯之孤、卿、大夫、士

再命以上，綦飾各以命數。一命以下，無飾。緇組紘纁邊，象笄，瑱。

賈、孔並以在兵則韎韋衣裳，禮事則韎布衣而素裳。狐裘、黃衣。孔又云：「狸制。」大夫以上素帶，士練帶。再命以上赤韍，一命士韎韐。並白屨，黑絇、繶、純。

再命以上，綦飾各以命數。一命以下，無飾。紘、笄、瑱同皮弁。衣裳同諸侯，麑裘青豻褎，裼絞衣。帶、屨同韋弁，並素韠。

玄冠，綦組纓。衣、裳同諸侯，羔裘豹飾，裼緇衣。帶、韠同皮弁，屨亦同。僕、右恒朝服。右虎裘，僕狼裘。

玄冠，綦組纓。玄衣，大夫素裳，士玄裳、黃裳、雜裳。

鄭云：大夫以上玄端，侈袂。裘、裼當同朝服。大夫以上素帶、素韠，士緇帶、爵韠，並黑屨，青絇、繶、純。

素委皃，素衣，素裳，散屨。

同諸侯。

以緇布爲冠，無緌，頍項，青組纓屬于頍。其服即玄冠，服冠而敝之。

兵事
卿歸饗餼
下大夫致
禮

從君視朔
聘
弔服錫衰

朝
孔、賈並云：
大夫夕于
君，朝服。
大夫自祭
尸同服
凡承君命、
凡入廟皆
朝服
聘食
郊勞聘賓
聘展幣肆
問卿
宰夫設食
致餼
鄉飲、射
冠子
士負世子

視私明
士祭　齋
孔、賈云：士
夕于君，玄
端。
子事父母
《內則》注：士也。
息司正
鄉射戒賓
大夫去位
三月後服
玄端《玉藻》注

凶栽齋禱

夕
燕居

庶人

同士。庶人以深衣爲吉服。犬、羊裘不裼。

弔服素委皃。

同士。《詩》云：「臺笠緇撮。」傳云：「緇撮，緇布冠。」疏云：庶人常服。其衣亦深衣。黄衣、黄冠而祭。黄冠即臺笠。

婦人服表此篇多以意推，俟考。今案：張氏所推大旨近是，今依用之而易其與古義違異者。

	凡衣皆袍制，素沙爲裹。凡副有衡。褖衣以上皆有瑱，其紞瑱之差皆如男子。又鄭《昬禮》注云：「卿大夫之妻刺黼以爲領。」賈云：狄衣領亦然。		
褘衣	色玄，刻繒爲翬而畫之綴于衣。	首服副，玄舄，黃絇、繶、純。	婦人亦有帶，《內則》「衣紳」是也，其制當與男子同。
揄狄	色青，刻繒爲搖而畫之以綴于衣。	首服副，青舄，白絇、繶、純。	
闕狄	色赤，刻繒爲翟而綴于衣，不畫。	首服副，赤舄，黑絇、繶、純。	
鞠衣	色黃。	首服編，黃屨，白絇、繶、純。	
展衣	色白。	首服編，白屨，黑絇、繶、純。	
褖衣	色黑。以上皆絲衣。	首服次，黑屨，青絇、繶、純。	
宵衣	以布爲之，綃以爲領。大夫妻以上侈其袂。色玄。	首服大夫妻被錫，士妻纚笄，亦黑屨，青絇、繶、純。	
	對男子深衣，當有其服，不知其文。《詩》曰「縞衣綦巾」或是也，以十五升白布爲之。		
嫁服	凡嫁服皆攝盛。賈云：「王后以下初嫁皆有袡。」		

王后	從王祭先王	從王祭先公	從王祭群小祀	告桑	以禮見王及賓客	御于王燕居	燕居或亦服之		
三夫人		從王祭先王、先公 此《記》注。《周官》注：三夫人之服闕狄以下。	從后祭群小祀	告桑	從后見賓客	蓋以禮見王之服	蓋御于王之服		
九嬪				從王后祭告桑	從后見賓客	以禮見王	御于王		

世婦					從后祭告桑見賓客	以禮見王	御于王		
女御						從后祭桑見賓客以禮見王	御于王		
上公夫人	從君祭先王	從君祭群廟	從君祭群小祀	告桑	以禮見君及賓客	御于君燕居	燕居或亦服之		
世婦				從君祭	從夫人見賓客	以禮見君	御于君		
御妻貴者					從君祭賓客	以禮見君	御于君		

御妻賤者						從君祭賓客	見于君入御		
侯伯夫人		從君祭宗廟	從君祭小祀	告桑	以禮見君及賓客	御于君燕居			諸侯之夫人翟衣而嫁，在途衣錦褧衣。
世婦				從君祭《禮箋》説	從夫人見賓客	以禮見君	御于君		
御妻貴者					從夫人祭祀賓客	以禮見君	御于君		
御妻賤者						從夫人祭祀賓客	見于君入御		
子男夫人			從君祭	告桑	以禮見君及賓客	御于君燕居			

世婦					從夫人祭祀賓客《禮箋》說	以禮見君	御于君		
御妻						從夫人祭祀賓客	見于君入御		
三公夫人	孔云：加一命，褘衣，與上公夫人同。		從后祭	從后桑	從后賓客	蓋祭其廟之服	禮見君子		
王之孤、公之孤之妻				助君祭	從后、夫人賓客	蓋祭其廟之服	禮見君子		
次國、小國之卿之妻				助君祭	從夫人賓客	蓋亦從夫人小禮事之服	蓋祭其廟之服		

王之卿大夫、公之卿大夫、侯伯子男之大夫之妻					助君祭從夫人賓客	蓋亦從后、夫人小禮事之服	祭其廟《禮箋》說		
士之妻						助君祭從夫人賓客	祭其廟		次純衣纁袡加景從者纚笄宵衣被潁黼
庶人之妻								蓋以縞衣綦巾爲吉服	《詩》箋云：中衣裳用錦而加禪縠，庶人之妻嫁服也。

此表頗有譌誤，今依據經注一一校改，不悉著。著其當考正者兩事如左。

御妻　今案：以《詩・緑衣》、《禮・曲禮》正義考之，諸侯之妾分三等：夫人姪娣避嬪名稱世婦，其服如九嬪鞠衣；二媵及姪娣皆稱御妻，二媵服展衣，其姪娣服褖衣；至九女外之妾則賤者，禮文不著其服。原表以御妻與妾相次，今分御妻貴賤爲二等，而不及妾。禮窮則同，妾或與御妻賤者同服，或但服宵衣。

子男世婦展衣爲上服　今案：此據《喪大記》「世婦以襢衣」之文。竊謂子男卿大夫及外内命婦之服，禮家蓋舊有二説：一説子男卿亦服希冕，其妻鞠衣，大夫玄冕，其妻襢衣，士爵弁，其妻褖衣。《玉藻》「再命鞠衣，一命襢衣，士褖衣」，注謂侯伯子男之臣皆分三等是也。内命婦視之當世婦鞠衣，御妻貴者襢衣，賤者褖衣。一説子男之臣雖分三等，而小國之卿當列國之大夫，與大夫同服玄冕，其妻與大夫妻同服襢衣。《喪大記》「大夫以玄赬，世婦以襢衣」，注引卿大夫之服自玄冕而下，《大宗伯》「再命受服」，注以服爲玄冕之服，列國之大夫再命，於子男爲卿是也。内命婦視之世婦服襢衣，御妻當服褖衣。《大記》言世婦，亦見君之世婦服同。此表子男世婦以襢衣爲上服，亦猶前表子男之卿以玄冕爲上服，皆從《大宗伯》、《喪大記》注。然下表子男卿妻仍依《玉藻》上服鞠衣，頗覺不倫。考《玉藻》歷舉尊卑各服，文甚詳悉，鄭注亦細别説之，與《大宗伯》、《喪大記》注大分言之者不同，似當據以爲正。今姑依舊表而附申短見，以俟達者。

喪服表

《喪服》一篇，五禮之要，聖人精義之學。所以敘彝倫、出政教，尊尊、親親、稱情立文，人之所以自别於禽獸者在此，人之所以群居和壹以相生、相養、相保者亦在此。故十六篇皆孝敬之準式，而《喪服》其根源總會。十六篇禮意，皆萬世作則，而禮文行於後世者寡，唯《喪服》由周而來，中國禮俗、刑律永以爲高、曾規矩，天不變，道亦不變。其在今日，正人心、息邪説、塞亂源、開治本，尤爲救時急務。其文非表不顯，今録張氏、胡氏兩表，考校是正，以明制服義例焉。

考正張氏服表表中有字句譌者，有位置譌者，有說義誤者，今一一訂正。

親親上殺下殺旁殺

服	本親	旁親
緦	高祖	族曾祖父母　族祖父母　族父母　族昆弟
小功	曾祖	從祖祖父母　從祖父母　從祖昆弟
大功	祖	世父母　叔父母　從父昆弟
期	父母	昆弟
期		妻
期	子	
大功	孫	昆弟之子
小功	曾孫	從父昆弟之子　昆弟之孫
緦	玄孫	從祖昆弟之子　從父昆弟之孫

至親以期斷。父子一體，故三。由父親祖，由子親孫，皆大功，故以三爲五。曾高皆由祖，曾玄皆由孫，故以五爲九。鄭注《喪服》云：「服之數盡於五。高祖宜緦麻，曾祖宜小功。」謂此也。凡祖之族服皆如祖，曾之族服如曾，高之族服如高，子孫各以其服降。服術由此而進退焉。

喪服

至親期斷	正	加	降	不降
父		至尊加隆，斬衰三年。爲人後者爲之子同于父。		《小記》云：大夫之孫不降其父。注：「祖不厭孫。」
母	父在爲母期、杖，禫。	父卒得申尊，齊衰三年。	庶子爲其父後者爲其母緦。《駁異義》云：「自天子下至庶人同。」見《通典》。《小記》云：「庶子在父之室，爲其母不禫。」疏云：「此不命之士父子同宮，異宮則禫。」公之妾子爲其母無服，練冠麻。公之庶昆弟爲其母，餘尊厭降，大功。注云：父卒爲妾母。大夫之庶子爲其母，厭降，大功。	注云：士之妾子父在爲母期。

	女子子在室若子。
注云：父在爲妾母。《通典》：「《喪服變除》云：『哭泣飲食思慕猶三年。』劉智云：『凡屈不得服者，皆有心喪之理。❶小功以下不稅服，乃無心喪耳。』」	女子子適人者爲其父母期。 爲人後者爲其父母期。
注云：大夫之庶子，父卒爲母三年。	子嫁反在父之室爲父三年。《小記》云：女子子爲父母喪，未練而出則三年；未練而反則除；❷已練而反則遂之。注云：后、夫人不降其父母。公妾以及士妾爲其父母期。

❶「理」，《通典》作「禮」。

❷「除」，《禮記正義》作「期」。

繼母	如母。《鄭志》云：「繼母而爲父所出，不服也。」見《通志》。			
慈母 注云：大夫之妾。《小記》云：爲慈母後者，庶母可也，祖庶母可也。	如母。賀循云：雖爲慈母三年，而爲己母不降。《小記》疏云：爲慈母禫，在父之室亦不禫。			
出母	出妻之子爲母期、杖。《通典》：「賀循云：『杖者必居廬，居廬者必禫。』」		出妻之子爲父後者爲出母無服。疏云：父殁後。	父卒繼母嫁，從，爲之服期、杖。案：此見父卒母嫁皆爲杖期。《鄭志》云：慈母嫁，不得如母。❶《石渠議》：蕭望之以爲父後者不服嫁母。《檀弓》疏引《鄭志》亦以爲父後者不服。

❶「母」上，據《鄭志》有「繼」字。

庶母	昆弟
士爲庶母緦。	期。
君子子爲庶母慈己者小功。 注云：「大夫及公子之適妻子。」	
傳曰：「大夫以上爲庶母無服。」	昆弟姊妹之長殤、中殤大功，下殤小功。 大夫爲昆弟之爲士者大功。 《通典》：田瓊云：大夫嫡子爲庶昆弟同。 公之庶昆弟、大夫之庶子爲昆弟大功。 注云：「庶昆弟。」 又云：適子爲庶昆弟皆降。 大夫、公之昆弟，大夫之子爲昆弟姊妹之長殤小功。 注云：大夫之適子亦服此殤。 此殤中從上，下殤當緦。 爲人後者爲其昆弟大功，長殤小功。傳曰：「中從上。」下殤當緦。
	大夫之庶子爲適昆弟期，長、中殤大功，下殤小功。 注云：大夫之子，父卒，如國人。 大夫之子爲昆弟爲大夫者期。 案：大夫及公之昆弟亦然，故傳云：「父之所不降，子亦不敢降。」

姊妹

在室同兄弟。

適人大功。

大夫、大夫之子、公之昆弟爲姊妹適士者小功。

爲人後者爲其姊妹適人者小功。

女子子適人者爲衆昆弟大功。

女子子嫁者、未嫁者爲姊妹大功。

適人無主者，昆弟爲之期。

君爲姊妹嫁于國君者大功。

疏云：夫人、世子亦同。

大夫、大夫之妻、大夫之子、公之昆弟爲姊妹嫁于大夫者大功。

大夫之子爲姊妹爲命婦無主者期。

大夫身亦然。

女子子適人者爲昆弟之爲父後者期。

注云：父殁乃服。

適人無主者，昆弟爲之期，姊妹報期。

大夫之子爲姊妹之爲命婦無主者期，姊妹報。

金云：報大功，非報期。案：大夫爲之期則報期。

昆弟之妻	妻	
婦人爲昆弟之妻報，小功。	期。注云：適子父在不杖，衆子杖。《小記》云：「爲妻禫。」	
	公子爲妻無服，緦冠麻衣，既葬除之。	公之庶昆弟爲妻大功。大夫之庶子從降，大功。
	大夫適子不降，唯父在不杖。《小記》云：世子爲妻與大夫適子同。疏云：天子、諸侯不降適婦。注云：大夫庶子，父卒，如國人。《小記》云：「宗子，母在爲妻禫。」注云：「宗子之妻，尊也。」賀瑒以宗子尚得禫，則其餘適子可知。賀循以母皆厭其適子，庶子不得爲妻禫，宗子妻尊，母所不厭。案：注、賀瑒是也。	《曾子問》云：女未廟見而死，婿不杖、不菲、不次。注云：「猶爲之服齊衰。」

妾	夫	子
公士、大夫之君爲貴妾緦。《小記》云：「士妾有子而爲之緦，無則已。」		衆子期。
	尊加斬衰三年。妾爲君同。	繼祖者爲長子斬衰三年。母爲長子齊衰三年。注云：妾爲君之長子與女君同。《小記》云：爲長子禫。
注云：天子、諸侯之妾無服。		子、女子子之長殤、中殤大功。❶女子子之下殤小功。經不見，子與女子子同。注云：天子、國君不服庶子。 大夫爲子之爲士者大功。大夫、公之昆弟、大夫之子爲庶子、女子子之長殤小功。此殤中從上，下殤當緦。 注云：大夫以上妻體君，同降其子。
		公及大夫爲適子長、中殤大功。注云：「天子亦如之。」案：不降其適，則下殤亦小功。大夫之子爲子爲大夫者期。

❶ 下「子」字，原誤作「女」，今據張惠言《儀禮圖》改。

			大夫之妾爲君之庶子大功，爲庶子之長殤小功。中從上，下殤當緦。	注云：「士之妾爲君之衆子期。」公妾、大夫之妾爲其子期。 爲人後者爲其父母期，父母報期。 父卒繼母嫁，從，爲之服，繼母報期。《小記》云：「妾從女君而出，則不爲女君之子服。」注云：「女君猶爲其子期。」
女子子	在室若子。		適人者大功。大夫、大夫之子、公之昆弟爲女子子適士者小功。 大夫之妾爲庶子適人者小功。注云：「在室大功，其嫁于大夫亦大功。」	女子子適人無主者期。君爲女子子嫁于國君者，大夫、大夫之妻、大夫之子、公之昆弟爲女子子嫁于大夫者大功。大夫之子爲女子子爲命婦無主者期。
適婦	大功。		《小記》云：「適婦不爲舅後者，姑爲之小功。」	
庶婦	小功。			

大功親	正	加	降	不降
祖父母		尊加期。 《小記》云：「祖父卒，而後爲祖母後者三年。」注云：「祖父在，則其服如父在爲母也。」		大夫爲祖父母爲士者期。 女子子爲祖父母期。傳曰：不降。
世父母 叔父母		尊加期。	叔父、姑之長殤、中殤大功，下殤小功。大夫爲世父母、叔父母之爲士者大功。長、中殤宜小功，下殤緦。 女子子嫁者、未嫁者爲世父母、叔父母大功。	大夫之子爲世、叔父母爲大夫、命婦者期。大夫亦然。

姑		注云：爲姑在室如世、叔父母。	適人者大功。 大夫、大夫之子、公之昆弟爲姑適士者小功。爲姑之長殤小功。中從上，下殤當緦。 女子子嫁者、未嫁者爲姑大功。注云：爲人後者爲其姑適人者小功。	適人無主者爲之期。 大夫、大夫之妻、大夫之子、公之昆弟爲姑之嫁于大夫者，君爲姑之嫁于國君者大功。 大夫之子爲姑爲命婦無主者期。
從父昆弟	大功。		長殤小功，下殤緦。中從上。 大夫、大夫之子、公之昆弟爲從父昆弟小功。長殤宜緦。	公之庶昆弟、大夫之庶子爲從父昆弟之爲大夫者大功。適子爲之亦如之。
從父姊妹	注云：其姊妹在室如昆弟。		小功。此謂出適者也。疏云：逆降報之，不辨在室與出適。與注違。	

孫	庶孫大功。	繼祖者爲適孫加期。長、中殤大功，下殤小功。	丈夫、婦人長殤小功，中殤緦。注云：中當爲下，中從上。 大夫、大夫之子、公之昆弟爲庶孫小功。	大夫爲適孫爲士者期。
女孫	注云：「女孫在室亦大功。」		孫適人小功。	
庶孫婦	緦。疏云：「適孫之婦小功。」			
昆弟之子		進加期。	注云：長殤、中殤大功。昆弟之子、女子子之下殤小功。 大夫爲昆弟之子爲士者大功。 女子子適人宜與子同降。	大夫之子爲昆弟之子爲大夫者期。大夫亦宜同。

昆弟之子婦 王肅云：與婦同，小功。今案：考尊不足加尊，當報服大功，肅説非。				
姪		注云：爲姑在室期。姑當報期。 適人無主者姪爲之期，姑報期。 大夫之子爲姑之爲命婦無主者期，姑報。	丈夫、婦人長殤小功，下殤緦。中從上。 適人者爲姪大功，丈夫、婦人同。成人未嫁者當逆降大功。	
姪之妻	報小功。			

小功親	正	加	降	不降
曾祖父母		尊制齊衰三月。		大夫爲曾祖父母爲士者如衆人。女子子嫁者、未嫁者爲曾祖父母齊衰三月。
從祖祖父母	小功。			
父之姑			緦。蓋在室同降。	
從祖父母 從祖昆弟	小功。 小功。		從祖父、從祖昆弟之長殤緦。注云：「中從下。」	
從祖姑姊妹	在室亦小功。		適人緦報。	
曾孫			緦。爲曾祖三月，不得過之。注云：「曾孫之婦無服。」	
從父昆弟之子	報小功。		長殤緦。	
從父姪			報緦。	

昆弟之孫	報小功。		長殤緦。	
昆弟之孫婦	報緦。			

緦親	正	加	降	不降
高祖		《經》不見，注云：同曾祖，齊衰三月。		
族曾祖父母	緦。			《通典》：荀顗云：大夫絶緦，尊同，猶如本親服。
族祖父母	緦。			
族父母	緦。			
族昆弟	緦。			
玄孫	緦。《經》不見，注云：❶同曾孫。			
從祖昆弟之子	緦。			
從父昆弟之孫	緦。			

❶「注」，據《儀禮注疏》，當作「疏」。

	正	加	降	不降
		兄弟皆在他邦加一等，不及知父母與兄弟居加一等。小功以下爲兄弟。	大夫、公之昆弟、大夫之子於兄弟降一等，大夫之妻與大夫同降。 爲人後者于兄弟降一等報。	童子唯當室緦。戴德《變除》云：「童子當室，謂十五至十九，爲父後，持宗廟之重者。其服深衣，不裳，其餘與成人同。」見《通典》。 於所爲後之子兄弟若子。 凡妾爲私兄弟如邦人。

婦人爲夫之族各降一等爲正	正	加	降	不降
舅姑		從期。《通典》：賀循云：夫爲人後者，妻從服如舅姑。	《小記》云：「夫爲人後者，其妻爲舅姑大功。」《通典》：先儒云：婦人不服慈姑。 《小記》云：「婦當喪而出，則除之。」	《服問》注云：公子之妻爲其姑齊衰。疏云：「不辨諸侯存殁。」賀循云：庶子爲父後者，❶其妻自如常禮，尊所不降。見《通典》。

❶「父」，據《通典》，當作「人」。

夫之昆弟之子、女子子		報期。	長、中殤大功，下殤小功。婦人子適人大功。	
夫之祖父母世父母叔父母	從大功。		夫之叔父長殤小功，中、下殤緦。	
夫之姑姊妹❶	小功。注云：「不殊在室及嫁，略從降。」又云：❷夫之昆弟無服。		長殤緦。	
娣姒婦		小功。	《通典》：「賀循云：『大夫妻，爲娣姒其夫爲士者，服亦降一等。』」	
娣姒婦		小功。	《通典》：「賀循云：『大夫妻，爲娣姒其夫爲士者，服亦降一等。』」	

❶「妹」，原作「姊」，據張惠言《儀禮圖》改。
❷「又」，據《儀禮注疏》，當作「傳」。

夫之諸祖父母 注云：從祖祖父母、外祖父母皆夫之小功之親。	從緦。 夫之從母緦。見《服問》注。夫之所爲兄弟服，妻降一等。			《服問》云：「『有從無服而有服』，公子之妻爲公子之外兄弟。」注云：「爲公子之外祖父母、從母緦麻。」
夫之從父昆弟之妻		緦。		
妾爲女君	注云：「女君於妾無服。」 《雜記》云：「女君死，則妾爲女君之黨服；攝女君，則不爲先女君之黨服。」注云：「妾于女君之親，若其親然。」	期。		

外親服皆緦	正	加	降	不降
外祖父母		尊加小功。	出妻之子爲母期，爲外祖父母無服。 庶子爲後者爲其外祖父母無服。 《小記》云：「爲慈母之父母無服。」又云：「母之君母，母卒則不服。」凡爲外祖父母無服者，舅、從母皆無服。	《服問》云：『母出則爲繼母之黨服，母死則爲其母之黨服。』爲其母之黨服，則不爲繼母之黨服。」《通典》：「庾蔚之云：『嫡子爲妻之父母服，則天子、諸侯亦服妻之父母可知也。妻之父母猶服，況母之父母乎！』譙周云：『天子、諸侯爲外祖父小功，諸侯適子爲外祖父母、妻父母皆如國人。』」
從母		名加小功。	長殤緦。	
舅	緦。			

君母之父母從母		從小功。舅亦從緦。	傳曰：「君母不在，則不服。」《小記》云：「爲君母后者，君母不在，則不爲君母之黨服。」	
外孫 外孫之妻	緦。 報緦。			
從母爲姊妹之子		報小功。丈夫、婦人同。	長殤報緦。	
甥	報緦。			
舅之子	從緦。			
姑之子	報緦。			
從母昆弟	以名服緦。			
妻之父母	從緦。		《通典》：「譙周云：『大夫庶子爲妻父母無服。』」《服問》云：「『有從有服而無服』，公子爲其妻之父母。」注云：「凡公子厭于君，降其私親。女君之子不降也。」	《小記》云：「世子不降妻之父母。」注云：「世子，天子、諸侯之適子。」《通典》：「庾蔚之云：『天子、諸侯亦服妻之父母。』」

義服皆加		以加爲正	降	不降
諸侯爲天子		斬衰三年。《服問》云：「世子不爲天子服。」		
諸侯之大夫爲天子		繐衰牡麻絰，既葬除之。疏云：「大夫不接見天子則無服。」注云：「士、庶民不服。」		
君 注云：「天子、諸侯及卿大夫有地者皆曰君。」		斬衰三年。	公士大夫之衆臣布帶繩屨，亦斬三年。	注云：公士、大夫之貴臣不降。
		《士虞禮》注云：士之屬官爲其長弔服加麻，既卒哭則除。		

君之父母、妻、長子、祖父母		舊君、君之母、妻
從期。	君之所爲兄弟服，室老降一等。	齊衰三月。《經》：「爲舊君、君之母、妻。」注以爲「致仕者」。「大夫爲舊君」注以爲「待放未去者」。《小記》云：「與諸侯爲兄弟者服斬。」注言：「諸侯者，明雖在異國，猶來爲三年。」爲見弔者，君之外親也。
《服問》云：「君之母非夫人，則群臣無服，唯近臣及僕、驂乘從服。」		《雜記》云：「違諸侯，之大夫，不反服。違大夫，之諸侯，不反服。」
《服問》云：「大夫之適子爲君、夫人、太子如士服。」		

夫之君

從期。疏云：「不從服小君。」

《雜記》：「外宗爲君、夫人，猶内宗也。」注云：「君之姑、姊妹之女，舅之女，從母之女爲君服斬，夫人齊衰。其無服而嫁于諸臣者，從爲夫之君，嫁于庶人，從爲國君。内宗，謂五服内之宗女，及外宗皆爲君斬。

又《服問》云：「君爲天子三年，夫人如外宗之爲君也。」注云：「外宗與諸侯爲兄弟服斬，妻從服期。諸侯爲天子服斬，夫人亦從服期。」此「外宗」謂君之外兄弟。

			大夫在外，其妻、長子爲舊國君齊衰三月。《注》以此大夫無服，妻有歸宗猶民，長子去可以無服。		
庶人爲國君			齊衰三月。注云：天子畿内之民爲天子亦如之。		
貴臣 注謂公士、大夫之君也。天子、諸侯之臣無服。			緦。		
寄公爲所寓			齊衰三月。		
宗子 注云：「大宗。」			齊衰三月。丈夫、婦人同。鄭云：「婦人，女子子在室及嫁歸宗者也。」	宗子孤爲殤，大功衰、小功衰皆三月，親則月算如邦人。注云：長、中殤大功衰，下殤小功衰。	
繼父			同居者期。不同居齊衰三月。注云：「未嘗同居，則不服之。」	《通典》：「戴德《記》云『女子子適人者，爲繼父服齊衰三月』，不分別同居異居。」	

		《檀弓》曰：同母異父之昆弟，子游曰：大功。注云：「親者屬大功是。」		
乳母 注云：❶獨大夫之子有之。		緦。		《通典》：《石渠議》：聞人通漢云：大夫不降乳母，報義之服，故不降也。
朋友		麻。《服問》云：大夫相爲錫衰以居，出亦如之；當事則弁絰，爲其妻，往則服之，出則否。		
改葬緦	臣爲君、子爲父、妻爲夫，三月而除之。《通典》：「戴德云：『其餘親皆弔服。』」戴德之義：凡爲後者皆服。			

❶「注云」，據《儀禮注疏》，當作「疏云」。

今案：此表分别各服，正、加、降、不降及義服，與賈氏所論制服後之降、正、義服不盡同。其所謂正，謂至親期斷，由此上殺、下殺、旁殺皆至四世而緦，服之本意也。若就制服後言，則至尊、至重、旁尊之服，皆以加爲正，而應加不加者爲降矣。其所謂加，謂由正而加，若就制服後言，則已加者皆爲正矣。其所謂義服，謂門外之治義斷恩與門内親服相對，不與正服、降服相對。若就制服後言，則以恩制、以義制者皆有正、有降、有義矣，其所謂降、不降，則與制服後義例同。而不降之中，又有不降正、不降義、不降降之殊。至親期斷，服之本意，必先知此，而後可以得降、正、義服之條理，辨其等差。今録《張表》，附以胡氏考正衰、冠升數及降、正、義服説，學者合觀之，可以識天秩人倫之重，而尊親愛敬之心油然生矣。

胡氏《喪服·記》正義《考五服衰、冠升數及降、正、義服》

五服用布升數，詳於《禮記·間傳》而略具於此記。斬衰二等，齊衰、大功、小功各三等，而以降、正、義之服分屬之，則傳、記無文，自鄭此注始。賈氏因於疏内極論降、正、義服，其説多遺漏牴牾，難以徵信。嗣後，宋勉齋黄氏榦有服例，信齋楊氏復有圖，皆以分别三者之服，而亦互有同異。良由傳、記但言降服，未有正、義之名，難於訂證也。近盛氏世佐撰《儀禮集編》，更定服圖，江氏筠撰《讀儀禮私記》，著降、正、義服，考定其説，俱有合有不合。而江氏較爲細密，今參稽各家，並下己意，别爲圖説於後。

衰、冠升數圖説

斬衰正服，衰三升，冠六升。既葬，以其冠爲受，衰六升，冠七升。義服，衰三升有半，冠同六升。既葬，以其冠爲受，衰六升，冠七升。

以上衰、冠及受衰、受冠升數，皆本此篇記文。以三升半爲義服，出鄭氏注，諸家悉仍之。又裳與衰同，如衰三升者，裳亦三升。衰三升有半者，裳亦三升有半，後放此。

齊衰三年服衰四升，冠七升。既葬，以其冠爲受，衰七升，冠八升。

此升數亦本此篇記文。鄭氏注云：「此謂爲母服也。齊衰正服五升，其冠八升。義服六升，其冠九升。亦以其冠爲受。凡不著之者，服之首主於父母。」是鄭以此衰四升，冠七升爲爲母服也。不言父卒者，蓋父在爲母雖降三年爲期，而衰、冠升數則同，故鄭首解之曰「爲母服」，而下即言「齊衰正服五升，義服六升」，明此五升、六升者，不以服母也。賈於篇首疏云：「三年齊衰惟有正服四升，冠七升。」於此記「斬衰三升」疏云「齊衰之降服四升」，是降、正之名自相歧異也。黄例、楊圖皆以爲降服，蓋因鄭明言「正服五升」，故不得以此四升爲正服。而又明知「降」字未安，乃爲之説曰：「此降服，乃降斬衰而爲齊衰也。」江氏仍之。盛氏改「降」爲「正」曰：「爲父斬衰，爲母齊衰，服之正也。既得伸三年矣，不可爲降。」姜氏兆錫亦駁降斬衰爲齊衰之説。今案：以三年之衰、冠爲降服者固非，而以爲正服，亦未的。凡言正者，對降與義之名，此《齊衰三年章》，無降服、義服，則亦不必言正，但云「齊衰三年服」以别之可矣。鄭注止云「爲母服」，而不言正、降者，以爲正，則降三年而杖期者，亦同衰四升，冠七升。以爲降，則此三年者，實非降服，故空其文。今之稱齊衰三年服者，本鄭義也。

齊衰杖期降服，衰四升，冠七升。既葬，以其冠爲受，衰七升，冠八升。正服，衰五升，冠八升。既葬，以其冠爲受，衰八升，冠九升。義服，衰六升，冠九升。既葬，以其冠爲受，衰九升，冠十升。

賈氏「疏衰期」傳疏標列降、正、義衰、冠升數及受衰、受冠升數如此，蓋本此記鄭注分别四升、五升、六升三等服之文也。乃篇首疏又云「杖期，齊衰有正而已，父在爲母，與爲妻同正服，衰五升，冠八升」，不特與鄭義違戾，且與「疏衰期」傳疏亦不合矣。後儒多糾其誤。黄例不分齊衰三年及杖期不杖期，而統標降服、正服、義服，殊混。楊圖杖期，止有降服、正服，無義服。江氏仍之，亦非也。盛氏更定圖，以降服衰四升，正服衰五升，義服衰六升，冠皆七升，受衰亦皆七升，受冠皆八升，下《不杖期章》更定降、正、義衰、冠升數，俱亦同此，不知何據云然？斷不可從。

齊衰不杖期降服同上　正服同上　義服同上

此不杖期亦當有三等之服，賈疏於《不杖章》祖父母下云「此章有降、有正、有義」是也，篇首疏又云「不杖期但有正、義二等」，故黄氏譏其自相牴牾也。楊圖亦有降、正、義三等，江氏仍之。

齊衰三月正服，衰五升，冠八升，無受。　義服，衰六升，冠九升，無受。

賈疏謂齊衰三月，止有義服，無正服。黄例、楊圖仍之。李氏如圭云：「曾祖父母不當爲義服，亦宜衰五升，冠八升。」其説是也。今增正服。或曰：正服衰五升，冠八升，不與祖父母服同乎？曰：此所謂禮窮則同也。然祖父母期，曾祖父母三月，服雖同而月已減矣。且鄭注曾祖父母條，特云「重其衰麻」，可證也。

殤大功九月七月降服，衰七升，冠十升，無受。

大功分降服、正服、義服三等，亦本此記鄭注也。此殤大功，則有降服，而無正服、義服。楊氏云：「殤大功九條，皆降服是也。」賈篇首疏云：「殤大功有降、有義，降服衰七升，冠十升。義服衰九升，冠十一升。」黄例因增義服，江氏仍之。盛氏從楊圖。今案：鄭注明云「服降而在大功者衰七升」，此殤服皆是降服，則不得别爲義服九升明矣。蓋降而在大功者，其服本非大功，因降在此，當重於正服、義服，故殤大功在大功前，殤小功在小功前，以其有齊、斬之服，降在此也。賈疏謂有義服，由未理會鄭注「服降而在大功者衰七升」一語耳。

大功降服，衰七升，冠十升。既葬，以其冠爲受，衰十升，冠十一升。　正服，衰八升，冠同十升。既葬，以其冠爲受，衰十升，冠十一升。　義服，衰九升，冠十一升。既葬，以其冠爲受，衰十一升，冠十二升。

此降、正、義三等，既葬，皆以其冠爲受，亦本此記鄭注也。賈氏「疏衰期」傳疏列大功三等服如此。黄例、楊圖同。二家皆云「自斬衰至大功，降服凡八條，冠皆校衰三等。正服、義服二條，冠皆校衰二等」。蓋謂大功降服衰七升，冠十升，是冠校衰差三等也。以上斬衰、齊衰皆然。大功正服衰八升，冠亦十升，大功義服衰九升，冠十一升，是冠校衰止差二等也。江氏仍之，盛氏則以降、正、義三等，衰雖異，而冠同十一升，受衰亦皆十一升，受冠皆十二升，與鄭注違，不可從。

繐衰七月衰四升有半，冠八升，既葬除之。

繐衰，鄭注無「義服」字，黄例、楊圖同。以服止一等，無庸區别也。賈疏標「義服」之名，盛氏、江氏仍之，非。

殤小功降服，衰十升，冠升同，無受。

殤無正、義服，辨已見前。此記鄭注云「其降而在小功者，衰十升」一語，足爲確據。賈疏謂：「殤小功有降、有義，降則衰、冠同十升，義則衰、冠同十二升。」黄例、楊圖因此皆有「義服」之目。江仍黄、楊，盛氏駁之，更定爲降服，是矣。或曰：殤大功、殤小功服亦止一等，何必言降？曰：成人大功、小功皆有降、有正、有義，不言降，無以别之，且殤爲降服見傳注，此定名也。

小功降服，衰十升，冠升同，即葛五月，無受。正服，衰十一升，冠升同，即葛五月，無受。義服，衰十二升，冠升同，即葛五月，無受。

小功分降服、正服、義服三等，亦本此記鄭注。黄例、楊圖標列同，江氏仍之。盛氏更定圖，以殤小功降服、小功降、正、義服冠皆十五升抽其半，則與「疏衰期」傳「緦麻小功，冠其衰也」一語顯悖矣，不可從。

緦麻降、正、義同衰十五升抽其半，冠升同，無受。

此本黄例、楊圖。賈疏云：「緦麻亦有降、有正、有義，但衰、冠同十五升抽去半而已。」則又黄、楊所本也。盛氏、江氏俱同。

降、正、義服圖説

斬衰正服父　諸侯爲天子　君　父爲長子　爲人後者　妻爲夫　妾爲君　女子子在室爲父　子嫁，反在父之室爲父　附傳：父卒，然後爲祖父後者服斬斬衰義服公士、大夫之衆臣，爲其君布帶、繩屨。

黄例、楊圖皆以「諸侯爲天子」、「君」、「公士大夫之衆臣爲其君」三條入義服，蓋因賈氏篇首疏云「爲君以三升半爲義」，及此《記》「衰三升」疏云「諸侯爲天子，臣爲君之等是義斬」之文也。盛氏、江氏仍之。今案：戴氏震、金氏榜皆以三升半之衰爲專指公士、大夫之臣爲其君言，其説甚確。蓋《喪服》經文列諸侯爲天子及君於父後，明君父同尊，衰、冠不得有異也。今順經文之次，列二者於「父爲長子」之前，而舊説之誤自見，詳《斬衰章》「公士大夫之衆臣，爲其君布帶繩屨」下。附傳一條，黄列入，楊無，盛亦無，江從黄例，説見後。

齊衰三年服父卒爲母　繼母如母　慈母如母　母爲長子　附「記」：妾爲君之長子　附《小記》：祖父卒而後爲祖母後者三年

黄例、楊圖皆以「父卒爲母」、「繼母如母」、「慈母如母」三條爲降服。「母爲長子」及附記一條爲正服。江氏仍之，盛氏改降爲正，以「爲母」三條及「母爲長子」一條皆爲正服，以附記一條爲義服，謂「舊以『母爲長子』爲正服，衰、冠升數皆下降服一等。案：『父爲長子』既無所降，母不應有異，故進與『爲母』者同。」今案：以「母爲長子」與子爲母衰、冠升數同，其説是也，但齊衰三年服不立降、正、義之名，説已詳前。今以正經四條及附二條，同列爲三年服焉。附《小記》一條，黄列入降服，楊無，盛亦無，江從黄例，説見後。

齊衰杖期降服父在爲母

齊衰杖期正服妻

齊衰杖期義服出妻之子爲母　父卒，繼母嫁，從爲之服報

賈疏以「父在爲母，與爲妻同正服，衰五升，冠八升」，誤，辨見前。黄例以四條同列入正服，而於「父在爲母」下注云：「當是降服。」楊圖改父在爲母爲降服，是矣。而餘三條同入正服，猶未當。江氏依楊圖，盛氏則以「出妻之子爲母」、「父卒，繼母嫁，從爲之服」二條亦入降服，尤非。蓋出母、嫁母當與「父在爲母」衰、冠有别，子爲母本宜三年，因父在而降至期，故爲降服。若母爲父所出，及母嫁而子從，皆已自絶於父，本可無服，子之服之，一則以有親者屬之義，一則以有答其養育之義，而加服以伸其情，何得爲降？且不特不得爲降而已，凡此皆服之變，亦不得云正也。當改入義服爲允。

齊衰不杖期降服爲人後者爲其父母，報

女子子適人者，爲其父母　公妾以及士妾爲其父母

齊衰不杖期正服祖父母　世父母、叔父母　昆弟　爲衆子　昆弟之子　適孫　公妾、大夫之妾爲其子　不降正、大夫之適子爲妻　大夫之庶子爲適昆弟　女子子適人者，爲其昆弟之爲父後者　姑、姊妹、女子子適人無主者，姑、姊妹報　女子子爲祖父母　大夫之子爲世父母、叔父母、子、昆弟、昆弟之子、姑、姊妹、女子子無主者爲大夫命婦者，惟子不報　大夫爲祖父母、適孫爲士者

齊衰不杖期義服繼父同居者　爲夫之君　爲君之父母、妻、長子、祖父母　妾爲女君　婦爲舅姑　夫之昆弟之子

以上黄例，楊圖略同，唯不降之服，黄例俱入之正服中，而注明「不降」字於其下。楊圖則别爲《不降正》之目曰：「降則爲大功，唯不降故在正服。」今從楊圖。又「適孫」一條，楊圖入之不降正，江氏移於正服内，而爲之説曰：「信齋列『適孫』於不降正，蓋因傳『不敢降其適之』云也。然傳所云不敢降，有不可得而泥者，蓋必有降之者而後可名爲不降。『大夫之適子爲妻』傳，鄭注云：『降有四品：君、大夫以尊降，公子、大夫之子以厭降，公之昆弟以旁尊降，爲人後者、女子子嫁者以出降。』則不降之服，唯此四者内有之耳。此傳云不降者，蓋對庶孫以立文，猶之『母爲長子』傳對衆子立文而曰：『父之所不降，母亦不敢降也。』初不得謂之不降服。又《大功章》『適婦』一條，傳亦有『不降其適』之文。信齋列之正服，則此宜如之明矣。」今案：黄例「適孫」下無「不降」二字，江説是，從之。

齊衰三月正服曾祖父母　曾祖父母爲士者，如衆人　女子子嫁者、未嫁者爲曾祖父母

齊衰三月義服寄公爲所寓　庶人爲國君　爲舊君、君之母、妻　大夫在外，其妻、長子爲舊國君

舊君　丈夫婦人爲宗子、宗子之母、妻　繼父不同居者　不降義、大夫爲宗子

舊説齊衰三月止有義服無正服，辨見前。黄例依經文爲次，楊圖分四層：以爲「曾祖父母」者爲首，以「爲宗子」者次之，而附記「宗子孤爲殤，大功衰、小功衰皆三月。親則月算如邦人」一條於下，以「寄公爲所寓」及爲君者又次之，以「繼父不同居者」一條終焉。江氏以「宗子孤爲殤」一條分附殤大功、殤小功之後，其説曰：「經文而外，勉齋所附入者，『孫爲祖承重』二條及『妾爲君之長子』一條是也。信齋無承重二條，而增『宗子孤爲殤』一條，蓋信齋惟取本經記，勉齋兼取《子夏傳》，其并附《小記》一條者，則以傳故及之耳。今並仍之，但信齋以『宗子孤爲殤』附於『齊衰三月，大夫爲宗子』之下，蓋取其月數同也。然此爲殤服，又其衰爲大功、小功，且所謂『月算如邦人』者，中含九月、七月、五月之正數，則宜析之爲二，而各附於其殤服之末。」今案：「宗子孤爲殤」一條，本是殤服，不宜附在此章，江説是也。又江氏於此章别立《不降義》之目，以「大夫爲宗子」、「曾祖父母爲士者，如衆人」、「女子子嫁者、未嫁者爲曾祖父母」三條入焉。下章又别立《不降降》之目，説詳後。今標目依之，而以爲曾祖父母二條入正服，更定於右。

殤大功降服子、女子子之長殤、中殤　叔父之長殤、中殤。　姑、姊妹之長殤、中殤　昆弟之長殤、中殤　夫之昆弟之子、女子子之長殤、中殤　適孫之長殤、中殤　大夫之庶子爲適昆弟之長殤、中殤　不降降、公爲適子之長殤、中殤大夫爲適子之長殤、中殤　附記：宗子孤爲殤，大功衰三月，親則月算如邦人

以上楊圖不一一開列，但總標之曰：「殤九條，皆降服。」黄例則以「夫之昆弟之子、女子子之長殤、中殤」一條爲義服，江氏依之，盛氏仍移入降服云：「案世叔母爲夫之昆弟之子，在《不杖期章》則爲義服。既以殤降在此，亦當爲降服。」其説是也，今從之。江氏於上章别立《不降義》之目，此又别立《不降降》之目，其説曰：「不降之服，勉齋俱入之正服中，信齋别立《不降正》之目，然竊謂不降之服，降、正、義三等中俱有之，宜於三者之内各標不降之目，然後服制不至混誤。」其説是，今標目依之。唯江氏於《不降降》下注云：「有殤降，無尊降，以『大夫之庶子爲適昆弟之長殤、中殤』、『公爲適子之長殤、中殤』、『大夫爲適子之長殤、中殤』三條入焉。」案：大夫之庶子爲適昆弟，本服是加非降也，此似誤。今仍移入降服，餘從之。附記一條，亦依江氏附入，説見前。

今案：大夫庶子爲適昆弟期，胡氏依江説，列之不降正，則爲其殤服大功，亦當依江説，爲不降降明矣。蓋有殤降，無厭降也。昆弟服期正也，非加也，胡氏謂本服是加，將思深意倦時偶誤歟？

大功降服姑姊妹、女子子適人者　爲人後者爲其昆弟　女子子適人者爲衆昆弟　姪丈夫婦人，報

大夫爲世父母、叔父母、子、昆弟、昆弟之子爲士者　公之庶昆弟、大夫之庶子爲母、妻、昆弟　爲夫之昆弟之婦人子適人者　大夫之妾爲君之庶子　女子子嫁者、未嫁者爲世父母、叔父母、姑、姊妹　不降降　大夫、大夫之妻、大夫之子、公之昆弟爲姑、姊妹、女子子嫁於大夫者　君爲姑、姊妹、女子子嫁於國君者

大功正服從父昆弟　庶孫　適婦　不降正、皆爲其從父昆弟之爲大夫者

大功義服夫之祖父母、世父母、叔父母

「姪丈夫婦人，報」，黄例舊列於正服。「爲夫之昆弟之婦人子適人者」，黄例舊列於義服。盛氏以此二條移入降服，其言曰：「姑在室爲姪，姪爲姑與世叔父同，本皆服期。夫之昆弟之婦人子，亦夫之昆弟之子也，本服期，二者皆以適人降大功，當爲降服。」「大夫之妾爲君之庶子」一條，江氏移入降服而爲之説曰：「妾爲君庶子之服，經凡三見。《大功九月章》『大夫之妾爲君之庶子』一也，《殤小功章》『大夫之妾爲庶子之長殤』二也，《小功五月章》『大夫之妾爲庶子適人者』三也。勉齋於大功一條屬之義服，殤小功一條屬之降服。信齋於大功一條屬之正服，殤小功一條屬之降、義服，其小功五月一條則俱屬之降服。竊謂婦人爲夫之族類是義服，君之子非可以他族類比，今定此三條俱爲降服大功，以從乎女君而降殤小功，以爲殤而降成人小功，以出適而降。」今案：盛氏、江氏説是，俱從之。又：「大夫、大夫之妻、大夫之子、公之昆弟爲姑、姊妹、女子子嫁於大夫者」、「君爲

姑、姊妹、女子子嫁於國君者」二條，黄例列於正服之後，注云：「有出降，無尊降。」楊圖列於不降，正。盛氏移入降服。江氏以此二條别爲不降降，今從江氏。

緦衰七月服諸侯之大夫爲天子

殤小功降服叔父之下殤　適孫之下殤　昆弟之下殤　大夫庶子爲適昆弟之下殤　爲姑、姊妹、女子子之下殤　爲人後者爲其昆弟之長殤　從父昆弟之長殤，爲夫之叔父之長殤　昆弟之子、女子子之下殤　夫之昆弟之子、女子子之下殤　爲姪、庶孫丈夫婦人之長殤　大夫、公之昆弟、大夫之子爲其昆弟、庶子、姑、姊妹、女子子之長殤　大夫之妾爲庶子之長殤　附記：宗子孤爲殤小功，衰三月，親則月算如邦人

殤無正、義服。黄例以爲「夫之叔父之長殤」、「夫之昆弟之子、女子子之下殤」二條爲義服。江氏仍之，楊圖以爲「夫之叔父之長殤」、「大夫之妾爲庶子之長殤」二條爲降、義服，皆非也。今從盛氏，皆移入降服。又：江氏以「大夫庶子爲適昆弟之下殤」一條别入不降降，亦非。辨見《殤大功章》，今仍移入降服。附記一條，則從江氏附入也。

小功降服從父姊妹、孫適人者　爲人後者爲其姊妹適人者　大夫、大夫之子、公之昆弟爲從父昆弟、庶孫、姑、姊妹、女子子適士者　大夫之妾爲庶子適人者

小功正服從祖祖父母、從祖父母，報　從祖昆弟　爲外祖父母　從母，丈夫婦人，報　庶婦　君母之父母、從母　君子子爲庶母慈己者

小功義服夫之姑、姊妹、娣姒婦，報

以上次序俱本黄例，唯「從父姊妹、孫適人者」當作一句讀。黄例因賈疏誤分爲二，楊圖同，皆非也。江氏云：「從父姊妹，勉齋列之降服，信齋列之正服。案：經下云『孫適人者』，『適人』二字實總姊妹、孫三者言之，蓋本爲一條也。考鄭於《大功章》『從父昆弟』注云：『其姊妹在室亦如之。』然則鄭明謂此爲適人者，而服降於在室一等矣，宜從勉齋所定無疑也。」盛氏亦列之降服，今從之。

緦麻降服庶孫之中殤　從祖父、從祖昆弟之長殤　從父昆弟姪之下殤　夫之叔父之中殤、下殤　從母之長殤，報　夫之姑姊妹之長殤　從父昆弟之子之長殤　昆弟之孫之長殤　以上皆殤服　從祖姑、姊妹適人者，報　庶子爲父後者爲其母

緦麻正服族曾祖父母　族祖父母　族父母　族昆弟　庶孫之婦　外孫　士爲庶母　從祖昆弟之子　曾孫　父之姑　從母昆弟　甥　壻　妻之父母　姑之子　舅　舅之子　君母之昆弟

緦麻義服貴臣貴妾　乳母　夫之諸祖父母，報　爲夫之從父昆弟之妻

以上略依江氏考定。唯「夫之叔父之中殤、下殤」、「夫之姑姊妹之長殤」二條，黄例、楊圖俱別爲義服。江氏因之，盛氏移入降服，今從盛氏。又「從祖姑、姊妹適人者，報」、「庶子爲父後者爲其母」、「士爲庶母」、「乳母」四條，江氏或從黄，或從楊。其説曰：「『從祖姑、姊妹適人者，報。』勉齋列

之正服，信齋列之降服。案：此本服小功，以出適降一等，則信齋是也。『庶子爲父後者爲其母』，信齋列之正服，勉齋列之降服。案：注云：『君卒，庶子爲母大功。大夫卒，庶子爲母三年。士雖在，庶子爲母如衆人。』是不爲父後之服如此。今服緦以爲父後而降，則勉齋是也。其『士爲庶母』及『乳母』二條，勉齋俱列之義服，信齋俱列之正服。案：經於《齊衰三年章》見『慈母』之服，於《小功章》見『君子子爲庶母慈己者』之服，彼兩條皆爲正服，則此爲庶母宜如之。至乳母注云：『謂養子者有他故，賤者代之慈己。』既爲賤者，又因慈母有故而代之，固視三母爲有間矣。先儒以庶母爲父妾之有子者，乳母爲傭他人之婦，俱係不易之論。士爲庶母，當從信齋入正服，乳母當從勉齋入義服。」今案：江説是也。又案：黄氏云：「降、正、義服之中，其取義又有不同者。有從服、有報服、有名服、有加服、又有生服。」盛氏因之，一一編列。今每類略舉數條列於後，餘可例推。從服，如婦爲舅姑不杖期，妻從夫而服；爲君之父母、妻、長子、祖父母不杖期，臣從君而服；大夫之妾爲君之庶子大功，妾從君而服；君母之父母、從母小功，子從母而服；妻之父母緦，夫從妻而服之類是也。報服，如《杖期章》繼母嫁，從爲之服報；《不杖期章》爲人後者爲其父母報；《大功章》姪丈夫婦人報；《小功章》從祖祖父母，從祖父母報；《緦麻章》從祖姑、姊妹適人者報之類是也。名服，如世母、叔母不杖期，士爲庶母緦之類，以母名服是也。加服，如爲外祖父母小功，以尊加；從母小功，以名加；君子子爲庶母慈己者，小功以慈己加是也。生服，如夫之娣姒婦小功，以相與居室中則生小功之親焉；爲夫之從父昆弟之妻緦，以相與同室則生緦之親焉是也。

會通第四　禮經

六經同歸，其指在禮。《易》之象，《書》之政，皆禮也。《詩》之美刺，《春秋》之褒貶，於禮得失之迹也。《周官》，禮之綱領，而《禮記》則其義疏也。《孝經》，禮之始，而《論語》則其微言大義也。故《易》之言曰：「聖人有以見天下之動，而觀其會通，以行其典禮。」《書》之言曰：「天敘有典，天秩有禮。」《詩序》之言曰：「發乎情，止乎禮義。」《春秋》憲章文武，約以周禮，賈、服、潁説。所譏所善，按禮以正之。《鄭志》。《孝經》開宗明義言至德要道，要道謂禮樂。《論語》言禮者四十餘章，自視、聽、言、動與凡事親、教子、事君、使臣、使民、爲國，莫不以禮。陳氏澧説。《周禮》、《儀禮》發源是一，《儀禮疏》序。《禮記》則七十子之徒共撰所聞，或録舊禮之義，或録變禮所由。《禮記正義》。蓋聖人之道，一禮而已。三代之學，皆所以明人倫。六藝殊科，禮爲之體。故鄭君以禮注《易》、《書》、《詩》、《孝經》，伏生以禮説《書》，毛公以禮説《詩》，左氏以禮説《春秋》，《公羊》、《穀梁》亦皆言禮，而班氏《白虎通義》之論禮，鄭君、孔氏、賈氏之注《禮》、疏《禮》，又皆以群經轉相證明。禮之義誠深矣！盡六經之文，無一不與相表裏。今據鄭注，附以諸家引經之説，條分科别，以舉一隅。學者因端推類，可以見先王制度、聖作明述。同條其理，合若符節，炳若日星，千歲一揆，百世可知。斷非非聖無法之徒所得以妖言邪説、投閒抵隙、壞坊而肆亂也！

易

《易》禮，象也，法象莫大乎天地。伏羲定乾坤索六子，立三綱敘五倫，別人類於禽獸，而禮之大本立。八卦重爲六十四，屯建侯以作之君，蒙養正以作之師，開物成務，崇德廣業，變草昧爲文明，而禮之大用行，《易》説具之矣。今復出禮文與《易》相應者若干事。

《士冠禮》：「筮于廟門。」注曰：「以蓍問日吉凶於《易》也。」疏曰：「不於寢門筮者，取鬼神之謀。《繫辭》云『人謀鬼謀』，鄭注云：『鬼謀，謂謀卜筮於廟門。』是也。」按：冠禮、喪禮、祭禮、聘禮皆有筮。筮儀在《禮》，筮法在《易·繫辭》，鄭注説《禮》多引《易》爲證。

「玄裳、黄裳、襍裳」。注曰：「襍裳者，前玄後黄。《易》曰：『夫玄黄者，天地之襍色，天玄而地黄。』」案：「黄裳」，見坤六五。《記》：「天子之元子猶士也，天下無生而貴者也。」注曰：「無生而貴，皆由下升。」惠氏棟以爲此説合於《易》。易，氣自下生。

《鄉飲酒禮·記》：「亨于堂東北。」注曰：「祖陽氣之所始也。陽氣主養。《易》曰：『天地養萬物，聖人養賢以及萬民。』」

《鄉射禮·記》：「楅，龍首，其中蛇交。」注曰：「蛇龍，君子之類。」與《坤》上六注「聖人喻龍，君子喻蛇」同義。

《燕禮》：「兩方壺。」注説以《易》義曰：「臣道直方。」

《士虞禮》：「刌茅。」　《易》曰：「藉用白茅，无咎。」

書

孔子曰：「爲政先禮，禮其政之本與？」禮者，人倫也。堯之所以治民，舜之所以事君，周公之所以爲子、爲弟、爲臣，皆立人倫之極。以愛敬、生養、保衛天下生民，立功立事，良法美意，仁覆萬世。故《書》者，聖人以禮治天下之實政也。禮之所起遠矣！自伏羲正人倫、立王道以來至唐虞，地平天成，而後百姓親、五品遜，井田、封建、軍賦、學校、宗法、喪服、祭典皆至是而定。故孔子删書斷《堯典》，自虞及周，通變神化，世有損益而大旨不殊。故《書》可以見禮之源委，至周公事爲之制，曲爲之防，而萬世之彝倫敘、治本立。知其義而敬守之，物恥足以振，國恥足以興，内順治而外無敵，《書》之大用於是乎在！一二事證，特陳數之末耳。畧就《書》説未及者録之。

《士冠禮》：「旅占。」《洪範》所謂「三人占」。

《士相見禮》、《覲禮》用摯，與《書・堯典》、《周官・大宗伯》、《記・曲禮》及《春秋傳》説用摯法皆同。

《鄉飲酒》、《燕禮》用樂，歌、笙、間、合四節與《皋陶謨》「戛繫鳴球」一章義協。

《鄉射禮》司射取扑，「記」：「射者有過，則撻之。」　注引《書》「扑作教刑」爲證。案：《書》又曰：「侯以明之，撻以記之。」《周禮》亦有「觵撻」。

《大射儀》笙磬、頌磬，古文頌爲庸。　《書》曰：「笙庸以閒。」

《覲禮》見《書·堯典》及《康王之誥》。

「祭天，燔柴。祭山、丘陵，升。祭川，沈。」　《書》曰：「至于岱宗，柴，望秩于山川。」《禮記·王制》亦云，詳《解紛》。

《喪服》　《書·堯典》：「百姓如喪考妣，三載。」則三年之喪，唐虞已然。

詩

《詩》禮相通之義，《詩説》已著之。夫《詩》，感禮教之興衰而作也。昔愚嘗讀南、豳、雅、頌諸篇，想見當時人倫之厚，禮俗之美，蹈德詠仁，由儀率性，識其邦本深固，可大可久。及讀變雅，傷人倫之廢，憫王道之衰，有不勝辛有被髮之歎，而惓惓於告朔之餼羊者，因是以求禮。既離其句，肄其儀，設以身處其地而察其情，金聲玉色，盛德之容，忠厚藹惻之情，不啻如或遇之。信乎禮者人情之實！以詩情求禮意，非惟不苦其難，將好之樂之，知其爲吾性之所固有，而安處善、樂循理，忽不自覺其入於聖賢之域矣。昔周公制禮，《詩》爲樂章，《鄉飲》、《燕》、《射》諸篇，以歌、笙、間、合所用《詩》求之，陶情淑性，事半功倍；餘篇可類推之。孔子純取周詩，故禮經節文尤多合。

《士冠禮》：「緇布冠缺項。」　緇布冠，《詩·都人士》篇所謂「緇撮」，此詩首章即《冠禮》正容體、齊顔色、順辭令之意。缺，注讀爲《詩》「有頍者弁」之頍，蓋本三家《詩》。

祝辭　冠禮祝辭，祭禮嘏辭，皆《詩》之類。

「周弁殷冔」　《詩》曰：「載弁俅俅。」又曰：「常服黼冔。」

「昏禮，下達」　注説以《詩》云：「取妻如之何？匪媒不得。」

「用鴈」，「記」：「凡行事，必以昏昕。」❶《詩》曰：「雝雝鳴鴈，旭日始旦。」

「親迎」　親迎禮見《詩・大明》等篇，儀節皆與此經相應。又：《詩》、《春秋》皆有譏不親迎之文。

「裧」　《詩》謂之「帷裳」，《周禮》謂之「容」。

「宵衣」　注讀宵爲《魯詩》「素衣朱綃」之綃。

「女從者」　注：「《詩》云：『諸娣從之。』」

「潁黼」　黼，黼領也。《詩》謂之「襮」。

「教于宗室」　案：「教成祭之。」見《詩》、《禮》、《記》。《詩・采蘋》曰：「于以奠之？宗室牖下。」

「勗帥以敬先妣之嗣」　注：「《詩》云：『太姒嗣徽音。』」

《鄉飲》、《燕》、《射》正歌皆見《詩》用樂之法，與《左傳》、《國語》相表裏。陔夏、肆夏、鶩夏、貍首、新宫等見《周禮》、二戴《禮記》、《左傳》。子曰：「樂正，《雅》、《頌》各得其所。」昔人謂詩有詩之

❶「以」，《儀禮注疏》作「用」。

所，樂有樂之所。詩之所，三百篇之次是也。樂之所，歌、笙、間、合篇次是也。

《鄉射禮》：「立司正。」注：「《詩》云：『既立之監，或佐之史。』」

《大射儀》《詩・賓之初筵》説此禮，《行葦》亦先言燕，後言射。

「將乘矢」注：「《詩》曰：『四矢反兮，以禦亂兮。』」

《聘禮》：「設飧。」注：「《詩》云：『不素飧兮。』」又引《春秋傳》：「方食魚飧。」明飧非大禮。

「出祖，釋軷，祭脯醢，乃飲酒于其側。」《詩》曰：「韓侯出祖。」又曰：「取羝以軷。」又曰：「飲餞于禰。」

「四秉曰筥」注曰：「筥，穧名也。《詩》曰：『彼有遺秉，此有不斂穧。』」

《覲禮》見《詩・采菽》、《韓奕》。載旂、執圭、賜車服，《詩》、《禮》文皆相應。

《喪服》：「麻衣。」注曰：「如小功布深衣。《詩》云：『麻衣如雪。』」

《既夕》：「説髦。」《詩》云：「髧彼兩髦。」《記》云：「拂髦。」

「有柲」《詩》所謂「竹柲」。

《士虞禮》：「哀顯相。」「顯相」見《詩》。

「圭爲而哀薦之」「圭」與《詩》「吉圭爲饎」、《王制》、《孟子》「圭田」同義。

《特牲》：「養有以也，酳有與也。」與《詩》「何其久也？必有以也。何其處也？必有與也」語意相類。

《少牢》、《有司》與《詩·楚茨》相應，淩氏廷堪有説。

「儐尸」　《詩·絲衣》序曰：「繹賓尸也。」

「桃匕」　注：「讀如《詩》『或舂或抌』之抌。」

周　禮

《周禮》者，聖人本人倫以立王道之實事，度禮全經時事别爲篇。《周官》之事，當無不備，而今不可考矣。幸其猶有存者，可以立孝弟、忠順、仁義之則，而起天下合敬、同愛之心，以爲立功、立事之本，所謂有《關雎》、《麟趾》之德意，而後可行《周官》之大法。《周禮》、《儀禮》發源是一者，學者可比類合誼以見指撝焉。二禮一貫，《經禮曲禮説》發之已詳，其事證尤多，録其畧。

《禮》十七篇目　鄭君以分屬《大宗伯》五禮。

《士冠禮》：「筮于庿門。」　《禮經》卜筮儀法與《大卜》、《筮人》諸職相應，注多引彼文爲證。

「皮弁」　注據《周禮》，推士之皮弁無玉象飾。案：《禮經》冠服等差制度，皆與《司服》、《弁師》相應。

「兩豆：葵菹、蠃醢；兩籩：栗、脯」　按：籩豆之實，皆見《籩人》、《醢人》。

屨「絇、繶、純」　制見《屨人》。

《昏禮》：「納徵，玄纁束帛。」　注：「《周禮》曰：『凡嫁子娶妻，入幣純帛無過五兩。』」

「黍稷四敦，皆蓋。太羹湆在爨」 注：「《周禮》曰：『食齊視春時，羹齊視夏時。』」

「女次」 注：「《周禮・追師》掌『爲副、編、次』。」

《士相見禮》：「上大夫相見，以羔，如麛執之。」 注以《周禮》説之曰：「秋獻麛，有成禮，如之。」

「將食」 注説以《膳夫》：「品嘗食。」

「宅者」 注引《載師》「宅田」爲證。

《鄉飲酒》、《鄉射》，《周禮・鄉大夫》、《州長》所職，鄭《目録》及注於《鄉飲》備引《大司徒》、《鄉大夫》、《黨正》職；於《鄉射》引《鄉大夫》、《州長》職爲説。凡禮經綱領，皆在《周官》，經曲相表裏，於此明矣。

「弗繚，右絶末以祭」 繚祭、絶祭見《周禮》。

賓若有遵者，席于賓東 《周禮》所謂「不齒」。

《鄉射禮》 射法、射儀與《周禮・射人》合。

「縣于洗東北」 《鄉飲》、《燕》、《射》樂縣之制與《周禮・肆師》合。

「張侯」 侯制與《考工記・梓人》合。

「旌各以其物」 凡旌旗物名，注皆據《司常》爲説。

《燕》、《射》、《聘》、《食》、《覲》官制與《周禮》悉合，惟諸侯之官位差卑，職有兼耳，詳《明例》。

「司宫筵賓」　《燕》、《射》、《聘》、《覲》等篇几筵之制，注皆據《司几筵》爲説。

《燕禮》：「主人。」　注曰：「天子膳夫爲獻主。」據《周禮》爲説。　又：《文王世子》曰：「膳宰爲主人。」

「賓降洗，升媵觚于公」　注曰：「此當言媵觶，言觚者，字之誤。」李氏如圭云：「《考工記》『獻以爵而酬以觚』，馬季長云『觚』當爲『觶』，誤同此。」

「内羞」　注以「羞籩、羞豆之實」當之。

《大射》張侯、設鵠　注約《射人》、《梓人》説之。

樂縣　注約《肆師》説之。

祭侯　注引《梓人》祭侯辭爲説。

「不鼓不釋」　注引《射人》天子以下射節及《投壺》貍首鼓節爲證。　又引《學記》「鼓無當於五聲，五聲弗得不和」，明樂以鼓爲節。

《聘禮》　鄭《目録》云：「《周禮》曰：『凡諸侯之邦交，歲相問也，殷相聘也。』」按：歲相問，即篇末所謂「小聘曰問」。

「宰命司馬戒衆介」　注曰：「《周禮》司馬之屬，司士掌作士，適四方，使爲介。」

圭、璋、璧、琮　注：「《周禮》曰：『瑑圭、璋、璧、琮，以頫聘。』」

「以介對」　介數，卿視其君爲降殺。　注説以《周禮》曰：「凡諸侯之卿，其禮各下其君二等。」

「及郊」　注據《周禮》推次諸侯近郊、遠郊里數。

「受于舍門内」　《周禮》公之臣則受勞於堂，凡此禮與《周禮》異者，注皆别白言之。

「門外米、禾皆二十車」　《周禮》：「諸侯車米視生牢，禾視死牢。」此大夫皆視死牢。

「卿爲上擯，大夫爲承擯，士爲紹擯」　注據《周禮》詳言交擯、旅擯之制。

「大夫奠鴈再拜」　《周禮》：「諸侯之卿見朝君，則執羔。」

「韋弁」　注曰：「韎韋之弁，兵服也。」據《周禮》兵事韋弁服及《春秋傳》韎韋爲説。

大夫歸禮　《周禮》夫人致禮于朝君，則有牢。

「館賓，公退，賓從，請命于朝。公辭，賓退」　注：「《周禮》曰：『賓從，拜辱于朝，明日，客拜禮賜，遂行。』」

「賄，在聘于賄」　注：「《周禮》曰：『凡諸侯之交，各稱其邦而爲之幣，以其幣爲之禮。』」

《公食大夫禮》：「飲酒、漿飲，饌于東房。」❶　《周禮》曰：「共賓客之飲酒。」❷

「賓之乘車在大門外西方，北面立」　注據《周禮》推之曰朝位，卿大夫則當車前。

《覲禮》　鄭據《大宗伯》言四時朝、覲禮爲目。

❶「饌」，《儀禮注疏》作「俟」。

❷「飲」，《周禮注疏》作「禮」。

「王使人皮弁用璧勞」　注據《小行人職》推郊勞當使大行人。
「帷門」　注：「《掌舍職》曰：『爲帷宫，設旌門。』」
「侯氏裨冕」　注據《周禮・司服》爲説。又：《玉藻》曰諸侯「裨冕以朝」。
「四享」　注據《周禮》「廟中將幣三享」，破四爲三。
「饗禮，乃歸」　注説以《掌客》饗、食、燕。
「諸侯覲於天子節」，言會同之禮，注備引《司儀》、《司盟》職爲證。
《喪服》斬衰、齊衰、大功、小功、錫衰、緦衰皆見《周禮・司服》。
《士喪禮》：「代哭。」　注曰：「《周禮・挈壺氏》：『凡喪，縣壺以代哭。』」
「君視大斂，巫止于廟門外，祝代之」　注：「《周禮・男巫》：『王弔則與祝前。』」
《既夕・記》：「遂匠納車于階閒。」　注約《周禮》説之曰：「遂人主引徒役，匠人主載柩窆。」又曰：「車，《周禮》謂之蜃車，《雜記》謂之團，或作輇，或作槫。」
《士虞禮》：「墮祭。」　注：「《周禮》曰：『既祭，則藏其墮。』」
《特牲饋食禮》　《周禮》享先王亦稱饋食，祭以牲與盛爲主。《左傳》曰：「奉牲以告，奉盛以告。」《孟子》亦以犧牲粢盛並言，故《禮》以「特牲饋食」、「少牢饋食」名篇。
「宿尸」　凡宿，《周禮》、《禮經》皆作宿，《記》作肅。
《少牢饋食禮》：「祝延尸。」　注：「《周禮》曰大祝相尸禮。」

《有司徹》：「主人降，受宰几。」《周禮·大宰》亦「贊玉几」。

禮記

二戴《記》之説禮，大類有三：曰禮，曰學，曰政。《曲禮》、《檀弓》、《遷廟》、《釁廟》、《冠義》、《昏義》、《朝事義》等篇，禮類也。《學記》、《中庸》、《儒行》、《大學》、《曾子》十篇之等，學類也。《王制》、《月令》、《夏小正》、《文王官人》之等，政類也。夫禮者，先王正人倫以達天下愛敬之心，聖人先得人心之所同然，先知覺後知，先覺覺後覺，使天下相與講明其義，而身體之，心存之，是之謂學。由是以不忍人之心，行不忍人之政，同天下之愛敬，合天下之智力，以養欲給求，禦災捍患，而仁覆天下，利濟萬世。故學所以明禮也，政所以行禮也。冠、昏、喪、祭、聘、覲、射、鄉，人倫所由定，克己復禮，爲國以禮，皆不外此！《中庸》一篇言禮之精義，始於戒懼慎獨、擇善服膺，終於不賞民勸、不怒民威，篤恭而天下平。而其實，在乎子臣弟友，庸德之行，庸言之謹，修身、親親、尊賢，以三達德行五達道。大舜、文武、周公爲天下國家，皆由此推之。三代之學，皆所以明人倫，聖人之道，一禮而已。焦里堂謂《周禮》、《儀禮》，一時之書，《禮記》，萬世之書。不知禮之所尊尊其義，《禮記》之義，皆依經爲説。即儀法、度數以考誼理之存，神而明之，則忠孝仁義之心油然而生，而萬事之根本立，雖歷萬變而不離其宗。《禮記》所説，蓋示人以讀經之法，而鼓動其興藝樂學之心，豈可反棄經任傳、遺本宗末哉？《冠義》等既録入《要旨》，今輯鄭注，以制度文句相證明如左。

《士冠禮》：「主人玄冠，朝服，緇帶，素韠。」　鄭說天子諸侯朝服及帶韠之制，皆約《玉藻》義，下「爵韠」、「采衣」同。凡《禮經》衣服之制，《玉藻》其通詁。

「宰自右少退贊命」　注：「《少儀》曰：『贊幣自左，詔辭自右。』」凡《禮經》佐禮儀位、辭命，《玉藻》、《少儀》其通詁。

「若不吉，則筮遠日」　曰：「旬之外。」據《曲禮》爲說。

「爵弁服」　注：「《襍記》曰：『士弁而祭於公。』」

「醴賓，以一獻之禮」　注以一獻決醴不用柶，引《内則》醴有清糟爲證。

記：「冠義」　此篇與《禮記·郊特牲》文同。

「死而謚，今也」　注說以《檀弓》曰：「由魯莊公始。」

「純衣纁袡」　注引《喪大記》「復衣不以袡」，明袡非常服。

「壻御婦車，授綏」　注以《曲禮》說之曰：「僕人之禮，必授人綏。」

「主人入，親說婦之纓」　注以《曲禮》「女子許嫁纓」說之。

「婦見舅姑，自門入」　《内則》命士以上，父子異宫，此其證。

「笲棗栗、腶脩」　婦人之摯，見《曲禮》及《春秋傳》。

「奠菜」　《曾子問》所謂三月而廟見，其後又別有擇日祭禰之禮，與祭行異。

「女子許嫁，笄而醴之，稱字。」　《曲禮》、《内則》文畧同。《襍記》別出未許嫁，年二十而笄之禮。

「唯是三族之不虞」　注謂此三族皆服期，踰年乃得娶，引《襍記》「大功之末，可以冠子、嫁子」爲證。

「視諸衿鞶」　《内則》曰：「女鞶絲。」

《士相見禮》　鄭《目録》引《襍記》以明相見之誼，亞于朋友。

「左頭奉之」　《曲禮》：「執禽者左首。」

凡侍坐於君子節，與《曲禮》相表裏；若君賜之食節，與《玉藻》、《論語》相表裏。

「先生、異爵者請見，先見之」　注：「《曲禮》曰：『主人敬賓，則先拜賓。』」

「非以君命使」節　此文以《玉藻》相證乃明。注又引《檀弓》「使焉曰寡君之老」爲説。

「執玉，舉前曳踵」　文又見《玉藻》。

《鄉飲酒禮・記》：「鄉，朝服而謀賓、介」　鄉飲酒禮但稱鄉，屢見《禮記》。

「賓俎，肩。主人俎，臂。介俎，肫、胳」　注：「《祭統》曰：『凡爲俎者，以骨爲主，骨有貴賤。凡前貴後賤。』」

《鄉射禮》：「豫則鉤楹内，堂則由楹外。」　此學制當合《禮記》、《孟子》考之。

「某酬某子」　注説以《中庸》曰：「旅酬下爲上，尊之。」又引《春秋傳》曰：「字不若子。」

「息司正」　注：「息，勞也。《月令》：『勞農以休息之。』」

《燕禮》：「司宮尊于東楹之西。」注：「《玉藻》曰：『唯君面尊。』」「瓦大」注據《明堂位》説之曰：「有虞氏之尊也。」又引《禮器》曰：「君尊瓦甒。」「諸公」注以《王制》三監當之。「賓及庭，奏《肆夏》」注説以《記》曰：「入門而縣興。」《大射儀》：「兩壺獻酒。」注讀獻爲沙，引《郊特牲》「汁獻」爲證。「貍首」逸文見《射義》及《大戴·投壺》篇。「公入，《驁》」大射行於大學，《王制》「大學在郊」，故公出而言入。《聘禮》受圭璋、受璧琮、束帛玄纁注據《禮記》説之曰：「圭璋特達，瑞也；璧琮有加，往德也。」「遂行」注：「《曲禮》曰：『凡爲君使者，已受命，君言不宿於家。』」「乃謁關人」注據《王制》説之曰：「古者竟上爲關，以譏異服，識異言。」按：此所以將入，必謁關，以此坊民，猶有假朝聘而襲人國者。「不腆先君之祧」注據《祭法》推明祧廟之制。「公揖入，每門、每曲揖」注引《玉藻》「君入門，介拂闑」云云，以明君與賓入門之儀。「上介不襲，執圭，屈繅，授賓」注：「《曲禮》曰：『執玉，其有藉者則裼，無藉者則襲。』」「賓襲，執圭」《玉藻》所謂執玉襲，凡裼襲之義及裼裘之制《玉藻》備矣。此皮弁服、麑裘，其裼衣蓋君用素衣，臣用絞衣，注並引《玉藻》、《論語》爲説。

聘享，入門左；私覿，入門右　《玉藻》所謂「公事自闑西，私事自闑東」。

私覿，「牽馬，右之」　注：「《曲禮》曰：『效馬效羊者右牽之。』」

面卿，「入門右，大夫辭，賓遂左」。　注曰：「見，私事。謙，若降等然。《曲禮》曰：『客若降等，則就主人之階，主人固辭，然後客復就西階。』」

「醙、黍、清」　醙，白酒也。《内則》曰：「酒：清、白。」

「若有獻」　《曲禮》曰：「大夫出疆，反必有獻。」

「君使宰賜使者幣，使者再拜稽首」　注約《内則》説之曰：「禮，臣子，人賜之而必獻之君父；君父因以予之則拜受之，如更受賜。」

遭君喪，若私喪兩節　當與《奔喪》禮相參。

「所以朝天子圭與繅，皆九寸，剡上寸半」云云　與《襍記》文大同。

「執圭如重」　注：「《曲禮》曰：『凡執主器，執輕如不克。』」

「皮馬相間可也」　注約《禮器》説之曰：「土物有宜，君子不以所無爲禮。」

《公食大夫禮》：「庶羞。」　與《内則》所列膳同。惟彼文「牛炙」上衍「醢」字，「牛鮨」作「牛膾」耳。

「左擁簠粱，右執湆以降」　《曲禮》曰：「客若降等，執食興辭；主人興辭于客，然後客坐。」

「北面坐取粱與醬以降」 《玉藻》曰：「若賜之食而君客之，君既徹，執飯與醬，乃出授從者。」又曰：「主人自置其醬，則客自徹之。」《曲禮》曰：「卒食，客自前跪徹飯齊，以授相者。」

「有司卷三牲之俎，歸于賓館」 《禨記》曾子述此禮。

「賓之乘車在大門外」 《曲禮》曰：「客車不入大門。」

《覲禮》：「侯氏釋幣于禰。」 注據《曾子問》知此禰爲遷主。

「天子衮冕，負斧依」 《曲禮》曰：「天子當依而立，諸侯北面而見天子曰覲。」《郊特牲》曰：「覲禮，天子不下堂而見諸侯。」

「庭實唯國所有」 注以《禮器》「三牲魚腊」以下當之。

《喪服》《記·檀弓》《喪服小記》等篇皆正釋此經，非旁通，語語相應，不可具引。 玆惟據注所引者録之。

「經」 注説以《檀弓》曰：「經之言實也。」

「條屬」 注：「《禨記》曰：『喪冠條屬，以別吉凶。』」

「舍外寢」 注據《禨記》説之曰所謂「堊室」。

「髽」 此髽，露紒耳。 注又據《小記》推出未成服時用麻布之髽。

杖期章妻 注據《服問》君主、適婦之喪，推出適子父在爲妻不以杖即位。

「爲衆子」 注引《内則》「冢子未食而見，適子、庶子已食而見」，明冢子外，適妻所生第二子以下及妾子皆爲衆子。

「昆弟之子」　注：「《檀弓》曰：『《喪服》，兄弟之子猶子也。蓋引而進之。』」

「收族」　注説以《大傳》繫姓、綴食。

「寄公」　見《郊特牲》、《襍記》。

「殤之絰不樛垂」　注：「《襍記》曰：『大功以上散帶。』」按：此謂未成服時成人之喪，成服後即樛之。

「大功，即葛」　注：「《間傳》曰：『大功之葛，與小功之麻同。』」

「姑姊妹、女子子適人者。」傳曰：「出也。」　注説以《檀弓》曰：「出必降之者，蓋有受我而厚之者。」

「夫之昆弟何以無服」　傳説此義全同《大傳》所謂「異姓主名」。

「殤小功，澡麻帶絰」　注引《小記》「下殤小功，帶不絶本」爲證。

「小功，即葛」　注：「《間傳》曰：『小功之葛與緦之麻同。』」

「君子子爲庶母慈己者」　注引《内則》諸母爲師、慈、保母證之。又：《曾子問》慈母，國君禮無服，與此異。

「公子爲其母練冠麻，麻衣縓緣」　注：「《檀弓》曰：『練，練衣黄裏、縓緣。』」

「朋友麻」　注：「《檀弓》曰：『群居則絰，出則否。』」

《士喪禮》《記・檀弓》、《喪大記》等篇皆正説此經，非旁通。不可具引，今亦依注掇之。

「幠用斂衾」　注：「《喪大記》曰：『始死，遷尸于牀，幠用斂衾。』」

「皋某復」　注：「《喪大記》曰：『凡復，男子稱名，婦人稱字。』」

「冒」　注引《喪大記》證冒制。

「褖衣」　注引《喪大記》證褖衣所以表袍。

「竹笏」　注引《玉藻》明笏制。

煮沐，夷槃，浴，襲牀，絞，夷衾　注皆引《喪大記》爲證。

「祭服」　注據《郊特牲》「大蜡，皮弁素服而祭」，明皮弁亦祭服。

「主人髺髮，衆主人免」　注：「《小記》曰：『斬衰括髮以麻，免而以布。』」

「鬠」　注引《檀弓》夫子所説鬠制。

「代哭，不以官」　注引《喪大記》文同。

「掘肂，見衽」　注：「《喪大記》曰：『士殯見衽，塗上，帷之。』」

「主人奉尸斂于棺」　棺在西階上肂中，注：「《檀弓》曰：『殯于客位。』」

君視大斂，「小臣二人執戈先，二人後」　注：「《檀弓》曰：『君臨臣喪，以巫祝桃茢執戈，以惡之。』」

「君釋菜，入門」　注曰：「明君無故不來也。《禮運》曰：『諸侯非問疾弔喪，而入諸臣之家，是謂君臣爲諡。』」

「三日，成服」　注曰：「既殯之明日，全三日，《曲禮》曰：『生與來日。』」

《既夕》遷祖　《檀弓》曰：「周朝而遂葬。」據此禮言。《左傳》晉文公將殯于曲沃，蓋猶用殷朝而殯于祖之禮，與此經異。

「飾柩」　柩飾詳《喪大記》。

「明器」　詳《檀弓》。

「苞牲」　注：「《襍記》曰：『父母而賓客之，所以爲哀。』」

「出宫，踊」　注據《檀弓》、《襍記》説之曰「哀次」。

「賓出，則拜送」　注據《襍記》説之曰：相問之賓。

「賓弔者升自西階」　《記》所謂「周反哭而弔」。

記發首諸語，全與《喪大記》同。

「養者皆齊」　《文王世子》曰：「世子親齊玄而養。」

「主人乘惡車」　注：「《襍記》曰：『端衰，喪車，皆無等。』」

「唯君命，止柩于堩」　注：「《曾子問》曰：『葬既引至於堩。』」

《士虞禮》：「主人倚杖，入。」　注：「《小記》曰：『虞杖不入於室。』」

「贊薦菹醢」。此與吉祭主婦薦異。　注説以《曾子問》曰：「士祭不足，則取於兄弟大功以下者。」

「祝迎尸」　注：「《檀弓》曰：『既封，主人贈而祝宿虞尸。』」

「尸拜，遂坐」　《記》曰：「殷坐尸。」周禮因殷。

「日中而行事」　《檀弓》曰：朝葬，「日中而虞」。

「敢用絜牲剛鬣」　牲盛之號與《曲禮》不盡同，蓋天子、諸侯、大夫、士禮異。

「明齊溲酒」　注：「《郊特牲》曰：『明水涚齊，貴新也。』」

「三虞，卒哭他」　《檀弓》曰：「其變而之吉祭也，比至於祔，必於是日也接。」此記之「他」，即《檀弓》之「變」，皆《小記》「報虞，而三月卒哭」者中間之祭。

「婦人説首絰，不説帶」　注：「《檀弓》曰：『婦人不葛帶。』」

「明日，以其班祔」　注：「《小記》曰：『祔必以其昭穆。』」

《特牲饋食禮》：以「某之某爲尸」　注曰：「字尸父而名尸」，禮，不名鬼神。尸，筮無父者爲之。爲人子者，「祭祀不爲尸」，於此明矣。

「宵衣」　注曰：「記有『玄宵衣』。」

「肵俎」　注引《記》曰：「肵之爲言敬也。」

「祝延尸」　注曰：「從後詔侑曰延。《禮器》所謂『詔侑武方』。」

「絶祭」　注引《少儀》曰：「肺，離而不提心。」明離肺所以當絶。

「尊兩壺于阼階東」　注：「《禮運》曰：『澄酒在下。』」
「佐食徹尸薦、俎、敦，設于西北隅」　注以此爲陽厭，尸未入之先爲陰厭，據《曾子問》爲説。
「實二爵、二觚、四觶、一角」　注：「《禮器》曰：『貴者獻以爵，賤者獻以散，尊者舉觶，卑者舉角。』」

祭鬢　《禮器》所謂「老婦之祭」。
《少牢饋食禮》：「日用丁己。」　注據《曲禮》説之曰：「内事用柔日。」
《有司徹》：「不賓尸。」　舊説以爲攝昆弟祭。注引《曾子問》「攝主不厭祭」云云辨之。
以上《小戴禮記》。
《士冠禮》　《禮經》所存，惟士禮。大戴有《公冠》篇。記所謂「公侯冠禮，夏之末造」者，足以補經之缺。
《士相見禮》「與君言」節　《曾子》述其文。
《聘禮》、《覲禮》　《朝事義》篇説聘禮語，與小戴《聘義》同。其説覲者，録入《要旨》。
以上《大戴禮記》。

春　秋

嗚呼！禮止亂之所由生，猶坊止水之所自來也。以舊坊爲無所用而壞之者，必有水敗；以舊禮爲無所用而去之者，必有亂患。臣弑君、子弑父，非一旦一夕之故也，其漸久矣。周之衰也，夷身失禮，厲始革典。至犬戎敗幽王，秦襄公列爲諸侯，用事上帝，僭端見矣！是後，諸侯恣行，淫侈不軌。晉作六軍，大夫主盟而魏舒南面，三家分晉之勢兆；魯季氏八佾舞庭，歌《雍》臚岱，而昭、哀出辱之釁啓，陽虎、不狃之患亦不旋踵；孫林父公登亦登，知衛亂之將萌；公子圍一執戈前，識楚憂之遽作；齊景公問政於孔子，孔子對以「君君、臣臣、父父、子子」，公不悟，而田成子一旦弑君而盜其國。惟名與器不可假人，大爲之坊，民猶犯之；短垣自踰，其能久乎？逆順大勢既已倒懸，索隱行怪之人、包藏禍心之徒，遂乘分理不明之時，公然倡蔑棄恩義、殫殘聖法之説，反易天常，惑亂衆心，其勢不至盡廢孝弟仁義、率天下弱肉强食，以成積血暴骨之敗不止！是以孔子體天地好生之仁，憂來世無窮之禍，制作《春秋》以明禮教，撥亂反正，首誅亂賊！亂賊懼而後天下知有君父。君者，臣之天；父者，子之天。禮之大本也！人非天不生。有君父，則有三綱五倫，有忠孝仁義，有恩理政教，有秩敘、節文、度數，尊尊親親，合敬同愛，畢智協力以相生、相養、相保，人事浹、王道備，而禮之大用行矣。《春秋》義深於君父，君父之際，聖人加焉。故凡變禮亂常之事，必謹書之、嚴辨之，以塞逆源、明順道，以遏殺機、保生理。故《春秋》者，禮之大宗也。孟子曰：「吾爲此懼，閑先聖之道。」孟子闢楊、墨以閑孔子之道也，孔子討亂賊以閑周公之禮也。民之所由生，禮爲大，《春秋》作而禮達於萬世矣。三傳説經，皆言禮，《左氏傳》可以見禮教隆汙之殺。《公羊》、《穀梁》，則孔子秉禮作經之精義存。

左傳

觀於左氏，而知周公制禮深根固本。東遷以後，綱紀法度日失其序，而天下尚未遽爲戰國者，有由然也。劉子政曰：「周室自文、武始興，崇道德，隆禮義，設辟雍、泮宫、庠序之教，陳禮樂、絃歌移風之化。敘人倫，正夫婦，天下莫不曉然論孝悌之義、惇篤之行。故仁義之道滿乎天下，卒致之刑措四十餘年。遠方慕義，莫不賓服，雅頌歌詠，以思其德。下及康、昭之後，雖有衰德，其綱紀尚明。及春秋時，已四五百載矣，然其餘業遺烈，流而未滅。五霸之起，尊事周室。五霸之後，時君雖無德，人臣輔其君者，若鄭之子産，晉之叔向，齊之晏嬰，挾君輔政，以並立于中國，猶以義相支持，歌詠以相感，聘覲以相交，期會以相一，盟誓以相救。天子之命，猶有所行；會享之國，猶有所恥。小國得有所依，百姓得有所息。故孔子曰：『能以禮讓爲國乎？何有？』周之流化，豈不大哉！」袁彦伯曰：「春秋之時，禮樂征伐，霸者迭興，以義相持，故道德仁義之風往往不絶。雖文辭音制，漸相祖習，然憲章軌儀，先王之餘也。」王伯厚曰：「名卿大夫講聞故實，三代文獻藹如也。納鼎有諫，觀社有諫，申繻名子之對，里革斷罟之規，御孫别男女之贄，管仲辭上卿之饗，柳下季之述祀典，單襄公之述夏令、秩官，魏絳之述夏訓、虞箴，郯子能言紀官，州鳩能言七律，子革倚相能誦祈招懿戒，觀射父之陳祭祀，閔馬父之稱《商頌》，格言猷訓，粲然可覩。齊虞人之守官，魯宗人之守禮，懔懔秋霜夏日之嚴。劉子所云『天地之中』，子産所云『天地之經』，胥臣敬德之聚，晏子禮之善物，又皆識其大者。統紀相承，淵原相續，得夏時坤乾，見《易》象、《魯春秋》而知三代之禮，所以扶持於未墜者，豈一人之力哉？」由三子之言觀之，雖賊臣篡子滋起之時，天常聖法猶未得而盡泯也。然考之《左氏》，卿大夫論述禮政，多在定公初年以前。自時厥後，六卿亂晉，吴、越迭興，而論禮精言惟出自孔氏弟子，此外罕聞。蓋伏羲以迄周公人倫道德之教，至是而將絶，戰國暴秦之勢已成，開闢以來生民禍變莫大於此！嗚呼！此孔子《春秋》所以不能已於作，以存禮教於萬世，而豫爲之遏其亂、開其治也。昔韓宣子見《魯春秋》曰：「周禮盡在魯。」蓋魯號秉禮，史法最備，然以左氏所稱「禮也」、所稱「君子曰」及諸書法考之，違義失正而襍以衰世之見、霸國之制者亦多矣。孔子修之，而後天秩人綱、萬世作則，與禮經相輔爲教。子貢曰：「文武之道未墜于地，在人。賢者識大，不賢者識小，夫子焉不學？」孟子曰：「其事則齊桓、晉文，其文則史。孔子曰：『其義則某竊取之。』」左氏所述禮，皆識大識小、其事其文之類，孔子所多學而取義者。鄭君謂左氏善於禮，故注《春秋》宗《左傳》，而《禮》注多引《傳》爲證。

《士冠禮》　左氏有魯襄公冠事，足與禮經及大戴相證。

「袀玄」，古文「袀」爲「均」　《傳》所謂「均服」。

《士相見禮》：「與大人言，言事君。」　注：「大人，卿大夫也。」《傳》曰：「大人之忠儉者。」亦謂卿大夫。

《鄉飲酒禮》：「無算樂。」　注以吴公子札觀樂，爲國君之無算。

《鄉射禮》：「三耦。」　射耦見《左傳》。

「豫則鉤楹内」　注讀「豫」爲「成周宣榭」之「榭」。

《聘禮》：「若有言，則以束帛，如享禮。」　注舉臧孫辰告糴于齊之等爲證。按：聘、食、覲禮皆見《左傳》，而聘禮尤備。自假道、郊勞、致館、行聘、執玉、升堂、饔賓、饗食、燕、贈賄諸節，傳與經一一符合，所謂左氏善於禮，此其證也。

聘遭喪節　季文子所求遭喪之禮，是。

聘，君薨，反命　公孫歸父行之。

賓介死　芋君蓋言其禮。

「請觀」　若季札觀樂，韓起觀書。

「重賄反幣」　《左傳》多有厚賄之事。

《覲禮》：「同姓西面北上，異姓東面北上。」《傳》曰：「周之宗盟，異姓爲後。」

「嗇夫」　見《左傳》。

覲享勞　《傳》所謂「出入三覲」。

「重賜」　義與《傳》「重錦三十兩」之「重」同。

「侯氏降兩階之間，北面再拜稽首」　齊侯下拜，守此禮。

《喪服》「居倚廬，寢苫」云云　《左傳》晏嬰守此禮。

《喪禮》弔、襚、賵、賻、含、視斂、葬　《春秋傳》備矣。

《有司徹》：「乃爇尸俎。」古文「爇」作「尋」　注說以《春秋傳》曰：「若可尋也，亦可寒也。」

以上《左傳》。

《士冠禮》：「見卿大夫、鄉先生。」　《國語》趙文子冠徧見諸卿，是其事。

《鄉射禮》：「大夫之矢，則兼束之以茅，❶上握焉。」　注「言大夫之矢，則矢有題識也。　肅慎氏貢楛矢，銘其括」，據《國語》爲說。

《燕禮》：「與卿燕則大夫爲賓，與大夫燕亦大夫爲賓。」　注引《國語》公父文伯飲南宮敬叔酒，以路堵父爲客證之。

《大射儀》「笙磬」、「頌磬」　注引《春秋傳》說大簇、姑洗、夷則、無射之義，明東笙西頌所由命名。

以上《國語》。

公羊　穀梁

孔子秉先王制禮大經大法以作《春秋》，尊君父，討亂賊，善善惡惡，正名順言。故吴、楚之君僭

❶「兼」，原作「異」，據《儀禮注疏》改。

號稱王，而《春秋》貶之曰「子」。踐土之會，實召周天子，而《春秋》諱之曰「天王狩於河陽」。晉趙盾不討賊，坐之弑君。許世子止不嘗藥，坐之弑父。晉趙鞅以地正國，不待命而除君側之惡人，謂之叛。推此類以繩當世，《春秋》之義行，則天下亂臣賊子懼焉。其推見至隱，見微知著。魯文公未終喪納幣，當時以喪畢始娶謂之禮。而《春秋》深探其忘親之心，譏其「喪娶」。禮之所重在志也，哀姜至大夫宗婦覿用幣，《春秋》謹書之，以爲般閔之禍自此始，無禮必敗也。凡《公羊》、《穀梁》所述名言至理，皆孔子據禮正事，決嫌疑、别同異、明是非、杜漸防萌之精意，孝敬之準式，人倫之師表，治世之要務也。《公羊》後師有推衍禮文，備時王制作之用，託言《春秋》改制者，考《中庸》之説《春秋》曰「仲尼祖述堯舜，憲章文武」，鄭君本《公羊》義説之曰「孔子祖述堯舜之道，而作《春秋》，而斷以文王、武王之法度」，足以正背經反傳之失矣。《禮·喪服傳》與《公羊》同出子夏，故鄭注時有據彼定此者。

冠、昏　《大戴記》曰：「《禮》之冠、昏，《春秋》之元，皆慎始。」此《公羊》義，史書元年常辭耳。孔子修之，則寓大始正本之義。

《昏禮》：「雖無娣，媵先。」　媵禮屢見《春秋》，公羊家言之尤詳。此以姪娣爲媵，與諸侯二國來媵有别。何氏《解詁》謂「文家尊尊，先姪」，孔氏廣森據此禮辨之。

「宗子無父，母命之。親皆没，己躬命之」　注舉「紀裂繻來逆女」及「宋公使公孫壽來納幣」證之，皆《公羊》義。

《鄉飲酒禮》：「疑立。」　注讀「疑」爲「仡然從於趙盾」之「仡」。

《聘禮》：「若有私喪，則哭于館，衰而居。」　注説以《傳》曰：「大夫以君命使，❶聞喪，徐行而不反。」

「辭無常」　注以《傳》義説之曰：「大夫使，受命不受辭。」

《喪服》：「爲人後者。」　《傳》曰：「爲人後者爲之子。」

「公妾以及士妾爲其父母」　注據《公羊》義駁此傳。　按：《喪服傳》與《公羊》同出子夏，不應違異，此條蓋數傳後失其本義，而後師附益之。

「大夫在外，其妻、長子爲舊國君。」傳曰：「妻言與民同也。」　注曰：「大夫不外妻，婦人歸宗，往來猶民也。《春秋傳》曰：『大夫越竟逆女，非禮。』」

以上《公羊》。

《昏禮》送女、戒女　《穀梁傳》有其事，與此記少異。

《喪服》：「改葬緦。」《穀梁》説其義。

《士喪禮・記》：「疾者齊，男子不絶於婦人之手。」　傳曰：「男子不絶于婦人之手，以齊終也。」

❶「使」，《儀禮注疏》作「出」。

虞祔　虞、卒哭、祔、練諸禮，三傳詳矣，注約《穀梁》謂練而後遷廟，以明祔已主反於寢。

以上《穀梁》。

孝經

周末，文勝質衰，行禮者屑屑焉習儀以亟，而於先王承天道、治人情、經國家、定社稷之大本茫乎不知。文飾愈繁，真意愈漓，危弱滋甚，遂使説者以禮爲忠信之薄，而拔本塞原、裂冠毀冕之邪説暴行横行無忌！是以孔子作《春秋》，正人倫，明王道，舉禮之大經大法，民所由生、國所與立者，正辭嚴辨，以撥亂反正；復作《孝經》，以明禮之始，俾天下知禮者，人情之實，冠、昏、喪、祭、聘、覲、射、鄉與一切制度文爲，非由外心以生，皆出于天命之性。由孩提愛敬之天良，擴而充之，以立三綱，正五倫，備物致用，相生、相養、相保，雖器物陳設儀節繁省之細，莫非經緯天地、綱紀羣類之精義所彌綸。《傳》曰：「禮之所尊，尊其義。」又曰：「立體有義矣，而孝爲本。」《孝經》者，本禮之所以爲義，以感動天下忠孝仁義之真性情，鼓舞天下合敬同愛之真精神，成就天下養欲給求、禦災捍患之盛德大業。物恥足振，國恥足興，無亂不治，無弱不强，禮之可以爲國於是乎在！《述孝篇》論之詳矣。

《士冠禮》，見士之孝。冠禮，父主之。冠畢見母，資于事父以事母也。見君，資于事父以事君，以孝事君，則忠也。見兄弟，遂見卿大夫、鄉先生，以敬事長，則順也。

《昏禮》親迎　將以爲先祖後，故敬而親之，此《孝經》之義。見舅姑禮，婦盥饋、饗婦、祭行，皆所以教孝。

《聘禮》使者釋幣，《覲禮》侯氏釋幣，皆出必告，反必面，事死如生之意。且使戰戰兢兢，非道不行，以保其社稷宗廟，封建所以固，天下所以安也。

《孝經·喪親章》隱括《士喪》、《既夕》、《士虞》三篇言，《士喪禮》「筮宅」，注引《孝經》曰：「卜其宅兆，而安厝之。」

論　語

《孝經》推愛親敬親之道以愛人敬人，以心言謂之仁，以體言謂之禮。禮者，聖人所以仁其身，以仁天下也。顏淵問仁，夫子告以「克己」；仲弓問仁，夫子告以敬恕；樊遲問仁，夫子告以「居處恭，執事敬，與人忠」，皆禮也。夫子七十，從心所欲不踰矩。矩，禮也。《鄉黨》一篇，皆動容周旋中禮之效，而終以時哉。所謂孔子聖之時，禮時爲大也。《八佾》一篇歎息痛恨於禮之變，而終以天將以夫子爲木鐸，謂制作六藝，以禮教仁，萬世乾坤所以不息也！「吾非斯人之徒與而誰與？」夫子周流四方，答禮諸侯，所謂君子之仕，以行其義，大倫所以不廢也。人而不仁，如禮何？惡當時浮僞奢僭者之誣禮也。博學於文，約之以禮，可以弗畔，豫防後世學非而博、言僞而辯者之蔑禮也。凌次仲謂《論語》言好仁不好學，好知不好學，以及好信、好直、好勇、好剛不好學之蔽，而獨不言好禮不好學。又言恭而無禮、愼而無禮、勇而無禮、直而無禮之弊，而獨不言學而無禮，以是知聖人所謂學者，禮也。蓋聖人之仁天下萬世也以學，而學之本在禮，是以《論語》首章言學，次章即言孝弟，弟子孝弟、謹信、愛衆、親仁有餘力，乃以學文。賢、親、君、友四者無憾，則必謂之學，此學之大本，即禮之大體。聖教王政皆由此出，果、達、蓺、能皆由此成，足民、有勇、知方、勝殘、去殺皆由此致，蠻貊可行也，百世可知也。舍此而言學，則博物多能而甚不仁幾何？其不爲虎傅翼以食人乎？自古亂臣賊子曷嘗無學無才？所患者學不由禮，故才適以濟惡而滅禮耳！聖人之道以禮爲學，《論語》所載法言德行，無非禮之精義，豈獨「鄉人飲酒」、「射不主皮」之等顯舉禮文哉？

《士相見禮》：「與君言，言使臣；與大人言，言事君。」《論語》曰：「君使臣以禮，臣事君以忠。」

《鄉飲酒禮》相工　注説以《論語》相師之道。

「司正退，其少立」　注以《論語》説之曰：「己帥而正，孰敢不正？」

《鄉射禮》《論語》「君子無所争」章説射義。又：「射不主皮」文見此記。

《燕禮》：「公有命徹冪，則卿大夫皆降，西階下北面東上，再拜稽首」　注曰：「不升成拜，正臣禮也。」按：此所謂拜下禮也。上升成拜者，由君待以客禮，惟燕射賓禮盛時則然，非臣禮之常。

《大射儀》：「誘射。」　注説以《論語》「夫子循循然，善誘人」。

《聘禮》：「公問君。」　注曰：「蘧伯玉使人於孔子，孔子與之坐而問焉曰：『夫子何爲？』此公問君之類。」

「賓不顧」　注曰：「《論語》説孔子之行曰：『賓退，必復命曰，賓不顧矣。』」

「辭苟足以達，義之至也」　《論語》曰：「辭達而已矣。」

「上介執圭，如重授賓」　此節與《鄉黨》入公門節相表裏，注引彼文爲證。

「十六斗曰籔，十籔曰秉」。今文「籔」爲「逾」　按：「逾」與「庾」音同字通，《論語》曰：「與之庾。」又曰：「與之粟五秉。」量名與此同。

《喪服》　宰我問喪章，論三年之喪大義，餘章言喪皆喪禮精意。

《既夕·記》：「行禱于五祀。」　《論語》：「子路請禱。」

孟　子

孟子曰：「仁之實，事親是也；義之實，從兄是也；禮之實，節文斯二者。」此禮之大義也。又曰：「君子以仁存心，以禮存心。仁者愛人，有禮者敬人。」此禮之精義也。又曰：「男女授受不親，禮也；嫂溺援之以手，權也。」「有伊尹之志則可，無伊尹之志則篡。」「舜不告而取，爲無後也，君子以爲猶告。」及對陳臻、屋廬子受不受、見不見之問，禮與食色輕重之辨，此禮之大權也。親迎不得取則不親迎，禮食不得食則不以禮，此節文度數，可得與民變革者也。紾兄而後得食，則雖飢死而不可紾；摟處子而後得取，則雖無後，而不可摟，此天倫人紀不可得與民變革者也。性善，禮本也；集義，禮學也；不枉尺直尋，居廣居、立正位、行大道，禮行也；井田、學校，禮政也；老吾老以及人之老，幼吾幼以及人之幼，所欲與聚，所惡勿施，與民同樂，禮情也；仁不遺親，義不後君，深耕易耨，修孝弟忠信則親上死長，大國必畏，禮效也；周室班爵禄，禮等也。孟子闢楊、墨無父無君，而後世之無君父者或借「土芥寇讎」、「民爲貴，君爲輕」諸語以文邪説誣孟子，不知孟子此言所以深戒人君，俾體羣臣、子庶民，以經國家、保社稷，永無死亡篡奪之禍，乃維持禮教之大者！豈亂臣賊子所得而巧借誣衊哉？孔子、孟子所謂禮，皆指《曲禮》正篇，孟子引禮曰「諸侯耕助」，在今亡篇中，其説舊君有服，王子母死數月之喪，義皆與《喪服傳》同。

《士冠禮》　孟子曰：「丈夫之冠也，父命之。」按：冠禮，父請賓教之，賓命之即父命之也。

《昏禮》「媵衽良席」　注説以孟子曰：「將瞯良人之所之。」

父母戒女　孟子曰：「女子之嫁也，母命之。」舉一偏言與冠禮父命相對耳。戒辭與此「記」及《穀梁》小異。

《士相見禮》「宅者在邦則曰市井之臣」三句。與《孟子》文小異，以《喪服》「仕焉而已」者、「與民同之」義推之，文雖乖，理則是。

《鄉飲酒禮》「主人就先生而謀賓、介」　孟子曰：「欲有謀焉，則就之。」又鄉黨飲酒，明尚賢尊長，注引《孟子》曰：「天下有達尊三：爵也，德也，齒也。」

《喪服》三年之喪　孟子告滕文公詳之。

「舊君」　齊宣王問舊君有服，據此禮。

公子爲其母服　孟子曰「是欲終之而不可得」，與此傳義同。

周公制禮，又作《爾雅》。「子所雅言，《詩》、《書》、執禮。」《爾雅》者，正名、順言以爲成事興禮樂之本。先王之世，書同文，行同倫，士大夫古訓是式，威儀是力。故六經之文自唐虞迄周千餘年，其道同，其文義訓詁無不同，故《爾雅》可爲六經之通釋。去古久遠，俗儒鄙夫多不知《爾雅》辨言之義。先王禮道既以不章，而奇邪譎觚之徒復以侏離轇轕之辭，變亂積古相傳平正通達之文義，善野言而怪舊埶，非關博采多識，徒以炫奇飾陋！浸淫不已，將使先聖典文日就茫昧，而人心風俗有載胥及溺之憂，此安雅隆禮之君子所不能不以斯道斯文自任者也。《爾雅》訓詁，羣經皆賴以明。而《釋親》一篇與《喪服》尤相表裏，《釋宫》、《釋器》等篇説禮名數亦多。

《士冠禮》：「纁裳。」　凡纁、縓、赬、緅、緇之等染法，皆見《爾雅》。

《昏禮》：「纇黼。」　注：「《爾雅》曰：『黼領謂之襮。』」

「外昏姻」　注：「女氏稱昏，壻氏稱姻。」本《爾雅》。

《鄉射記》：「三笙一和而成聲。」　注：「《爾雅》曰：『笙小者謂之和。』」

《公食大夫禮》：「牛鮨。」　《爾雅》魚謂之鮨。

《喪服》　《爾雅·釋親》與此相表裏，弟之妻爲婦，此傳所據。

《既夕·記》猴矢、志矢　見《爾雅》。

解紛第五　禮經

《記》曰：「禮之所尊，尊其義也。失其義，陳其數，祝史之事也。」況今日之世變，斷不能以鄉飲酒之禮理軍市，又奚暇屑屑致辨於名物度數閒耶？然而名物之不考，度數之不詳，衆説之不歸於一，則先王所以治天下之迹無由克知灼見，而巧説衺辭、背經反傳之徒代有其人，代傳其書，其餘波流毒足以啓學識未定者之私智小慧，而爲離經叛道、非聖無法、犯上作亂者之先驅，其何以閒執其口而沮遏其勢耶？於是取十七篇中大疑難處，擇於衆説，斷以經注，著于篇，所以懲破道、塞亂源也。異説既除，道術歸一，學者由是深求聖作明述之原，以得乎修己治人之道，亂之所生惟禮可以已之，豈惟解名數之紛已哉？

總　義

胡氏培翬《儀禮非後人僞撰辨》此篇《會通》、《流別》通用。

《儀禮》有經、有記、有傳，經制自周公，傳之孔子，記與傳則出於孔門七十子之徒之所爲。自漢以後，説經者若陸德明之《經典釋文》，孔穎達、賈公彦之疏《禮》，皆以爲周公作。韓昌黎《讀儀禮》，亦云文王、周公之法制在是。朱子尤尊信其書，作《通解》。而近儒顧氏棟高箸《左氏引經不及周官儀禮論》，疑《儀禮》爲漢儒綴輯，非周公書。及考其説之所據，則曰：「孔孟所未嘗道，《詩》、《書》、三《傳》所未經見。」嗚呼！何其不察之甚歟！夫《儀禮》之書，敘次繁重，有必詳其原委而義始見者，非若他經之可以斷章取義也。故各書引其辭者頗少，然其儀文節次爲諸經所稱引者多矣。《儀禮·昏禮》有納采、問名、納吉、納徵、請期、親迎六者，而《穀梁傳》云：「禮有納采，有問名，有納徵，❶有告期。」此所謂禮，非即《儀禮》乎？《聘禮》賓至近郊，君使卿勞；及聘畢賓行，君使卿贈，是主國接賓之事，以郊勞始，以贈賄終。而《左傳》云：「齊國莊子來聘，自郊勞至於贈賄，禮成而加之以敏。」又云：「入有郊勞，出有贈賄。」此非本《禮經》爲言乎？又：《聘禮》有遭所聘國君喪及夫人世子喪之禮，又有出聘後遭本國君喪及聘賓私喪之禮，又有賓死以棺造朝、將命之禮，而《左傳》云：「季文子將聘於晉，使求遭喪之禮以行。」又陳芋尹蓋曰：「事死如生，禮也。」於是乎有朝聘而終以尸將事之禮，又有朝聘而遭喪之禮。」《儀禮》止存《聘禮》，《朝禮》亡。設非先有《禮經》，季文子何從求之，而芋尹蓋之言又何所據乎？《覲禮》：「天子使人賜侯氏以車服。侯氏降兩階之閒，北面再拜稽首，升成拜，受。」而《左傳》：「王使宰孔賜齊侯胙，齊侯下，拜；登，受。」下、拜，即《覲禮》所謂降階拜也；登、受，即所謂升成拜、受也。雖以宰孔之辭而不敢不下拜者，非即守此禮乎？《論語》「賓不

❶「納徵」，原作「徵納」，據《穀梁傳》改。

顧」，本《儀禮・聘禮》；「君祭，先飯」，本《儀禮・士相見禮》。「射不主皮」、「入門鞠躬」、「私覿愉愉」，亦見《儀禮・鄉射・記》、《聘禮・記》。而夫子曰「揖讓而升，下而飲」，非約《鄉射》、《大射》之文而言乎？曰「拜下，禮也」，非約《燕》、《覲》、《聘》、《食》諸篇之文而言乎？曰「《關雎》之亂」，非即謂《鄉飲》、《燕》、《射》之合樂《周南・關雎》、《葛覃》、《卷耳》，《召南・鵲巢》、《采蘩》、《采蘋》乎？《孟子》載齊宣王問「禮，爲舊君有服」，非即本《喪服》經爲問乎？各經説喪服多本《儀禮》。《漢・藝文志》載《禮古經》五十六卷，今存者惟十七篇，多大夫士禮，其天子諸侯禮存者無幾，而《詩》、《書》紀王朝政績宜其徵引者少也，然而《書・顧命》之宫室與《禮經》一一符合。王伯厚以《詩》之《賓之初筵》、《行葦》可以見《大射儀》，《楚茨》可以見《少牢饋食禮》，而「勿替引之」一語，《楚茨》與《少牢》同，如此尚得謂爲孔孟所未嘗道，《詩》、《書》、三《傳》所未經見哉？夫三《禮》之書，惟《儀禮》最精。自諸侯去籍，而後禮文散逸，五家之傳，《六藝論》云五傳弟子，謂高堂生、蕭奮、孟卿、后蒼及戴德、戴聖也。不絶如綫。以爲殘缺不全，固有之矣，若以爲出後人之撰輯，則未有也。且其書亦非後人所能撰輯也。昔朱子嘗云「《儀禮》爲禮之根本，又云極細密，極周緻，其閒曲折難行處，都措置恰好」。憶培翬初治是經，每於静夜無人時，取各篇熟讀之，覺其中器物陳設之多，行禮節次之密，升降揖讓裼襲之繁，無不條理秩然。每篇循首至尾，一氣貫注，有欲增減一字不得者。嗚呼！此豈後儒所能綴輯也哉！至各篇之「記」與《禮記》相出入，「傳」與《公》、《穀》相似，亦非七十子之徒莫能爲，而謂漢儒能爲之耶？夫自昔疑《儀禮》者如樂史、徐積之説，前人皆已辨之。今顧氏以各經未引及《儀禮》爲疑，余恐讀是經者少，而耳食附和，貿然不察，致使球圖彝器之重，漫與贗鼎同類，而共譏之也，故不可以不辨。

戴氏震《與任幼植書辨喪服經傳》此篇《流别》通用。

幼植奮筆加駁於孔沖遠、賈公彦諸儒，進而難漢之先師鄭君康成矣，進而訾漢以來相傳之子夏《喪服傳》爲劉歆、王莽傅會矣，進而遂訾《儀禮》之經、周公之制作爲歆、莽之爲之矣。嗚呼！《記》不云乎：「毋輕議禮。」方《周官》經初出，未立學官，馬融所謂「入於秘府，五家之儒莫得見」是也。迄王莽時，劉歆置博士。永平之初，杜子春年且九十，能通其讀。賈逵、鄭衆往受業，然後頗行於世。俗學膚淺往往求之不可通，輒肆指摘云劉歆竄入。若《士禮》十七篇，漢興，高堂生傳之，以授蕭奮，蕭授孟卿，孟授后蒼，后授戴德、戴聖、慶普。武帝時，后氏立於學官，宣帝復立大、小戴，《藝文志》故云：「《禮經》十七篇。后氏、戴氏。」此後師師相傳，絶不聞此經與歆、莽相涉，更絶不聞歆、莽改博士之業，博士失其師承也。今目爲劉歆傅會者，於傳則所謂「小功者，兄弟之服，不敢以兄弟之服服至尊」；於經則女子子爲父母、世父母、叔父母出降服也。《記》曰：「至親以期斷。」試以此言旁差之，昆弟期，從父昆弟大功，從祖昆弟小功，族昆弟緦；由族昆弟而上，族父、族祖父、族曾祖父皆緦；由從祖昆弟而上，從祖父、從祖祖父皆小功，此制服之易知者。由從父昆弟而上，世父、叔父何以不大功也？自「至親以期斷」之言上差之，父何以不期，祖不大功，曾祖不小功，四世祖不緦也？立期之節，象天地則已易，四時則已變，凡在天地之中者，莫不更始。然而孝子之心不能以已也，使倍之而爲制三年之喪，故曰「三年以爲隆」。人子不隆於其親，不可以爲子。父在爲母期，屈於至尊不敢伸其私尊，而猶無不及其節也。爲人後者爲其父母期，持重於大宗者降其小宗，而猶無不及其節也。幼植有取於孔沖遠，謂「至親以期斷」專爲此二者，則失制禮之深意矣！祖父母、世父母、叔父母之期也，亦隆也，不隆於祖，不隆於父之昆弟，不可以爲孫子。緦麻之加一等而小功，小功之加一等而大功，不可謂之隆，聖人於是爲齊衰三月之服。以上殺之義，故減九月、五月之數而三月；以祖雖百世有隆無替，故不敢以功緦加於祖考而齊衰。傳云：「不敢以兄弟之服服至尊。」意如是。康成申之曰：「重其衰麻，尊尊也。減其日月，恩殺也。」且喪服及曾祖，不及四世祖以上，康成因傳文「小功者，兄弟之服」而明之曰：「正言小功者，服之數盡於五，則高祖宜緦麻，曾祖宜小功也。據祖期，則曾祖宜大功，高祖宜小功。高祖、曾祖皆有小功之差，則曾孫、玄孫爲之服同也。」又於《緦麻三月章》曰：「族曾祖父，曾祖昆弟之親也。族祖父者，亦高祖之孫，祖父之從父昆弟之親也，則高祖有服明矣。」蓋通乎經所不言之意也，然而猶未盡。夫子孫之於祖考，不相逮則已矣；雖不相逮，必不可曰有無服之祖也。苟相逮，皆齊衰三月。其殺也者，以上殺爲義；其不復殺也者，以有隆無替爲義；道並行而不相悖，夫是之謂文。《詩》曰：「曾孫篤之。」鄭箋云：「曾，猶重也。自孫之子而下事先祖，皆稱曾孫。」禮注云：「於曾祖已上稱曾孫而已。」由是言之，《儀禮》言曾祖，即關四世祖已上也。幼植知昆弟之昆爲兄，不審古人法度之言，兄弟與昆弟異義，不惟《儀禮》，他經及《爾雅》皆然。傳曰：「何如則可謂之兄弟？傳曰：『小功以下爲兄弟。』」此傳中引傳相證明也。《爾雅》曰：「母與妻之黨爲兄弟。」又曰：「婦之黨爲婚兄弟，壻之黨爲姻兄弟。」《詩·小雅》：「兄弟無遠。」鄭箋云：「兄弟，父之黨，母之黨。」蓋兄弟云者，或專言異姓，或兼同姓、異姓，皆舉遠，不以闗大功之親。記曰：「兄弟皆在他邦，加一等。不及知父母，與兄弟居，加一等。」此惟小功已下，即於疏，故加等。若大功已上，則昆弟也，世父母、叔父母也，從父昆弟也，豈可以皆在他邦及少孤相依而加等哉？大功之親，分當相恤，其不相恤，是賊其性者也。小功已下而相恤，斯進之也，故傳有曰「子無大功之親」，不言小功。古人立言精微若此！記曰：「夫之所爲兄弟服，妻降一等。」或欲援此爲叔嫂有服之證，則與《檀弓》、《奔喪》逸禮相背戾。且本篇傳文言夫之昆弟無服，亦相與背戾。閻百詩解之曰：「夫之所爲兄弟服，即夫之所爲小功服，妻降一等爲緦麻也。《服問》之『外兄弟』，指外祖父母、從母在小功者，是其證。」百詩此論精矣，惜尚未告之以昆弟不言兄弟，及舉遠不可闗大功之親，使其義益曉然也。若女子子出降服，此與男女異長意同。以女子生而有適人之道，使之異於男子，豈若幼植之意，必十五已後許嫁笄始別異哉？服有出降，或緣有適人之道而即降，以異於男子，世父母、叔父母、姑姊妹之大功是也；或既適人而後降，爲衆昆弟大功是也；或不敢降，祖父母期，曾祖父母齊衰三月是也。昔儒謂降旁親，不降正尊，可與「至親以期斷」之言、「外親之服皆緦」之言、「小功已下爲兄弟」之言合，爲義例之大要。惟降旁親而父没則不降昆弟之爲父後者，然後婦人雖在外必有歸宗之義明。惟不降正尊，而當其既嫁從夫，不能二尊，且降父之服而爲期，舅姑亦期，然後所謂「父者子之天」、「夫者妻之天」、「婦人不貳斬者，猶曰不貳天」之義明。聖人制爲「父在爲母期」、「女子子適人者爲其父母期」，是二者，義之至也。以幼植所深訾爲劉歆傅會者二條，今姑據此疏通證明之。其精微，非聖人不足與於此，餘皆可類推。震鄗病同學者多株守古人，今於幼植反是。凡學未至貫本末、徹精粗，徒以意衡量，就令載籍極博，猶所謂「思而不學則殆」也。遠如鄭漁仲，近如毛大可，秖賊經害道而已矣。

經禮曲禮説

鄭君説《周禮》爲經禮，《儀禮》爲曲禮，其義千載未發。案：經曲，猶經緯也。《説文》：「經，織從絲也。緯，織衡絲也。」衡從即横直，經之爲言直也，則緯之爲言曲也。織者，先經而後緯，經本直，緯以交之，一從一横乃成爲曲，故緯謂之曲。古者，凡治天下之事通謂之禮，故曰「爲國以禮」。《春秋左氏傳》自吉、凶、賓、軍、嘉而外，凡刑法政俗一切得失，皆斷之曰「禮」，曰「非禮」。二戴《禮記》於治天下之事無不備。然則禮者，王治之通名，析言則宗伯所掌謂之禮，統言則六典皆謂之禮，故《周官》稱《周禮》。度《儀禮》全經，時《周禮》三百六十官所共之事，當事别爲篇，無所不備。朱子《儀禮經傳通解》、江氏《禮書綱目》據《周禮》補經，實得聖人制作本法。《周禮》、《儀禮》一從一横，交相爲用，如絲之有經緯，故曰經曲。知《周》爲經，《儀》爲曲者，《周禮》，天子所秉以治天下；《儀禮》，則達乎諸侯大夫及士庶人。「太宰之職，掌建邦之六典」。注曰：「典，經也，法也，王謂之禮經，常所秉以治天下。」是《周禮》稱禮經，經與法同義。古者禮統於官，臨事則百官各揚其職，以共舉其事。周官之文，蓋各官皆載其一以爲官法，三語本汪氏中。而合爲一書，則天子秉之謂之禮經。其目三百六十，故曰「禮經三百」。禮經、經禮，倒文。《周禮》爲經，則《儀禮》爲曲。經，經也；曲，緯也。經，法也；曲，事也。《周禮》，官所守之法；《儀禮》，法所分之事。法，經也；事，緯也。事必聯衆官爲之，《周禮》小宰以官府之六聯合邦治，祭祀、賓客、喪荒、軍旅、田役、斂弛及凡小事皆有聯。以《儀禮》考之，《聘禮》、《覲禮》即賓客之聯事。如《禮書綱目》所補，則凡事皆有聯。太宰以八法治官府，一曰官屬，三曰官聯，《周禮》以官爲紀，官屬也；《儀禮》以事爲紀，官聯也。官屬，經也；官聯，緯也。事統於官，故《儀禮》每曰「官具」、曰「官饌」、曰「官戒」。《禮記》説燕義，則引庶子官；説朝事義，則引大行人、小行人、典命、司儀諸官。鄭注説鄉飲酒，則引鄉大夫職；説鄉射，則引州長職。凡《儀禮》中職官制度，無一不推本《周禮》，足徵《周禮》爲經。《周禮》舉行事大法，而節文次第備在《儀禮》。《儀禮》全經，其文必兼倍於《周禮》，以《司儀》與《聘禮》較可見。其曰郊勞、致館，將幣、致饔餼、還圭、饗食、致贈、郊送之等，即《儀禮》分節之目。鄭注《周禮》，往往舉《儀禮》實之。蓋必如《儀禮》所陳，而後《周禮》之事一一措置曲當，無毫髮憾。故孔子曰：「經禮三百，猶可能也。威儀三千，難能也。」此《儀禮》之所以爲曲。曲者，以言乎緯之盡善也。《周禮》、《儀禮》相經緯如此！聖人之制禮也，經與曲相輔而行，《周禮》爲禮之綱領，《儀禮》爲禮之條目也。學者之治禮也，經與曲相證而明。《周禮》即《儀禮》之目録、分章，《儀禮》即《周禮》之事類、釋例也。治禮莫要於釋例，釋《周禮》之例，當以三百六十官之事分類系聯之，而《儀禮》固然，則雖謂《儀禮》即《周禮》之釋例可也。愚初讀《禮器》鄭注，以經、曲分屬二禮，求其説不得。厥後沈潛反覆於二經有年，又深考《通解》、《綱目》之書，確知二禮相經緯，且周爲經，儀爲緯，乃恍然悟所謂經曲者，即經緯。鄭注貫通二禮爲訓，非薛瓚輩所能見及。薛瓚注《漢書》説經禮、曲禮與鄭異。後人多從之，非是。而經之訓法，曲之訓事，訓屈曲，皆一以貫之矣。朱子、江氏以《周禮》補《儀禮》，蓋深知二禮之相經緯，而其法、其義實已自鄭君經曲之説發之。明乎此，而後二禮之文左右逢原，同條共理，旁推午貫，豁然大通！而後世排棄《周官》之邪説，亦不待辨而息矣。天下之事，莫不一經一緯相維持，以經言之，《周官》爲經，《儀禮》爲緯；《詩》爲經，《樂》爲緯；左史記事，《春秋》爲經，右史記言，《尚書》爲緯。以説經之書言之，傳訓、箋注、解詁、疏義之類爲經，釋例及凡釋一事者爲緯。《儀禮》有淩氏《釋例》，《周禮》無書，《禮書綱目》足以當之。何也？一經一緯也。愚欲取江氏書，隱括聯綴，更考經文鄭注，補其未備，爲《周禮》作釋例專書，抑亦聖人正名經曲之意歟！若夫《禮器》下文所云「曲而殺，經而等」，雖通論君子之於禮，而經曲之爲經緯則同。鄭注就《喪服》舉例，謂正服爲經，降服爲緯也。鄭君注經，下一語每貫本末，徹始終，後人由之可以創通大義，開闢途徑。所貴乎好學深思，心知其意也。

儀禮名目篇次辨

《儀禮》古衹稱《禮》。張氏淳云：「漢時未有《儀禮》之名，豈漢後學者覩十七篇中有儀有禮，遂合而名之歟？」方氏體云：「案：《漢・藝文志》曰禮古經，《儒林傳》曰士禮，《六藝論》曰古文禮，《論衡》曰佚禮，《隋・經籍志》曰古經，《釋文・序録》曰古禮。《儀禮》之名，始見《後漢書・鄭康成傳》，其爲魏晉閒人所加可知。」胡氏云：「《儀禮》，古祇謂之《禮》。《漢書・景十三王傳》云：『河閒獻王所得書，皆古文先秦舊書，《周官》、《尚書》、《禮》、《禮記》。』所謂《禮》，即《儀禮》也。」其篇次，賈疏云：「戴德、戴聖與劉向《別録》十七篇次第，皆《冠禮》第一，《昏禮》第二，《士相見》第三，自茲以下則異。其《別録》即此十七篇之次，皆尊卑吉凶次第倫敘，故鄭用之。至於大戴即以《士喪》爲第四，《既夕》爲第五，《士虞》爲第六，《特牲》爲第七，《少牢》爲第八，《有司徹》爲第九，《鄉飲酒》第十，《鄉射》第十一，《燕禮》第十二，《大射》第十三，《聘禮》第十四，《公食》第十五，《覲禮》第十六，《喪服》第十七。小戴於《鄉飲》、《鄉射》、《燕禮》、《大射》四篇亦依此《別録》次第，而以《士虞》爲第八，《喪服》爲第九，《特牲》爲第十，《少牢》爲第十一，《有司徹》爲第十二，《士喪》爲第十三，《既夕》爲第十四，《聘禮》爲第十五，《公食》爲第十六，《覲禮》爲第十七。皆尊卑吉凶雜亂，故鄭君皆不從之矣。」今案：《禮經》篇以類次，類以吉凶次。以《禮記》考之，《王制》曰：「六禮：冠、昏、喪、祭、鄉、相見。」《禮運》曰：「達於喪祭、射御、冠昏、朝聘。」又曰：「其行之以貨力、辭讓、飲食、冠昏、喪祭、射御、朝聘。」御皆當爲鄉。邵氏懿辰說。《昏義》曰：「夫禮始於冠，本於昏，重於喪祭，尊於朝聘，和於射鄉。」此四文或先喪祭，或先冠昏，或先射鄉，或先朝聘，要皆兩事類舉。以考十七篇，則《士冠》、《士昏》、《士相見》，冠昏相見也。《相見》自爲一類，附冠昏。《鄉飲酒》、《鄉射》、《燕》、《大射》四篇，大分言之，射鄉也。《鄉飲》、《鄉射》皆曰鄉，《鄉射》、《大射》皆曰射。《燕》之於《大射》，猶《鄉飲》之於《鄉射》，故合爲一類。《聘禮》、《公食》、《覲》三篇，朝聘也。《公食》，食小聘大夫，附《聘禮》爲一類。《喪服》、《士喪》、《既夕》、《士虞》、《特牲》、《少牢》、《有司徹》七篇，喪祭也。《喪服》分之則别爲一類，合之則與喪禮爲一類。凡十七篇爲四類，此篇以類次也。《冠義》以下七篇，皆説經之義，其次先《冠義》、《昏義》，冠昏類也。次《鄉飲酒義》、《射義》、《燕義》，射鄉類也。次《聘義》，朝聘類也。次《喪服四制》，喪祭類也。《喪服四制》曰：「夫禮，吉凶異道，不得相干。」此喪祭所以在後。記次，本經次，《孝經·喪親章》居末，蓋取法禮經，此類以吉凶次也。《冠義》以下七篇相承不隔，蓋《記》百三十一篇中舊次，小戴仍之。《别録》篇次、類次皆與《記》合。大戴篇次合，類次未合，小戴篇、類次皆未合。鄭君從《别録》，至當。邵氏懿辰謂當從大戴，非也。又案：禮經古當有二本：一全經，一約編。《王制》曰：「樂正順先王詩書禮樂以造士。」《文王世子》曰：「秋學禮，執禮者詔之。」專言禮則禮之全經，惟士學之，天子諸侯之禮備在其中。《王制》又曰：「司徒修六禮以節民性。」《周禮》曰：「以祀禮教敬，以陽禮教讓，以陰禮教親。」於禮之中，别其數與其類，則禮之約編，凡民皆習之。「禮不下庶人」，制禮自士始，凡民所習，蓋士大夫禮居多。今十七篇所以稱《士禮》。而天子諸侯禮亦間存一二，以明君臣之義。孔子定禮，蓋兼定此二本。冠昏諸義，就《士冠》、《士昏》諸篇爲説，蓋據約編言；《祭義》多説天子諸侯祭禮，則據全經言，故部居分别不相次。秦火而後，高堂生傳《禮》十七篇與約編爲近，淹中所得五十六篇與全經爲近。「曲禮三千」，度其篇數不下百餘，五十六篇固非全經。即十七篇以經記考之，亦非完本，何則？《公食禮》云「設洗如饗」，則完本當有《饗禮》。《鄉飲酒義》兼説黨飲，則完本當有《黨飲禮》，而今皆無之，知非完書。但冠昏、喪祭、朝聘、射鄉諸禮具在，則所缺當無幾耳。邵氏謂十七篇爲完書，雖未確而尚近理，至謂五十六篇謂劉歆作僞，則誣妄甚矣。

記冕服

《記》曰：「不學褋服，不能安禮。」戴東原《記冕服》等篇善矣，而未盡也。今因其目别爲説，或就其説更定之，一以經注爲據。

《虞夏書》帝曰：「予欲觀古人之象，日、月、星辰、山、龍、蕐蟲，作會；宗彝、藻、火、粉米、黼、黻，絺繡。以五采彰施于五色，作服。」鄭氏曰：「宗彝，謂虎蜼也。宗廟之中鬱尊。虞夏以上，蓋虎彝、蜼彝而已。自日月至黼黻，凡十二章，天子以飾祭服，此繡與繢各六，衣用繢，裳用繡。」《考工記》曰：「畫繢之事，青與白相次也，赤與黑相次也，玄與黄相次也。」鄭氏以爲繢之次。《記》又曰：「青與赤謂之文，赤與白謂之章，白與黑謂之黼，黑與青謂之黻。」鄭氏以爲繡之次。《周官經》：「祀昊天上帝，則服大裘而冕，祀五帝亦如之。享先王則衮冕，享先公、饗、射則鷩冕，祀四望、山川則毳冕，祭社稷、五祀則希冕，祭群小祀則玄冕。」鄭氏曰：「王者相變，至周而以日月星辰畫於旌旗，所謂三辰旂旗，昭其明也。而冕服九章，登龍於山，登火於宗彝。九章，初一曰龍，次二曰山，次三曰蕐蟲，次四曰火，次五曰宗彝，次六曰藻，次七曰粉米，次八曰黼，次九曰黻。則衮之衣五章，裳四章，凡九也。鷩畫以雉，謂蕐蟲也，其衣三章，裳四章，凡七也。毳畫虎蜼，謂宗彝也，其衣三章，裳二章，凡五也。希衣一章，裳二章，凡三也。玄者衣無文，裳刺黻而已，是以謂玄焉。凡冕服皆玄衣纁裳。」服章之次，經無明文，鄭君合校《尚書》、《周官》、《左氏春秋》而爲是説。以上承用戴氏原文。

江氏永云：「三代制禮有益亦有損，天子用物雖得備十二，然冕戴於首，既有十二旒十二玉以則天數。冕服之章以九爲尊，取陽數之極。禮尚相變也，古用十二章，周損爲九章，日月星唯畫於大常，正是監前代損益之精意。倘有益無損，則制度彌文，伊於胡底乎？」江氏此説深得禮意。戴氏震據《郊特牲》記「王被衮以象天」，謂周人郊祀衮冕備十二章，斯不然也。《郊特牲》所云，蓋與《禮器》「天子龍衮，諸侯黼，大夫黻」同爲夏殷禮。鄭注《郊特牲》以爲記人誤據魯禮，蓋魯郊用前代禮，不敢同於周。夏殷天子服日月星辰以象天而謂之衮，諸侯自山龍而下，大夫自粉米而下而謂之黼黻，皆舉其文之著者，與《周官》諸冕曰衮、曰鷩、曰毳、曰希，據首章别其等者絶殊。《周官》正名九章之衣爲衮，與七章鷩、五章毳、三章希例同，則衮非象天之服審矣。衮冕以享先王，與祀天大裘别文殊等，則周人祀天之服不得蒙衮名又審矣。《司裘》疏引《鄭志》「大裘之上有玄衣」，以爲其服無章。愚謂古者祭天服日月星辰者，象天之文，周用大裘玄衣者，象天之質。自衮冕以下，五服五章，玄冕裳亦有一章。與古同差。但古十二至三章，周九章至一章爲異。而大裘在其上，至敬無文，其諸周人以義起禮歟？冕服衮、鷩、毳、希皆據文爲名，惟大裘、玄冕據質爲稱。玄冕衣無文，大裘衣、裳皆無文也。冕服之章、冕繅之旒，皆自衮冕而下，「弁師掌王之五冕」，冕有六而言五者，下文方説繅斿，大裘之冕蓋無旒，不聯數也。本鄭注。《記》曰：「天子玉藻，十有二旒，龍衮以祭。」與下文「諸侯玄端以祭」文例同，皆謂祭宗廟。所謂享先王則衮冕，衮冕十二旒見於此，《弁師》所謂「五采繅十有二」也。衮十二旒，則鷩九旒，毳七旒，希五旒，玄三旒。旒皆十二玉，所謂就，皆五采玉十有二也，此天子之冕服也。《覲禮》天子衮冕，諸侯裨冕。鄭氏曰：「天子六服，大裘爲上，其餘爲裨，以事尊卑服之，而諸侯亦服焉。」《司服職》：「公之服，自衮冕而下，如王之服；侯伯之服，自鷩冕而下，如公之服；子男之服，自毳冕而下，如侯伯之服；孤之服，自希冕而下，如子男之服；卿大夫之服，自玄冕而下，如孤之服。」經遞言相如，明冕服之章與王同也。《弁師職》：「諸侯之繅斿九就。」鄭曰：「『侯』當爲『公』，每繅九成，則九旒也。」又曰：「諸侯及孤卿大夫之冕，各以其等爲之。」孔沖遠曰：「公衮冕九旒，鷩冕七旒，毳冕五旒，希冕三旒，玄冕蓋無旒，旒皆九玉。侯伯鷩冕七旒，以下與公同，旒皆七玉。子男毳冕五旒，以下與公同，旒皆五玉。」是其等，則冕藻之旒不敢盡與王同也。凡諸侯讓於天子。《玉藻》記曰：「諸侯玄端以祭，裨冕以朝。」鄭氏、孫氏皆讀端爲冕。鄭氏曰：「諸侯非二王後，其餘皆玄冕而祭於己。」孫叔然曰：「玄冕，祭服之下也，其祭先君，亦裨冕矣。」愚謂《記》言「玄冕以祭」文與上「龍衮以祭」同，則祭先君也。大夫冕而祭於公，弁而祭於己；士弁而祭於公，冠而祭於己；則諸侯自祭之服，降於助祭，宜也。凡冕服皆玄衣，其裘蓋皆以羔，《玉藻》歷説裼衣，而卒曰：「大裘不裼。」孔沖遠謂：「無別衣裼之。」戴氏震曰：「朝祭之服，上衣下裳，幅正裁，故冕服曰端冕。朝服曰委端，裳前三幅，後四幅，褄辟積無數，所謂帷裳者也。前後不合，有衽以揜之，交裁如燕尾而後垂。」

記皮弁服

天子日視朝皮弁服，諸侯以爲視朔之服，凡諸侯相朝聘亦如之。《記》曰：「三王其皮弁素積。」《士冠禮》：「皮弁服，素積、緇帶、素韠。」以上戴氏原文。鄭氏曰：「皮弁之衣用布。」盧子幹亦曰：「布上素下，皮弁服。」凡上服之内有中衣。《玉藻》曰：「以帛裏布，非禮也。」鄭氏曰：「中外宜相稱也。冕服，絲衣也，中衣用素。皮弁服、朝服、玄端，麻衣也，中衣用布。」此言中衣也。裘之外有裼衣，《玉藻》説皮弁服之裘曰：「君衣狐白裘，錦衣以裼之。」士不衣狐白。」又曰：「錦衣狐裘，諸侯之服也。」《論語》曰：「素衣麛裘。」此言裼衣也。中衣與上衣爲裏，故謂之中；裼衣與裘爲表，故謂之裼。中衣、裼衣雖同在上服之内，或説冬服裘，以裼衣代中衣，而以帛裏布，要專爲中衣言之，以言裏非裼之義。所謂言各有當，裼衣主以表裘，《詩》不云乎：「衣錦褧衣。」素衣、錦衣上加皮弁服，不得援中衣之例譏之。或者謂皮弁衣裳皆素，則素端矣。淩氏廷堪曰：「子羔之襲也，『素端一，皮弁一』，是皮弁與素端爲二服。《周禮・司服》『其齊服有玄端、素端』，亦别於皮弁而言之也。」皮弁質，象上古衣，當用布明矣。

記爵弁服

古者天子至士皆服冕。周大夫以上冕，士爵弁。《白虎通》曰：「爵弁者何謂也？周人宗廟士之冠也。」《士冠禮》：「爵弁服：纁裳、純衣、緇帶、靺韐。」《説文》曰：「士無市，韍本字。有韐。韐本字，或從韋作韐。制如榼，缺四角。爵弁服，其色韎。賤不得與裳同。」以此知爵弁服專爲士制也。《周官經》：「弁師掌王之五冕，皮弁、弁絰，諸侯及孤卿大夫之冕、皮弁、韋弁、弁絰，各以其等爲之。」鄭氏謂：「弁絰如爵弁而素。」《司服》冕服下，「凡兵事，韋弁服。眡朝，則皮弁服」。其服差：卿大夫自玄冕而下如孤之服，士自皮弁而下如卿大夫之服。江氏永曰：「《周禮》無爵弁，王之弔服有素爵弁，於弁絰服見之。士之爵弁無等，故《弁師》不言。《司服》亦不言爵弁者，疏云：『爵弁之服，唯承天變時，及天子哭諸侯乃服之，所服非常，故列天子吉服不言之。今以次轉相如，不得輒於士上加爵弁，故以皮弁服爲首也。』」愚謂不以韋弁爲首者，韋弁，兵服，非常服。爵弁本專爲士制，後因以爲弁中之尊服，孤服以祭，故《雜記》曰：「大夫弁而祭於己。」諸侯惟未受爵命服之。《詩》云：「韎韐有奭，以作六師。」謂諸侯世子除喪朝天子，未爵命服士服，天子以之爲將起師也。公襲有爵弁，以是始亦必以終也，公冠不用爵弁，非常服也。禮，冠、昏、喪經有爵弁，聘經有韋弁。爵弁者，其色赤而微黑，或謂之緅，其布三十升。韋弁者，以韎韋爲弁，又以爲衣裳，故《春秋傳》曰：「晉郤至衣韎韋之跗。」注或曰：「韋弁，以韎布爲衣而素裳。」其諸聘禮變於兵事歟？陳氏祥道謂：「韋弁即爵弁。」胡氏培翬曰：「爵弁爲士服，而韋弁通於大夫以上，自是二物。且爵弁用布，韋弁用韋，爵色近五入之緅，而韋用一入之韎，固有不容强同者。陳氏説非也。」愚謂韋弁果即爵弁，《司服》當云士之服，自韋弁而下矣。凡冕與爵弁服用絲，經特言「爵弁服：純衣」，則皮弁以下用布可知。

記朝服

諸侯日視朝，緇衣十五升布而積素裳，是謂朝服。大夫以爲祭服，其冠委貌，所謂冠弁也。王服以田燕，養老亦如之。以上戴氏原文。或謂委貌爲玄冠，《士冠禮》：「主人玄冠朝服，緇帶素韠。」《特牲饋食禮》：其祭也，賓及兄弟「皆朝服，玄冠、緇帶、緇韠」。《少牢饋食禮》：「主人朝服。」文有詳略，其實同也。《司服職》曰：「士之服，自皮弁而下，如卿大夫之服。」則士禮之玄冠朝服即冠弁服也。江氏永曰：「弁者，冠之通名。」據《説文》「弁」本作「覍」，象形，蓋象皮弁之形。惟皮弁爲弁之本制，餘皆通稱爵弁，制如冕而謂之弁，冠弁實冠而謂之弁，服弁實喪冠而謂之弁。《士冠禮·記》陳委貌、章甫、毋追，以釋經之玄冠，委貌爲玄冠，審矣。或曰弁有笄，有笄者紘。冠無笄，無笄者纓。冠弁既稱冠又稱弁，其諸玄冠而加笄，《國語》所謂「委笄」歟？士冠而纓，大夫以上冠而笄，其冠制則同。戴氏震曰：「《玉藻》之記曰：『羔裘豹飾，緇衣以裼之。』鄭氏以羔裘爲卿大夫之朝服，惟豹袪與君異。《毛詩》曰：『古者素絲以英裘。』言織之爲紃，施諸縫中者也。」

更定戴氏震《記玄端》

玄端、玄冠，士以爲祭服，《特牲饋食禮》「主人冠端玄」是也。《士冠禮》曰：「服玄冠、玄端、爵韠，奠摯見于君。」又曰：「玄端，玄裳、黄裳、雜裳可也。」《玉藻》記曰：「韠，君朱、大夫素、士爵韋。」鄭氏以爲玄端之韠，因而推次其裳色，則天子諸侯玄端朱裳，大夫素裳。天子諸侯冕服赤舄，素積白舄，玄端黑舄，凡冕服皆舄。大夫士爵弁纁屨，素積白屨，玄端黑屨。素積者，皮弁服、朝服同也。大夫士聽私朝玄端。《世子》之記曰：「若内豎言疾，則世子親齊玄而養。」於此見玄端玄冠，諸侯以下齊服也。玄端之裘，蓋羔裘、狐青裘，士入廟宜羔裘；大夫士玄端，平居宜狐青裘。以下今易。《玉藻》記曰：「士不衣狐白，君子狐青裘、豹褎，玄綃衣以裼之。」舊説曰玄端之裘也，《論語》所謂「狐貉之厚以居」，謂在家接賓客也。「麛裘、青豻褎，絞衣以裼之」，皮弁之裘也。《論語》曰：「素衣，麑裘。」絞、素相代可也。「羔裘豹飾，緇衣以裼之」，朝服之裘也。《論語》亦云：「緇衣，羔裘。」「狐裘，黄衣以裼之」，大蜡時，臘先祖所服之裘也。《論語》亦云：「黄衣，狐裘。」《郊特牲》記曰：「皮弁素服而祭，素服以送終也。黄衣黄冠而祭，息田夫也。」皮弁時或素服，與喪近，故《檀弓》記曰：「練，鹿裘，衡長袪，袪裼之可也。」謂練而爲裘，視初喪，横廣之，又長之，有袪飾，又可加以裼衣。鄭氏以爲鹿裘之裼衣亦以絞，與皮弁裼衣同也。黄冠，野夫之服，《詩》「彼都人士，狐裘黄黄」，謂庶人也。庶人深衣，深衣之裘，狐黄及雜裘宜無不可用之。此句戴氏原文。凡祭服皆羔裘，天子祭天大裘，餘冕服良裘。黼裘以誓省，亦良裘。頒賜群臣以功裘，狐青、麛裘其類歟。

戴氏震《記深衣》

深衣連衣裳，殺幅而不積。鄭氏曰：「深衣，連衣裳而純之以采者，素純曰長衣，有表則謂之中衣。」《詩》「麻衣如雪」，言深衣也，此其純采者。布純亦曰麻衣，「大祥素縞麻衣」是也。「公子爲其母及妻練冠，麻衣縓緣」，鄭氏以爲如小功布深衣。《記》曰：「具父母、大父母，衣純以繢；具父母，衣純以青；如孤子，衣純以素。」《曲禮》曰：「爲人子者，父母存，冠衣不純素。孤子當室，冠衣不純采。」《論語》曰：「君子不以紺緅飾。」古者布幅廣二尺有二寸，謂之中量。凡削幅減寸者，二齊亦寸。衣裦左右終幅，屬袂終幅。減削幅，中人之手八尺，是其度也。長衣、中衣過之揜尺，袂之圍四尺四寸，自胡下殺而前，袂末謂之袪，圍二尺四寸，規胡下剡衣之幅。衣身二尺二寸，與袂參齊之，下猶有餘長，當剡之使狹，以接裳上際，其剡之兩旁當胡下處，則縫而規之如袂。《記》曰：「袂圜以應規。」謂袂也。又曰：「袼之高下可以運肘。」謂兩旁所剡之上當胡下與袂接處也。規胡下而剡衣之餘幅，以接裳施帶。此說足補江氏永《深衣考誤》所未及，張氏惠言《圖》意與之合。《記》曰：「袂圜以應規。」又曰：「袼之高下可以運肘。」袼，胡下也，剡之，要中之圍七尺二寸，所謂深衣三袪也。裳以布六幅，幅分之尺一寸，正者八，減削幅則八九七尺二寸，與衣相屬。旁屬交裁，殺幅一端二寸，一端二尺在下，減削幅則尺八寸，殺而上。如是者四，是爲深衣之衽，所謂「衽當旁」也。衣裳之左前後續，右有曲裾鉤之，故曰「續衽鉤邊」。合十二幅，則下齊丈四尺四寸，倍於要中。衣交領謂之袷，廣二寸。緣謂之純，純邊謂之綼，裳下緣謂之緆，與純袂廣各寸半。

戴氏震《記中衣裼衣襦褶之屬》

中衣，凡絲衣以素，其餘以布。《郊特牲》記曰：「繡黼丹朱中衣，大夫之僭禮也。」《爾雅》：「黼領謂之襮。」孫叔然曰：「刺黼文以褔領。」《詩》「素衣朱襮」是也。言丹朱以爲純襦，君朱，大夫纁，凡襦褶之屬，其外中衣，中衣之外上衣。若裘則有裼衣，裼衣之外上衣，夏則絺綌之外上衣。疑絺綌之外中衣，中衣之外上衣。近體襌衣曰明衣。《玉藻》記曰：「裘之裼也，見美也。弔則襲，不盡飾也。君在則裼，盡飾也。服之襲也，充美也。是故尸襲，執玉、龜襲，無事則裼，弗敢充之。」鄭氏曰：「裼者，免上衣見裼衣。凡當盛禮者以充美爲敬，非盛禮者以見美爲敬，禮尚相變也。」凡袒裼者左。《論語》：「當暑袗絺綌，必表而出之。」無上衣曰袗。《記》曰：「振絺綌不入公門，表裘不入公門，襲裘不入公門。」然則固有不服上衣而袗絺綌、表裘者矣。「犬、羊之裘不裼，不文飾也不裼」，則有雖裘而不以衣裼之者矣。君子之於褻，蓋亦無嫌質略也。

記冕弁冠

《記》曰：「天子玉藻十有二旒，前後邃延。」邃，垂也。延，深淺之度。天子以下同。惟天子前後所垂旒各十二爲異。《記》陳天子之制，邃延自據旒言之。叔孫通《禮器制度》、《書》歐陽氏本伏生説，皆謂冕前後有旒，蓋周末漢初人猶及見古法服。冕之有旒，猶皮弁之會五采玉璂，本意皆以爲飾，但聖人制禮，因事託戒。旒既前後垂，則在前者有蔽明之義，故《記》曰：「冕而前旒，所以蔽明。」言非禮勿視也。《周官經》：「王之五冕皆玄冕，朱裏延紐。五采繅十有二就，皆五采玉十有二，玉笄，朱紘。諸侯之繅斿九就，瑉玉三采，其餘如王之事，繅斿皆就，諸侯之冕各以其等爲之。」實六冕而曰五冕者，陳采就玉之數止於五。二語本戴氏。亦以見冕服之章。冕繅之斿皆自衮冕而下，大裘之冕至敬無文，不聯數也。「諸侯之繅斿九就」，「侯」當爲「公」，「斿」衍字，唐石經原刻無之。諸公繅九就，而玉與斿皆取數於就，則諸侯以下各以其等推次可知也。延，前圓後方；紐，小鼻在武上，笄貫之；紘以組自頤屈而上，左右屬之笄，垂其餘。凡冕弁笄，有笄者紘。《記》曰：「天子冕而朱紘，諸侯冕而青紘。」《士冠禮》：「皮弁笄，爵弁笄，緇組紘，纁邊。」舊説以爲卿大夫冕弁之紘，蓋與士同。古之爲冠者辟而縮縫，所以覆乎前後，謂之冠。自「紘以組」至此，戴氏原文。冠下卷謂之武，武下垂纓，皆連屬不殊，以白布爲之。齊則緇，後世聖人易之，以白布冠爲喪冠，以緇布冠爲始冠之冠，而殊其纓。《記》曰：「喪冠條屬，以別吉凶。」緇布冠冠武皆以緇布相連，而纓以青組，又不屬於武，而別用未冠時所服之頍項屬之，皆以別于條屬之喪冠。《士冠禮》：「緇布冠缺項，青組纓屬于缺。」鄭氏曰：「缺讀如有頍者弁之頍。」緇布冠無笄者，著頍圍髮際，結項中，隅爲四綴，以固冠也。」言固冠者，冠得纓而固。緇布冠纓屬于頍，猶皮弁、爵弁紘屬于笄，笄與頍皆以固冠也。玄冠纓即屬于武，則頍與笄皆不用。玄冠之異于緇布冠者，衡縫，冠、卷殊，纓、武各異材。《記》

曰：「大白冠、緇布之冠皆不緌，委武玄、縞而后緌。」委亦武也。大白、緇布冠武相屬，不緌。玄冠、縞冠別有委武緌之，文質各從其宜。《記》曰：「玄冠朱組纓，天子之冠也；緇布冠繢緌，諸侯之冠也；玄冠丹組纓，諸侯之齊冠也；玄冠綦組纓，士之齊冠也。縞冠玄武，子姓之冠也。縞冠素紕，既祥之冠也。垂緌五寸，惰游之士也。玄冠縞武，不齒之服也。居冠屬武，自天子下達，有事然後緌。」屬武者，屬冠於武，少威儀。不嫌於條屬者，纓、武異材也。士之緇布冠不緌，諸侯緌之，尊者飾也。戴氏震曰：「冠之異於弁者，左右不合，故有紕。弁則左右合而會之，所謂如覆杯矣。於其會也，飾之以玉，《詩》言『會弁如星』者也。」此弁之本制，皮弁、韋弁則然。弁之名，本專屬皮弁，後因以爲冠次於冕之稱，爵弁、弁絰是也。又以爲冠之通名，冠弁、服弁是也。《士冠禮·記》曰：「周弁，殷冔，夏收。」弁即經之爵弁，冔收皆冕屬，則爵弁之制如冕可知也。又曰：「委貌，周道；章甫，殷道；毋追，夏后氏之道。」以釋經之玄冠，則玄冠即委貌可知也。鄭注《司服》，以冠弁爲委貌，冠弁即玄冠又可知也。冠弁、服弁之名不見他經，蓋名弁而實冠，他經直謂之玄冠、喪冠也。凡冠用纓，纓屬於武；弁用紘，紘屬于笄，笄貫于武。《晉語》范文子退朝，武子擊之以杖，折委笄。委貌，冠也，得有笄者，委貌之武，非不可施笄，大夫以上玄端移袂以別於士，或委貌得施笄、紘。要其稱委貌，若稱冠弁、玄冠則同舉其名曰「委貌」。著其實曰玄冠，別其等曰冠弁。或曰冠弁稱冠又稱弁，據大夫以上有笄者言，而士服亦該其中。戴氏曰：「夏殷之禮，士得服冕。《記》曰『天子之冕朱緑藻，十有二旒，諸侯九，上大夫七，下大夫五，士三』是也。周制，大夫以上冕，士爵弁。」愚謂士爵弁之下有皮弁、玄冠、緇布冠，惟爵弁專爲士制，故《周禮》無之，餘皆上下通服。始冠緇布冠，自諸侯下達，重古也。天子始加玄冠，由卑即尊也。玄冠，玄端、朝服所同，故禮不以冠名服。備言之則如《士冠禮》曰「玄冠朝服，緇帶素韠」、曰「玄端，玄裳、黄裳、雜裳，緇帶、爵韠」，約舉之直曰「玄端」、曰「朝服」。《特牲饋食禮》主人玄端，助祭者朝服，故經變文言「主人冠端玄」以見之。

士冠禮

士冠禮爲士身加冠説

鄭《目録》云：「童子任職居士位，年二十而冠。」又云：「古者四民世事，士之子恒爲士。」胡氏曰：「《曲禮》二十曰弱冠，四十曰强而仕，此常法也。亦容有才質出衆、未冠已居士位者。賈疏引《喪服·小功章》『大夫爲昆弟之長殤』以證，則固有年未二十已任職者矣。」今案：鄭引《齊語》者，彼文云：「昔聖王之處士，使就閒燕。士群萃而州處，則父與父言義，子與子言孝，其事君者言敬，其幼者言弟。少而習焉，其心安焉，不見異物而遷焉。是故其父兄之教不肅而成，其子弟之學不勞而能。夫然，故士之子恒爲士。」此所以未冠而已能任職也。此禮蓋爲士之子已仕者制，而未仕者亦如之。本朱子説。爲士加冠制，而自士以上及乎天子之元子亦如之。萬氏斯大説。爲諸侯之士制，而天子之士自主人冠服以外，亦如之。張氏爾岐説。胡氏云：「冠昏喪祭，切於民用。周公制禮，欲以通行天下，故多就侯國言之。」敖繼公以此經爲主言士冠其子之禮，蓋見經云「將冠者采衣，紒」，以爲未仕之服也。若然，童子已爲士者，將冠時當服何服乎？「采衣，紒」乃未冠之服，非未仕之服。

大夫以上冠年及天子諸侯加數考

賈疏云：「大夫始仕者，二十已冠訖，五十乃爵命爲大夫，故大夫無冠禮。又案《喪服·小功章》云『大夫爲昆弟之長殤』，鄭云：『大夫爲昆弟之長殤小功，謂爲士者若不仕者也。以此知爲大夫無殤服也。』《小記》云：『丈夫冠而不爲殤。』大夫身已加冠，降兄殤在小功，是身有德行，得爲大夫，冠不以二十始冠也。若諸侯則十二而冠，故《左傳》襄九年：『晉侯與諸侯伐鄭，還，公送晉侯，以公宴于河上。問公年，季武子曰：會于沙隨之歲，寡君以生。注云：沙隨在成十六年。晉侯曰：十二年矣，是謂一終，一星終也。國君十五而生子，冠而生子，禮也。君可以冠矣。』是諸侯十二而冠也。若天子，亦與諸侯同十二而冠，故《尚書·金縢》云『王與大夫盡弁』，時成王年十五，云『王與大夫盡弁』，則知天子亦十二而冠矣。又《大戴禮》云：『文王十三生伯邑考。』《左傳》云：『冠而生子，禮也。』是殷之諸侯亦十二而冠。若夏之天子諸侯，與殷天子亦十二而冠可知。若天子之子，則亦二十而冠，故《禮記·祭法》云『王下祭殤五』。又《禮記·檀弓》云：『君之適長殤，車三乘。』是年十九以下仍爲殤，故二十乃冠矣。若天子諸侯冠，自有天子諸侯冠禮，故《大戴禮》有《公冠》篇，天子自然有冠禮，但《儀禮》之内亡耳。士既三加，爲大夫早冠者，亦依士禮三加。若天子諸侯禮則多矣。故《大戴禮·公冠》篇云『公冠四加』者，緇布、皮弁、爵弁後加玄冕。天子亦四加，後當加衮冕矣。」案：賈說是也。後人或謂天子當五加，與《公冠》篇「天子儗焉」之文背。

張氏爾岐所疑冠禮數事辨

《士冠禮》冠者見母不見父，見贊者不見賓，說者疑之。王氏士讓云：「父冠其子，延賓以重其事，父自爲主而涖之，即是見也。賓既與冠者成禮於堂矣，亦不必更行見賓之禮。」今案：見者，以成人見也，父與賓興禮以成冠者。既冠，見于母，明己爲父所成也，所謂資于事父以事母也。見贊者及兄弟，明己爲父與賓所成也。贊者親爲冠事，而亦見之者，禮成于賓也。若父與賓，則固行禮之主也，奚取於見而告以成禮乎？又案：冠者見母，「母拜受」。以母拜子，《禮記》孔疏以下，諸說紛如。萬氏斯大云：「禮，婦人之拜有二：肅拜也，手拜也。肅拜者足不跪，微俯其躬而肅之，如今婦人揖也。手拜者足跪地而拜，如今婦人拜也。《少儀》曰：『婦人吉事，雖有君賜，肅拜。』君賜至重，尚止肅拜，況其他乎？故知此受脯、俠拜，亦肅拜也。」胡氏云：「《禮記·冠義》曰：『見於母，母拜之；見於兄弟，兄弟拜之；成人而與爲禮也。』成人而與爲禮，一語即是定解。」今案：經「賓東面答拜」，注亦以答拜爲成人而與爲禮，是拜者與之行禮，以明其成人耳。與之行禮，所以責之行禮也。古人爲禮必拜，昏禮舅姑亦答婦拜。又案：《冠禮》以母之尊而拜其子，所以加禮於父所成也，此妻天夫之義。《特牲》以父之尊而亦拜其子，所以加禮於親之後也，此子天父之義。《冠禮》、《特牲》拜子，以重責子孝孫慈；《昏禮》舅姑拜婦，以重責婦順，皆聖人制禮之精意，所以警動人心而維持天經地義於不敝也。

《冠禮》無告廟之文，蓋文不具。《昏禮》明言受諸禰廟，詳下。而經亦不言告廟，是其例。

冠月考

《夏小正》：「二月綏多士女，冠子取妻時也。」賈疏據之謂冠有常月。本經「屨，夏用葛，冬皮屨可也」，秦氏蕙田據之謂「冠無常月」。愚謂二月蓋冠之善時，非冠之定時。何者？冠以年斷，年以月計。《曲禮》、《内則》諸記皆言二十而冠。《荀子》、《韓詩外傳》、《説苑》、《白虎通》皆言十九而冠。《禮經校釋》曰：「荀子言十九而冠，明禮所謂二十而冠者，必滿十九歲之月數，又加一月入二十之限，乃爲二十行冠禮。其未滿十九月數者，雖踐二十之年，仍不得爲二十而爲之冠也。知者，《喪服·殤大功章》傳曰：『年十九至十六爲長殤。』《曲禮》曰：『二十曰弱冠。』《喪服小記》曰：『丈夫冠而不爲殤。』❶若但以年論，不核月數，則或以元年正月生，十九年十二月死，已足十九歲，以未及二十未冠，爲殤；或以元年十二月生，二十年二月死，但踐二十之年，計其月數，纔踰十八歲，以已及二十已冠，不爲殤。厚薄殊絶，不合事理，故射慈謂：『凡制數自以生月計，不以歲。』則所謂二十而

❶「丈夫」，原作「大夫」，據《禮經校釋》改。

冠者，必滿十九之月數而後爲二十行冠禮，出殤限也。禮家恐人疑二十爲但踐二十之年，故實核其所歷之月數，必先足十九而曰『十九而冠』。《荀子》傳之，《韓詩外傳》、《説苑》、《白虎通》亦皆云然，故知十九而冠者，正以曲達二十而冠之制。不然，二十而冠，誰不知之？而謂《荀子》、《韓傳》等昧之耶？然則滿十九之月數而後冠，則正月、二月生者，皆以二月冠，用冠正時。《夏小正》『二月綏多士女，冠子取妻時也』，據生月最前者爲正也。其三月以下生者則不能依正時，各以其滿十九月數之後一月冠，爲時不定，故經有『夏葛屨，冬皮屨』之文也。」又案：《荀子》「十九而冠」，據天子諸侯子言，謂天子諸侯子雖貴，亦十九而冠，與士同，所謂「天子之元子猶士也」。楊倞注謂「先於臣下一年」，非。

士昏禮

昏禮爲士禮説

《禮經校釋》曰：「《昏》經專言士禮。方氏苞以爲即大夫昏禮。不知《記》明云『士昏禮』，經首不言士者，蒙上《士冠禮》之文也。今十七篇次序雖後人所定，然周公原第亦必《昏》次於《冠》。《士冠禮》後，雖當有諸侯天子《冠禮》相隔乃及《士昏》，然《冠》以士爲首，《昏》亦以士爲首，則《士昏》不言「士」者，以蒙上《士冠》之文可知故耳。且以經文證之，亦可決其專爲士制。經《親迎章》云：『其實特豚。』案：特豚，士制也，盥饋同。大夫以上當異，但無文以言耳。又云：『主人爵弁。』注：『大夫以上親迎冕服。』是經所言爲士禮也。又云：『婦車亦如之。』注：『士妻之車，夫家共之，大夫以上嫁女，則自以車送之。』是士禮在經，與大夫異也。又云：『女次純衣。』案：大夫妻當服編襢衣，則經所云爲士禮也。又云：『贊爾黍，授肺、脊。』疏曰：『此先爾黍，後授肺，《特牲》亦然，以其士禮同也。《少牢》佐食先以舉肺、脊授尸，乃爾黍者，大夫禮與士異故也。』《婦見章》：『纚、笄、宵衣以俟見。』案：大夫妻當褖衣，即宵衣亦當移袂。此時服降親迎一等。則經是士禮也。又云：『舅姑共饗婦以一獻之禮。』疏曰：『此饗與上盥饋同日爲之，知者，見《昏義》：舅姑入室，婦以特豚饋，明婦順也。厥明，舅姑共饗婦。鄭彼注云：昏禮不言厥明，此言之者，容大夫以上禮多，或異日。故知此士同日可也。』《昏義》皆説此士昏禮，惟此條參言大夫。又云：『若異邦，則贈丈夫送者以束錦。』疏曰：『按莊二十七年冬，莒慶來逆叔姬。《公羊傳》曰：大夫越境逆女，非禮也。鄭注《喪服》亦云：古者大夫不外娶。今言異邦得外娶者，以大夫尊，外娶則外交，故不許。士卑不嫌，容有外娶法，故有異邦送者也。』據此諸文，此禮爲士制無疑。諸家所挾以成其説者，不過用鴈、墨車、顈黼三事耳。不知昏禮用鴈，自天子以至於庶人一也。墨車，則注謂攝盛。顈黼，則注謂假盛，假盛猶攝盛也。曰攝、曰假，則是士用大夫禮，而非正大夫禮明矣。吴氏不信攝盛之説，則《士喪》、《特牲》皆有用大夫禮者，見淩氏《釋例》。亦將以或攝、或不攝疑之，而謂經錯舉士大夫禮非攝盛耶？如吴氏、方氏説，則此禮非士禮，亦非大夫禮；即士禮，亦即大夫禮，經有此游移淩雜之制乎？《記》明云『士昏禮』，則此禮專爲士禮，而大夫別有昏禮甚明。《冠禮·記》曰：『無大夫冠禮，而有其昏禮。』切指之曰『其昏禮』，是大夫別有昏禮，不與士同之明文也。大夫五十始命，未五十仍行士禮，則大夫昏禮爲五十後改取者制甚明。蓋未爵而豫爲制昏禮，是僭也；既爵而不別爲制昏禮，是替也；制在爵後，則非改取而何？若大夫之子則不得從大夫禮，猶諸侯之子不得用諸侯禮。此謂父在也。父没，則更無用大夫禮之理。《喪服》言大夫之子，謂父在也，父没則同於衆人。大夫昏禮當爲大夫制，不爲大夫之子制也。聖人以未爵行士昏禮者爲正，而以既爵行大夫昏禮者爲變。猶天子諸侯之子，父在行士冠禮者爲正；幼孤即位後，行天子諸侯冠禮者爲變也。萬氏斯大『不祥』之説，殊陋。」

昏期辨

昏期諸説不同，張氏惠言、包氏世榮説近得之。包氏曰：「《周禮·媒氏》曰：『掌萬民之判。凡男女，自成名以上，皆書年月日名焉。令男三十而娶，女二十而嫁。』鄭注：『二三者，天地相承覆之數。』此言男必三十，女必二十爲定時，過此則衰，未至則不許，故曰『令』。令者，令民不敢過，不敢不及也。又曰：『中春之月，令會男女，若無故而不用令者，罰之。』此言昏期必以仲春，唯有喪禍者不拘此月，故亦曰『令』。説者謂三十、二十，年之極；仲春，時之極，故令之。若未三十、二十，未仲春，則無須令。此非經意也。《曲禮》曰：『二十曰弱，冠；三十曰壯，有室；四十曰强，而仕。』如其説，將冠不必二十，仕不必四十歟？自「説者」以下字句有改易。三十、二十之限，仲春之期，義無可議。馬昭所據《禮記・本命》、《尚書大傳》、《穀梁傳》義，俱符合也。《詩》毛傳言嫁娶男女之年者一，言昏期者三，《摽梅》傳曰：『三十之男，二十之女，禮未備則不待禮會而行之者，所以蕃育人民也。』總三章爲一義，與《媒氏》合。《野有死麕》傳曰：『春，不暇待秋也。』《東門之楊》傳曰：『男女失時，不待秋冬。』《綢繆》『三星在天』，傳曰：『三星，參也。在天，謂始見東方也。三星在天，可以嫁娶矣。』『三星在户』，傳曰：『參星正月直户也。』此則承其師荀子『霜降逆女，冰泮殺止』之説，與《周禮》違。然王肅述毛者，據《家語》女年十五至二十，男年二十至三十皆可昏，非傳義。鄭箋言嫁娶男女之年者，同傳。《摽梅》箋曰：『謂女二十，春盛而不嫁，至夏則衰。』又曰：『善時謂年二十。』又曰：『女年二十而無嫁端，則有勤望之憂。』言昏期者十，皆如《周禮》。總而論之，男女之年定以三十、二十，毛與鄭同也。論昏期，一以秋冬，一以仲春，毛與鄭異也。」張氏云：「《詩》、《禮》疏説昏期，孫卿、韓嬰、毛公之義，自季秋至于孟春爲期盡，雖仲春猶可行。馬融、鄭康成之義，據《周官・媒氏》，仲春爲婚月之正，三月至五月猶得行之，夏晚則不可。當明年仲春，不待禮會而行，所以蕃育人民，是謂奔者不禁。以《易》義言之，歸妹九月之卦，泰正月之卦，其辭皆云『帝乙歸妹』，則季秋至於孟春，殷禮昏期審矣。歸妹之名，庖犧所作，則殷因于古。《夏小正》『二月綏多士女』，則周因于夏，實改殷制。」今案：詩人取興多據時物。張説昏期殷周之異，以詩文考之：《周南》有《桃夭》，《召南》有《行露》、《摽有梅》。而《草蟲》云「言采其蕨，言采其薇」，《野有死麕》云「有女懷春」，《何彼襛矣》云「華如桃李」，《豳・東山》云「倉庚于飛，之子于歸」，《小雅・我行其野》云「蔽芾其樗，言采其蓫，言采其葍」，皆據春時，與《周禮》合，則周制昏時以仲春爲正也。《豳·七月》述公劉時事曰「春日遲遲，女心傷悲」與「二月綏多士女」合，則昏期仲春，周因於夏也。衛居殷墟，疆以殷索，其詩曰「秋以爲期」，曰「士如歸妻，迨冰未泮」與「霜降逆女，冰泮殺止」之文合，則殷制昏期，秋冬爲正也。此經有明文確然可據者。殷周昏時異，昏年不異，包、張兩説相兼乃具。然此言其常也，若有故則不限以年，故禮有爲夫姊之長殤，亦不限以時，故《周禮》云：「無故而不用令者，罰之。」明有故不罰也。且此言乎臣庶也，若天子諸侯則娶不以三十，故《傳》曰：「國君十五而生子。」其時雖亦仲春爲正，而不限以仲春，故《春秋》書嫁娶不以得時、失時爲褒貶。略用包氏義。人君急繼嗣，且位尊事多，不可以常例定時限也。然則無定年、定時者，王侯之制；有定年、定時者，臣庶之制；有定年、定時而有故仍不限之，則禮之曲體人情也。《周禮》注以有故爲「喪禍」，舉其大者言之。即非喪禍，苟有故焉亦不以不用令罰之也。曰：然則汪氏中《釋媒氏文》非歟？曰：非也。汪氏所言越王句踐之法非周制，王肅之説非經意，亦非荀子、毛公意，包氏據《曲禮》已足以破之矣。《内則》「子能食食」章一歲有一歲之事，而云「三十而有室，始理男事」。據此，則是三十始娶，非年盡。二十而嫁，有故二十三年而嫁，明據正時言之。《周禮》之文正與相符，安得謂禮言其極乎？

奠菜祭禰辨

「舅姑既没，婦入三月乃奠菜」，此禮説者多誤。鄭氏珍曰：「此象舅姑生時厥明贊見見訖醴婦之禮。此經謂之奠菜,《禮記》謂之廟見,執笲菜所以爲摯,變棗栗、腶脩而用菜者,蓋神之不敢褻味,非以爲祭而當盥饋也。婦行此禮後,別有祭禰之禮,乃以象生時盥饋。《曾子問》:『三月而廟見,稱來婦也;擇日而祭於禰,成婦之義也。』注:『必祭成婦義者,婦有共養之禮,猶舅姑存時,盥饋特豚於室。』可知廟見止是見舅姑、告來婦,祭禰乃成婦共養之義,於經注判然甚明。惟共養統於嫡,故庶婦舅姑存既不饋,没亦不祭。其祭禰者惟嫡婦,若庶婦止有廟見耳。賈、孔以此經奠菜後更無祭舅姑之事,遂以廟見、奠菜、祭禰爲一,而孔氏更云:『盥饋、廟見皆謂適婦,其庶婦既不饋,亦不廟見。』《曾子問》疏。說此經者,因云適婦有特見禰廟之禮,庶婦則無之,惟於三月祭行之時,從主婦入闈門、立於房中,列在内賓宗婦之班而已。夫爲子也妻者,則皆爲舅姑也婦,舅姑生則寢見之,没則廟見之;生則饋於寢,没則祭於廟。兩事以寢、廟分存没,以適、庶分行否,不以饋與見爲存没相對,謂生不饋者,死不見也。孔氏亦云:❶『庶婦亦以棗栗腶脩見舅姑。』存既當見,没何以即不當見乎? 若初不告『某氏來婦』,而至祭行之時,突列内賓宗婦之班以助祭祀,恐舅姑有靈,當怪彼何人斯也? 《曾子問》:『女未廟見而死,則如之何? 孔子曰:不遷於祖,不祔於皇姑。壻不杖、不菲、不次,歸葬於女氏之黨,示未成婦也。』此所問未廟見者,豈專爲女之爲適婦者乎? 如適婦乃得廟見,若孔子言,是必廟見始成婦,爲庶婦者不將終身不成婦乎? 則孔疏之失,「失」字原作

❶ 「氏」,原誤作「子」,今據《儀禮私箋》改。

「悖經害教」四字，辭氣太過，沖遠大儒，不宜以此加之，今易之。明矣。」「又案：舅姑偏没，庾蔚之謂『厥明見存者，行盥饋，至三月不須廟見亡者』；崔靈恩謂『厥明盥饋存者，三月廟見亡者』。《曾子問》疏。賈氏云：『若舅没姑存，則當時見姑，三月廟見舅；若舅存姑没，婦人無廟可見，或更有繼姑，自如常禮。』案：庾説絶無理，賈説但不見姑，亦未協。姑偏没，則祔於皇姑，皇姑於舅爲祖廟，姑祔於此，婦自必見於此，何曰無廟可見？若必有專廟始可見，則庶士、庶人無廟者，豈舅没亦可不見乎？又或説舅之祖廟，舅爲祭主，子婦不得越次而奠於曾祖廟，此亦誤。以奠菜爲祭推之，不知奠菜止是告來婦而入見耳，非僭舅之祭也。如其説，令舅没，祖在而主昏，時舅無廟祔於其祖，婦亦不當見舅於曾祖廟乎？要是婦事舅姑如事父母，姑偏没而不告來婦，非事死如生、事亡如存之理，聖人決無此制。崔氏義於大夫士庶有廟、無廟皆可通，是確説。」

昏禮告廟説

《昏禮·記》「凡行事，必用昏、昕，受諸禰廟」。先儒皆專以女家廟受言。鄭氏珍曰：「經文『納采』至『請期』五禮，皆行事於女家之儀節，男家直若無事者。然愚嘗思使者之行五禮也，其將禮者有所執之鴈及束帛、儷皮，是物也，必先自男家之主人授之，而主人又必有以命之。在女家，以先祖之遺體許人，於廟中爲神鋪筵、陳几，使若祖父臨之以受其禮，其敬慎重正至矣。豈男家以先祖之承宗繼嗣者求人，而顧於居室、堂階之閒褻焉、率焉，以授之禮而命之往乎？又使者四次往女家受許諾之命，及厚待之醴，取脯而出，執以反命於男家，其將於何致脯？於何致命？豈女家慎重如此，至男家即於居室、堂階之閒隨便受之，曰吾既已知之乎？聖人制禮，斷未有如是不倫也！玩《記》文，然後知經之不備載男家者，《記》盡補詳於此三句之内。『凡行事』蒙下二句，括男女兩家，行六禮而言『受諸禰廟』，其受屬使者歟！在男家，爲受主人之鴈與皮帛及納采、問名、卜吉、告期之命；在女家，爲受主人諸不敢辭、敢不敬須之命及主人之醴，其受屬男家歟！爲主人受使者四次：執脯，反，告女家見許之命，下所謂『某既申受』者也，其受屬女家歟！爲主人受，賓當阿所致之命，楹閒賓授之鴈，並下云『主人受幣，士受皮者』也。若屬昏者，其於父則受醮酒及往迎之命、往奠之鴈，於女家則奠鴈、降出，是受其女於女父。《昏義》所謂『親受之於父母』，《坊記》所謂『舅姑承子以授壻』者也。凡此皆於禰廟受之，足明男家當遣使、醮子及使者反命之時，亦必於廟之户西設筵，右几以依神，使若祖父臨之，然後行事決矣。如此，則兩家於六禮，直以祖父臨之，不止於一告使祖父知有此事而已。故其致辭並稱『某有先人之禮』，言此禮由先人，非由己也。明乎此，則《曲禮》『齋戒以告鬼神』及《左傳》王子圍布几筵，告莊、共之廟者，皆男家受於禰廟之正禮，不待旁推曲證而自明矣。經以男家行事可照女家知之，故文從略，《記》欲詳見男家及行事之早晚，故特著此三句。不然，女家六禮皆受於禰廟，經文已明，惟五禮用昕不見。《記》但言『必用昏、昕』足矣，何須贅『受諸禰廟』乎？自漢已輕讀此三句，故《白虎通義》有『娶妻不先告廟者，示不必安之』强説，朱子《通解》亦從之，而反疑《左氏》不足信。然其所定《家禮》納采，則兩家主人奉書以告祠堂，迨使者反，男家主人更以復書告祠堂。親迎，則兩家主人告於祠堂，乃醮其子女。析理協義之精，自與先聖脗合，特不知經記已有明文。説者相沿不瞭，故於納幣一節獨不告廟，是其稍違者耳。」「又案：《曲禮》：『男女非有行媒，不相知名』至『厚其别也』。此節兼男女兩家言。注云：『昏禮，凡受女之禮，皆於廟爲神席以告鬼神，謂此。』亦據此經所詳女家設筵右几明文而言，其男家自可知，非以告君諸事爲專主女家，而援女家之禮爲證也。疏不明注意，遂以經爲專主女家，復云『醮子但自齋絜，止在寢不於廟，其三月廟見，亦是告鬼神』，乃多生葛藤矣。《文王世子》：『五世之孫，祖廟未毁，雖及庶人，冠、娶妻必告。』『告』與下文『練祥則告』同，故注以爲告於君，於昏禮告廟絶不相涉。《左傳》昭元年疏，據以推告廟爲古禮，云『亦既告君，必須告廟』，尤牽附無謂。至隱八年，鄭忽先配後祖事，鄭解『祖』爲『軷道之祭』，直是忽與嬀氏在陳已成夫婦，而後行耳。祖爲先世之稱，又爲道祭定名，古無以告祖廟爲祖者。鄭解自較賈逵確當，要非主《白虎通》不告廟之説乃云然也。杜氏説逆婦必先告廟而後行，此據楚圍語推得，非他有所本。其言是矣，而實非傳文所謂。然亦止得其一，不知六禮皆然，經固有此明文也。近盛氏世佐力伸齋戒告鬼神爲男家告廟的據，而云康成不主告廟，故注《曲禮》及《左氏》皆非。並緣此記不明，説皆顛倒。」今案：鄭説極是。惟《白虎通》取妻不先告廟，當謂親迎婦至，即同牢而食，三月而後祭行。舅姑没者，三月而後廟見，告來婦耳，非謂六禮不受命于廟也。此條略取陳氏立義。

問名女爲誰氏解

問名曰：「敢請女爲誰氏？」注曰：「誰氏者，謙也，不必其主人之女。」諸儒説此條多不安。案：媒氏既通婚姻之言，使者既行納采之禮，斷無不知女之姓氏者。納采既言某之子矣，其爲主人之女，又何待問？而經辭若此者，竊意問名非空憑口説，必有一文書具載女之姓名、生年月日，其父母爲何人，其行爲幾，俾壻家確然無疑。曰「爲誰氏」者，請女姓名之文書也。不曰何名，而曰「誰氏」者，謙也，若不必其主人之女然也。主人受鴈對以女名，即授以此文書也。其禮不曰「問氏」而曰「問名」者，主人容有數女，氏所同也，名所獨也，使者之辭曰「誰氏」，若不必其主人之女者。主人之辭曰「備數擇之」，若不必其專求己女者，皆所以致尊讓。略本鄭氏珍説。昏姻之言，有禮於始，夫婦之道，所以不苦於終也。

士相見禮

侍食禮辨

「若君賜之食」兩節，説者多襲《論語》邢疏之誤。《校釋》曰：「若君賜之食節，言見客於君之禮。《論語》『侍食於君』節、《玉藻》『若賜之食，而君客之』節皆與此同。『若有將食者』節言侍食常禮，《玉藻》「若有嘗羞者」一節與此同。《玉藻》前一節言君「命之祭，然後祭」，此經上節及《論語》但言「君祭先飯」者，命祭君之義，先飯臣之禮。此經主言臣禮，故不及命祭，《玉藻》補經所未備也。此經云「賜」，據君言；《論語》云「侍食」，據臣言。「賜」，如「君若有賜焉」之賜，謂特賜與之禮食，《記》人恐後人不明，故申之曰：「若賜之食，而君客之。」「客之」二字，正釋經「賜」字也。邢氏昺《論語疏》始誤以君祭先飯爲臣不祭，非客之之禮。江氏永駁之，謂「不言祭者，《記》者略之。君以客禮待之，故代宰夫嘗食。若非客之，則有宰夫嘗食，夫子不得先飯矣」。案：江説至精。蓋侍食而客之，與正侍食異者有三：客之，則膳宰不嘗食；不客，則嘗食，一也。客之，則命之祭；不客，則不命，二也。客之，則先飯；不客，則不先飯，三也。蓋君將食，膳宰嘗食，正禮也。客之，則不使膳宰嘗食，以膳宰不爲客嘗食，故降尊以就卑，與客同。《燕禮》、《大射》羞膳者皆不嘗食，是也。然君雖以客待臣，臣不敢當君之客己，且不敢廢君嘗食之禮，使君因己而食火齊不得之物，故於君祭時先飯，示代膳宰嘗食也。燕、射賓重，則不嘗食。無膳宰嘗食者，尊客之義；代膳宰嘗食者，愛君之仁也。若不以客禮待之，則君自伸日食正禮，使膳宰嘗食。既有嘗食者，則臣不嘗食，但循侍食之常而已。王氏引之、褚氏寅亮、胡氏培翬、❶劉氏寶楠等不知膳宰所以不嘗食之故，乃謂「客之」與「不客」所異者在祭不祭，不在嘗食者之有無，誤矣。夫所謂君祭先飯者，據臣言之也，若合君一邊言，

❶「胡」，原作「何」，徑改。

則臣當後祭、先飯矣。」君命之而祭，是後祭。祭畢，即先君而飯。

非以君命使節解

「非以君命使，則不稱寡。大夫士則曰：『寡君之老。』」注：「謂擯贊者辭也。不稱寡者，不言寡君之某，言姓名而已。大夫、卿士，其使則皆曰寡君之某。《檀弓》曰：『仕而未有禄者，君有饋焉曰獻，使焉曰寡君之老。』」案：此節經、注，説者多不得其解。《校釋》曰：「大夫以君命使者，聘也。聘則公士爲擯，大夫士俱有。非以君命使，而以君命私言事，則以私人擯，不以公士擯，大夫士不俱有。公士對私人言，散文則直曰士，經云『非以君命使』，則大夫士不俱有可知。如是者，則不稱寡。『寡』字兼上大夫稱『寡君之老』，下大夫稱『寡大夫』而言。云大夫士，則以君命使可知。如是者，則上大夫得稱寡君之老，下大夫得稱寡大夫，經但言寡君之老者，舉上明下耳。其大夫之中，兼上下二者，蓋統言則皆是大夫也。卿聘，以下大夫爲上介，不直用士而云士者，蓋總見聘則大夫士俱有。上賓既以下大夫爲介，又以公士爲士介，上介亦統在大夫中，若非聘則公士且不得用，無下大夫可知。經文上下相互自足，不言擯而擯義即在士字中矣。注云『謂擯贊者辭』者，核上下經文意而知。又賈氏謂據《玉藻》爲證，是也。《玉藻》『公士』與『私人』對文，此經無所對，則經『士』字當《記》『公士』可知。云『不稱寡者，不言寡君之某，言姓名而已』者，釋經『不稱寡』句，經下句言『寡君之老』，注變『老』爲『某』者，所以通其義於下大夫，明寡字兼『寡君之老』、『寡大夫』而言。下句但言『寡君之老』者，舉上明下也，既不稱寡，則言姓名而已。云『大夫、卿、士其使則皆曰寡君之某』者，大夫，下大夫。卿士，上大夫。經之大夫兼上下二者，然下但言『寡君之老』，意雖互明，文似未備，注恐人偏指上大夫，故並舉大夫、卿士以實之。注之大夫，則專指下大夫，非經之大夫。注之士字，更與經士字全無涉，四字只當經二字，先大夫，後卿士者，順經大夫文耳，然其意則與經大夫別也。經不言大夫使，注以『使』字申之，明士爲擯則必是使，故稱『寡君之某』也，則上云『非以君命使，則不稱寡』者，是大夫士不俱有明矣。云《檀弓》曰『仕而未有禄者，君有饋焉曰獻，使焉曰寡君之老』者，彼經無『之老』二字，彼注云『見在臣位，與有禄同也。君有饋，有饋於君』，於末句無説。今案：彼文當依此注所引釋之。蓋既仕即公士，士惟隨大夫爲介以聘，其擯辭則曰：『寡君之某。』《記》單言寡君，正與此經單言『寡』文義一例。云使者，明無以私事出，而用公士爲擯，稱寡之理也，惟使聘則可耳。雖彼此立文，意各有主，而事則相同，故注引爲證。上句證士字，末句證聘用士擯辭，君有饋句則連引耳。但言寡君之老者，亦舉上明下，以上云『寡君之某』兼上下言，文已明故也。老，尊稱也；大夫，爵稱也。《周官》鄉老尊於鄉大夫，尊卑異稱，德之衰也。聘所以講信修睦，考禮一德，尊事天子，公事也。非聘而出，私事也。異擯又異辭，《春秋》之義，名氏不若官，公私異稱，義之正也。」

鄉飲酒禮

鄉飲酒禮通考

孔氏《禮記正義》曰：「鄭云鄉飲酒有四事：一則三年賓賢能，二則卿大夫飲國中賢者，三則州長習射飲酒，四則黨正蜡祭飲酒。總而言之，皆謂鄉飲酒。鄉則三年一飲，州則一年再飲，黨則一年一飲。所以然者，天子六鄉，諸侯三鄉，各有鄉大夫。而鄉有鄉學，取致仕在鄉之大夫爲父師，士爲少師，在於學中，名爲鄉先生，教於鄉中之人，謂鄉學。每年入學，三年業成，必升於君。若天子之鄉則升學士於天子，諸侯之鄉則升學士於諸侯，凡升之必用正月。將升之，先爲飲酒之禮，鄉大夫與鄉先生謀士，擇學士最賢者使爲賓，次者爲介，又次者爲衆賓。鄉大夫爲主人，與之飲酒而後升之。故《周禮·鄉大夫職》曰：『三年則大比，考其德行道藝，而興賢者能者。鄉老及鄉大夫帥其吏與其衆寡，以禮禮賓之。』若州一年再飲者，是春秋習射，因而飲之，以州長爲主人也。若黨一年一飲者，是歲十二月，於國大蜡祭，而黨中於學飲酒，『子貢觀蜡』是也。亦黨正爲主人。」張氏爾岐云：「鄉飲有四，此篇所載賓賢之禮，常以正月行之。將射而飲，於春秋行之，黨正正齒位於季冬蜡祭，卿大夫飲國中賢者則無常時。」盛氏世佐云：「此篇所陳，乃侯國鄉大夫賓賢之禮，他如黨正正齒位、州長春秋習射及卿大夫飲國中賢者，雖亦名鄉飲酒，而其禮固不能無異也。自呂氏大臨謂鄉人凡有聚會，皆當行此禮，恐不止四事，《論語》載『鄉人飲酒，杖者出，斯出矣』，亦指鄉人而言之。其説見采於《通解》，而後儒宗之，遂以爲鄉人聚會飲酒之通禮矣。然《論語》所載，有尚齒之意，謂與黨正飲酒法相似則可，援以證此則不可。且其所謂鄉人者，鄉之人耳，與《鄉飲酒義》『鄉人、士、君子』之鄉人，注以爲『鄉大夫』者亦别。」褚氏寅亮云：「此禮雖主興賢能，選有德者爲賓、介、三賓，而餘皆齒序。若有遵者，則席在賓東，而不與鄉人齒。是選賢之中，仍寓尚齒貴貴之義。州長習射有賓無介，若有遵則以公士爲賓，自賓而外，皆以齒序。雖曰習射尚功，而兼貴貴尚齒，猶鄉飲也。其黨正飲酒，則專爲正齒位而行禮，故豆之多寡與年遞增，而五十以下俱立侍于堂下。然考《周官・黨正》之文曰：『一命齒于鄉里，再命齒于父族，三命不齒。』則尚齒之中，仍存貴貴之義焉。案：天子三命以下皆士，故如此分别，若侯國則自一命以上，苟位列大夫，即不以齒序，爲少異耳。以上三禮，皆行之於在官者也。至賈疏謂卿大夫飲國中賢者用鄉飲酒禮，此即《論語》所云『鄉人飲酒』也。竊意此禮雖曰飲賢，然不過在坐皆賢者耳。其賓、介等，必以年之先後次第爲之，若以德則近於標榜矣，若以貴又非尊賢之義矣。玩『杖者出，斯出矣』之文，不云賓而云杖者，蓋賓即杖者年之最高者，故即以杖者名賓也。賓出，而其餘杖者俱出矣，故孔子亦隨之而出矣。若尚德不尚年，年少者既爲賓，杖者安得不俟而先出乎？明乎此，則知此禮必兼年高有德者爲之矣。或謂此禮不立賓、介，夫不立賓，則獻、酬、酢之事俱不可行矣。故《燕義》曰：『立賓主，飲酒之義也。』見凡飲酒必立賓也。其或有賓無介，如州長習射之儀，亦未可定，但賓必兼年德耳。説《論語》者往往以鄉大夫賓賢、黨正正齒位之禮汨之，故詳辨焉。」今案：諸家分别鄉飲四事甚明，惟《論語》「鄉人飲酒」當與下文「鄉人儺」同爲公家之禮，「杖者」之文與黨飲禮正合，褚氏專以卿大夫士飲國中賢者當之，似未確。然飲賢之禮，在坐皆賢，而賓、介等必以齒爲序，則誠如褚氏所云。敖繼公以興賢能、謀賓介之禮當之，其不達於事理甚矣。

鄉飲酒賓席所在并禮經房室制度通考

經曰：「乃席賓、主人、介。」注曰：「賓席牖前，南面。」案：此所謂席賓於西北也。此室正中，牖前則近西，即此可推明禮經諸篇房室之制。《校釋》曰：「天子諸侯左右房，屢見禮經記、注。孔、賈疏義申之，謂大夫士直有東房西室，後人多疑之。弼案：謂天子諸侯宗廟、路寢、學宫左右房，大夫士廟、寢、學皆東房西室者，鄭君傳禮經先師相承之説也。謂天子宗廟、路寢如明堂，燕寢，諸侯之宗廟、路寢、學宫，大夫士之廟，學爲左右房，諸侯燕寢、大夫士正寢、燕寢爲東房西室者，鄭君之自爲説也。知者，《公食大夫禮・記》：『宰夫筵，出自東房。』注：『天子諸侯左右房。』《禮器》記：『夫人在房。』注：『天子諸侯有左右房。』謂廟制也。《喪大記》：『婦人髽，帶麻於房中。』注：『天子諸侯有左右房。』謂寢制也。《大射》：『宰胥薦脯醢，由左房。』注：『人君左右房。』謂學制也。言天子諸侯左右房，明大夫士不左右房。《公食》諸篇言東房者，東房對西房言。《特牲》諸篇亦言東房者，東房對西室言。《鄉飲酒》賓席户牖閒，凡賓席皆在户牖閒，所謂客位。《鄉飲酒義》謂其位在西北，則室在西，無西房。而上云『羞出自東房』，明東房對西室也。《聘禮》還玉，賓『退，負右房而立』，有右房者，據在正客館也。此條本賈氏義。此蓋師師相傳之義也。《詩·斯干》：『築室百堵，西南其户。』箋云：『宗廟及路寢，制如明堂。』《周禮·匠人》注、《禮記·玉藻》注義同。是天子宗廟、路寢如明堂也。鄭注謂文王在豐，猶諸侯制度，故廟寢有東西房，是諸侯廟及路寢乃爲左右房也。《斯干》箋又云：『此築室者，謂築燕寢也。天子之寢有左右房。』是天子燕寢與諸侯正寢同，則諸侯燕寢當東房西室也。《既夕禮》朝廟，『正柩于兩楹閒』。注：『象鄉户牖也。』户牖閒得與楹閒相鄉，其室必正中，則大夫士之廟亦爲左右房，義本孔氏廣森。與諸侯同。惟正寢爲東房西室，降於諸侯，故《饋食禮》每言『東房』，而《昏》、《喪》、《虞禮》則惟云『房』，明其制異。正寢既東房西室，燕寢自東房西室也。《鄉飲酒禮》：『乃席賓、主人、介。』注：『賓席牖前，南面。』牖在室中西，賓席牖前，當西北之位，則室必正中。略本盛氏世佐義。《鄉射》言户牖之閒者，鄉射賓不必在西北。是大夫士之學亦左右房，故《鄉飲酒》記及《義》及《鄉射》記皆言東房也。然則人君左右房，大夫士東房西室之説，惟可施於正寢，故注于正寢無異義，此鄭君自爲説之義也。蓋鄭見經于大夫士廟學之制，皆言東房，與諸侯同；于寢制但言房，與諸侯異。疑先師言房室之制未免牽混，故既著其説，而于廟學復分别言之也。鄭既疑先師之説，所以仍著之者，以東房對西室言，亦自可通。傳説已久，不敢輕廢，猶《肆夏》存吕叔玉，三《易》著杜子春之義，蓋其慎也。後人不深考注文，而妄議鄭言大夫士東房西室之非，又不深考經文，而謂大夫士廟寢皆左右房。惟孔氏廣森云：『君子之營宫室，宗廟爲先，居室爲後，則寢之視廟，宜有綳矣。《爾雅》曰：室有東西廂曰廟，無東西廂有室曰寢。此寢廟之異，有明文者也。大夫士之廟乃左右房，其寢固東房西室，以降於君耳。《饋食禮》每言東房，又言左房，東以對西，左以對右，以爲廟無兩房者信不然也。《昏禮》言房者五，言房中者四；《喪禮》言房者四，言房中者一；《虞禮》言房中者一，言房者二；而皆不指其東西左右，則以爲寢有兩房者，亦未必然也。《漢書》曰：家有一堂、二内。一房一室合於二内之謂。飲射在學，與廟同制。』案：孔據經文分别廟寢，暗合注意，最爲精確。胡氏又據《斯干》箋，謂諸侯燕寢爲東房西室，亦發千古所未發，但謂東房西室專爲燕寢之制，而大夫士之正寢亦左右房，則未合于經。據經，昏禮在燕寢，喪、虞皆在正寢，喪、虞與昏同言房若房中，而不指其東西左右，則大夫士之正寢與燕寢同一房審矣。且以次差之，天子廟寢如明堂而燕寢左右房，諸侯廟寢左右房而燕寢東房西室，則大夫士廟及正寢當東房西室矣。但宗廟尊，故亦爲左右房，而惟降其正寢爲東房西室。東房西室無可復降，禮窮則同，故燕寢與正寢同東房西室也。如胡氏説，則大夫士宗廟、正寢、燕寢悉與君同制，似失尊卑之差。《詩》箋言天子燕寢有左右房，是别於諸侯而言，不兼大夫士。蓋周初，宫室皆承先王用諸侯制，正寢左右房，燕寢東房西室。宣王改作，乃於燕寢爲左右房，與諸侯異制，故《詩》特言之。詩文可據以推諸侯之制，不可據以推大夫士之制也。燕寢之制，諸侯與天子殊，正寢之制，不獨諸侯與天子殊，而大夫與諸侯亦殊，故鄭《詩》箋言天子燕寢有左右房，以别於諸侯。《禮》注於正寢，遵用先師諸侯有左右房之義，以别于大夫士，皆經之達詁也。胡氏所以謂大夫士正寢亦左右房者，以誤會《詩》箋之意，謂一房者，室東向開户，以達于房。左右房者，室乃南向開户，禮經《喪禮》、《虞禮》言室户皆南鄉者，則皆左右房而非東房、西室。今案：《詩》箋云：『此築室者，謂築燕寢也。天子之寢有左右房，西其户者，異于一房者之室户也。又云南其户者，宗廟及路寢，制如明堂。每室四户，是室一南户爾。』《正義》曰：『既有左右，則室當在中，故西其户者，異于一房者之室户也。大夫以下無西房，惟有一東房，故室户偏東與房相近，此户正中，比之爲西其户矣。』案：大夫以下燕寢與諸侯同，孔據大夫以釋一房者之室户亦未爲失，而其言室户之制則甚精。孔意以一房者，東爲房，西爲室，室之西偏當西夾，北牖在室中央，而户則在東隅與房逼近，是其户在室之東也。兩房者室居中，牖在室中西，户在室中東，是其户近室之中也。近室中，則西于在室東隅者，故曰：『西其户者，異于一房者之室户也。』經『西南其户』承『築室百堵』言，則西南專據室，不據堂。孔氏蓋案禮圖爲説，義本明確，經之『西』字對一房者之室户在東隅，則一房者室固不東鄉開户；經之『南』字對明堂之制四面有户，則更不足以明一房者之室户不南鄉。『西』、『南』二字，義不相蒙，無論一房、兩房，室户固未有不在南者。若與房相通之小户，則《春秋傳》所謂『側户』，不在房户、室户正户之數，不得單名『户』。《昏禮》、《内則》由房入室，由室入房，不言出入，當由側户，蓋燕私之禮。然經所謂『賛入户』，則固正户。諸經傳所言户，亦皆正户，未有稱側户爲户者。側户不獨一房之燕寢有之，即天子燕寢左右房者亦有之。《書大傳》説后夫人入御于君，皆由房入室，不由室户，蓋婦人恒由側户出入也。側户不在户數，故鄭謂天子燕寢止一南户，非如明堂之制，四面皆正户也。《玉藻》「居恒當户」，直言户，則是正户，非側户，故注云：「向明。」如謂一房者，室東向開户而無南向户，則是室無户，但有側户矣。以是言之，室户皆南向。《喪禮》、《虞禮》之户，固一房者之室户，諸侯燕寢、大夫士正寢、燕寢皆東房西室，詩文禮例本無不合也。此經飲酒在學，有左右房，與私家異。故席賓西北，不在户牖閒而在牖前。賓席牖前，而其西，仍得容衆賓三人不相屬之席也。」今案：《特牲禮》：「豆、籩、鉶在東房。」注曰「東房，房中之東，當夾北」者，言東房在堂後室東，其房中之東，當東夾北。此明東房之制，非釋經言東房之意。「東房，房中之東，當夾北」，則西房，房中之西，當夾北，夾不與房並也。賈疏失之。李氏《釋宫》云：「注曰『房中之東，當夾北』，則東夾之北，通爲房中矣。」頗得注意。

鄉飲酒燕禮升歌合樂並天子以下饗燕用樂大例述

《鄉飲酒》、《燕禮》皆升歌《小雅》，合樂《周南》、《召南》。《燕禮》謂二《南》爲鄉樂，鄭注曰：「鄉樂者，風也。《小雅》爲諸侯之樂，《大雅》、《頌》爲天子之樂。《鄉飲酒》升歌《小雅》，禮盛者可以進取也。《燕》合鄉樂，禮輕者可以逮下也。《春秋傳》曰：『《肆夏》、《繁遏》、《渠》，天子所以享元侯也。《文王》、《大明》、《緜》，兩君相見之樂也。』然則諸侯相與燕，升歌《大雅》，合《小雅》。天子與次國、小國之君燕，亦如之。與大國之君燕，升歌《頌》，合《大雅》。」《校釋》曰：「《詩・小雅大雅譜》云：『其用於樂，國君以《小雅》，天子以《大雅》。然而饗賓或上取，燕或下就。何者？天子享元侯，歌《肆夏》，合《文王》。諸侯歌《文王》，合《鹿鳴》。諸侯於鄰國之君，與天子於諸侯同。天子諸侯燕群臣及聘問之賓，皆歌《鹿鳴》，合鄉樂。』案：鄭論天子諸侯歌、合所用詩，以饗賓上取、燕下就爲例，其定上取、下就之例，以國君以《小雅》，天子以《大雅》爲準。必知國君以《小雅》，天子以《大雅》者，《燕禮》云：『遂合鄉樂，《周南》：《關雎》、《葛覃》、《卷耳》，《召南》：《鵲巢》、《采蘩》、《采蘋》。』經明以《周南》、《召南》爲鄉樂，則《風》爲大夫所用之正樂無疑。《鄉飲酒》、《鄉射》息司正，鄉樂惟欲，用其正也。大夫以《風》，諸侯自必以《小雅》，天子自必以《大雅》。既大夫以《風》，諸侯以《小雅》，天子以《大雅》，則大夫用《風》爲正，其用《小雅》者，上取也。諸侯《小雅》爲正，其用《大雅》者，上取；用鄉樂者，下就也。天子《大雅》爲正，其用《頌》者，上取；用《小雅》、鄉樂者，下就也。所以必上取、下就者，以饗賓禮盛，燕臣禮輕不同故耳。《譜》於饗言『饗賓』，燕但云『燕』，然下云『天子諸侯燕群臣』，則燕臣可知。禮之例，燕饗對言，則君臣各云『燕饗』；君臣對言，則君之燕饗皆云『饗』，臣之燕饗皆云『燕』。《春秋傳》王享晉士會，而曰『享有體薦，宴有折俎。公當享，卿當宴』是也。知有饗賓上取、燕下就者，天子享元侯，歌《肆夏》，合《文王》，元侯，二王後，天子所賓也，故上取《肆夏》而合《文王》用其正。《春秋傳》曰：『《三夏》，天子所以享元侯也。』言元侯者，別于諸侯也。諸侯歌《文王》、合《鹿鳴》，諸侯，天子所臣也，故歌《文王》用其正而合《鹿鳴》，下就也。此雖蒙享文，實即燕臣之下就。但以「公當享」，且上承「享元侯」，下起享鄰國之君，文勢當在此。學者心知其意可耳。

「諸侯於鄰國之君，與天子於諸侯同。鄰國君，諸侯之賓也，故上取《文王》而合《鹿鳴》用其正。

《春秋傳》曰『《文王》，兩君相見之樂也』是也。《譜》但云諸侯相見，不言元侯相見，元侯相見亦與天子於元侯同，但升歌《清廟》以避天子，本孔氏說。見《仲尼燕居》。然《清廟》、《肆夏》同是《頌》，則同是上取也。二王後，得用《頌》。天子諸侯燕群臣及聘問之賓皆歌《鹿鳴》、合鄉樂，群臣固臣，聘賓於天子則陪臣，於諸侯亦外臣也。故天子歌、合皆下就，諸侯合樂下就也。諸侯燕禮下就鄉樂，燕也。大夫鄉飲酒上取《鹿鳴》，饗賓也。鄉射亦饗賓而禮較輕，則但合樂用其正，不上取；大射亦燕臣而禮較盛，則但升歌用其正，不下就。上取下就，總以饗賓、燕臣爲衡，賓則燕亦饗也，臣則饗亦燕也，故此注『諸侯相與燕』以下，據燕言之，即包在《詩譜》『天子享元侯』三事中，此所謂燕，彼所謂饗也。彼「饗」字包賓之饗燕，「燕」字包臣之饗燕。盛氏不辨饗賓與燕之恉，謂燕賓當較享賓降一等，則諸侯享聘賓及己臣歌《鹿鳴》，其燕聘賓及己臣當但歌鄉樂矣，何以晉享穆叔，歌《鹿鳴》之三三拜，而燕禮亦歌《鹿鳴》，與之同乎？阮氏不知上取下就之例，謂大夫士相見之樂爲《鹿鳴》，諸侯燕大夫亦用《鹿鳴》，兩君相見之樂爲《清廟》，天子享諸侯亦用《清廟》。夫不論其詩爲何人分所應用之詩，與其人之用此詩爲何等事，而但以其所用論之，固已失其本矣。如《鹿鳴》爲大夫士之樂，則鄉樂之名何自而稱？《小雅》之上有《大雅》，兩君相見，何以越《大雅》而用《頌》？《仲尼燕居》言『兩君相見，升歌《清廟》』，《左氏傳》言『《文王》，兩君相見之樂』，苟無元侯諸侯之分，將孰是而孰非乎？《傳》所謂『《文王》，兩君相見之樂』，正鄭所謂饗賓或上取者，安得謂諸侯本不以《小雅》乎？且如《傳》文，則諸侯用《大雅》，何以又用《頌》，不依傳文乎？《禮記》之『兩君相見』，先儒固謂元侯升歌《清廟》，正與天子享元侯之歌《肆夏》同爲上取也，安得謂天子本不以《大雅》乎？諸侯燕群臣用《鹿鳴》，乃其正，天子群臣爵雖尊，在畿内與諸侯之臣禮同，冠、昏、喪、祭、鄉、相見之禮，多依諸侯士大夫爲準，所以防僭差也。天子燕之下從諸侯禮，固其宜耳。鄭氏取就之説，原于《燕禮》名二《南》爲鄉樂之文，據以定《小雅》爲諸侯樂，《大雅》爲天子樂。進乎此者爲上取，退乎此者爲下就，與《肆夏》之爲金奏、爲工歌無與，即易《肆夏》爲《清廟》，上取下就之義固如故也。且金奏《肆夏》，有入門之樂，有升歌之樂，孔氏廣森曰《肆夏》與《肆夏》之三不同。弼謂入門之樂，但歌《肆夏》一篇作於堂下，升歌之樂乃歌《肆夏》之三於堂上，而先擊鐘鎛於堂下以爲節，既鼓鐘鎛乃絃而歌之。知者，禮經之例凡歌三篇者，皆連舉三篇，『工歌《鹿鳴》、《四牡》、《皇皇者華》』是也。歌一篇者，則但稱一篇，《鹿鳴》、《新宫》、《騶虞》、《貍首》、《采蘋》是也。《燕禮·記》、《大射儀》兩見《肆夏》，皆單舉一篇，與《郊特牲》『賓入大門，而奏《肆夏》』，《仲尼燕居》『入門而縣興』文同，是但歌《肆夏》一篇，爲入門之樂也。《春秋傳》曰『金奏《肆夏》之三』，又曰『三夏』，《外傳》曰『金奏《肆夏》、《繁遏》、《渠》』，與入門之樂但云《肆夏》者絶不同，則必升歌之樂也。惟升歌故三篇連歌，三篇連歌而曰『金奏』。故孔氏謂工歌亦先金奏，《論語》『始作，翕如也』，下云『以成』，『成』即『簫韶九成』之成，正歌備，乃爲成，則上云『始作』，必升歌也。設升歌不金奏，何以有翕如之象乎？金奏《肆夏》一篇以納賓，天子享諸侯、兩君相見、諸侯於朝聘賓、於勤王事大夫皆得用之，至大夫於賓客始不得用，故曰：『大夫之奏《肆夏》也，由趙文子始也。』金奏《肆夏》之三以樂賓，則惟天子享元侯用之，故曰：『《三夏》，天子所以享元侯也，使臣不敢與聞。』若使《肆夏》止用之入門，則晉爲聘賓奏《肆夏》，正其宜也，何不敢聞之有？或謂天子享元侯，入門歌《肆夏》之三，穆叔不敢聞者，非不敢聞《肆夏》，不敢聞《肆夏》之三耳。不知正歌外，從無連奏三篇之法。案：《燕禮》、《大射儀》並云：『賓及庭，奏《肆夏》。賓拜酒，主人答拜而樂闋。』《郊特牲》『賓入大門而奏《肆夏》』，《仲尼燕居》『兩君相見，入門而縣興，升堂而樂闋』。夫及庭至拜酒，與入大門至升堂，其時之疏數正同歌樂之道，閒若一，斷無同此一頃而歌之多少懸絶者。彼爲歌《肆夏》一篇，則此亦歌《肆夏》一篇，其奏《肆夏》之三者乃升歌耳。天子享元侯，入門奏《肆夏》一篇，升歌奏《肆夏》之三；元侯相見，入門歌《肆夏》一篇，升歌《清廟》以避天子。自此已下，但有入門之奏《肆夏》，而無升歌《肆夏》之三者。晉爲穆叔既於入門奏《肆夏》，又於升歌時金奏《肆夏》之三，不拜；乃復歌《文王》之三，又不拜；乃歌《鹿鳴》之三。《肆夏》之三最在先，故曰：『先樂金奏《肆夏》、《繁遏》、《渠》，天子所以享元侯也。』據此，則鄭謂天子享元侯歌《肆夏》，據《左傳》明文，與《仲尼燕居》不相背而相成。此注云升歌《頌》，實包《肆夏》、《清廟》言之。天子享元侯，元侯相享，享諸侯，諸侯相享，諸侯燕大夫，大夫相與燕，其用樂之事同，而所以爲事者不同。夫制禮自士始，用樂亦然。明大夫士之正爲鄉樂，而後上而致于天子，無相奪倫。聖人復起，不易斯言矣。」

遵人禮辨

盛氏世佐云：「此云：『公升如賓禮，大夫則如介禮。』《鄉射·記》云：『若有諸公，則如賓禮，大夫則如介禮；無諸公，則大夫如賓。』及考《鄉射禮》所載遵者獻酢之禮，僅與介同，不見所謂『如賓禮』者。諸公之禮既無明文可考，於是諸儒各以己意爲説。楊氏但謂自拜至以後當與賓同，言如獻而不及酢。敖氏謂如賓禮，如其獻禮耳，酢則仍與介同，辟正賓也。張氏爾岐云：『謂拜至，獻酢並如之。』以經文斷之，則張説近是，而亦有所未備也。蓋經文簡而該，『如賓禮』三字，足以概括一章待公之禮，無事於繁複敷陳也。既云『如賓禮』，則自拜至而獻而酢而酬，二字原脱，今補。無不如之矣。《鄉射》所陳，特其所謂大夫如介禮者耳。言大夫，則諸公可知；言有諸公之大夫，則無諸公可知也。此蓋貴貴之禮，有必不可殺者，焉得以辟正賓爲辭乎？張言獻酢而不及酬，是其所未備也，如介禮則無酬矣。」

鄉射禮

鄉射並鄉學通考

胡氏匡衷云：「案：《鄉射》有二：一是州長會民習射，一是鄉大夫貢士後，以此射詢衆庶。其禮皆先行鄉飲酒禮，但諸侯之鄉射，鄉大夫是大夫，州長是士。《記》云：『大夫兕中，士鹿中。』又鄉大夫射於庠，州長射於序，爲少異耳。」盛氏佐云：「此篇或目爲士大夫習射之通禮，非。蓋以禮屬民而讀灋飲射，皆有民社者之責也，豈士大夫平居所常行乎？士大夫相與燕飲，其事有類於射者，投壺是也。又案：庠序之說，經傳各異。《鄉飲酒義》云『主人拜迎賓於庠門之外』，則庠爲鄉學矣。《周禮·州長》：『春秋以禮會民而射于州序。』《黨正》：『國索鬼神而祭祀，則以禮屬民而飲酒于序。』則序爲州黨學矣。鄭說蓋本諸此。又《學記》云：『黨有庠，術有序。』術，鄭讀爲『遂』。孔疏云：『此蓋鄉之所居黨，爲鄉學之庠，不別立序。凡六鄉之內，州學以下皆爲序。六遂之內，縣學以下皆爲序也。』又云：『庾氏云黨有庠謂夏殷禮，非周法。義或然也。』孟子則謂：『夏曰校，殷曰序，周曰庠，學則三代共之。』夫鄉學之設，但聞鄉黨殊名，不聞殷周異號。且《王制》云：『有虞氏養國老於上庠，養庶老於下庠。夏后氏養國老於東序，養庶老於西序。殷人養國老於右學，養庶老於左學。周人養國老於東膠，養庶老於虞庠。』《明堂位》亦云：『魯之米廩，有虞氏之庠也。序，夏后氏之序也。瞽宗，殷學也。頖宮，周學也。』然則國學之名，亦代不相襲矣。乃云三代共之，此皆不可曉。竊謂當以《鄉飲酒義》及《周禮》爲正。蓋《儀禮》、《周禮》皆周公制作時所定，而《鄉飲酒義》即《儀禮》之義疏也，亦不容有誤。鄭君據此，極爲有見。郝氏乃執孟子之言而詆之，過矣。且謂庠序學校同地異名，則於鄉學國學之辨尤欠分曉，不更爲無稽之譚乎！」今案：盛氏申鄭是也。然《孟子》與《周禮》實不相背，合諸經記推次之，蓋虞之大學曰上庠，或曰成均，小學曰下庠。夏大學曰東序，小學曰西序，鄉學曰校。殷大學曰右學，亦曰瞽宗，小學曰左學，以夏之序爲鄉學。周大學曰東膠，與虞、夏、殷三代之學同立於國中，而别以虞之庠爲小學，在四郊，詳段氏玉裁《四郊小學疏證》，顧氏廣圻力駁段説，非。又以爲鄉學，以夏之序爲州黨及遂之學，而去其室爲謝制。三代之大學、小學又皆直稱學，鄉學或稱鄉校，學制大略如此。

州學爲謝制考

經曰：「豫則鉤楹内，堂則由楹外。」注曰：「豫謂州學也。讀如『成周宣謝災』之謝，《周禮》作序。凡屋無室曰謝，宜從謝。今文豫爲序，序乃夏后氏之學，亦非也。」鄭據《爾雅》，易經字如此。盛氏世佐曰：「序之無室，其證有三，而《爾雅》不與焉。蓋序爲州黨學，其規模制度必狹小於鄉學之庠，而其器席陳設一與庠同，又須留餘地以通行禮者之往來，若復去四分之一以爲室，其勢必不能容，一也。庠大於序，而射者所履之物止於當楣。楣，棟前一架也。序小於庠，而物反當正中之棟，若其有室，則室之牖前爲賓席，席前又設薦俎，與物同在一架之内，能無礙乎？二也。又經文序與堂對，堂者，對室之稱，無室不可以言堂，言堂以對序，三字今增。則知序之無室矣，三也。」案：盛列三證是也。謂《爾雅》不與，以鄭讀爲非，非也。《校釋》曰：「鄭於《周禮》從序，而以此今文作序爲非者，蓋周以夏后氏之序爲州學，而去其室爲謝制，故舉其名則曰序，核其制則曰謝。此經分别庠序之制，以豫對堂，必從謝而後義明。作序則制不顯，故以今文爲非。《周禮》及他經渾舉其名，則當作序以對庠，言各有當也。《記》云：『序則物當楣。』字亦當作謝。鄭不破者，以序、謝聲通，字得假借耳。《爾雅》『無室曰謝』，實此經序當讀謝之明驗。盛氏謂《爾雅》是臺上之屋，與此無干，不知《爾雅》之言謝有二：一云『有木者謂之謝』，承『闍謂之臺』言，謂臺也，與此無涉。一云『無室曰謝』，承『室有東西廂曰廟，無東西廂有室曰寢』言，謂室也。此州學稱謝，即在其中矣。序之無室，經究未明言，向使無《爾雅》之文，孰敢以意推測而杜撰其制？勢必與經回互而後已。鄭君據《雅》定《禮》，確不可易。既定其爲謝無室，則尺度淺深、行事方位，經文自一一脗合矣。竊疑序爲謝制，自殷已然。蓋殷以夏之序爲鄉學，而去其室，故孟子曰：『殷曰序，序者，射也。』序亦當爲謝，謝從射得聲，猶《中庸》：『義者，宜也。』義當爲誼，誼從宜得聲，皆以聲兼義也。周以有虞氏之庠爲鄉學，而以夏之序爲州黨之學，其無室稱謝，則因于殷也。」

獸侯辨

「凡侯，天子熊侯，白質；諸侯麋侯，赤質；大夫布侯，畫以虎豹；士布侯，畫以鹿豕。」注：「此所謂獸侯也，燕射則張之。鄉射及賓射，當張采侯二正。而記此者，天子諸侯之燕射，各以其鄉射之禮而張此侯，由是云焉。白質、赤質皆謂采其地。其地不采者，白布也。熊、麋、虎、豹、鹿、豕，皆正面畫其頭象於正鵠之處耳。」又云：「凡畫者，丹質。」注：「賓射之侯，燕射之侯，皆畫雲氣於側以爲飾。必先以丹采其地。」按：注義至確。後人不察，妄生異說。《校釋》曰：「禮射有三：大射、賓射、燕射。大射最尊，賓射次之，燕射次之。大射，爲祭擇群臣而射也，天子諸侯大夫有之，士無臣則無大射。賓射，與賓射也，天子諸侯大夫士皆有之。燕射，因燕而射也，亦天子諸侯大夫士皆有之。又有鄉射，惟大夫士有之，鄉射以禮樂賓，大夫士禮之盛者，亦大夫士之賓射也。《燕禮》曰：『若射，則如鄉射之禮。』天子諸侯之燕射，不以其大射、賓射之禮，而各以其鄉射之禮，則大夫士之燕射，當降於其鄉射之禮，以鄉射固大夫士之賓射也。大夫士亦有燕禮，則亦有燕射矣。大射張皮侯，設其鵠，賓射張采侯二正，燕射張獸侯。此鄉射即賓射，當張采侯而記此者，以天子諸侯燕射各以其鄉射之禮，特侯異耳，故記之。《周禮·梓人》云：『張皮侯而棲鵠，則春以功。』謂大射射鵠也。又云：『張五采之侯，則遠國屬。』謂賓射射正也。又云：『張獸侯，則王以息燕。』謂燕射射獸也。惟棲鵠者云皮侯，則采侯、獸侯皆無皮，故知此熊、麋、虎、豹、鹿、豕皆畫也。獸繼采與鵠而言，故知畫於正鵠之處也。《記》於天子諸侯不言畫，於大夫士始言畫者，舉下以明上也。獸既畫於正鵠之處，則質者對畫而言，即所采之地。其地不采者，則白布。《記》言大夫士之布，以見天子諸侯之不徒布。布對采言，非對皮言，皮惟大射之侯用之，《梓人》有明文。司裘惟共大射之侯，而不共他侯，亦其確證也。皮侯用獸之皮，而不見獸形，故不謂之獸而謂之皮。獸侯畫獸之形，而不用皮，故不謂之皮而謂之獸。先王正名百物，此亦其一端也。用皮不用皮，以大射、賓射、燕射分，不以天子諸侯大夫士分。皮侯取義於鵠，采侯取義於正，則獸之畫，自在正鵠之處。而白質、赤質自謂采其地，天子諸侯用白、赤質，大夫士用布，無質。則下云『凡畫者，丹質』，自謂畫雲氣於側，以丹采其地。上云

『凡侯』，凡天子諸侯大夫士燕射之獸侯。下云『凡畫者』，凡天子諸侯大夫士賓射、燕射采侯、獸侯之畫與質。此質與的質、椹質之質皆異，的質之質謂正鵠也。《詩》：『發彼有的。』傳：『的，質也。』《射義》『發而不失正鵠者』，《詩》云『發彼有的』，是質爲正鵠之明文。傳又云『有燕射之禮』，燕射無正鵠得云質者，質，正也，射者視以爲正。此熊、麋諸獸畫於正鵠之處，亦射者所當以爲正，故亦得云質。質謂獸，非謂白質、赤質。如謂白質、赤質，則丹質在側，豈可發之處？至椹質之質，則用于澤宮，與主皮之射相類，更與禮射無涉。《周禮》以獸對正鵠，未嘗以質對正鵠，言獸侯不言質侯，則質自謂所采之地，而獸自畫於其上。鄭據《周禮》以定此經，又細別其同異之故，精密之至！後人不察，乃謂鄉射射質，質者以土塗之，猶大射之鵠，賓射之正。果爾，則《周禮》何以無一語及質乎？其非明矣。」又案：金氏鶚不信鄭注正鵠之説，妄改《周禮》二正爲一正，巧説衺辭，破壞聖經，深可忿疾。

駁淩氏廷堪《鄉射五物考》

《周禮·鄉大夫》：「以鄉射之禮五物詢衆庶。」謂因鄉射而以五物詢之，如矍相延射，揚觶而語之比。不曰觀而曰詢，則五物不在鄉射禮中甚明。淩氏强據鄉射以説五物，於《周官》本經皆多窒礙，通人之蔽，亟爲釋之。按：五物一曰和，二曰容，和與容判然二物，淩氏説爲第一次射，貴其容體比於禮，則止一物矣。三曰主皮，謂庶人之射及卿大夫澤宮習射，張獸皮而射之，非禮射也。《記》明云「禮射不主皮」，淩乃以主皮爲鄉射第二次射，豈第二次非禮射乎？射無不貴中之理，故鄉射、大射皆云「不貫不釋」。然第二次云「不貫不釋」，第三次又云「不鼓不釋」，射禮自始至終皆以揖讓行之。且先以獻酬，終以旅酬、無算爵，是乃所謂貴其容體比於禮，節比於樂，不但中爲儁，是乃所謂不主皮也。不貫不釋，貴中也，非專主中也，故不貫雖不釋，而仍得復射。主皮則專主中，故不中則不復射。淩氏强合爲一，誤矣。《記》既云「禮射不主皮」，又别出之曰「主皮之射者，勝者復射，不勝者降」，以見其禮截然不同。淩氏乃謂《記》補經所未備。果爾，則第二次射者，豈能每耦皆左右鈞？至第三次射失耦者必多，何以經無司射更比耦之文，而《記》亦不補？且第三次射，前三耦及衆賓各與其耦拾取矢，所取之矢即第二次射之矢，其耦即第二次射耦也。取矢畢，即反位，反位畢，即復射，安得有不勝者降之事？設賓、主人、大夫或不勝，將復射乎，降乎？《記》本别出他《禮》，而以爲補經，誤之誤矣。四曰和容，五曰興舞，淩以爲第三次射貴其容體比於禮，又貴其節比於樂。按：均是容體比於禮，何以初分爲二，此又合爲一？且如此則五物止三物矣，容體比禮，三射所同，一言和容足以該之，焉用重出？如第三次須重出，則第二次何獨不重出乎？凡此諸誤，皆因不審《周官》「詢」字之義，而以五物强歸之《鄉射》，又略取《論語》馬注之義，然馬注與《記》不合，鄭所不從，以此益見鄭義之精。且馬説「主皮」爲「能中」，雖與《記》違，委曲説之尚可互通，淩説則不能通矣。此等説在他家辨之不勝辨，淩氏禮經大師，其《釋例》至爲精密，而有此漏失，不得不亟爲刊改，以就其正。淩氏好以禮經説他經，不得已乃曲解本經以就他經，千慮一失，兩傷交痛。故説經者必胸無成見，一空依傍，而後能得真是也。

燕禮

燕禮考

賈疏云：「案上下經注，燕有四等。《目録》云諸侯無事而燕，一也；卿大夫有王事之勞，二也；卿大夫聘而來，還與之燕，三也；四方聘客與之燕，四也。若然，《目録》云卿大夫有勤勞之功，兼聘使之勞、王事之勞二者也。知臣子�還與之燕者，❶《四牡》勞使臣是也。知有王事之勞燕者，下《記》云『若以樂納賓，則賓及庭，奏《肆夏》』，鄭注云『卿大夫有王事之勞，則奏此樂焉』是也。知君臣無事有燕者，案《魯頌》云：『夙夜在公，在公明明。振振鷺，鷺于下。鼓咽咽，醉言舞。于胥樂兮。』鄭箋云：『君臣無事則相與，明義明德而已。潔白之士，群集於君之朝，君以禮樂與之飲酒，燕樂以盡其歡。』是其無事而燕也。又知賓及庭奏《肆夏》，是己之臣子有王事之勞者，案：《郊特牲》云『賓入大門而奏《肆夏》』，鄭云：『賓，朝聘者。』是異國聘賓入大門奏《肆夏》，故知《記》云『賓及庭奏《肆夏》』者，是己之臣子也。又知異國聘賓有燕者，《聘禮》所云燕與時賜者是也。」方氏苞云：「聘賓則入大門而奏《肆夏》，以主君出迎於大門内也。本國之臣入至庭而奏《肆夏》，以君於是時始

❶「覟」，原脱，據《儀禮注疏》補。

降階而揖之也。」案：方氏此説甚是。吴氏廷華謂賓及庭奏《肆夏》，兼己臣及聘賓言，殊誤。方氏又以奏《肆夏》爲燕卿大夫有大勳勞者之禮。然勤王事即勳勞之最大者，疏説不可易。其大射前燕禮，《目録》及注不言，故疏陳四事不數之，合之凡五事。

胡氏匡衷曰：「《周禮・大宗伯》：『以饗燕之禮，親四方之賓客。』賈疏：『饗，亨大牢以飲賓，獻依命數，在廟行之。燕者，其牲狗，行一獻四舉旅，降脱屨，升坐，無算爵，以醉爲度，行之在寢。』饗禮今亡，此篇所載是諸侯燕其臣之禮。其天子之燕禮亦亡矣。又有與族人燕及祭畢之燕，皆與此禮別。」褚氏寅亮云：「待賓之禮有三：饗也，食也，燕也。饗重於食，食重於燕。饗主於敬，燕主於歡，而食以明養賢之禮。饗則體薦而不食，爵盈而不飲，設几而不倚，致肅敬也。食以飯爲主，雖設酒漿以漱不以飲，故無獻儀。燕以飲爲主，有折俎而無飯，行一獻之禮，脱屨、升坐以盡歡，此三者之别也。饗、食於廟，燕則於寢，其處亦不同矣。」今案：饗、食有幣，燕無幣，亦其異者。天子諸侯於群臣賓客皆有饗、食、燕。《左傳》季文子如宋致女歸，公享之，是諸侯於臣有饗。魏絳反役，晉侯與之禮食，是諸侯於臣有食。其燕，則此篇是也。其聘賓，則《聘禮》云「壹食，再饗，燕無數」是也。或謂諸侯於其臣無饗、食，非。又有饗孤子、食耆老之禮，饗、食、燕大略如此。

主　人

《燕禮》「主人」，注據《禮記・燕義》以爲「宰夫」。胡氏匡衷斥《記》爲誤。《校釋》曰：「《燕義》

『使宰夫爲獻主』，《周禮·膳夫職》『王燕飲酒則爲獻主』。蓋燕禮，大夫爲賓，士爲主人。諸侯宰夫當天子膳夫，皆上士也。故《周禮》天子禮，則云膳夫『爲獻主』，《燕義》諸侯禮，則云『宰夫爲獻主』，差次正當然也。然皆燕群臣禮，若與族燕，則《文王世子》云『膳宰爲主人』，諸侯亦用膳宰，禮又殺矣。春秋之世，官失禮壞，宰夫、膳宰往往不分，誠有如胡氏所云者。然《春秋傳》因時人之語，不免有譌。記禮者則不當譌。即《檀弓》記春秋時事，謂杜蕢自稱宰夫。容有傳聞之譌，而《燕義》專説經文，則決無譌。注以《記》解經，確不可易。胡氏以天子禮決諸侯，以族燕禮決燕群臣，皆非也。鄭司農注《膳夫職》，引《燕義》『使宰夫爲獻主者，取臣莫敢與君抗禮』之義，且明諸侯之宰夫當天子之膳夫耳。《大祝》注『宰夫授祭』，宰字之誤，當爲膳，非誤合二職爲一也。《燕義》釋文云：『使宰夫，本亦作使膳夫。』此别本涉注膳宰而譌。鄭司農注《周禮》，鄭君注此經，引皆作『宰夫』，則古本無作『膳夫』明矣。」

庶　子

褚氏寅亮曰：「庶子官，《燕義》有明文，不知後儒何故必不信《禮記》而以卿大夫士之子當之。夫卿大夫士之子苟無其位，未必與燕，既有列於位，獻當從其爵，豈宜在旅食後？注是也。」

賓爲苟敬

《記》：「若與四方之賓燕，則公迎之于大門內，揖讓升。賓爲苟敬，席于阼階之西，北面。有脀，不嚌肺，不啐酒。其介爲賓。」鄭注曰：「苟，且也，假也。主國君饗時，親進醴於賓。今燕，又且獻焉。人臣不敢褻煩尊者，至此升堂而辭讓，欲以臣禮燕，爲恭敬也。於是席之如獻諸公之位。言苟敬者，賓實主國所宜敬也。」敖繼公《集説》曰：「苟，誠也，實也。賓於是時，雖不爲正賓，而實爲主君之所敬，故以賓爲苟敬也。」戴氏震曰：「《説文》『苟，自急敕也。音棘，從羊省』，與苟且字不同。」王氏引之《經義述聞》曰：「敖氏、戴氏之説皆非也。下文『與卿燕則大夫爲賓，與大夫燕亦大夫爲賓』，注曰：『不以所與燕者爲賓者，燕爲序歡心，賓主敬也。』是主人與賓，惟主恭敬而少歡心，今賓既辭爲賓而就諸公之位，則歡心多而敬少。既不可專事恭敬，又不可全不敬，故謂之苟敬也。上文賓「取肺，坐絶祭，嚌之」，又「席末坐，啐酒」。此則云「不嚌肺，不啐酒」，則其禮殺於賓可知。《聘禮·記》『燕則上介爲賓，賓爲苟敬』，注曰：『燕，私樂之禮，崇恩殺敬也。賓不欲主君復舉禮事禮己，於是辭爲賓，君聽之。從諸公之席，命爲苟敬。苟敬者，主人所以小敬也。』是苟敬有崇恩殺敬之義。命爲苟敬者，所以別於正賓之全主敬也。若訓爲主君之所誠敬，及自急敕而敬賓，則與正賓之全主敬者無以異矣，非經意也。」

大射儀

大射擇士辨

褚氏寅亮曰：「射可以觀德行，故聖王重之。其重射之義有二：選諸侯也，擇士也。考之《禮記·射義》，其曰：『射者，射爲諸侯也。射中則得爲諸侯，射不中則不得爲諸侯。』此所謂選諸侯也。其曰：『天子之制，諸侯歲獻貢士於天子，天子試之於射宫。其容體比於禮，其節比於樂而中多者，得與於祭。其容體不比於禮，其節不比於樂而中少者，不得與於祭。』此所謂擇士也。又云：『數與於祭而君有慶，數不與於祭而君有讓。數有慶而益地，數有讓則削地。』以所貢者之得人與否，定其君之賞罰，此則於擇士之中，而即寓黜陟諸侯之微權也。因并令在朝諸臣共有事於射，以習禮樂而觀盛德，序賓以賢，序賓以不侮，豈獨在會同時乎？至諸侯大射取士，則上以貢天子，下以助己祭，而即於其時令群臣共習焉。故逸《詩》：『大夫君子，凡以庶士，小大莫處，御於君所。以燕以射，則燕則譽。』《射義》所云『君臣盡志於射以習禮樂』，可免流亡之患者也。乃論者疑必射中始得與祭，即大臣中容有不得與贊襄者。不知擇士助祭，不過如後世所謂陪位者耳，並無職司，非若百執事者之有一定而不可缺。若贊玉幣者、奉玉齍者、奉六牲者之等，在朝諸臣各揚其職，廢職則有常刑，奚待於擇之哉？亦安得以擇之哉？蓋百官衆矣，除祭祀有常職外，其餘不能一一入廟也。於是射焉以擇之，令其陪位，固非專擇夫所貢之士，而諸侯大射，亦非專擇夫所欲貢之士也。明乎此，然後知擇士以助祭，與夫駿奔走、執豆籩之各有司存者，固並行而不悖矣。然則祭祀有常職者與射否乎？曰：『射人戒公、卿、大夫射，司士戒士射。』經文明言之矣，安得不與？特不專爲助祭而擇耳。此篇鄭注所云得與祭者，蓋亦指陪位言。敖氏謂諸侯與其群臣飲酒而習射之禮，則仍是燕射，而非大射矣。」

三侯見鵠辨

「大侯之崇，見鵠于參，參見鵠于干，干不及地武。」注曰：「以干侯計之，參侯去地一丈五寸少半寸，大侯去地二丈五寸少半寸。」按：三侯各相去二十步張之，大侯、參侯之崇，惟當以堂上射者能見鵠爲度，不必强定其去地尺寸。三侯去地，惟干侯有定數可計。若以三侯相疊不離計之，則大侯、參侯見鵠亦皆有定數可計。經注皆據有定者言。劉氏敞疑如注説，則兩侯之鵠爲干高所掩，不知注本據三侯相疊計，不據三侯相離計，其相離則但當如經所云「見鵠」而已。漢時大射尚行，鄭君又精算術，遠近之差豈其昧之？後儒紛紛改定尺度，均屬辭費。

更定戴氏震《樂器考》并辨陳氏奂《詩疏》説諸樂器之誤

庭中樂縣之位，以磬爲首。四面縣謂之宫縣，東西二面各以次南陳：磬十六枚一虡，其南，鐘十六枝一虡，其南，鎛爲一虡。鎛如鐘而大，奏樂以鼓鎛爲節。其南鼓，東方者在阼階之東，西方者在西階之西。南北二面各直阼階之西以次西陳：磬其西，鐘；其西，鎛。鼓又在鎛西，直西階之東。諸侯去南一面，謂之軒縣，亦曰曲縣。卿大夫去南北二面，謂之判縣，有鐘、磬無鎛。士縣於階間，或於東方，謂之特縣。諸侯之卿大夫半天子之卿大夫，西縣鐘，東縣磬，士亦半天子之士，縣磬而已。凡縣鐘、磬、虡有二八，謂之堵，鐘磬各一堵謂之肆。東方曰笙磬、笙鐘，西方曰頌磬、頌鐘，鼗在頌磬之西，賓至搖之以奏樂。《儀禮》有朔鼙、應鼙。鼙者，小鼓，與大鼓爲節。魯鼓、薛鼓之圖，圜者擊鼙，方者擊鼓。後世不別設鼙，以擊鼓側當之，作堂下之樂。先擊朔鼙，應鼙應之。朔者，始也，所以引樂，故又謂之輮。《毛詩・周頌》作「田」。輮之言引也，朔鼙在西，置鼓北；應鼙在東，置鼓南。東方諸縣西嚮，西方諸縣東嚮故也。凡樂器，歙者近堂，擊者遠堂。竽、笙、塤、籥、簫、垂篴、管倚於堂，歙者執之，以歙位當在階前。《周禮・笙師》「掌教舂牘、應、雅」，牘、應、雅三器，祴樂用之，賓醉而出，奏《祴夏》，以此三器築地，爲之行節。鄭康成曰：「笙師教之，則三器在庭可知矣。」《虞夏書》：「戛擊、鳴球、搏拊、琴瑟以詠。」《明堂位》記曰：「拊搏、玉磬、揩擊、大琴、大瑟、中琴、小瑟，四代之樂器也。」戛擊、揩擊，字異音義同。揩謂敔，擊謂柷，柷、敔皆在庭。鳴球即玉磬，搏拊、拊搏倒文。琴瑟聲輕，從歌者在堂上。磬縣也，而以合堂上之樂。玉磬和，尊之，故《商頌》以鼓管之聲，依我磬聲。拊搏擊在樂之先，亦在堂上，故《大戴記》云：「縣一磬而尚拊搏。」自鳴球即玉磬以下，用《書》鄭注及孫氏星衍疏《易》。《周禮》謂之拊，《大師》「帥瞽登歌，令奏擊拊，下管播樂器，令奏鼓柬」。《小師》「登歌擊拊，下管擊應鼓」。應鼓，應鼙也。拊形如小鼓，以韋爲之，充之以糠，擊拊，瞽乃歌，故曰：「令奏擊拊。」奏，謂歌詩也。鼓柬，管乃作，故曰：「令奏鼓柬。」奏，謂歈管也。歌者在上，貴人聲也。下特言管，乃及衆樂，貴人氣也。堂上、堂下樂大致可知者如此。又案：《詩·有瞽》篇説樂器最詳，與此經相表裏，陳氏奐引此經强説之。胡氏肇昕辨之曰：「陳氏以㲋當縣鼓，考《詩·有瞽》云：『應田縣鼓，鞉磬柷圉。』言縣鼓，又言鞉，則鞉非縣鼓明矣。《毛傳》云：『縣鼓，周鼓。鞉，鞉鼓也。』亦不以爲一物也。蓋《詩》之應，即此經之應鼙；《詩》之田，即此經之朔鼙；《詩》之縣鼓，即此經之建鼓，鞉即㲋也。以田爲即朔鼙者，田與陳同音，陳與引同訓，先擊朔鼙，有引導之義焉。陳氏以《詩》之田爲即此經之建鼓，而以縣鼓爲此經之㲋，盡翻前儒舊説，别立新義，未見其有當也。且此經云『倚于頌磬』，以其非縣，故云倚。若如陳説，則經之倚字尤難通矣。」

射官辨

畫物，「射正莅之」。注曰：「射正，司射之長。」《校釋》曰：「射正，即大射正爲司正者。大射正於公射有事，故莅畫物，明主爲公也。大射正可單稱射正，猶大樂正單稱樂正。上言司射，此别言射正，則射正非司射可知。」案：《燕》、《射》二經有射人、大射正、小射正、司射。射人，其官本名也。《周禮·射人》「下大夫二人，上士四人，下士八人」。正，長也。天子下大夫二人爲長，諸侯當上士二人爲長，一大射正，一小射正，適二人。大射正、小射正是於同位中分别尊卑之稱。其爲尊卑也微。但公未射時，止官長二人有事，故惟據二人分爲大小，公射，則其佐皆有事，亦謂之小射正。其佐爲小射正，則長之次者，不稱小射正。至射畢，其佐不復稱小射正，則仍據長二人相對爲大小。以大射正、小射正本據所對言，非其官定名也。《燕禮》始言「射人請賓」，繼言「射人遂爲司正」，末乃云「若射，則大射正爲司射」，别言大射正，則前射人爲小射正可知。此經「大射正擯，擯者遂爲司正」，射時又有司射，司正既大射正，則司射爲小射正可知。故此注云：「射正，司射之長。」但此時，止長二人有事，故惟目爲司射者，爲小射正。至公將射，小射正一人取公之決、拾，一小射正授弓，公就物，小射正奉決、拾以笥。公卒射，小射正以笥受決、拾。三射前，小射正作取矢，所謂小射正皆二射正之佐，亦謂之小射，正以此時贊公禮事尊之，故注云：「小射正，司射之佐。」明非爲司射之小射正也。爲司射者，此時特稱司射，不嫌相混矣。至射畢，司射復小射正之稱，其佐無事，不復稱之，故下經「乃薦司正與射人于觶南」，注：「司正，大射正也。射人，小射正，略其佐。」仍專以司射爲小射正，知不兼其佐者，此所薦皆上士，其佐以中士爲之，雖前有事不得在此位，當與衆士同薦於東方。《燕禮》曰「乃薦司正與射人一人」，足以明之矣。《燕禮》司正爲小射正，則射人一人爲大射正；此司正爲大射正，則射人爲小射正。案：經自明，注前後未嘗岐，胡氏匡衷失之。此注云「射正，司射之長」者，司射雖别立官名，對大射正則固是小射正。下注云「小射正，司射之佐」者，既别有小射正，則自以司射之名絕於小射正，言各有當也。

記決拾極

胡氏培翬曰：凡射時著于手者有三：一曰決，著于右巨指。《車攻》詩曰：❶「決拾既佽。」毛傳：「決，鉤弦也。」《周禮》：「繕人掌王之用弓、弩、矢、箙、矰、弋、決、拾。」鄭司農云：「抉，所以縱弦也。詩家說或謂抉謂引弦彄也。」《儀禮·鄉射禮》：「司射適堂西，袒、決、遂。」注云：「決，猶闓也。以象骨爲之，著右大擘指，以鉤弦闓體也。」《大射儀》：「司射適次，袒、決、遂。」注云：「決，猶闓也，以象骨爲之，著右巨指，所以鉤弦而闓之。」是射者皆以象骨爲決，無貴賤之異也。《士喪禮》：「決，用正王棘，若檡棘。」注云：「決猶闓也。王棘與檡棘，善理堅刃者皆可以爲決。」是死者所用也。鄭注《繕人》云：「抉，挾矢時所以持弦飾也，著右手巨指。《士喪禮》曰『抉，用正王棘，若檡棘』，則天子用象骨歟？」孔穎達《芄蘭》疏申之曰：「以士用棘，故推以上用骨。諸侯亦用象骨，大夫用骨不必用象。」今案：《鄉射》、《大射》二篇，皆有士與射，經不云士用棘，注亦不云士不用象骨也，則《周禮》注殆未定之說歟？《校釋》曰：「《鄉射》注直言『決，象骨爲之』，不言士，有異《繕人》注引《喪禮》者。以《鄉射》、《大射》正經不言決所用物。惟《喪禮》有文，故據以推天子之禮耳。此鄭注之慎也。」《說文》亦云決以象骨爲之，段氏玉裁《說文注》云：「決，即今人之扳指也。《士喪禮》用棘，施諸死者，疑生者用象若

❶「詩」，原誤作「書」，今據《儀禮正義》改。

骨。」其説是也。決字亦作抉，又作玦。《詩》、《儀禮》作決，《周禮》作抉，《禮記·内則》作玦。一曰極，著右食指、將指、無名指。《大射儀》「朱極三」，注云：「極，猶放也。所以韜指，利放弦也。以朱韋爲之。三者，食指、將指、無名指。無極，放弦契於此指多，則痛。小指短，不用。」《士喪禮》「纊極二」，注云：「極，猶放也。以沓指放弦，令不契指也。生者以朱韋爲之，而三。死用纊，又二，明不用也。」賈疏云：「《大射》朱極三，是爲君設，鄭引以證士禮，則尊卑生時俱三，皆用朱韋，死者尊卑同二，用纊也。」極又名韘，又名沓。《芄蘭》詩曰：「童子佩韘。」鄭箋云：「韘之言沓，所以彄沓手指。」孔疏云「右手指著沓」是也。但毛傳以韘爲玦，《説文》亦云「韘，射決也」。段氏玉裁云：「鄭以禮經之極釋韘，意以韘、極、沓三字雙聲，且極用韋爲之，決則用象骨爲之，故不從毛而易其義。許説從毛也，以字从韋論之，鄭爲長矣。」《禮經釋例》亦云：「韘字從韋，鄭義似長。陳氏《禮書》亦取鄭氏。」此皆著于右手者也。一曰拾，著于左臂。拾亦名遂，又名捍，又名韝，一物四名。《車攻》傳云：「拾，遂也。」《縉人》注：「鄭司農云：『拾者，所以引弦也。詩家説拾謂韝扞也。』後鄭云：『韝扞著左臂裏，以韋爲之。』」《鄉射禮》注云：「遂，射韝也，以韋爲之，所以遂弦者也。其非射時，則謂之拾。拾，斂也，所以蔽膚斂衣也。」《大射儀》注云：「遂，射韝也。以朱韋爲之，著左臂，所以遂弦也。」鄭注《鄉射禮》但云「以韋爲之」，注《大射》云朱韋者，蓋以大射極用朱韋，故謂遂亦用朱韋歟？戴氏震云：「禮，大夫與士射，袒纁襦。君在，大夫射則肉袒，公袒朱襦。皆既袒，乃設拾。故鄭氏曰：『著左臂，所以蔽膚斂衣也。』」《曲禮》「野外軍中無摯，以纓、拾、矢可也」，鄭注：「拾謂射韝。」

《内則》「右佩玦捍」，鄭注：「捍謂拾也，言可以捍弦也。」《説文》：「韝，射臂衣也。」此其著于左手者也。《廣雅》：「拾、捍、韝韘也。」王氏《疏證》云：「拾、捍、韝爲一物，韘爲一物，《廣雅》以拾、捍、韝、韘爲一物，失之矣。」

聘禮

聘禮通考

鄭《目録》云：「諸侯使卿相問之禮。」疏云：「《大行人》云：『上公九介，侯伯七介，子男五介。』又云：『凡諸侯之卿，其禮各下其君二等。』《聘義》：『上公七介，侯伯五介，子男三介。』是諸侯之卿介各下其君二等者也。此《聘禮》是侯伯之卿大聘，以其經云五介，『上介奉束錦，士介四人，皆奉玉錦』。又云入竟張旜，孤卿建旜，據侯伯之卿之聘者。周公作經，互見爲義，此見侯伯之卿大聘。《玉人》云：『瑑圭璋八寸，璧琮八寸，以頫聘。』上公之臣，《公食大夫》俎實云『倫膚七』據子男之臣，是各舉一邊而言，明五等俱有，是其互見爲義也。」盛氏云：「大國聘禮，見於《周禮·司儀職》文，所謂『諸公之臣相爲國客』是也。《周禮》舉大國，此舉次國，蓋互相備。」胡氏云：「案：郊勞，經云『賓揖，先入，受于舍門内』。注曰：『不受於堂，此主於侯伯之臣也。公之臣，受勞於堂。』則鄭固以此篇爲侯伯大聘之禮矣，然要其聘之儀節，五等皆同，所異者唯禮物度數耳。」《目録》又云：「《周禮》

曰：『凡諸侯之邦交，歲相問也，殷相聘也，世相朝也。』」彼注云：「小聘曰問。殷，中也。久無事又於殷朝者及而相聘也。父死子立曰世。鄭司農説殷聘以《春秋傳》曰『孟僖子如齊殷聘』是也。」胡氏云：「《周禮》言『殷相聘』與下記『久無事則聘』義合，謂中閒久無事則行聘禮。《爾雅·釋言》：『殷，齊中也。』故鄭、服皆訓殷爲中。鄭注云『又於殷朝者及而相聘也』者，謂於朝之中及時相聘也。蓋諸侯之相朝，世一行之，聘則無數，故於其中酌擇無事之時而行之，使不失之疏，亦不失之數也。若方有盟會之事，而又行聘，則數矣。是言『殷相聘』與言『久無事』，則《聘義》正同也。《聘義》：『天子制諸侯，比年小聘，三年大聘，所謂殷相聘也。』鄭注：『比年小聘，所謂歲相問也。三年大聘，所謂殷相聘也。』《王制》曰：『諸侯之於天子也，比年一小聘，三年一大聘，五年一朝。』鄭注：『此大聘與朝，晉文霸時所制。』兩注似異者。褚氏云：『比年、三年，乃周公所制邦交之禮，非行於天子之禮也。《王制》則指諸侯之於天子，故鄭據《左傳》辨之。』案：昭三年《左傳》曰：『晉文、襄之霸也，其務不煩諸侯。今諸侯三歲而聘，五歲而朝。』此鄭所據之文也。又昭十三年《左傳》曰『明王之制，使諸侯歲聘以志業，閒朝以講禮』，亦與《周禮》不合。」胡氏匡衷云：「《周禮》有天子聘諸侯之禮，《大行人》云『閒問以諭諸侯之志』，又云『歲徧存，三歲徧頫，五歲徧省』是也。有諸侯聘天子之禮，《大宗伯》云『時聘曰問，殷頫曰視』，《大行人》云『時聘以結諸侯之好，殷頫以除邦國之慝』是也。《儀禮》但有諸侯聘諸侯之禮，而無諸侯聘天子及天子聘諸侯之禮，蓋皆闕而不存耳。」

天子諸侯朝門及宗廟社稷所在辨

經曰：「使者載旜，帥以受命于朝。」案：朝，外朝，在皋門内。考鄭君説天子五門，外曰皋門，次曰庫門，次曰雉門，次曰應門，内曰路門；諸侯三門，曰皋門、應門、路門；惟魯三門，曰庫門、雉門、路門，蓋會通古今文家經師舊義而折衷之。後人不達厥恉，輕棄古説，異辭紛起，約有數端：一劉氏敞、戴氏震説，謂天子諸侯皆三門，據《詩》「迺立皋門，迺立應門」，毛傳説「王之郭門曰皋門，王之正門曰應門」及《明堂位》言天子皋門、天子應門，以爲天子但有皋、應，不聞有庫、雉。據《春秋》書「雉門及兩觀災」，《檀弓》、《郊特牲》屢言庫門，以爲諸侯但有庫、雉，不聞有皋、應。按：天子五門，鄭君以前鄭司農已言之。天子五門，諸侯三門，大夫士二門，降殺之差，亦固其所。如《緜》詩、《明堂位》之文，天子有皋、應，固也。然《郊特牲》言「王立於澤，親聽誓命，獻命庫門之内」，《周書·作雒解》言「路寢明堂，咸有庫臺」，安得謂天子無庫門乎？《春秋》書「雉門及兩觀災」，《公羊》何休、《穀梁》劉向説皆云：「雉門，天子之門。」《公羊氏傳》曰：「其言『雉門及兩觀災』何？兩觀微也。」子家子曰：「設兩觀，僭於天子久矣！」微者尚爲僭，況於大者？以此而言雉門，乃專爲天子之制，安得謂天子無雉門乎？毛傳言「王之郭門曰皋門，正門曰應門」，不言王之庫門曰皋門，雉門曰應門，蓋殷代尚質，大王爲諸侯，直稱郭門、正門，後世爲天子，乃名爲皋門、應門。故傳又申之曰：「美大王作郭門以致皋門，作正門以致應門焉。」傳惟以郭門、正門與皋、應相對，謂向之稱郭門、正門者，後世遂爲王之皋門、應門。初不謂王門止於皋、應，更不計周之諸侯其門不直稱郭門、正門者，當稱何名？鄭箋云：「諸侯之宫，外門曰皋門，朝門曰應門，内有路門。天子之宫，又加以庫、雉。」與傳義非相違也，而相成也。蓋以郭門、正門與皋、應對，則皋、應爲王門，以庫、雉與皋、應對，則皋、應不獨爲王門。説制度有必考其源流者，此也。諸侯自魯而外，絶不聞有雉門，庫、雉相將，當俱爲天子之制。《禮記》説諸侯禮，多云庫門者，記禮者多魯人，依魯事言之。《檀弓》「魯莊公之喪，既葬，而經不入庫門」，是其例。諸侯無庫、雉，自當立皋、應。《詩》疏引宋人稱「皋門之晳」，亦其證。孔沖遠本治服氏《春秋》，此文蓋出賈、服古本，與杜本異。傳稱「皇國父爲大宰」，大宰，執政之官。皋門内有詢萬民之外朝，執政所在，故謳者據言之。《釋文》偏據杜本，斥皋爲誤，未必然也。但鄭謂諸侯有皋、應，當更有明據，此特其一證耳。則劉、戴之説，非矣。一陳氏奂説，謂天子五門，皋、雉爲城郭之門，庫、應、路爲宫門；諸侯三門，庫、雉、路，庫門爲宫之外門，即以爲城門；又有郭門，據毛傳「郭門曰皋門」一語爲本，而牽合鄭司農《周禮》注、《考工記·匠人》及《公羊》注、《書大傳》就之。按：毛傳「郭門」，孔氏釋爲「宫之外郭門」，致確。《周禮》「閽人掌守王宫之中門之禁」，司農注歷説五門，明五門皆宫門，其在五門之中者，即經所云「宫之中門」。五門之次，先雉後庫，雖與後鄭小異，而門皆屬宫則同。司農善承毛學，以鄭推毛，郭門非城郭之郭甚明。《匠人》門阿、宫隅、城隅之制，皆以雉計，雉門非以城隅九雉得名，又甚明。陳氏徒見字面偶合，遂以皋、雉爲城郭之門，而以司農所指爲中門之庫門爲宫之外門，誤矣。《尚書》傳曰「百里之國，九里之城，三里之宫；七十里之國，三里之城，一里之宮；五十里之國，一里之城，以城爲宮」，本與《公羊》注「天子周城，諸侯軒城」無涉，所謂「一里之城，以城爲宮」者，蓋謂稱城而爲之宮，宮在城中，非如陳氏「宮四面皆屬城」之説也。「三里之城，一里之宮」者，於城之正中一里爲宮，非如陳氏宮「三面不屬城，南面屬城」之説也。「三里之城，一里之宮」與「九里之城，三里之宮」文例同，何以見其南面屬城乎？九里之城，三里之宮，陳氏謂「其宮四面有牆，不屬城」，則其城與天子周城無異。陳謂軒城南面無城，以宮垣爲城牆，則宮不屬城者，四面皆有城，即周城矣。豈諸侯軒城，百里之國不在内乎？陳謂軒城者，「南面無城，以宮垣爲城牆，即以宮之外門爲城南門」。百里之國，宮既不屬城，其宮豈能無三门？其城豈能無门？合之郭門，不與天子五門同乎？且軒城猶軒縣，謂有三面缺一面，非惟宮四面不屬城者不可謂軒城，即四面屬城亦非軒城，豈諸侯軒城，專據七十里之國言乎？陳説軒城謂宮之外門即城門，又有郭門，則是四門，何諸侯三門之謂？天子五門合城郭，諸侯三門取城棄郭，何進退失據乎？宮之外門陳謂庫門，天子先雉後庫，諸侯先庫後雉，又何進退失據乎？總之，無論天子諸侯，宮未有不在城正中者。宮自宮，城自城，宮門、城門萬無合一之理。陳氏孤據毛傳一字，横截司農片言，誤解《大傳》，强合《公羊》注，遂創爲諸侯宮門、城門合一之説，不知據何經典明文而立此制！且如其説，則大國合宮室城郭凡五門，次國小國凡四門，與諸侯三門之制皆相剌謬。然則諸侯三門必專據宮門不兼城郭，天子五門亦無與城郭可知。陳説治絲而棼，不足信矣。一近時禮家説謂天子五門，皋、雉爲宮城門，庫、應、路爲宮門，諸侯宮城無門，雉、庫、路爲宮門，以毛傳「郭門」及「天子周城」、諸侯軒城爲據宮城言，即《春秋》之中城。按：中城對郛而言，非宮城。周城、軒城，何氏明據國城言。《考工記》宮隅、城隅劃然殊文，宮之垣墉不謂之城，更不聞謂之郭。且宮城之門，仍是宮門，與孔氏所云「宮之外郭門」何異？自皋門至於庫門相屬不隔，何得離而二之？城郭溝池以爲固，若諸侯宮城無門，將焉用城？據毛傳云「美大王作郭門以致皋門」，則諸侯固有郭門，與天子皋門相當。如郭門爲宮城門，則諸侯宮城固有門。諸侯三門，郭門以至寢門，更不得岐而二之，則天子五門，亦安得岐而爲二？且既岐皋、雉爲宮城門，庫、應、路爲宮門，則諸侯無城門，但有宮門，自當一用宮門之名，何獨取城門之雉以易宮門之應乎？《考工記》曰：「宮隅之制，以爲諸侯之城制。」則城門高於宮門，豈得反以天子城門之名名諸侯之宮乎？凡此乖隔鮮通，左支右絀，皆由誤解毛傳郭門及周城、軒城之義。焦氏循曰：「以《明堂位》『庫門，天子皋門』言之，郭門爲宮外門無疑。謂宮爲郭者，蓋宮門在朝門外，如郭門在城門外。」斯爲通論。段氏玉裁注《説文》謂：「天子諸侯城門上有臺，諸侯軒城三面有臺，南方無臺，猶軒縣之缺南方。」斯爲得解。焉用是紛紛異説爲乎？問者曰：諸説之非則然矣，鄭君《詩》箋謂諸侯三門，皋、應、路，《禮注》又據魯立庫、雉、路，推諸侯三門，似所本師説不同。賈、孔會通二説，謂魯立庫、雉，餘諸侯立皋、應，果鄭意歟？曰：箋注之説，容有不同，賈、孔説蓋鄭學之徒相承舊義。今以制度源委推之，天子諸侯皆三朝，朝皆有門，天子内朝在路門内，治朝在應門内，外朝在皋門内，則皋、應、路三者皆朝門，而庫、雉二者乃特加之門。諸侯無加，但有朝門，則皋、應、路而已。庫、雉爲特加之門，雉門外設兩觀，懸治象、教象、禮象、政象、刑象。庫門内獻命、戒百官，則是施大政教號令之處，宗廟、社稷在其左右，其制當視朝門爲盛。魯以周公，故假其名以名朝門，且制如天子朝門。則其餘諸侯但依朝門本名、侯國本制而已。後人不達朝門與非朝門之分，徒見諸侯皋、應，經、傳罕徵，遂紛然異議。不知天子諸侯皆有三朝，朝皆有門，則其實同矣。同其實，何必異其名？《周官》之例，凡制度降殺，名稱不易，此争所不必争也。經傳殘缺，今日所見古籍必不如鄭時之多，何如遵守古説之爲得哉！至王氏鳴盛、胡氏培翬於鄭義中專從《禮注》一説，雖未及徧考群經，尚不失闕疑慎言之旨。學者治經，於疑不能定處，如是可也。

又案：賈疏説「周人外宗廟」，言周以對殷，則殷人内宗廟，此蓋古經師相傳舊誼。鄭注《周官》，以宗廟社稷爲在「雉門外庫門内之左右」者，❶據周注而言。《白虎通》曰：「社稷在中門之外、外門之内何？尊而親之，與先祖同也。不置中門内何？敬之，示不褻瀆也。」此周人外宗廟之義。《論語》曰：「賜之牆也及肩，窺見室家之好。夫子之牆數仞，不得其門而入，不見宗廟之美，百官之富。」室家，寢也，室家以言内。宗廟、百官以言外，入門見廟不見寢，廟在門内寢外可知。《檀弓》曰：「君復於大祖、小祖、庫門。」《郊特牲》：「獻命庫門之内，戒百官也；大廟之命，戒百姓也。」皆廟與庫門連文。《郊特牲》又譏「繹之於庫門内」，明廟與庫門近，則廟在庫門内可知。庫門内即中門外，此「周人外宗廟」之證。《穀梁傳》言送女：「母不出祭門。諸母、兄弟不出闕門。」説者以闕門爲

❶ 「雉門外庫門内」，《周禮注疏》作「庫門内雉門外」。

雉門。雉門居中，祭門在内，似據殷人内宗廟言。戴氏震不别殷周，誤據劉向《别録》，以爲宗廟、社稷與路寢相並，不知中門亦路寢之中門。劉云「宗廟、社稷在路寢西」者，廟當在東，云西者，蓋據殷人右宗廟。據全宫言之，《五經通義》亦出子政，而云社稷在中門外，足以明之矣。且所謂「周人外宗廟」者，謂廟之南，直中門外，非謂廟全在中門外。廟有都宫環之，大祖與昭穆又不並列，廟後又有寢，此廟寢，與路寢、小寢别。所居地甚遠。自中門外，東折而北，其北自與路寢相並。《春秋》桓宫、僖宫災，火自司鐸，踰公宫，至桓、僖二廟，廟之北與公宫並也。季桓子御公立於象魏之外，命藏象魏，廟之南直象魏之外，懼延燒也。此經「公出送賓，及大門内」，《周官》「出，及中門之外」，出廟門，折而西即至中門外、大門内。《記》曰：「仲尼與於蜡賓。事畢，出遊於觀之上。」出廟門即至觀，觀在門外，與廟相直也。《傳》曰：「間於兩社，爲公室輔。」孔氏《正義》以爲外朝詢謀大事之處，蓋見其執國命也。此數事皆戴氏所據以易鄭，而其義如此，則廟在中門外固周制也。金氏鶚又援此經「公揖入，每門每曲揖」之文爲證，不知每門者，大門與都宫門也。若以爲兼中門，則大夫二門，入大門即至廟門，何以下「問卿」亦云「每門每曲揖」乎？金氏自知不可通，乃謂大夫亦三門，臆創千古未有之制，殊謬！

裼襲袒辨

裼、襲、袒之法，見《聘》、《射》諸禮。蔡氏德晉憑臆立説，後儒或爲所誤。蔡云：「袒者，卷起衣袖而露其臂也。裼者，卷正服之袖而露其裘也。襲，復衣也，或既袒而襲之，或既裼而襲之。在衣曰袒，在裘曰裼，故裼有袒義。袒有左右。裼則左右皆裼。袒有惟卷正服之袖而露其裏衣者，《鄉射・記》所謂『袒纁襦』、『袒朱襦』也。有并卷裏衣之袖而露其臂者，所謂肉袒也。裼則惟卷正服之袖，以露其裘而已。」又云：「古人裘外惟有正服，孔子緇衣、羔裘，緇衣謂朝君正服。」又云：「裘外裼衣，即朝、祭服。」朱氏大韶駁之云：「古無以卷袖爲裼者。誤解爲卷袖，遂一誤而無不誤。朝、祭各有正服，五冕及皮弁等服是。《論語》『緇衣，羔裘』，即《玉藻》『羔裘緇衣以裼之』。言『裼之』者，所以裼此裘也，衣與裘同色，故羔裘之裼用緇，是裼衣與正服異。今云緇衣爲朝君正服，誤甚。《聘禮》聘君與賓俱襲，享皆裼，文質相變。云在裘曰裼，是以裼專施於裘，將古人行聘必在冬三月乎？無是理也。《士喪禮》『主人出，南面，左袒，扱諸面之右』，疏：❶『扱諸右掖之下帶之内，取便事。面，前也。』然則袒者，脱左袂而露其肩臂也。喪禮皆肉袒，脱左袂，則衣之左畔皆坐而下，故必插於右。若但卷其袖，則左手之袖豈能插諸右掖之下帶之内乎？《大射》『小臣贊袒，公袒朱襦，卒袒，小射正贊設拾』，鄭云：『先袒乃設拾，拾當以韝於襦上。』射所以必袒者，袖寬恐礙弦，故袒而以拾韝於襦上。鄭云『拾，斂也，所以蔽膚斂衣』是也。若但爲卷袖而露臂，袖卷必襵襞而上擁於左肱，左手之袖反礙於放弦矣。」又云：「古者禮服皆直領，開左右襟，而見其所裼之衣曰裼，掩而不開曰

---

❶「疏」，原誤作「注」，據《儀禮注疏》改。

襲，從無以卷袖而露其裘爲裼者。」

執玉無藉者襲辨

「凡執玉，無藉者襲。」注以藉爲繅，與《曲禮》注前一説同。陳氏祥道、陸氏佃、楊氏復及胡氏皆從彼注後一説，而以繅藉之解爲非，楊説尤辨。按：彼注兩説本一貫，疏家失其本義，故後人疑之。《校釋》曰：「《周禮》明有繅藉之文，則藉即謂繅藉，字當以繅藉爲正解。《記》云『凡執玉，無藉者襲』，與《曲禮》『執玉其有藉者則裼，無藉者則襲』義同。玉字統指圭、璋、璧、琮言，凡執玉之法，玉無藉者襲，無藉者則圭、璋也。不言有藉者裼者，舉此以見彼耳。兩記所言皆據聘享正行禮時。此注以藉爲繅，《曲禮》注兼束帛言者，見聘時『上介不襲，執圭，屈繅，授賓。賓襲，執圭』，享時『賓裼，奉束帛加璧』。束帛之有無與繅之垂不垂相當，束帛亦得有藉義。蓋圭、璋，瑞也，屈繅以昭其質，質故特達而執者以充美爲敬。璧、琮，往德也，垂繅以昭其文，文故有加而執者以見美爲敬。繅之見不見，與帛之有不有非有二事、二義，楊氏誤會注義，乃專以藉爲束帛，而岐垂繅、屈繅與裼、襲爲二事，殊欠分曉。夫藉之本義，繅藉也，執圭、璋必屈繅，屈繅必襲；執璧、琮必垂繅，垂繅必裼，禮之正。據正行禮時言之也。其非正行禮時，則不以圭、璧分屈繅、垂繅，豈得以屈繅、垂繅分襲、裼？非惟不以屈繅、垂繅分襲、裼，亦未嘗以有束帛、無束帛分襲、裼也。以圭、璧分屈繅、垂繅，以屈繅、垂繅分襲、裼，惟正行禮時則然。經云『上介不襲，執圭，屈繅，授賓』，足以定之。蓋前此圭、璧皆有屈繅、垂繅，無由分襲、裼。至此，事至上介執圭以授賓，始正屈繅之禮。則當襲而不襲者，以盛禮不在己，明當盛禮者屈繅必襲。下云『賓襲，執圭』，蒙屈繅之文是也。楊氏謂經言不襲，以明有垂、屈之文者，無裼、襲之禮，則是經自説自解。且不襲，常禮也，經但於賓言襲，足以明前此之無襲禮矣，何必先言不襲以滋學者之疑乎？不襲者，本有襲道也，於上介之執圭、授賓言不襲，蓋謂正垂、屈之禮者，當備裼、襲之儀，以不當盛禮，故執圭屈繅仍不襲耳。享時，上介當執璧垂繅授賓，其服如常禮裼，裼不爲垂繅也。上介既授賓後，賓授公，公授宰，皆屈繅不變。經既著屈繅當襲之例，則凡襲者，皆屈繅。故於賓與公既言襲，不復言屈繅，使蒙上介屈繅之文。《記》釋其例曰：『凡執玉，無藉者襲。』明襲因乎屈繅也。襲因乎屈繅，則裼因乎垂繅，故享時言賓裼奉璧，亦不復言垂繅，明垂繅可知。還玉與聘享禮同，既言襲、裼，亦不假復言屈、垂。楊氏謂賓主授受時，曾不見垂、屈之文，不知已總見於『上介不襲，執圭，屈繅』一語也。前此之垂、屈相變，非逐一言之，不明此時之垂、屈不變，圭則上介屈繅授賓，賓授公，公授宰，皆屈。璧則上介垂繅授賓，賓授公，公授宰，皆垂。以一語定其例，而義已如日中天矣。如楊氏説，則執圭璧時，繅將垂乎？屈乎？非正行禮時，垂繅、屈繅尚無所苟，豈正行禮時垂繅、屈繅反無定儀乎？《記》之藉正經之繅，鄭注義應《周官》，深得經意。經以『上介不襲，執圭，屈繅，授賓』一語，爲正禮與非正禮之一大限，其用意之精，立文之妙，非鄭君孰能達之。楊氏之誤，在以鄭言屈繅、垂繅爲專據圭，遂一誤而無不誤，不知經、記、注皆據正行禮時圭屈繅、璧垂繅言也。」又案：戴氏震謂聘享時去繅。然《記》云：「所以朝天子，圭與繅皆九寸。問諸侯，朱緑繅，八寸。」則朝聘時玉有繅明矣。《覲禮》侯氏朝以瑞玉，有繅。《記》曰：「奠圭于繅上。」此經「上介執圭，屈繅，授賓」，圭與繅并授。《傳》曰：「藻、率、韠、鞈，昭其數也。」藻以飾玉，正行禮時，豈反去之？ 戴説未確。

公食大夫禮

食禮考

此篇鄭《目録》以爲「主國君食小聘大夫之禮」。賈疏云：「下文薦豆六，設黍稷六簋，庶羞十六豆，此等皆是下大夫小聘之禮。下乃别云『上大夫八豆、八簋，庶羞二十豆』，是食上大夫之法，故知據小聘大夫也。魚、腸胃、倫膚皆七者，謂子男小聘之大夫。」胡氏云：「此篇主言食子男小聘大夫，而侯伯大聘，使卿爲賓，使大夫爲上介，亦有食可知。據《聘禮》云『賓一食再饗，上介一食一饗』，不言士介，此又單言大夫，則士介無食也。」胡氏匡衷云：「天子有食諸侯之禮，《大行人》云『上公食禮九舉，侯伯食禮七舉，子男食禮五舉』是也。諸侯相朝有相食之禮，《掌客》云『上公三食，侯伯再食，子男一食』是也。諸侯於本國之臣，亦有食禮，《左傳》晉侯與魏絳禮食是也。天子諸侯養老，亦用食禮，《禮記》『食三老五更於大學』，又曰『秋食耆老』是也。此篇是主言諸侯食聘賓並及大夫相食之禮，即《聘禮》所云『公於賓，壹食再饗；大夫於賓，壹饗壹食』是也。今惟此篇禮存，其餘皆不可考矣。」

宰

經曰：「宰，東夾北。」注：「宰，宰夫之屬也。」下文「宰右執鐙」，注：「宰謂大宰，宰夫之長也。」胡氏《釋官》曰：「案：《周禮・内宰職》曰：『凡賓客之祼獻、瑶爵，皆贊。致后之賓客之禮。』是賓客之饗食，内宰有事焉，諸侯禮亦同也。經云：『大夫立于東夾南；宰，東夾北。』若以宰爲大宰，則是上大夫，何以不位於東夾南，而位於東夾北？據下云『内官之士，在宰東北』，注以内官之士爲『内宰之屬』，則此宰爲内宰可知。《周禮》：『外宗祭祀，佐王后薦玉豆，内宗佐傳豆籩，賓客之饗食亦如之。』是饗食賓客，夫人有薦豆籩之事。鐙，豆屬，故使内宰執以授公。注乃謂宰爲大宰，不知《周禮》大宰職不主賓客饗食之事也。」《正義》曰：「《周禮・序官》大宰、小宰、宰夫皆同官，内宰統於治官，而宰夫爲治官之考，故云『宰夫之屬』。必云『宰夫之屬』者，以是時宰夫位亦在房中也。當以此注爲正。後『宰右執鐙』，注：『宰謂大宰，宰夫之長也。』與此注兩岐，恐非。」《校釋》曰：「經云『宰，東夾北』，此宰，胡氏以爲内宰，是也。與下『執鐙』之宰異，彼宰，大宰也。大宰爲外官之長，内宰爲内官之長，故皆得稱宰。胡氏以彼宰爲即此宰，非。知者，此内宰，宰夫之屬也。宰夫在東房，宰亦在東夾北。東夾北，即東房中之東也。下『大宰，宰夫之長』，則位在東夾南。上云『凡宰夫之具，饌于東房』，下云『宰夫自東房薦豆六』，又云『大羹湆不和，實于鐙。宰右執鐙，左執蓋，由門入』。經例，饌在房中者，婦人共之；饌在門外者，有司共之。内宰，夫人之官，位在東房，但當佐宰夫具饌，安得至門外取鐙乎？《特牲禮》主婦薦豆、設敦、鉶畢，尸入後云『設大羹湇于醢北』，注引《士虞禮》曰：『大羹湇自門入。』大羹湇之禮與豆、敦、鉶異，經有明文。大羹湇自門入，非在東房之人所當設無疑，故知執鐙之宰大宰，非内宰也。内宰與内官之士所以在此者，别于外官也，既别之而使位於此，即不當出門取鐙矣。《周禮·大宰》：『大朝覲會同，贊玉爵。』《内宰》：『凡賓客之祼獻，瑶爵，皆贊。』皆無設鐙之事。此大宰設鐙者，或諸侯禮異與？胡氏説多未確。」胡氏引《周禮》内宗、外宗贊豆籩爲説，然彼固内宗、外宗之事，非内宰之事。且豆與鐙禮異，不足爲證。鐙，非婦人所主，不必使内宰贊之也。

東遷所

「賓辭，北面坐遷而東遷所」。褚氏曰：「所者，應所設醢醬之處也。公設之處，必於席前正中，賓遷之而在席前稍東，則適當其應設醬之本位矣。夫正饌，醬最在西，其西惟設湇耳。惟設正饌於席前之東，則醬於饌爲最西，於席中爲稍東，而恰留席西地以陳加饌。若如敖説正饌設在席中，則醬太偏西，而公初設處更在西矣，又恐席前之西，難容加饌矣。而席東餘地反太寬，揆其位置，必不應爾。」

賓入門左，没霤，北面再拜稽首

敖繼公以此拜爲謝侑幣。褚氏云：「《聘禮》禮賓於授幣後，亦曰：『公壹拜，賓降也。公再拜。

賓執左馬以出。』下遂行覿，並未更入門而行再拜稽首禮也。然則此禮之拜，不蒙上事可知，故注云『若欲從此退』。《集説》以爲謝侑幣，非。凡飲食，無論酒與幣，皆賓先拜受而後主人拜送，無送後復拜謝之禮。」案：褚説是也。鄭注云：「便退則食禮未卒。不退則嫌，更入行拜，若欲從此退。」吴氏庭華駁之。《校釋》曰：「上公降立，俟賓入，揖讓而升。然賓既受幣出矣，若入，徑待公揖而升食，則嫌于安盛。竭人之歡，盡人之忠，故再拜稽首，以示受賜既多，欲告退之意。迨公辭之，乃揖讓升，升又拜公之厚意而後食，敬之至也。主人欲深安賓，故發幣以勸之，賓益不敢自安，故始降辭幣，而繼拜告退，皆所以致尊讓也。此拜當與卒食『東面再拜稽首』對勘，彼食禮已卒，當退，故公降答拜。此食禮未卒，未得退，故公辭之。彼自階西進，故階東東面，此自門入，故没霤北面，其爲欲退而拜則同。吴氏以拜爲拜公降立待己，不知禮固未有拜降立者。聘禮私覿，賓入門右，再拜稽首，爲覿拜，非爲降立拜也。吴説非。」

覲　禮

朝覲禮通考

鄭《目録》云：「春見曰朝，夏見曰宗，秋見曰覲，冬見曰遇。」案：此《周禮・大宗伯》文。彼注云：「六服之内，四方以時分來，或朝春，或宗夏，或覲秋，或遇冬。」又《大行人》注云：「六服以其朝歲四時分來。」《詩》「韓侯入覲」，孔疏云：「説《周禮》者，賈逵以爲一方四分之，或朝春，或覲秋，或宗夏，或遇冬。藩屏之臣不可虚方俱行，故分趣四時助祭也。馬融以爲在東方者朝春，在南方者宗夏，在西方者覲秋，在北方者遇冬。是由經無正文，故先儒爲此二説。鄭《大宗伯》、《大行人》二注並言『分來』，則是從賈逵之説，一方而分爲四時也。韓侯雖是北方諸侯，其在北方爲西偏，蓋於時分之，使當秋覲也。」按：孔説是也。《周禮》賈疏誤謂春則東方盡來，夏則南方盡來，致王氏與之駁之謂：「諸侯皆來，卒有乘間而起，孰能禦之？」褚氏寅亮云：「康成言六服之内，四方以時分來，謂每一方内各分四時，再以六服遠近定疏數之節。此期一定，子孫率以爲典，其有事而朝者，又不在此數。故東方亦可以秋覲，北方亦可以夏宗也。」胡氏謂褚説足申鄭義。《目録》又云：「朝宗禮備，覲遇禮省，是以享獻不見焉。」賈氏云：「按《曲禮下》云：『天子當宁而立，諸侯北面而見天子曰覲。天子當宁而立，諸公東面、諸侯西面曰朝。』鄭注：『諸侯春見曰朝，受摯於朝，受享於廟，生氣，文也。秋見曰覲，一受之於廟，殺氣，質也。朝者，位於内朝而序進；覲者，位於廟門外而序入。王南面立於扆、宁而受焉。夏宗依春，冬遇依秋，春秋時齊侯唁魯昭公，以遇禮相見，取易略也。』是朝宗禮備，覲遇禮省可知。」胡氏云：「《樂記》曰：『朝覲，然後諸侯知所以臣。』《祭義》曰：『朝覲，所以教諸侯之臣也。』《經解》曰：『朝覲之禮，所以明君臣之義也。』禮每以朝覲對舉，則朝可該宗，覲可該遇。鄭氏夏宗依春，冬遇依秋，朝宗禮備，覲遇禮省之説，當有所受矣。」云「享獻不見」者，賈氏云：「享謂朝覲而行三享，獻謂三享後行私覿，私覿後即有私獻，獻其珍異之物。故《聘禮·記》云：『既覿，賓若私獻，奉獻將命。』注云：『時有珍異之物，或賓奉之，所以自序尊敬也。猶以君命致之。』臣聘猶有私獻，況諸侯朝覲，有私獻可知。是以《周禮·太宰職》云：『大朝覲會同，贊玉幣、玉獻。』注云：『幣，諸侯享幣。玉獻，獻國珍異，亦執玉以致之。』大朝覲會同既有私獻，則四時常朝有私獻可知。案：下文有享，亦當有獻，而云『享獻不見』者，案《周禮·大行人》云：上公冕服九章，介九人，賓主之閒九十步，廟中將幣三享。侯伯子男亦云。鄭云：『朝先享，不言朝者，朝正禮，不嫌有等。』此下文彼據春夏朝宗而言，不見秋冬者，以四時相對，朝宗禮備，故見之；覲遇禮省，故略而不言。此下文見享者，不對春夏，故言之。鄭云是以享獻不見者，據《周禮·大行人》而說也。必知鄭據《大行人》者，以其引《周禮》四時朝見，即云『是以享獻不見』，明鄭據《周禮·大行人》而言也。有人解享字上讀，以獻不見爲義者，苟就此文有享無獻，不辭之甚也。」《五經異義》：「《公羊》說：諸侯四時見天子，及相聘皆曰朝；以朝時行禮，卒而相逢於路曰遇。《古周禮》說：春曰朝，夏曰宗，秋曰覲，冬曰遇。許慎按：禮有覲經，《詩》曰『韓侯入覲』，《書》曰『江漢朝宗於海』，知有朝覲宗遇之禮，從《周禮》說。」鄭駁之云：「此皆有似，不爲古昔。案《覲禮》曰：『諸侯前朝，皆受舍於朝。』朝，通名也。秋之言覲，據時所用禮。」段氏玉裁《說文注》云：「此條許、鄭本無異，不得云駁也。」胡氏云：「朝與覲對文異，散文亦通，此《覲禮》云『諸侯前朝』，云『乃朝以瑞玉』，則覲亦可名朝，故鄭云：『朝，通名也。』至以秋見爲覲，則鄭與許同。《春秋》隱公四年秋九月，衛人殺州吁于濮。而《傳》云：『王覲爲可。』又云：『朝陳使請。』案：左氏於陳言朝，於王言覲，是秋覲之名，至春秋時猶存也。萬氏斯大謂朝覲止是一禮，并疑《周官》春朝、夏宗、秋覲、冬遇之文不足據，非矣。」

受舍于朝

經曰：「諸侯前朝，皆受舍于朝。同姓東面北上，異姓西面北上。」注曰：「受舍于朝，受次於文王廟門之外。」按：受舍于朝者，諸侯使上介至天子之朝，受覲前俟事之舍。天子之吏以舍授之，其舍則在文王廟門外，爲東西二列。經注義如此。舍受于朝，非即設于朝，文王廟門外舍所在，非朝所在也。胡氏説誤。

胡氏《宗廟路寢明堂同制考》

鄭康成箋《詩》、注《禮》，謂天子宗廟、路寢皆如明堂，爲五室之制。《詩·斯干》箋云：「宗廟及路寢，制如明堂，每室四户。」《周禮·匠人》注云：「或舉宗廟，或舉王寢，或舉明堂，互言之，以明其同制。」《禮記·玉藻》注云：「天子廟及路寢，皆如明堂制。」後儒多疑之，今以其説考之於經書。《洛誥》曰：「王入太室祼。」太室者，中央之室。王肅注云：「太室，清廟中央之室。」《尚書大傳》曰：「尚考太室之義。」鄭注云：「太室，明堂之中央室也。」對四方室言之，此入祼在廟而云太室，則廟有五室矣。《禮記·明堂位》曰：「太廟，天子明堂。」魯用天子禮，而廟如明堂，則天子之廟自如明堂矣。此非宗廟與明堂同制之證乎？《月令》：❶天子春居青陽，夏居明堂，季夏居太廟、太室，秋居總章，冬居玄堂，此明堂也。而經亦曰大寢。鄭注亦以大寢東堂、大寢南堂、大寢西堂、大寢北堂釋之。又曰天子居，則其爲寢制可知。《舊唐書·禮儀志》載顔師古議，亦以《月令》之文爲在路寢。古者，廟以象生時所居宮室，廟既如明堂，則寢自亦如明堂矣。此非路寢與明堂同制之證乎？或曰：《書》之《顧命》，路寢制也，而有東西房、東西夾、東西堂。《儀禮》之《覲禮》，廟制也，而云「設斧依于户牖之閒」，又云「几俟於東箱」，與五室不類，何歟？曰：此則《鄭志》已言之矣，《鄭志》答趙商、張逸問二條，今存諸經疏中，大略謂周公攝政制禮，立明堂於東都王城，廟寢亦爲天子制，如明堂。其宮室之在西都鎬京者，猶仍諸侯制度，未改作，故成王崩時，設衣物有夾有房。《覲禮》之廟制，亦據西都宮室言之，故云户牖閒與東箱也。《覲禮》疏云「覲在文王廟，周公制禮，據東方乃有明堂。此文王廟仍依諸侯之制，是以有東夾室」是也。《玉藻》疏以「東箱」爲「記人之誤」，尚未的。考《大戴禮·盛德》篇曰：「或以爲明堂者，文王之廟也。」又曰：「此天子之路寢也。」緣其同制，故或以爲廟，又以爲寢。《周書·作雒解》曰「乃位五宮、太廟、宗宮、考宮、路寢、明堂，咸有四阿，反坫」云云。《宋書·禮志》謂，《周書》云清廟、明堂、路寢同制，蓋本於此。夫《大戴禮》與《汲冢書》皆經之亞也，古籍之存者希矣，此二事猶足證鄭説，故並録之。

---

❶「月令」，原作「月明」，據《禮記正義》改。

庭實辨

「四享，皆束帛加璧，❶庭實惟國所有」。注曰：「四當爲三。《大行人職》：諸侯廟中將幣，皆三享。初享或用馬，或用虎豹之皮。其次享，三牲魚腊，籩豆之實，龜也，金也，丹漆、絲纊、竹箭也。其餘無常貨，惟所有。」疏云：「《禮器》，爲祫祭而致之，與此因覲致之同。以其因覲即助祭，因祭即致享物，若不當三年祫祭，即特致三享也。」淩氏廷堪云：「《聘禮·記》『凡庭實，皮馬相間』，即《覲禮》『惟國所有』之義，觀下文但云『匹馬卓上，九馬隨之』，不云他物，則三享皆皮馬，無他物可知。《聘禮》享庭實云皮，私覿庭實云馬，《覲禮》享庭實亦云馬，皆互見也。《禮器》：『大饗，其王事與？』蓋指饗食燕之饗禮而言，故有三牲魚腊籩豆之屬，非謂《覲禮》之享也。《禮器》注以爲祫祭，亦非。」胡氏云：「莊二十二年《左傳》曰：『庭實旅百，奉之以玉帛，天地之美具焉。』奉之以玉帛，即謂束帛加璧也。庭實而云旅百，則所陳之物甚多，當非僅皮馬。故杜注云：『百，言物備也。』又云『天地之美具焉』，則與《禮器》所云『四海九州之美味，四時之和氣』義正同。《聘禮》享諸侯惟一享，故止用皮馬；《覲禮》享天子有三享，故備物，亦隆殺之義宜然。」黄先生以周《禮書通故》云：「《禮器》大饗其王事節，説者紛紛，注疏謂此明『天子大祫之事，諸侯各貢其方物來助祭之禮』，其説最

❶「加璧」，原作「乘馬」，據《儀禮注疏》改。

通。淩氏以大饗王事爲燕饗之饗，謂享之庭實皮馬外無他物。饗之庭實得兼有龜、金、丹漆、絲纊、竹箭，其説何據？三牲魚腊爲諸侯貢物，故曰『四海九州之美味』，如謂此以饗諸侯，何必舉四海九州爲説？」

會同巡守禮辨

鄭君説會同巡守之禮，貫串經傳，深遠奥博。後蔽所希聞，未探碩意，輒滋異説，今爲一一疏通證明之。經「諸侯覲于天子」云云，《校釋》曰：「此以下言大朝覲而會同之禮。『諸侯覲于天子』，言先行覲禮也。『爲宫方三百步』以下，言既覲而王會同之也。凡會同，必先朝覲，故《周禮・大宰》云：『大朝覲會同。』注：『大會同或於春朝，或於秋覲。』是因朝覲而會同也。蓋『時見曰會』，因諸侯有不順服者，而順服者盡來朝。『殷見曰同』，因十二歲王不巡守，而六服盡來朝，其來也，固爲朝覲也。王因其皆來朝覲，而會同之以命事。先朝覲于廟，諸侯之職也。繼會同于壇，天子之政也。《周書》有《王會篇》，《春秋傳》每言『合諸侯』，是會同之禮，天子主之。會同前，必先朝覲以自明臣職，審矣。既朝覲而王會同之，其見王之禮，仍如朝覲，不敢以已覲而殺其禮也。《周禮・大宗伯》注説時見、殷見皆云：『既朝，王爲壇，合諸侯。』義與經本脗合。疏失之，褚氏、胡氏皆誤。」《禮書通故》云：「巡守分四時，其來會者，各以其方。時會之禮，放巡守四時之一，其來會止一方。《論語》皇疏云：『時見曰會，亦隨其方，若東方不服，則命與東方共征之』是也。賈疏未詳。殷同，爲王不巡守而制。同當爲周。《禮》鄭注云：『四方四時分來，歲終則徧。』是全放巡守禮矣。巡守禮今亡，鄭注曾引其文，尚及見之。其云時會、殷同，皆『既朝覲，乃爲壇，合諸侯』，蓋據巡守禮推言之。凡巡守之年，惟衛服非朝歲，其餘皆屬當朝之歲，則王巡守，諸侯會于方岳，必先朝覲而後行會同禮于壇。殷同之禮，雖王不巡守，而其禮一與巡守同，則鄭云『六服朝畢，乃爲壇，合諸侯』，又何可疑？褚氏謂殷同無當朝諸侯，不知巡守之年，皆諸侯當朝見之歲也。胡竹村反從褚説斥鄭注，亦未審矣。」案：此説推闡至精。互詳《周禮》。○「加方明于其上」。注曰：「方明者，上下四方神明之象也。上下四方之神者，所謂明神也。會同而盟，明神監之，則謂之天之司盟。」《校釋》曰：「會同有盟者，有不盟者，其朝日祀方明，升諸侯禮皆同。此經與《司儀》相兼乃足。鄭彼注據不盟者言，此注據盟者言，不盟則祀方明，止取教尊尊之義；盟則初祀方明，亦以教尊尊。盟時又以爲司盟而以載辭告之，注云『會同而盟』，言而，則固有不盟者矣。下注云『凡會同者，不協而盟』，是協則不盟矣。《司儀》注引『有事而會』，此注引『不協而盟』，學者當通合觀之。」「方明者，木也，方四尺。設六色：東方青，南方赤，西方白，北方黑，上玄，下黄。設六玉：上圭，下璧，南方璋，西方琥，北方璜，東方圭。」注曰：「六色象其神，六玉以禮之。上宜以蒼璧，下宜以黄琮，而不以者，則上下之神，非天地之至貴者也。設玉者，刻其木而著之。」聞之師曰：虞有六宗之祀，周有方明之祭，二禮甚相似。伏生《大傳》以六宗爲天地四時，與方明爲上下四方之神合。夏侯、歐陽則云「上不及天，下不及地，旁不及四時」，與鄭此注「上下，非天地之至貴」同意。賈疏云：「天地之貴，即昊天崑崙，既非天地之貴，即日月之神。《典瑞》云『圭璧以祀日月』，故用圭璧也。」《校釋》曰：「六色既象其神，則設六玉者爲禮神可知。此禮神與凡以玉禮神異，凡禮神者，皆專禮一神，故玉設於神位之前，此偏禮上下四方，玉必分設於上下四方，則非刻其木而著之不可。刻而著之者，爲祀時總祀六神，禮必各當其神之方也。既刻而著之，則與木相連，雖非祀時，玉亦在木，此理之易明者。胡氏謂『此玉以飾木，非以禮神』，則宗廟之主，何不飾以玉乎？此璋琥璜圭明與《周官》禮四方者同，設非禮玉，豈祀時更設圭璋等玉以禮之？不嫌多貨傷于德，儀不及特乎？此禮四方之玉與《周官》所言同，故注以爲禮神之玉；禮上下之玉與《周官》異，故注以爲『上下之神，非天地之至貴者』。下文明云日月山川，則所謂明神者可知。胡氏謂『言上下四方，則天地之神亦在其中』。果爾，則禮統於尊，上正當以蒼璧，下正當以黄琮，即謂以飾木，非禮神。然飾四方之玉，既與禮玉同，則飾上下之玉亦當與禮玉同，而不同者何乎？胡説非矣。」

「禮日于南門外，禮月與四瀆于北門外，禮山川丘陵于西門外」。注曰：「盟神必云日月山川焉者，尚著明也。」《校釋》曰：「此所拜禮者，皆著明之神也。盟時必舉以爲證，尚著明人不敢欺也。不盟，則但以時分禮之於門外，總祀之於壇上，所以教尊尊也。此鄭據所拜禮之神以定方明之神。方明之神無正文，據《司盟》云『北面詔明神』，❶則方明之神即盟神。據《詩》、《春秋傳》盟辭所稱之

❶「司盟」，原作「司儀」，據《周禮注疏》改。

神即日月山川，則方明之神與所拜禮者爲一，而禮之上下以圭璧，不以蒼璧、黄琮，宜矣。是明盟神，即方明之神。即會同所拜禮之神，非謂會同必盟也。會同而有盟，則此拜禮即爲盟祭矣。會同既以時分禮上下四方之神，又總祀上下四方之神於壇者，猶迎氣既分祀五精之帝於郊，大饗帝又總祀五帝於明堂也。天皇大帝及五精之帝、崑崙之神皆尊極，不敢以爲司盟。《祭法》曰：『日月星辰，民所瞻仰也；山林川谷丘陵，民所取財用也。』是萬民所共見，故爲方明象之，所以使人觸目警心，罔或渝僭。聖人以神道設教而天下服矣，胡説非是。」「祭天，燔柴。山、丘陵，升。祭川，沈。祭地，瘞」。注曰：「升、沈，必就祭者也。就祭，則是謂王巡守及諸侯之盟祭也。」《校釋》曰：「言就祭，則是王巡守之盟祭，非復會同之盟祭也。王巡守就祭山川，有告至望秩之禮，鄭必知此是盟祭者，以《虞書》云：『至于岱宗，柴；望秩于山川。』《王制》云：『柴而望，祀山川。』《詩》序云：『《時邁》，巡守告祭柴望也。』其詩云：『昊天其子之，及河喬嶽。』『《般》，巡守而祀四嶽河海也。』其詩云：『墮山喬嶽，允猶翕河。』皆但言祭天及山川，絶無祭丘陵及地之文。此經言『祭山、丘陵，升。祭地，瘞』，則非告至之祭也。既非告至之祭，文承拜日禮日、禮月、四瀆、山川丘陵會同之祭下，則此亦是巡守會諸侯之祭。會諸侯所祭之神，即盟時之明神，司盟不敢以天地至貴之神爲之。上帝至尊，祭不欲數，告至既祭，此不宜又祭。上會同拜日，禮日、禮月不祭天地，則此祭天地者，即謂祭日月也。王東巡守，帥東方諸侯祭日，反祀方明，盟則其神主日。南巡守，帥南方諸侯祭日，反祀方明，盟亦主日。西巡守，帥西方諸侯祭山川，川中有四瀆，則祭於北方。反祀方明。北巡守，帥北方諸侯祭月，反祀方明，盟仍皆主日。王官之伯會諸侯，先祭月，反祀方明，盟則主月。諸侯之長，先祭山川，盟則主山川。此所祭者，即上所禮者，特變日月爲天地，靈之也。此祭在會前，而注以爲盟祭者，就有盟者言之，明此所祭者，即盟所主之神也。云『其盟，愒其著明者』者，盟以著明者爲主，則盟前所祭，必著明之神，日月、山川是矣。引《郊特牲》者，據郊天以日爲主，明日亦得稱天。引《宗伯職》者，明日得用燔柴之義，彼祭日月正禮，故日月皆用實柴，此尊日如天、尊月如地，故祭日柴，祭月瘞。鄭引之者，但取祭日得稱柴之義，故下即云：『則祭天燔柴，謂祭日也。』云：『柴爲祭日，則祭地瘞者，祭月也者。』祭月本不瘞，以此禮以日月象天地，既以燔柴之禮專屬之日，則祭月自當瘞，推之可知。孔子曰：『日者天之明，月者地之理。』於《易》乾爲日，坤爲夕，以月配地，古有此義。不然，日月麗乎天，同爲天神，誰不知之？鄭引《郊特牲》『大報天而主日』，豈忘下有『配以月』之語？《周禮》日月同以實柴祀，鄭方引以爲證，豈不慮自相違反乎？引《王制》者，據王告至行柴禮，則王之盟，神主日，是明祭天專爲王禮，非謂《王制》之柴即此柴也。引《春秋傳》者，證諸侯之盟，神主山川。既主山川，則不得祭日月矣。云月者以下者，明王官之伯盟神主月之事，主月則亦不敢祭日矣。《詩》傳曰：『日君象也，月臣象也。』《禮記》曰：『五嶽視三公，四瀆視諸侯。』日月山川爲著明之極，差次又宜然。《書》傳載盟辭，或有兼及餘神者，方明以日月山川爲主，亦得統包上下四方之神，但不兼上帝、崑崙耳。此巡守所祭，與大朝覲所拜禮同，是以記之『覲』云。陳氏祥道、秦氏蕙田及胡氏不知經立文之意，注以經證經之意，又不合《尚書》、《周禮》、《禮記》注求其所以不同之故，徒執告至之禮以繩盟祭，又取盟祭之祭地以附於告至，而反譏注爲臆説，誤矣。」今案：鄭注之善順經文，讀之即明經。曰：「方明者，木也，方四尺。設六色：東方青，南方赤，西方白，北方黑，上玄，下黄。設六玉：上圭，下璧，南方璋，西方琥，北方璜，東方圭。天子拜日於東門之外，禮日於南門外，禮月與四瀆於北門外，禮山川丘陵於西門外。祭天燔柴，祭山丘陵升，祭川沈，祭地瘞。」東門、西門、南門、北門與東方、西方、南方、北方相當，一言總祀之禮，一言分祀之禮，而所祀之神則同也。祭天、祭地，祭山川丘陵與禮日、禮月、禮山川丘陵、四瀆相承，一言會同之祭，一言巡守之祭，而所祭之神則同也。經文一氣貫注，自相表裏，鄭注與經脗合不可易，至月爲天神，而以祭地之法祭之，則猶禮日于南，禮月于北，與常禮日東、月西之位不同。且《祭義》言「祭月于坎」，與祭地澤中方丘事相類，大陰之精以爲地神，在鄭必有明文確據，但書缺有閒，其詳不可得聞耳。

朝日祀方明朝諸侯先後辨

胡氏《正義》曰：「鄭注據《朝事儀》考之，謂『已祀方明，乃以會同之禮見諸侯』。又謂此言『拜日于東門之外』，爲春會同之禮；下『禮日于南門外，禮月與四瀆于北門外，禮山川丘陵于西門外』，爲夏冬秋會同之禮。其説至精確。敖氏乃謂：『此言已受諸侯之朝享，乃帥而拜日，其節與《朝事儀》不同。』又謂：『禮日于南門外以下三禮，皆與上事相屬而舉之。』盛氏世佐從其説，以鄭注爲非。姜氏兆錫至以此訾鄭之踳駁。今引諸儒之説正之。張氏爾岐云：『推其次第，上介先期置旂，質明，王帥諸侯拜日東郊，反祀方明。二伯帥諸侯入壝門，王降階，南鄉三揖，諸侯皆就其旂而立，乃傳擯。』褚氏云：『此及下兩節行禮次第，當在公侯伯子男皆就其旂而立之前。東門，王城東門也。先拜日于東門外，乃至壇祀方明，然後徹方明，朝諸侯。或有盟誓之事，則朝畢復加方明。節次宜如是。若先受朝而始拜日祀方明，恐非敬神之道。夏秋冬以此推之。若如敖氏不分四時，專就壇宮三百步之地，一日而偏輯五瑞，固無論日力不給也，❶即如此日受朝之後，乃始出壇，東門而拜日，復反而祀方明；又至南門重禮已拜之日，乃越西門至北門而禮月與四瀆，終乃旋至西門以祀山川丘陵。其紛雜無緒甚矣！周公制禮，夫豈其然？』秦氏蕙田云：『敖氏謂此三禮者，皆與上事相屬。則是於拜日祀方明之後復舉之，既拜日東門外，又禮日南門外，一事而再祭，毋乃數而瀆乎？』以上三説，皆辨正敖氏之失，而褚氏之説尤詳備，其有功經注大矣！」

❶ 「固」，《儀禮注疏》作「姑」。

解紛第五下　禮經

喪　服

喪服變除考

李氏如圭云：「凡喪，皆既虞卒哭，變而受以輕服，以初喪冠之布爲衰，冠降其衰一等，受麻絰以葛絰。《閒傳》曰：『斬衰三升，既虞卒哭，受以成布六升，冠七升。去麻服葛，葛帶三重。』十三月而練，又以七升之冠布爲衰，冠又降一等，以八升布爲之。七升者，始入大功之布，而以練衰謂之功衰。《服問》曰：『三年之喪既練，服其功衰。』《雜記》曰『三年之喪雖功衰不弔』是也。《閒傳》曰：『期而小祥，練冠縓緣，要絰不除。』《檀弓》曰：『練，葛要絰，繩屨無絇。』既虞卒哭之屨無文，以既練用大功繩屨差之，其用齊衰藨蒯之屨乎？二十五月大祥，除衰去杖，縞冠素紕、布純深衣。《閒傳》曰：『又期而大祥，素縞麻衣。』《檀弓》曰：『祥而縞。』《玉藻》曰：『縞冠素紕，既祥之冠也。』二十七月而禫，冠朝服。《閒傳》曰：『中月而禫，禫而纖，無所不佩。』禫之屨無文。先儒以爲大祥白麻屨。禫，屨無絇。禫，逾月即吉。」萬氏斯大云：「喪服之重者，有變有除。變者不遽除，而除者不更變，故變有受而除無受。夫變則變矣，而謂之受者何也？孝子於此有不忍遽變之心，若人授之而已受之者然也。考《禮》，喪冠爲父六升，既卒哭受七升；爲母七升，既卒哭受八升。至練而易爲練冠，祥而更易爲縞素，禫更易而纖，此冠之變也。喪衰爲父三升，既卒哭受以成布六升；爲母四升，既卒哭受以成布七升。練後易衰不見於經。《雜記》曰：『有父母之喪，尚功衰。』《閒傳》曰：『三年之喪既練矣，服其功衰。』注疏謂練後之衰，升數與大功衰同。父七升，母八升。又《閒傳》注『大祥，除衰杖』，此衰之變也。初喪成衰之衣，經無可考，觀《檀弓》云『練，練衣黄裏，縓緣』，則前此不練、不緣可知。大祥變而麻衣，禫後變而素端黄裳，此衣之變也。首、要之經，父喪以苴麻，母喪以牡麻，男子婦人所同也。卒哭後，男子以葛經變要麻，婦人以葛經變首麻，蓋男子重首，婦人重要。輕者變而重者不變，故至練，男子除首經而要葛猶存，婦人除要經而首葛不去。《閒傳》、《小記》所謂『易服者易輕者，除服者先重者』，此也。至於屨，父喪初以菅，母喪則藨蒯。卒哭後，父與母同，而練後皆易以麻。《檀弓》所謂『練，繩屨無絇』者，此也。合而觀之，冠也，衰也，衣也，男之要經，婦之首經也，屨也，則變而不遽除者也。男之首經，婦之要帶也，則除而不更變者也。喪服之變除如此，此經有所及有所未及，因取《禮記》中可見者以明之。」胡氏云：「此篇惟大、小功略言變之節，餘不言者，周公作經，舉其大綱，於五服精麤及喪期多寡之數則詳之，於變除之節則略之。又衰裳冠屨之屬，俱是三日成服服之。未成服以前，斬衰者髻髮，齊衰者免，此經不言髻髮與免者，以篇名《喪服》，故主成服以後言之。杖亦自成服始，大祥除服則棄之。《喪大記》云『棄杖者，斷而棄之於隱者』是也。

下經云『女子子在室』衰三年，則衰固服之以終喪矣。」

婦人不杖辨

《斬衰三年章》傳曰：「童子何以不杖？不能病也。婦人何以不杖？亦不能病也。」《喪服四制》亦曰：「婦人、童子不杖，不能病也。」雷次宗謂此經所陳妻妾女子子之等，如傳所稱婦人者，皆不杖，以婦人爲成人婦人，金氏榜申之。賈氏、孔氏據《喪服小記》「女子子在室爲父母」節，注謂女子「成人正杖」，以此婦人爲童子婦人，《禮經校釋》申之。今案：傳層遞發問，繼童子言婦人，明婦人是成人。鄭於此傳及《四制》皆無注，以平文不待注。若以爲童子婦人，當别白言之，則賈、孔之說非也。傳說婦人不杖之義曰「不能病」。女子子成人爲父母不可云「不能病」。婦人未嫁，天父；既嫁，天夫。《小記》：「婦人不爲主而杖者：姑在爲夫杖。」妻爲夫能病杖，而女子子爲父母不能病，不杖，人情禮教豈其若此？則雷說亦非也。唯賀氏循云：「婦人，謂出嫁之婦人，不爲主則不杖，其不爲主而杖者，惟姑在爲夫。」沈氏彤云：「『童子何以不杖？』包女子子言。案：《小記》云：『女子子在室爲父母，其主喪者不杖，則子一人杖。』鄭云：『女子子在室，亦童子也。』一人杖，謂長女也。』然則非長女不杖，且有男昆弟主喪者，則女子子皆不杖矣。不能病，以稚弱不能致哀故。『婦人何以不杖？』承上文言。婦人則成人矣，雖非主而宜杖，故問也。此婦人謂異姓來嫁之婦人。按：《喪大記》君之喪，夫人世婦杖；大夫之喪，主婦杖；士之喪，婦人皆杖。然則婦人皆杖者，惟士之喪耳。若大夫之喪，則主婦而外有不杖者矣；君之喪，則夫人世婦而外有不杖者矣。凡此不杖者，恩皆疏，故曰『不能病』。楊氏《圖》云：『不杖者，蓋婦人不皆杖，非不杖也。』」數説之中，此爲最允。蓋女子子成人爲父母，無不能病之理。經言女子子之服，其別有三：曰在室、曰未嫁者、曰嫁者。傳曰「未嫁者，成人而未嫁者也」，則在室爲未成人者可知。鄭注《小記》云：「女子子在室，亦童子。」正據傳義推之。但《斬衰章》女子子在室爲父，對《不杖期章》女子子適人者爲其父母而言，則當兼成人未嫁者在内，故注曰：「言在室者，關已許嫁。」明非既嫁天夫，屈於不貳斬之義，則雖成人有出道，其爲父與未成人者同也。《小記》「女子子在室爲父母」，據主喪者不杖，長女始杖而言，則專謂未成人者，而不兼成人未嫁者在内，故注曰：「在室，亦童子。」明父母之喪哀戚至隱，男女所同，皆惟未成人者乃不杖，成人則正杖也。在室之文同而意異，注各就本意解之。注言女子子成人正杖，不言婦人成人皆杖，此傳婦人不杖，與《小記》婦人不爲主而杖者、姑在爲夫杖義相表裏。婦人皆據來嫁者言，蓋異姓來嫁者，視父子天性創痛自有間，但妻於夫恩深義重，故雖不爲主而杖。士惟一妻一妾，故引而進之，妾爲君亦杖，與女君同。大夫以上則惟世婦以爵而杖，餘則否。所謂婦人不杖、不能病者如此。

庶子不得爲長子三年辨

徐氏乾學云：「案《喪服》傳曰：『庶子不得爲長子三年，不繼祖也。』鄭注曰：『此言爲父後者然後爲長子三年。』《喪服小記》曰：『庶子不爲長子斬，不繼祖與禰也。』《大傳》曰：『庶子不得爲長子三年，不繼祖也。』此三章禮文及注義甚明，世之説者多非其義，於是聖人所以加隆祖後以尊其父之意，反致蒙晦而不通，此乃禮家之誤也。所謂庶子不爲長子三年，以己不後父也，故雖始封之諸侯，别子之大夫，而降其大宗之適，不得禰先君故也。其繼禰之宗則非例矣，説者以其後庶子而不得遂，此實禮文所未有也。」又云：「戴聖、聞人通漢、馬融輩主五世之適，五世之適是繼高祖之宗也；賀循、虞喜、庾蔚之、孔穎達、賈公彦輩主四世之適，四世之適是繼曾祖之宗也。經明云『庶子』，不云『庶子之子』，明云『繼祖』，不云『繼祖之祖父』，所謂五世、四世之適，豈經義乎？」又云：「庶子非繼禰之宗，故不敢以承己之重，猶云承己之祭，與傳文「傳重」之重異。而爲之極服。若夫庶子之適，則固後其父矣，彼何所嫌而忍降其子以薄其父乎？禮家妄移『不繼祖』之文，加之庶子，此其所以誤也。」吴氏廷華云：「馬融主戴聖、聞人通漢五世之適説，舍子而言曾孫，既與經義不符。賈、孔因注不必五世説，遂舉賀循、虞喜、庾蔚之四世之説證之，謂『必適子、適孫乃得爲長子三年，外此則雖繼禰之嫡子，亦不得遂三年之服』，是又舍子而言孫，其失與馬氏等。」盛氏世佐云：「『子爲父母三年，父母爲子期，服之正也。爲長子三年，以其承祖之重而加隆焉爾。此尊祖敬宗之義，通乎上下者也。重謂宗祀也，庶子不得祭，即不得爲長子三年，以其無重可傳也。庶子不爲父後者也，云『不繼祖』者，指其子而言也。然則爲長子三年，五宗皆得行之矣。雖繼禰之宗亦得爲長子三年者，以身既繼禰，即得主禰廟之祭，是亦有傳重之道故也。先儒謂必至四世乃得三年，失其義矣。」胡氏云：

「鄭注《小記》言『尊先祖之正體』與此注『重其當先祖之正體』意同。」語有删節。又云：「古者有大宗有小宗，大宗一，小宗四，繼高祖、繼曾祖、繼祖、繼禰，皆宗也。此注兩言『爲父後』，明主繼禰者言之，即《通典》所謂『己身繼禰，便得爲長子斬』是也。則庶子不繼禰，其長子自不得繼祖，傳義昭晰無疑。況傳言庶子，不言庶孫，經但言父爲長子，則爲三年不爲三年，自當以父之長庶爲别。又安得舍繼禰之宗，而專以祖適爲説耶？以經傳之言繹之，四世之説，其不足憑益明矣。」

父卒即爲母服三年説

「齊衰三年」章「父卒則爲母」。注曰：「尊得伸也。」胡氏《正義》曰：「馬氏融云：『父卒無所復屈，故得伸重服三年也。』義與鄭同。《雜記》：『如三年之喪，則既顈，其練祥皆行。』孔疏謂：『先有父喪而後母死，練、祥亦然，以前文父死爲母三年也，故《喪服》齊衰三年章云父卒則爲母是也』。據此，是父卒即得爲母三年，孔與馬、鄭無異義也。賈疏乃謂經云『則』者，欲見父卒三年之内而母卒，仍服期，要父服除後而母死，乃得伸三年。徐氏乾學云：『經不曰父卒爲母，而曰父卒則爲母，正見父卒之後而遭母喪，即服三年也。豈必父服除而母卒，然後行三年之服乎？且子之所以不得遂其三年者，以有父在爾。父既先殁矣，復何所屈而不三年乎？此禮之必不然者。』吴氏紱云：『則云者，決辭，非難辭也。』方氏苞云：『則者，急辭也，但父卒即得爲母伸。疏引三驗，皆不可通。』案：『則』字，古與『即』通，言父卒即爲母三年也。《廣雅》云『則，即也』，可證賈疏之謬。諸儒論之甚詳，其所引《内則》『有故，二十三年而嫁』，《閒傳》爲母『既虞卒哭，衰七升』及《服問》注：『爲母既葬，衰八升。』孔疏謂「八」爲字之誤，當爲「七」。諸文皆無父服除後爲母三年之義，賈之曲説亦不足辨。至父在爲母期，父卒爲母三年，仍服齊不服斬者，則以母之與父，恩無輕重而分有尊卑，不可以母而並之於父也。」

庶子爲所生母服辨

李氏如圭云：「父卒，君母存，妾子爲其母當何服？案：《小記》曰：『庶子在父之室，則爲其母不禫。』則父在爲妾母亦杖期，同宫者惟不禫耳。父殁君母存，得伸三年可知。」萬氏斯大云：「齊衰三年，首言『父卒則爲母』，下即及繼母、慈母，因知妾子之爲其母當與此同。經不言者，包於父卒爲母之中也。」凌氏廷堪云：「或謂經傳無所生母明文，何以知其兼言之也？案：經云『慈母如母』，慈母亦父妾也，非其所生，尚爲之三年，而謂所生母不得三年乎？蓋經所云『繼母如母』者，謂如適母也；『慈母如母』者，謂如所生母也。經文簡括，儒者罕通其意。惟漢鄭氏能窺見之，故其於《緦麻三月章》『庶子爲父後者爲其母』注云：『君卒，庶子爲母大功；大夫卒，庶子爲母三年；士雖在，庶子爲母，皆如衆人。』於『慈母如母』注云：『大夫之妾子，父在爲母大功，則士之妾子爲母期矣。父卒則皆得伸也。』蓋父在則有諸侯大夫士之差，父卒則皆得申齊衰三年也。案：伸三年者，惟大夫士之子。鄭氏此注，直可補經。」胡氏云：「自父言之，則有適母、妾母之分；自子言之，則生我者即母，妾子之於母與適子之於母同。經無所生母明文，謂即『包於父卒爲母之中』，其説是也。」

慈母辨

「慈母如母。」傳曰：「慈母者何也？傳曰：妾之無子者，妾子之無母者，父命妾曰：女以爲子。命子曰：女以爲母。若是，則生養之，終其身如母。死則喪之三年如母，貴父之命也。」注曰：「此主謂大夫士之妾，妾子之無母，父命爲母子者也。其使養之，不命爲母子，則亦服庶母慈己者之服可也。」《校釋》曰：「言主謂大夫士者，明天子諸侯無此禮也。《曾子問》注曰『禮所云者，乃大夫以下父所使妾養妾子』是也。此注云『命爲母子』，彼注但言『養』，不言『命』者，省文。從此注可知，此妾於子本庶母也。命之爲母子則成母子，若不命而但使養之，則恩重於凡庶母而義輕於母，亦服庶母慈己之服可也。不云則庶母慈己是也，而云『則亦服庶母慈己之服可也』者，庶母慈己者，本據大夫之嫡妻子以庶母爲師、慈、保母言，但師、慈、保母本是庶母，此使養子者亦本是庶母。師、慈、保母以有養子之恩，謂之慈己者。此不命爲母子者，亦有養子之恩，則亦是慈己者，服以庶母慈己之服，於義可也。禮言慈母有二：一爲大夫士之妾無子，妾子無母，父命爲母子者，此經是也。一爲君大夫之適子以庶母爲師、慈、保母者，《小功章》所謂『庶母慈己者』，《曾子問》所謂『内有慈母，君命所使養子』，《内則》所謂『使爲子師，其次爲慈母，其次爲保母』是也。大夫之子，本以士禮爲庶母緦，慈己者加服小功。君之子爲庶母無服，慈己者亦無服，故《小功章》專言君子子。傳以『貴人』釋之，謂大夫若公子也，以庶母爲師、慈、保母，既君大夫養子之禮，則無論子有母無母，皆使養之。《曾子問》『古者男子外有傅，内有慈母』，固不問子之有母與否。即無母而長於慈母，亦斷不得喪之如母。故魯昭公爲慈母練冠以居，孔子以爲非禮。以諸侯之禮，無庶母慈己者之服，更無命爲母子之慈母也。《曾子問》之慈母，即《内則》之慈母。《内則》之慈母，擇於諸母。諸，庶也。庶母爲慈母，非即庶母慈己者而何？庶母慈己者，諸侯無服，大夫之子有服，故禮言『爲庶母慈己者』，必冠以『君子子』之文，而孔子言諸侯之禮，則曰無服也。士又無師、慈、保母，其妾無子，妾子無母，命之爲母子則謂之慈母，喪之如母。不命而使養之，則亦從爲庶母慈己之禮。嫡子無母，見養於妾者，亦如之。大夫妾子禮與士同。嫡子則自以庶母爲三母，謂之庶母慈己者，不以有母無母殊。梁武帝不辨君大夫士禮之異，誤解《内則》諸母之文，分二慈爲三，添出使『賤者視之』一節，不知賤者乃乳母，非慈母也。《記》之慈母即經之慈母，强分爲二，謬矣。又《小功章》『君子子爲庶母慈己者』注：『君子子者，大夫及公子之適妻子。』傳曰：『君子子者，貴人之子也，爲庶母何以小功也？以慈己加也。』注：『云君子子者，則父在也。父没則不服之矣。以慈己加，則君子子亦以士禮爲庶母緦也。《内則》曰：異爲孺子室於宫中，擇於諸母與可者，必求其寬裕慈惠，温良恭敬，慎而寡言者，使爲子師。其次爲慈母，其次爲保母，皆居子室。他人無事不往。又曰：大夫之子有食母。庶母慈己者，此之謂也。其可者賤於諸母，謂傅姆之屬也。其不慈己，則緦可矣。不言師、保、慈母居中，服之可知也。國君世子生，卜士之妻、大夫之妾使食子，三年而出，見於公宫，則劬。非慈母也。

士之妻自養其子。』案：《小功章》注所言，庶母慈己者之正義也，據《内則》正文言之。此注所言，庶母慈己者之餘義也，以此經義推約知之。知者，彼經於『爲庶母慈己者』上冠以『君子子』三字，戴氏聖、馬氏融皆以大夫解君子，鄭君依用之，是禮家舊誼不可易也。此君子，傳以『貴人』釋之，猶《内則》之以貴人別乎。命士以下特言『君子子爲庶母慈己者』，則必大夫之子，而後有此庶母慈己者而爲之服。則下引《内則》所云擇於諸母，使爲師、慈、保母者是也。注兼公子言者，公子之貴，猶大夫也。《曾子問》注云：『大夫士之子，爲庶母慈己者服小功，父卒乃不服。』兼士言者，即此注所云使養之不命爲母子者、庶母慈己者之餘義，熊氏所言是也。『父卒乃不服』，仍據大夫言之。《喪服》言公大夫士皆舉爵，爵之合稱君子者，惟大夫公子。言君子子者，上別乎國君，下別乎士子而立文也。金氏以君子指士，胡氏謂兼大夫士，皆非。庶母慈己，乃父爲大夫者之禮，故經言『君子子』，係父言之，明父没則無此禮。猶大夫之子爲母大功，從乎大夫而降，於父卒如國人也。從乎大夫而降者，父卒不降，則用大夫禮而加者，父卒亦不加，明矣。敖繼公、江氏筠、胡氏皆非。禮：士爲庶母緦，大大夫無服。然大夫以服貴臣之故而爲貴妾緦，父之所服，子亦不敢不服。故大夫雖不服庶母，而大夫之子亦以士禮爲庶母緦，加服則小功也。庶母，戴氏聖謂大夫之貴妾即姪娣也。大夫唯有二妾：一姪、一娣。故其子爲庶母服與士同。其有買妾者，則大夫及其子不服之，乃與士異。慈己則從乳母之禮，爲之緦耳。金氏所駁殊非。引《内則》者，證君子子乃有庶母慈己之義，彼注以爲『人君養子之禮』，大夫有君道，其養子之禮亦然。云『擇於諸母與可者』者，或庶母不足，則取於傅姆之屬，傅姆非庶母，其爲慈母不得謂之『庶母慈己者』。當從乳母禮爲之緦。經不言慈母，而言庶母慈己者，别乎『可者』之慈母言之也。又曰『大夫之子有食母』者，即乳母也。鄭備引《内則》之文，以明大夫養子之禮，其意唯取擇於諸母，使爲子師、慈母、保母之義，故即舉經實之曰『庶母慈己者』，此之謂也，謂即《内則》諸母爲慈母之謂也。又恐人疑『可者』亦是庶母慈己者，故又别之曰『其可者賤於諸母，謂傅姆之屬也』。明非庶母慈己者，不爲之小功也。『可者』不小功，則食母可知。此庶母慈己，是大夫養適子之常禮，不論子有母無母，如適妻死，則此人本是養子者，無待别使之養。其妾子，無母乃使他妾養之耳。然經固據適子言也，此子爲庶母本緦，以有慈養之功，恩義加隆爲服小功，此君子子之禮也，其非君子子謂非大夫適子、大夫妾子及士適妻子、妾子皆是。無母而養於庶母者。其爲庶母慈己同，則其爲服亦同，故『慈母』傳注云：『其使養之，不命爲母子，則亦服庶母慈己之服可也。』慈母如母，兼謂大夫士之妾子無母者，君子子爲庶母慈己，專謂大夫適子。不論有母無母，鄭『慈母如母』注，通庶母慈己之義於使妾養妾子者，而正釋庶母慈己則不及此義。固以一兼言大夫士禮，一專言大夫禮，兩注劃然分明。胡氏不辨大夫士禮之異，誤以『使養之，不命爲母子』者爲庶母慈己正解，與經文不合，絶非鄭上注意。云『國君世子生，卜士之妻，大夫之妾，使食子，三年而出，見於公宫，則劬。非慈母也』者，上『異爲孺子室』以下，君大夫禮所同。此别言君禮之異者，士妻、大夫妾食子，即乳母非慈母也。是明君禮于三母外，更有士妻、大夫妾食子之事，非謂君禮無慈母也。云『士之妻自養其子』者，明士禮無慈母也。士禮無慈母，則惟無母而養於庶母者，謂之慈母爾。胡氏誤從梁武之言，於經注本意多未達，故詳釋之。」

出妻之子爲母繼母嫁從服辨

「齊衰杖期」章出妻之子爲母或以爲父在不服。《校釋》曰：「此章上云『父在爲母』，下云『父卒，繼母嫁，從，爲之服』。唯妻及出妻之子爲母二條，不言父在、父卒，則父在、父卒所同也。出妻之子所以爲母期者，以子與母骨肉相連屬，身體髮膚所從受，有萬不能已之情。故夫可絶其妻，而子不可絶其母，非惟子不可絶其母而已。《小記》曰：『妾從女君而出，則不爲女君之子服。』則女君固自服之，是母亦不因己出而絶其子也。蓋夫婦有離合之義，故妻有過可出，而夫不爲之服。妻既絶於夫，亦不復爲夫服。母子無中斬之情，故母雖出，而子仍爲之服，母亦仍爲子服。在子視其母固曰：『吾母也。』在母視其子亦曰：『吾子也。』經文上言出妻，下言子言母，固未嘗奪其爲母子也。先儒有言曰：『生之膝下，一體而分，喘息呼吸，氣通於親。』父母一也，而謂可從父而絶其母乎哉？故經文『出妻之子爲母』，不言父在、父卒，明不以父在、父卒殊也。曰：然則與父在爲母不出者何以異乎？曰：父在爲母期，降也，屈於父也。出妻之子爲母期，不絶也，屬乎子也。至親以期斷，服既專屬乎子，則知有服其母而已，無容異也。曰：然則父没何以不伸三年也？曰：三年者，加隆之服也。父卒爲母三年，尊得伸也。母既出，非復家之所尊，且期者，本屈於父之服，故不容有異，三年則幾與父並尊。母既出，不敢復以尊服服之，子統乎父也。尊服不敢加，親服無可絶也，出母爲長子亦不三年，以己與廟絶，不復加隆于祖禰之正體，服其親服而已。曰：爲父後者，何以爲出母無服也？曰：與尊者爲一體，爲宗廟之主，服則廢祭，不敢從父而絶其母之服者，更不敢因母而廢其父之祭故，但心喪而已。或曰：父所不服，子亦不敢服；父在，父不服出妻，則子亦不敢服出母。曰：是不然，夫父所不服，子亦不服者，謂從乎父而降也。父本有服，而不服之，故子亦本有服而不敢服之義，統於父也。今母已出，則父本無服，并非父之所不服之謂，而子視其母則固母也，母不可絶，則固當服之。此母爲子一人之親，母之服爲子一人之服，於父無與。不服，則是自絶其母，非從乎父而降，以父與母已爲路人。父之爲出妻無服，非降也，絶也。非服之絶，恩義之絶也。父已無此親，而子猶執父所不服之例而謂己不敢服，是絶己之當服之親，而於從父之義蔑如也。禮爲從母小功，舅、舅之子、從母昆弟、妻之父母緦，皆子一人之服，於父無與。不聞以父所不服，而子服之爲嫌。今妻已出，親專屬於其子，父之視子之爲其母服也，亦曰：子自服其當服之親爾。蓋母於父已非妻，而於子猶是母，所謂親者屬也。天下豈有無母之人哉？後人以降屈之服例此而謂父在不敢服，則似母已出者，於父猶有親，非專爲子一人之親，而爲父所厭降者，非經意也。經云『出妻』，明妻非復妻也。云『出妻之子』，明子猶其子也。云『子爲母』，明母猶其母也。言出妻以絶於父，言爲母以屬於子，名正言順，仁至而義盡矣。傳於無服者必備言之，今傳言外祖父母之無服，及爲父後者之無服，而不言父在無服，則不論父在、父卒皆爲出母期，明甚。《檀弓》記『子上之母死而不喪』，明禮所由廢，故云：『孔氏之不喪出母，自子思始也。』凡《記》言自某始者，皆爲失禮所由始。

子思所云『爲伋也妻者，是爲白也母』云云，施諸嫡母、繼母則可，施諸生我者則不可。經云『出妻之子爲母』，固母子之也。江氏永釋《記》文甚是。胡氏引以證父在爲出母無服，則非《記》意。《檀弓》又云：『子思之母死於衛，子思哭諸廟。』夫已爲嫁母如此其重，豈使子爲出母如彼其輕？孔氏爲萬世禮宗，子思又大賢，豈或不善於禮？《檀弓》傳聞異辭，學者取其義，勿泥其事可也。又案：母子至親，無絶道。母爲子一人之親，則不敢加尊服，而親服無可替。即使母自絶於子，子終不可絶母，故子思聞嫁母之喪，終哭於他室爲得禮。鄭注謂『嫁母齊衰期』，明母雖無母道，子不敢不母之。《凱風》之詩有自責之辭，而無責母之意。但聖人不爲無義制禮，故空其文以『親者屬』一語括之可耳。鄭注謂繼母出則不服，以非親者屬也，則繼母嫁更不服矣。《鄭志》：『趙商問曰：慈母嫁，亦當爲服如繼母否？答曰：慈母賤，何得如繼母耶？』案：兩『繼』字皆譌，當爲『己』。經云『慈母如母』，謂如己母也。趙商何緣以如繼母爲問？繼母嫁者不服，從之乃服耳。經曰：『父卒，繼母嫁，從，爲之服，報。』『從』字當絶句，謂子幼，無大功之親，繼母與之適人者也。從乃爲之服，則不從者不服，以非親者屬也。繼母本因配父，而爲之如母，今既自絶於父，則路人耳，何服之有？鄭義蓋如此。傳曰：『何以期也？貴終也。』注曰：『嘗爲母子，貴終其恩。』『嘗』當爲『尚』，聲之誤也。從者尚爲母子，則不從者非母子明矣。此繼母之與因母異者。」

降其小宗解

金氏榜《禮箋》云：「大宗不可以絶，族人以支子後之。傳曰：『持重於大宗者，降其小宗也。』大宗唯一，小宗有四，所後之大宗親疏不定，則所降小宗世數多寡蓋不齊矣。爲人後者，本親高祖以下俱爲小宗，悉降其五服一等。若高祖爲大宗，則降其曾祖以下；曾祖爲大宗，則降其祖以下；祖爲大宗，則降其父以下。爲人後者有不降高、曾祖，而無不降父以下本親者。故《喪服》經于其降服著父母，不著祖父母；著昆弟，不著世叔父；著姊妹，不著姑，著其有定者也。記言：『爲人後者，于兄弟降一等，報。』由是悉降五服之例著。凡爲人後者，因所後而服，則從所後者爲之名。傳言「爲所後者之祖父母、妻、妻之父母、昆弟、昆弟之子，若子」。記言「于所爲後之子兄弟若子」是也。因所後而降，則不從所後者爲之名。經著爲人後者，爲其父母、昆弟、姊妹適人者之服，及記言爲人後者于兄弟降一等，《喪服小記》言「夫爲人後者，其妻爲舅姑大功」是也。名與服不相值爲降服，名存則降見，名不存則降不見也。使爲人後者從乎所後，而易其本親之名，則有名在緦麻，或無服者而服之以期、功之重服，是加服矣。豈降其小宗之謂哉？然則本生五屬之親，俱得遂其名，不獨父母之名不可易也。」按：爲人後之禮，言人人殊，惟金氏此説與經傳脗合，確不可易。《禮經校釋》申之曰：「禮尊大宗之道有二，曰爲大宗服若子，曰爲小宗服降等。經之言降等服也，《不杖期章》曰『爲人後者爲其父母』。父母本三年，以尊大宗，爲小宗服降等，故期也。父母期則祖大功，曾、高小功可知。何以不見也？以所後或在親屬，則即爲大宗正尊不降也。《大功章》曰：『爲人後者爲其昆弟。』昆弟本期，以尊大宗，爲小宗服降等，故大功也。昆弟大功，則世叔父大功，從父昆弟小功可知。何以不見也？以所後或在親屬，則即爲大宗旁親不降也。《殤小功章》曰：『爲人後者爲其昆弟之長殤。』昆弟長殤本大功，以尊大宗，爲小宗服降等，故小功也。《小功章》曰：『爲人後者爲其姊妹適人者。』姊妹適人本大功，以尊大宗，爲小宗服降等，故小功也。姊妹適人小功，則姑適人小功，從父姊妹適人緦可知。何以不見也？亦以所後在親屬，則即爲大宗旁親不降也。是父母、昆弟、姊妹以外之親，其爲小宗之親、大宗之親未可定，其服之降不降更未可定。而惟此三人，則小宗本親降服之有定者。經之專著其服也，舉服之例而無礙乎服之用也。因而悟經於爲人後者爲大宗之服，止見所後父而不見餘人，其意亦猶是也。何者出後親疏不定？設後於世叔父，則本宗之服由重而降者，惟父母、昆弟、姊妹，大宗之服由輕而加者，惟所後父母及姊妹耳。餘皆如其本服無所加降。而母統於父，言所後父，則所後母可知。爲人後者，又多無所後親昆弟，昆弟不見，則姊妹例不獨見，故服之特加而當見者，惟所後父一人耳。經於爲人後者爲大宗之服，著其無不特加者，於其爲本宗之服著其無不特降者，而其餘或加或降，悉可準此以推。此喪服條理合一，終始相貫，不使降等、若子兩服相妨之精意也。」馬氏融及近程氏瑶田、段氏玉裁皆未得其旨。敖繼公説顯背傳文而胡氏又從之，甚非者矣。

適子不得後大宗辨

胡氏《正義》曰：「適子不得後大宗，謂適子自當主小宗之事，然此論其常耳。若同宗無支子，則適子亦當後大宗。《白虎通》云：『小宗可以絶，大宗不可絶。故舍己之後，往爲後於大宗，所以尊祖、重不絶大宗也。』《通典》載戴聖云：『大宗不可絶。言適子不爲後者，不得先庶耳。族無庶子，則當絶父以後大宗。』范汪云：『廢小宗昭穆不亂，廢大宗昭穆亂矣，先王所以重大宗也。豈得不廢小宗以繼大宗乎？』方氏觀承云：『適子不得後大宗，正以申言支子爲後之義，非謂大宗可絶也。敖氏大宗有時而絶之説，非矣。』案：戴、范之論甚正，據前傳云：『何如而可以爲人後？支子可也。』玩『可也』語氣，非執定之辭，自是有支子當以支子爲之，不得以適子後人耳，非謂無支子即可聽其絶也。敖説害理，方駁之極是。《通典》又載：『劉得問：同宗無支子，唯有長子，長子不後人，則大宗絶；後則違禮，如之何？田瓊答曰：以長子後大宗，則成宗子。禮：諸父無後，祭於宗家，後以其庶子還承其父。』此論正足濟禮之窮。」

唯子不報辨

「大夫之子爲世父母、叔父母、子、昆弟、昆弟之子、姑姊妹、女子子無主者爲大夫命婦者，唯子不報。」傳曰：「何以言唯子不報也？女子子適人者爲其父母期，故言不報也。言其餘皆報也。」注曰：「唯子不報，男女同不報爾。傳以爲主謂女子子，似失之矣。」後人多申傳駁注。胡氏承珙云：「經文渾括，『唯子不報』，自兼男女言之。傳以同服相爲之謂報，子爲其父母三年，無疑於期之報。故獨舉女子子適人者，爲其父母自當期，不因其父母哀其嫁於大夫而無主，爲之加服，而乃服期以報。故曰『女子子適人者爲其父母期，故言不報也』。此於經文自是專明一義。鄭以經文『唯子不報』必兼男女。而後世父母、叔父母、昆弟、昆弟之子、姑姊妹無主者，此十人於大夫之子相報服期之義，始截然分明。況傳以不報主謂女子子，而又云『其餘皆報』，雖皆指兩相服期者爲報，而文義嫌於以子亦爲報，故鄭駁之。沈氏彤謂：『「女子子適人者」句上脱「子爲其父母三年」一句。』蓋爲傳彌縫，殊可不必。」胡氏培翬云：「鄭氏以傳爲失，而後人又多申傳以駁鄭，似爲定論矣。及閱胡氏之説，而知傳『其餘皆報』一語，自呈罅漏。蓋女子子適人爲父期是本服，非報，子爲父三年亦非報。況經明言子，不言女子子，謂言子兼女子子可也，謂言子不兼子不可也。胡氏此説，深有功於經，不獨爲功鄭氏。」又案：大夫之子，士也，爲世叔父母、昆弟、昆弟之子爲大夫者期，而諸親爲之不降等而報之者，以大夫之子當從乎大夫而降，今以諸親爲大夫應降而不降，故諸親爲之亦應降不降。言大夫之子，則父在也，父没，則爲諸親如本服，而諸親降之矣。

妾服得遂辨

「公妾、大夫之妾爲其子。」傳曰：「何以期也？妾不得體君，爲其子得遂也。」注：「此言二妾不得從於女君尊降其子也。女君與君一體，唯爲長子三年，其餘以尊降之，與妾子同也。」「公妾以及士妾爲其父母。」傳曰：「何以期也？妾不得體君，得爲其父母遂也。」注：「然則女君有以尊降其父母者與？《春秋》之義，『雖爲天王后，猶曰吾季姜』。是言子尊不加於父母，此傳似誤矣。禮，妾從女君而服其黨服，是嫌不自服其父母，故以明之。」《校釋》曰：「案上經云『公妾、大夫之妾』，不言士妾，文主於公、大夫，是據尊降言。下經云『公妾以及士妾』，通凡爲妾者文主於妾，是據厭降言。傳皆云『妾不得體君』者，胡氏下傳《正義》曰：『上傳妾不得體君，謂諸侯之君於衆子無服，大夫之君於衆子降服大功，妾不體君，故爲其子得服期。此傳妾不得體君，謂君於妾之父母無服，妾不體君，故爲其父母得服期。』案：胡氏釋傳是也。然但就傳文讀之，云『妾不得體君』，則有得體君者。不得體君者得遂，則得體君者不得遂。傳於妾爲子、爲父母皆云不得體君得遂，則似妾不得體君爲子遂亦爲父母遂。女君得體君，不爲子遂，亦不爲父母遂矣。而經豈有女君以尊降其父母之禮乎？傳意並不謂女君有以尊降其父母者，傳文則似乎對女君以尊降其父母，言得體君者，尊辭也。胡氏承珙於下節云：設援上章之例，則似女君以體君，而降其父母矣。鄭恐學者以文害辭，故云：『此傳似誤。』案：胡説甚是。傳意本善，而立文則與上大夫之子傳同一自呈罅漏。傳雖止就妾論，然經文二服上『爲衆子』、『女子子適人者爲其父母』二條已包之，而必别出此，明以妾與妻尊卑殊，故别白言之。凡妾服，除妾爲女君外，皆對女君言，故注以女君爲比例，實與經合也。以女君爲比例，則與傳意雖互通，而文似隔閡，故云『此傳似誤』。似者，不敢定以爲誤也。云『禮，妾從女君』以下者，嫌妾賤，但使之服女君之黨服，不敢自服其父母，故特著此文明君不厭妾也。義亦與傳大同，但文較直截，反覆比勘，無語病耳。胡氏承珙云：『傳注原可並行不悖，後儒必欲申傳以駁注，非也。』案：胡氏培翬亦蹈此失。其釋傳雖是，然彼所釋者傳意，鄭所辨者傳文。鄭非不知傳意之不誤也，但依經例，當以女君對勘，於傳文終有抵捂，難於申釋，恐學者因傳以疑經，故微辨之以豫破來者之惑。傳雖子夏所作，容有後師增續之文。偶參疑議，何傷乎？」

高祖玄孫服辨

程氏瑶田《喪服足徵記》謂：「高祖、玄孫無服。《喪服》經不言高祖玄孫者，不制服也。」其説以《大傳》「四世而緦」數語爲據，云：「四世而緦，服之窮也。」謂曾孫緦麻，服至此而窮也。「五世祖免，殺同姓也。」謂己爲玄孫無服，但以祖免行事。張氏履辨之云：「逮見高祖，即以服曾祖齊衰三月者服之；逮見玄孫，即以服曾孫緦麻者服之。經不著，可推而知也。《小記》之『以三爲五，以五爲九』，以己合上下數之。《大傳》之四世、五世不數己，且《大傳》本指旁殺，若謂五世祖免，指高祖玄孫則正統也，謂之同姓可邪？且上數高祖，下數玄孫，亦止四世，不得數己而爲五世。以己方計其人之世數而爲服之差，固不得自占一世也。《荀子》『有天下者祭七世』，除太祖二祧，則高祖爲四世，如程氏説，豈高祖爲五世廟乎？」程氏又云：「族昆弟之子，自吾曾祖視之，爲昆弟之玄孫、五世祖免者也。自吾高祖視之，則六世親屬竭者也。」張氏辨之云：「子孫出於己，從下數者也，故視子爲一世，玄孫爲四世。昆弟同出於父，從旁數者也，故視昆弟爲一世，又從旁而下至昆弟之玄孫爲五世。然昆弟之玄孫雖爲五世，而己之玄孫仍爲四世，不得爲玄孫無服引例也。」以上胡氏《正義》文。鄭氏珍云：「程氏謂曾、高固服齊衰三月，非上殺之義。夫本服之差，曾祖當小功，高祖當緦麻，玄以次而殺，特不敢以小功兄弟之服服至尊，故變制爲曾祖，重其衰麻，減其日月。曾祖至尊，高祖亦至尊，既不敢以小功服曾祖，又敢以緦麻服高祖乎？若言曾祖已齊衰三月，高祖宜從殺則衰麻，仍不敢以小功，喪期又當減於三月，而齊衰之次，止有大功三月，以下更無喪期，將特制齊衰一二月乎？抑特制大功三月乎？然則不服齊衰三月，何服也？焉得不與曾祖同也？瑶田又謂：『玄孫之父是曾孫也，已齊衰三月，玄孫不可服同父。』夫爲世叔父、昆弟、姑姊妹等，子皆得與父同服，何獨爲高祖，父子不可同服乎？瑶田又謂：『世絶無得見高祖者。萬一有，然不承重服斬之玄孫，與庶玄孫唯皆袒免。』夫袒免，唯施之族昆弟之子諸出服者，所謂『五世袒免，殺同姓也』，爲高祖之子，且不敢服以兄弟之服，而於其父乃敢以待同姓者加之乎？程氏止求勝注疏，不知其害名教大矣。」

大夫尊降服辨

喪服，諸侯絶旁期，大夫降一等。傳曰：「尊不同也。尊同，則得服其親服。」言得以見不服親服者之爲欲終之而不可得，非莫之禁而弗爲也。又曰：「始封之君不臣諸父昆弟，封君之子不臣諸父而臣昆弟，封君之孫盡臣諸父昆弟。故君之所爲服，子亦不敢不服也。君之所不服，子亦不敢服也。」此言諸侯之不服旁親，從乎其先君之臣之而不敢服也。先儒謂不臣者服其本服，其諸父昆弟爲之亦如本服。臣之則君不服，而臣服斬。夫諸侯之絶旁期，尊降也。而傳云「不得」、「不敢」與「厭降」同文者，蓋封君之孫以後之不服旁親，非以己尊加於諸父昆弟，乃因封君以尊降其子而不敢服。是封君之孫以後之尊降，義同於厭降，而所以厭降之故，則出於封君之尊降。《孝經》曰：「雖天子必有尊，言有父；必有先，言有兄。」先王制禮，無教人以貴臨其諸父昆弟之理，故雖崛起爲諸侯，而不臣諸父昆弟，服如其親。惟於其子之不受重者，乃别之不服，以豫絶嬖子配適、骨肉相殘之禍。而封君之庶子於封君之子之嗣爲君者爲昆弟，於封君之孫爲諸父，君之所不服，子亦不敢服。故封君之子臣昆弟，封君之孫盡臣諸父昆弟，皆不服。非敢不服其諸父昆弟也，不敢服其君之所不服也。封君既以尊降其庶子，則其子孫之嗣爲君，與先君爲一體者，不敢自以己親而擅服其先君所不服之諸父昆弟，此子天父之義。而其諸父昆弟既以子而臣於其父之爲君者，即不敢不臣於其昆弟、昆弟之子之繼父而爲君者。此父命之行乎子也，此君臣之義所以出於父子也。其臣之也，非今君臣之，先君臣之也；其不服也，非今君不服，先君不服也。凡封君子孫之絶旁期，皆封君之尊降其子，此諸侯降服之義也。夫諸侯尚不敢以己尊降諸父昆弟，則大夫可知。然則經云「大夫爲世父母、叔父母、子、昆弟、昆弟之子爲士者」大功，虞喜以爲三世爲大夫者是也。蓋諸侯有國，以處其子孫；大夫有采，以處其子孫；大夫采地亦必適子世世守之，故降其庶子大功，以遠别絶嫌。大夫之尊降，亦以父降其子也。《不杖期章》「爲衆子」注曰：「大夫遠别之謂之庶子，降之爲大功。天子、國君不服之。」此尊降服之本也。父降其子，則子不敢不從父而降其昆弟，子之子又不敢不從父而降其諸父。是降服備者，必三世爲大夫而後然，非敢降其諸父昆弟，亦不敢不降父之所降也。諸父昆弟既以子而降於父，己不敢不以子而從乎父。蓋非父所降而降之，是以貴驕父兄宗族也，故崛起雖諸侯不敢降。父所降而不降之，是别異於父以自伸也，故繼世雖大夫不得不降。蓋降者，父降其子，而從降者，子從乎父，所謂天之生物，使之一本也。經《不杖期章》曰「大夫之子爲世父母、叔父母、子、昆弟、昆弟之子爲大夫者」，《大功章》曰「大夫爲世父母、叔父母、子、昆弟、昆弟之子爲士者」，二服一貫。經先舉大夫之子而後言大夫，且陳大夫服，首數條皆據「大夫之子」立文，明乎備有諸降服之大夫，乃其先爲大夫之子者，而其降服乃從乎始爲大夫者之降其子而出，以父之所降，而不得服其親服也。不然，經著大夫服，何不先言大夫，而乃先言大夫之子乎？言大夫之子，明乎其從父之爲大夫者，而降以大夫之子發端，不以大夫發端，明大夫有不備此降服者。上章既陳大夫之子，下章乃陳大夫，既明從降之義，而後見大夫服。明大夫從父而降，乃備諸降服。大夫雖不世官，苟世守采地，即用大夫之禮，經言大夫禮，多據有地者言。此大夫降服之義也。古者不降，上下各以其服。殷道親親，兄終弟及。法久弊生，兄弟宗族或至相争，日尋干戈以相征討，賊恩害義，敗國殄民，莫此爲甚！聖人，人倫之至。昔武王欲以天下授周公而公不受，重遭二叔流言，閔兄弟之失道，故其制禮以尊尊保全親親。有國有家，必嫡子世世守之。庶子之服，諸侯絶、大夫降，後世子孫悉體始封始爵者防亂保族之心以爲服。嫌疑既絶，然後尊其位，重其禄，同其好惡，親之欲其貴，愛之欲其富，族食，族燕，公與父兄齒。諸父兄弟備言燕私而恩誼愈篤，維持封建之義至是而盡矣。或曰：大夫爲諸親服降等，而諸親如其本服，厚薄無乃失均乎？曰：厚薄，私也；子統乎父，公也。大夫之爲諸親，與諸親之爲大夫，一從乎父而已矣。《不杖期章》「大夫之庶子爲適昆弟」注曰：「適子爲庶昆弟，庶昆弟相爲，亦如大夫爲之。」此言抉經之心。必如是，而後子天父之義明也。或曰：大夫之事世叔父母、事兄使弟有以異於邦人乎？曰：無以異也。凡降服與絶大異，絶者，臣之也；降者，仍親之也。降服多矣，厭降、旁尊降、出降，不聞殊其服遂殊其親也。凡所爲降者，特以明始爵者宗廟禄位必適適相承之義。大夫不奪宗，雖貴富不敢以加於父兄宗族，且大夫期降大功、大功降小功、大功以上親同財，豈有大夫以降小功而疏外其親之理？凡降服者皆心喪，雖尊降亦當同之。傳説降服，皆以「不得」、「不敢」爲言。鄭君謂降有四品，愚竊謂君大夫之降其子、父母降女子子適人者，敢降者也，餘皆不得不降、不敢不降者也。大夫降服，先儒説者皆未得其理。或謂宗子有君道，則大夫不皆宗子也？或謂大夫有君族之道，則諸親非可得而臣也。《左傳》：「夫子以愛我聞。」夫子，雖尊稱，然季札於孫林父、叔向於伯有亦稱之，蓋當時有此風氣，不得以爲大夫君族之證。或謂大夫不可曠職廢祭，此説最爲近理，可備一解。然細思之亦非確詁。則諸侯始封者有王事，立五廟，何以服諸父昆弟如邦人也？或謂封建時，大夫即治其鄉里，非特尊不可以爲治，則國有常憲，自可當官而行，不當以門外之治混諸門内也。凡此皆以意爲説，難可據信。今據傳文推經，例説之如此。

大夫之妾爲君之庶子兩節經、傳、注校文并女子子逆降旁親義述

「大夫之妾爲君之庶子。」注：「下傳曰：『何以大功也？　妾爲君之黨服，得與女君同。』指爲此也。　妾爲君之長子亦三年，自爲其子期，異於女君也。　士之妾，爲君之衆子亦期。」「女子子嫁者、未嫁者爲世父母、叔父母、姑、姊妹。」注：「舊讀合大夫之妾爲君之庶子、女子子嫁者、未嫁者，言大夫之妾爲此三人之服也。」傳曰：「嫁者，其嫁於大夫者也。　未嫁者，成人而未嫁者也。　何以大功也？妾爲君之黨服，得與女君同。　下言爲世父母、叔父母、姑、姊妹者，謂妾自服其私親也。」注：「此不辭，即實爲妾遂自服其私親，當言其以見之。《齊衰三月章》曰：『女子子嫁者、未嫁者爲曾祖父母。』經與此同，足以見之矣。　傳所云『何以大功也？　妾爲君之黨服得與女君同』，文爛在下爾。　女子子成人者有出道，降旁親及將出者，明當及時也。」按：此兩條，鄭以經解經，發疑正讀，其義本明。　而傳寫者誤分注文一條爲二，一屬經，一屬傳。　又以「下言」以下二十一字注文爲傳文，遂使經義是非無正。　戴氏震云：「賈疏謂：『下言二字及者謂妾自服其私親也九字，總十一字，既非子夏自著，又非舊讀者自安，是誰置之也？　今以義，必是鄭君置之。　鄭君欲分別舊讀者如此意趣，然後以注破之。』據疏此説，以『爲世父母、叔父母、姑、姊妹』十字爲傳文，以『下言』二字及『者謂妾自服其私親也』九字共十一字爲鄭所加。　不知經既見世父母、叔父母、姑、姊妹十字，傳不應重見此十字而絶不釋其意，是二十一字通爲鄭注無疑。　且考其文義，上云『言大夫之妾爲此三人之服也』，下云

『謂妾自服其私親也』，一『言』字，一『謂』字，皆指舊讀者之意。如是，自『舊讀』至『此不辭』，凡五十六字，一氣連貫，不可截斷。」盛氏云：「注意與傳文本無不合，奈爲傳寫者所誤，故人不能無疑耳。『何以大功也，妾爲君之黨服，得與女君同』三句，據注當在經文『大夫之妾爲君之庶子』下，而簡脱在此，此誤於漢以前者也。『下言爲世父母、叔父母、姑、姊妹者，謂妾自服其私親也』二十一字，據疏是鄭君置之，當屬注而大書連於傳，此誤於唐以前者也。」褚氏云：「此條細玩賈疏，注混於傳，真屬顯然。不知何時將『舊讀』以下三十二字屬經文『姑、姊妹』下，以『下言』至『私親也』二十一字厠入傳中，而以『此不辭』以下爲駁傳語，雜亂無次，讀者滋眩。」阮氏學海堂本《校勘記》云：「案『下言』以下二十一字，乃鄭所引舊讀之文，與下『此不辭』相連者爲注文，而上節鄭注『舊讀』以下三十二字，當次於傳文『女君同』之下，則一氣相連。曰『言』、曰『下言』，文義顯然矣。自寫者誤分注爲兩截，竄『舊讀』三十二字於『傳曰』之前，而又誤鄭注『下言』二十一字爲傳文，遂爲學者大疑。向使此二十一字爲傳，則舊讀甚是。鄭若破之，是破傳，非破舊讀矣。鄭不言傳誤，而但言舊讀誤，是傳必不與舊讀合矣。」案：諸家考正傳注之文致確。傳注之文正，而後經義可明。經以「女子子嫁者」、「未嫁者」並舉，與「爲曾祖父母」條文同，是未嫁者，亦爲世叔父母、姑、姊妹降服大功，故鄭以成人者有出道，降旁親釋之。盛氏云：「嫁者因出降也，不云適人而云嫁者，見其雖貴爲大夫妻，不再降也。」又云：「昏姻之時，男女之正，王政之所重也。女子二十而嫁，有故，二十三年而嫁，謂父母喪也。聖人權於二者之間，以父母之喪較之昏姻之時，則服重而時輕，故使之遂其服。以世叔父諸喪較之昏姻之時，則服輕而時重，故使之遂其時。此逆降之禮所由設也。」褚氏云：「前章不敢降其曾祖，意尤重在已嫁者。」此條意重在許字者之逆降。又云：「逆降之節，未必一許嫁即然。或在請期之後、將嫁而未及嫁，亦遂同於已嫁之例耳。」胡氏承珙云：「逆降之説，梁朱異問北使李業興曰：『女子逆降旁親亦用鄭義否？』業興曰：『此之一事，亦不專從。』後儒於此多有疑鄭者。然經以嫁者、未嫁者連文，傳於『未嫁』之上特著『成人』二字，則逆降之法，似未可謂無之也。」胡氏培翬云：「此及爲曾祖父母條，一言其降旁親，一言其不降正親。無論已嫁、未嫁皆然，故連言嫁者、未嫁者。然未嫁而逆降旁親，必其年在及笄以上者。注言『將出者，當及時』，正以明傳『成人』之義。盛氏言其引《齊衰三月章》爲曾祖父母條作比例，亦正以傳釋此經與彼文同，注之與傳，毫無不合。盛氏言逆降重昏姻之時，褚氏言逆降在請期之後，胡氏言逆降義本經傳，皆足以發明注説，此鄭義之灼然昭著者也。」程氏瑶田强據譌文以駁鄭注，豈謂天下後世無能徵《喪服》文者乎？又案：逆降之説，諸儒發之甚精。經以嫁者與未嫁者並舉，盛氏謂雖尊無再降，蓋婦人雖在外必有歸宗。大夫妻尊，降服惟施於姑、姊妹之適士者，而在家之世叔父母等則否，猶逆降服得施於將出之姑、姊妹，而不得施於昆弟也。經著尊降服於大夫，大夫之子、公之昆弟皆各服備見，而大夫之妻惟見姑、姊妹嫁大夫者應降不降一條，明此外族親但有出降，無尊降也。蓋未嫁而逆降者，重昏姻之時，此由從夫之義推之。已嫁而不再降者，厚族類之恩，此由歸宗之義推之。姑、姊妹之再降，則依大夫尊降之常例，亦惟其夫繼世爲大夫，降旁親者則然，義各有當也。

緦麻章長殤中殤降一等四句傳文非經文辨

《緦麻章》：「長殤、中殤降一等，下殤降二等。齊衰之殤中從上，大功之殤中從下。」程氏瑶田以此四語爲經，沈氏垚取之，而張氏履、淩氏曙辨之。沈氏云：「程易疇《足徵記》駁鄭注處，精確不刊。如《緦麻章》末『長殤、中殤降一等』四句乃經文，所謂齊衰之殤、大功之殤，指成人服齊衰、大功者而言。《小功殤服章》傳所謂大功之殤、小功之殤，即據殤服而言。成人服齊衰者，其長、中殤降在大功而爲大功之殤，故大功之殤中從上，即『齊衰之殤中從上』也。成人服大功者，其長殤降在小功而爲小功之殤，其中殤則從下殤而降在緦麻，所謂『小功之殤中從下』也。故小功之殤中從下，即『大功之殤中從下』也。鄭誤經爲傳，謂皆據成人，以前爲主丈夫爲殤者服；後主婦人爲殤者服，改庶孫之中殤爲下殤，謬。」張氏履云：「案：此條乃程氏之誤，非鄭氏之謬也。齊衰之殤中從上者，降在大功，謂『大功之殤中從上』，即『齊衰之殤中從上』，其説無所閡。若大功之殤中從下，其長殤乃小功而中從下入緦麻，則當云緦麻之殤中從下。蓋據本服之降而言，則長、中、下皆可冠以本服。若即據殤服而言，則長、中殤在大功者，可云大功之殤，而下殤在小功者，即不得云大功之殤；長殤在小功者，可云小功之殤，而中從下入緦麻者，即不得云小功之殤。今『中從下』非小功而冠以小功，則小功其本服也。然則『大功之殤中從上』，大功亦本服也。程氏説看似直截，而細案之，文義已不甚通如此。」又云：「丈夫、婦人爲齊衰之殤，長、中降一等，下降二等，其爲中從上也，並見

《大》、《小功章》。惟丈夫爲大功之殤，中亦從上。而爲人後者，爲其昆弟、從父昆弟之長殤，在《小功章》；爲其從父昆弟之下殤，在《緦麻章》。而中殤獨未見，故傳以發之。至於婦人爲夫族大功之殤，則《小功章》爲夫之叔父之長殤，《緦麻章》爲夫之叔父之中殤、下殤，已明見中之從下，故於兩章爲夫之叔父下，不復發傳。而又恐人疑其與大功之殤中從上之文不合也，故於《緦麻章》末，婦人爲夫族服之後，總發『長殤、中殤降一等，下殤降二等。齊衰之殤中從上』，以見婦人爲夫族之與丈夫同者。又發『大功之殤中從下』，以見婦人爲夫族之與丈夫異者。因欲明其異者，遂自其同者而統言之，所以辭備而成文也。若如程氏説，以長殤、中殤四句爲經文，則中殤之從上、從下，經已明著其例，而《小功章》『爲人後者爲其昆弟、從父昆弟之長殤』，不見中殤，明是大功之殤中從下者。又何容發問而贅此異名同實之傳？即發問，亦但答以中從下也，即與經例前後相應而其義已大明，又何容辭費，轉滋後人之疑乎？程氏之説，其不可通又有如此者。」又云：「婦人爲本宗隆服也，故其爲殤服與丈夫同。❶爲夫之親，從服也，故其爲殤服與丈夫異。惟大夫之妾爲庶子之殤中從上，與主爲丈夫之例不協。然此所謂妾爲君之黨服得與女君同者，不足以爲難。至小功以上，妻亦有降一等者，如爲夫之世、叔父母是也。齊衰之殤較重，故中從上不異，而於大功之殤獨異。大功之長殤稍重，亦不可異。下殤則已再降矣，故獨於中殤爲異。先王制禮之意精矣，密矣。」淩氏曙云：

❶ 「夫」，原訛作「大」，據《儀禮正義》所引改。

「程氏謂『長殤、中殤降一等』云云，四句皆經文，說者以其綴《緦麻章》末，遂誤以爲緦麻卒章之傳。不知傳皆憑經說義，無憑空立義之例。案：《喪服》『爲夫之從父昆弟之妻』，此獨非經乎？下文『傳曰』云云，正是依經說義。若如程說，全經之例，有傳文之下贅以經四語，戛然而止，不復發傳者乎？程云：『兩殤服章，專主於齊衰之殤而制之也。』夫齊衰之長殤降一等，已入《殤大功章》矣，齊衰之下殤降二等，已入《殤小功章》矣，更無須復爲齊衰發例也。而緦麻之卒章，傳又有齊衰之殤云云者，一則主乎男子，一則主乎婦人，前後不嫌重複也。況傳例一發於爲從父昆弟之丈夫下，一發於婦人爲夫之親之服下，故知其義然也。程又疑如謂小功之殤中從下爲成人之小功，夫成人之小功，其長殤則緦麻也，安得復有下殤之服而爲中殤之所從者乎？案：此不必疑也。中殤從下殤無服，若不發中從下之例，不幾於小功之殤中從上乎？況經只云『從』，下未有『服』字也。」案：張氏、淩氏說極是。程氏憑臆改經，謬妄已極，而沈氏猶申之，甚矣！邪說之足以惑人也。又案：傳「齊衰之殤中從上」，《校釋》曰：「此齊衰當指妻服齊衰，長、中殤降大功，下殤降小功者言。胡氏以齊衰爲夫之齊衰，妻從服本大功長、中殤小功，下殤緦麻，則於《殤小功章》『爲夫之叔父之長殤』，此章『爲夫之叔父之中殤、下殤』之文，不可通矣。胡氏之精而猶有此失，信乎治《喪服》之難也。」

士喪禮

《士喪禮》爲周公原書辨

《雜記》：「恤由之喪，哀公使孺悲之孔子學《士喪禮》，《士喪禮》於是乎書。」鄭注云：「時人轉而僭上，士之喪禮已廢矣。孔子以教孺悲，國人乃復書而存之。」萬氏斯大曰：「前此喪禮已亡，微孺悲之學，幾無可考。故當時小斂之奠，曾子云在西方，子游云在東方。未成服而弔，曾子則襲裘，子游則裼裘。負夏之反柩，曾子以爲禮，子游以爲非。兩賢並及聖門，於禮尚未能歸一，由無成書可執也。然則《儀禮》十七篇必謂盡出先王之舊，殆亦不深考也。」胡氏云：「《士喪禮》制自周公，至孔子時雖廢不行，而其書尚在，故孔子得以教孺悲，非孔子作之也。萬氏據此遂謂十七篇非先王之舊，過矣。至曾子、子游之異議，由當時喪禮久廢不講，非無成書也。然周公制禮，當有天子諸侯大夫之喪禮，今惟《士喪禮》首末完具，次第井如，而天子諸侯大夫禮散見於傳記者，多不全備。故謂《士喪禮》之書由孺悲之學而存則可，以《士喪禮》爲非先王之書，則不可耳。」《校釋》曰：「《檀弓》猶《春秋》之《公羊》、《穀梁》也。其義至精，而事多傳聞之誤。即如《曾子問》篇於變禮詳考博辨，豈有《士喪禮》正經反未讀者？而《檀弓》載曾子數事，皆爲子游所非，一似曾子未見禮經者，學者當知求其義，不必泥其事也。萬氏因此謂孔子時《喪經》無成書，誤甚。」

主婦

經曰：「婦人俠牀，東面。」注曰：「婦人謂妻妾子姓也。亦適妻在前。」沈氏彤云：「案：《喪大記》云：『君之喪三日，子、夫人杖；大夫之喪，主人、主婦、室老皆杖；士之喪，主人杖，婦人皆杖。』注云：『婦人皆杖，謂主婦，容妾爲君，女子子在室者。』《喪服》，妻爲夫杖，婦爲舅姑不杖。明夫人與主婦皆死者之妻。注『適妻』，即『主婦』也。」案：《喪禮》主婦，謂死者之妻，喪紀以服之親疏爲序也。《虞禮》主婦，謂主人之妻，舅没則姑老，祭必夫婦親之，喪祭已然也。此經言「婦人」，不言「主婦」者。方氏苞云：「《喪大記》並舉主人、主婦，道其常也。此曰婦人，該其變也。蓋或死者妻早亡，則子婦不可以稱主婦。」是方意以此婦人中兼有子婦矣。末句胡氏語。

拜稽顙成踊辨并删定淩氏《周禮九拜解》

淩氏廷堪曰：「拜稽顙、成踊者，即《周禮》九拜之振動也。杜子春云『振讀爲振鐸之振，動讀爲哀慟之慟』，最爲得之。先、後鄭不能引伸其説而各下己意，經義遂晦。今以《禮經》證之，始知其説之確也。踊與稽顙皆非拜，拜而成踊謂之振動，猶之拜而後稽顙謂之吉拜也。《大祝》九拜之序：稽首、頓首、空首三者皆吉事之拜，由重而輕；振動、吉拜、凶拜三者皆凶事之拜，亦由重而輕。《檀弓》：『孔子曰：拜而後稽顙，頹乎其順也；稽顙而後拜，頎乎其至也。』考之《禮經》，但有拜稽顙而無稽顙拜之文，則拜而後稽顙，其周禮歟？　鄭氏《檀弓》注以爲殷之喪拜，似與經未合也。」《校釋》曰：「《周禮》九拜，四曰振動，杜子春讀爲『振鐸之振，哀慟之慟』，鄭君謂『振動戰栗變動之拜』，《書》曰『王動色變』，疏謂杜『讀字，後鄭皆從之』。　案：鄭於振動，依文解不破字，明與杜異。　而疏謂鄭從杜者，此鄭氏微言。　鄭學之徒相傳未失者，謂鄭從杜讀爲正，而別存依文讀之説以備異義，鄭之難於破字如此！　杜讀動爲哀慟之慟，則爲凶禮之拜自明，故鄭不復申釋。　凌氏解之曰『拜而成踊謂之振動』是也。　拜而成踊謂之振動，猶動色變而拜謂之振動，有異於吉凶之常拜也。　鄭以杜讀爲正，而附存戰栗變動之説，凌氏謂鄭失杜解，非也。　又案：拜之本義，《説文》云：『𢷎，頭至手也，從段氏注本。　故字從手。』《尚書》言『拜手稽首』，拜手謂頭至手。　《禮記》言『拜而後稽顙』、『稽顙而後拜』、『稽顙而不拜』，拜皆謂頭至手，引伸之則頭至地，通謂之拜。　《周禮》、《禮經》所言拜，皆兼頭至手至地言，與專據頭至手言者殊。　知者，《周禮・大祝》『辨九拜，一曰䭫首、二曰頓首』，明以頭至地爲拜。　《禮經》凡單言拜者，皆頓首，言拜即不必別言頓首，是拜即頓首也。　拜君，則別言再拜稽首，明此拜是稽首，異於常禮之頓首。　喪禮則別言拜稽顙，明此拜是稽顙，異於吉時之稽首、頓首。　凡言拜稽首、拜稽顙，皆別明拜法，非謂拜而後稽首、拜而後稽顙，拜與稽首、稽顙爲兩事也。《檀弓》：『孔子曰：拜而後稽顙，頹乎其順也；稽顙而後拜，頎乎其至也。』鄭以拜而後稽顙爲『殷之喪拜』，周謂之吉拜；稽顙而後拜，爲『周之喪拜』。　此禮家相傳微言，故《周禮》注亦直著其説，而不聞杜子春、二鄭先有異辭。　拜而後稽顙、稽顙而後拜皆得謂之拜稽顙，以其拜皆是稽顙也。　但經所言拜稽顙者，則皆稽顙而後拜耳。公子重耳受秦弔，《記》言『稽顙而不拜』，不言不拜而稽顙，是周禮三年之喪，先稽顙之明文也。稽顙而後拜，則其拜禮是稽顙也，故曰『拜稽顙』。淩氏謂『稽顙非拜』，因疑經言拜稽顙爲拜而後稽顙，以議鄭注。不知經言拜之例，皆不專據拜手，與『拜而後稽顙』之拜截然不同。經統言其禮，《記》細別其儀也。《大祝》九𢷾：䭫首、頓首、空首皆吉事之拜，振動、吉拜、凶拜皆凶事之拜，不必更以輕重分。凶拜即《雜記》之喪拜，既名爲凶拜，不得反輕於吉拜矣。稽顙而不拜者，固不成拜禮。拜稽顙者，豈得以稽顙別之拜外謂稽顙非拜，將稽首、頓首皆非拜乎？」

淩氏《周禮九拜解》曰：「《大祝》九拜，《周禮》作「𢷾」字。一曰稽《周禮》作「䭫」字。首，此臣於君之拜也。鄭康成曰：『稽首，拜頭至地也。』《燕禮》、《大射》、《覲禮》，凡臣與君行禮，皆降階再拜稽首。若君辭之，則升堂，復再拜稽首，謂之『升成拜』。有降而未拜即升堂拜者，禮殺也。有不降即于堂上拜者，禮又殺也。《聘禮》、《公食大夫禮》異國之臣與主君行禮亦然，皆稽首也。又有非君臣而稽首者，如儐郊勞歸饔餼使者、卿饋聘賓及大夫相食，皆敬之至者，故亦盛其禮也。《士昏》親迎，《特牲》、《少牢》宿尸，《士虞》、《特牲》、《少牢》陰厭，《特牲》嗣舉奠皆再拜稽首，蓋亦敬之至者。賈氏《儀禮疏》云『稽首，臣拜君法』是也。二曰頓首，此相敵者之拜也。鄭康成曰：『頓首，拜頭叩地也。』凡《禮經》賓主相敵之拜皆頓首。若《左傳》文七年，晉穆嬴頓首于趙宣子，則小君于其臣，且婦人也，禮不應頓首。《定四年》，楚申包胥九頓首而坐，頓首並壹拜再拜，無九頓首者，皆禮之變，故傳特書以別之。賈氏《儀禮疏》云：『頓首者，平敵相拜法。』然則《禮經》平敵相拜者，雖不云『頓首』，皆頓首可知也。三曰空首，此君答臣之拜也。鄭康成曰：『空首，拜頭至手，所謂拜手也。』凡《禮經》君拜其臣皆空首拜。經不云空首者，猶之平敵相拜不云頓首也。若君特敬其臣，則拜手稽首，如大甲之于伊尹，成王之于周公，非常禮也。賈氏《儀禮疏》云『空首拜，君答臣下拜法』是也。至於《穆天子傳》『許男降，再拜空首』，郭注：『空首，頭至于地。』則即稽首，非此空首矣。四曰振動，此即喪禮拜而後踊也。凶事之有振動，猶吉事之有稽首，皆拜之最重者。《士喪禮》君使人弔襚，及君臨大斂，《既夕禮》君使人賵，主人皆拜稽顙，成踊；非君之弔襚賵，則拜而不踊。是拜而後踊，於君始行之，故曰與稽首同也。拜而成踊謂之振動，杜子春曰：『振讀爲振鐸之振，動讀爲哀慟之慟。』其義是也。「是也」二字今易。五曰吉拜，鄭康成曰：『吉拜，拜而後稽顙也。』六曰凶拜，鄭康成曰：『凶拜，稽顙而後拜也。』二者亦皆喪禮之拜。《檀弓》：『孔子曰：拜而後稽顙，頹乎其順也；稽顙而後拜，頎乎其至也。』即所謂吉拜、凶拜也。又《檀弓》：『秦穆公使人弔公子重耳，重耳稽顙而不拜。』《左傳》昭二十五年：『叔孫昭子自闞歸，季平子稽顙。』此徒稽顙，非拜也。唯拜而後稽顙謂之吉拜，稽顙而後拜謂之凶拜也。七曰奇拜，凡一拜謂之奇拜，頓首、空首皆有之。《鄉飲酒》、《鄉射》所謂一拜者，即頓首之奇拜也。《燕禮》、《大射》所謂公答一拜者，即空首之奇拜也。唯稽首皆再拜，無一拜者，鄭大夫曰『奇拜謂一拜』是也。鄭康成謂一拜答臣下拜，賈公彦謂奇拜附空首。空首以一拜爲正，盛其禮乃再拜。《士相見禮》士大夫奠摯，再拜稽首。君答一拜。鄭、賈據正禮言也。「空首以一拜爲正」以下今易。八曰襃拜，凡再拜謂之襃拜。稽首無不再拜者，頓首、空首亦有之。《鄉飲酒》、《鄉射》所謂再拜者，即頓首之襃拜也。《燕禮》、《大射》所謂公答再拜者，即空首之襃拜也。鄭大夫曰「襃拜，再拜」是也。鄭康成謂再拜拜神與尸，賈公彦謂襃拜附稽首。凡拜皆有一拜、再拜之殊，惟稽首若拜神與尸無不再拜也。二句今易。九曰肅拜，謂婦人之拜也。《少儀》：「婦人吉事，雖有君賜，肅拜。爲尸坐，則不手拜，肅拜。」鄭氏注曰：「肅拜，拜低頭也。手拜，手至地也。婦人以肅拜爲正，凶事乃手拜耳。」其説是也。又鄭氏《昏禮》注曰：「婦人於丈夫爲禮，則俠拜。」又曰：「婦人扱地，猶男子稽首。」由此推之，扱地即男子之稽首也，手拜即男子之凶事拜也，俠拜即男子之襃拜也。肅拜者，婦人之正禮。男子唯軍禮始肅拜。《左傳》成十六年：「郤至三肅使者而退。」即鄭司農所謂「介者不拜」是也。蓋稽首、頓首、空首三拜皆吉事之拜也，振動、吉拜、凶拜三拜皆凶事之拜也，六者以爲之經也。奇拜、襃拜，凡拜皆有之，二者以爲之緯也。肅拜則專言婦人之拜矣。此九拜之序也。近人如顧寧人、毛大可、閻百詩、惠仲孺、江慎修諸君，於九拜皆有論著，均未能得其要領。而閻氏至以古之拜如今之揖，古之肅拜如今之拱手，則尤謬。按飲酒之禮，凡拜必坐奠爵，然後拜，既拜之後，始執爵興，則古之拜非今之揖明矣。肅拜，婦人之拜，鄭司農曰：「肅拜，但俯下手，今時撎是也。」撎同揖。《士昏禮》：「婦見姑，姑興拜，贊醴婦，婦興拜。」是婦人之拜不坐，如今之揖，即肅拜也。軍禮亦用此拜。然則古之肅拜，非今之拱手明矣。考《鄉飲酒禮》：「賓厭介，介厭衆賓。」鄭氏注曰：「推手曰揖，引手曰厭，今文皆作揖。」然則今之揖乃古之肅拜，今之拱手乃古之揖耳。」

死者不冠説

「鬠笄用桑，長四寸」。注曰：「長四寸，不冠故也。」疏云：「凡笄有二種：一是安髮之笄，男子、婦人俱有，即此笄是也；一是爲冠笄、皮弁、爵弁笄，唯男子有而婦人無也。此二笄皆長，不唯四寸而已。今此笄四寸者，僅取入髻而已，以其男子不冠，冠則笄長矣。此注及下注知死者不冠者，下記云：『其母之喪，鬠無笄。』注云：『無笄，猶丈夫之不冠也。』以此言之，生時男子冠，婦人笄。今死，婦人不笄，則知男子亦不冠也。《家語》云孔子之喪，襲而冠者。《家語》，王肅之增改，不可依用也。」徐氏乾學云：「古人之襲斂，全體包裹，其内加冠則勢有所難容，故不得已而去之。意在堅束其尸，非以爲容飾也。」又辨《家語》之僞云：「案：襲衣之制士三稱，大夫五稱。孔子即行大夫禮，亦止於五稱，豈有用十一稱之禮？况古之襲與斂皆不用冠，蓋既加冒，則無所用冠也。此云章甫之冠亦不可信，足知《家語》非古也。」吴氏紱云：「襲不以冠者，有掩以裹其首，則無所用冠。若有冠則不便於小斂、大斂之縱横收束也。吕氏坤乃謂不冠非待死之禮，未之思耳。」胡氏云：「《荀子・禮論》云：『設掩面儇目，鬠而不冠笄矣。』是可證死者不冠也。不笄謂無固冠之笄，楊倞注據此經笄用桑，以不笄爲『或後世略也』，誤矣。」

設決法解

「設決，麗于掔，自飯持之。設握，乃連掔」。注：「麗，施也。掔，手後節中也。飯，大擘指本也。決，以韋爲之藉。句。有彄。句。彄内端爲紐，外端有横帶。設之，以紐環大擘本也，因沓其彄，以横帶貫紐結於掔之表也。設握者，以綦繫鉤中指，由手表與決帶之餘連結之。此謂右手也。古文麗亦爲連，掔作捥。」鄭氏珍曰：「按：掔，《説文》『手掔也』，即俗『腕』字。凡指首節接掌屈伸之骨，皆其本。巨擘本爲飯，鄭所本不可攷。云『決以韋爲之藉』，至『外端有横帶』者，此明決之制。藉，薦也。彄，環也，即王棘、檡棘所爲者。外端彄内，韋出於上者也。内端，韋出於下者也。鄉指末爲外，鄉指本爲内，先以薄韋一片，令上下略長于彄，廣如彄之半，環於上端，中間綴一横帶勻分爲二。以一帶中詘之綴於韋，分爲二。於下端兩旁爲一紐，使設時與韋成一圍，是決之制也。云『設之』至『與決帶之餘連結之』者，此明設決之法。擐，貫也。沓，重也。手表，掌背也。設決時，先以韋之紐貫大指本，其韋即帖於指面，以爲彄之襯。因以彄貫指重於韋上，然後取横帶兩端夾彄，向下從紐貫過，此時無他帶可與結，故且持之以待設握。即隨設握韜手訖，以其一繫自右，横由手内向大指繞帀手表至綴處，向上自貫其繫，斜循食指之背，前出以鉤中指，而後出循無名指之背，斜向擘本與決帶之餘連結，則決與握上下牽縮不脱，即握口亦爲繫所束固，而繫在掌背午交叉成文理。是明設決連掔之法，因即明設握法也。唯左手無決，故其握須有兩繫乃可結。右手既有決，帶與握繫相配結之，故其握止右一繫。無決之握，其左一繫當短，以但備與鉤中指者相結，無用長也。古文麗爲連，則麗于掔者，謂連結于掔也。持者扼令不動之意。橫帶貫紐，出擘本下爲紐所扼，決自不動，故曰：『自飯持之。』持之，持決也。待設握，決乃連掔矣。下二句蓋申明『麗于掔』之詳委。」

始死將斬衰齊衰者首服辨

鄭君說：「始死，將斬衰者雞斯，義本《問喪》，彼注「雞斯」，當爲「笄纚」。將齊衰者素冠。」謂將斬衰者去冠而笄纚，將齊衰者去吉冠而素冠。《檀弓》所謂「羔裘玄冠者易之」，實兼此二者。易，謂變其常服也。本胡氏義。陳氏祥道誤據「易之」之文，謂始死有易冠，無去冠；有易裘，無袒衣。又據《檀弓》「叔孫武叔之母死，既小斂，舉者出尸，出户袒，且投其冠，括髮」，謂：「人子於始喪，幸生之心未已，故未忍去飾焉。」敖氏謂：「《檀弓》云易者，易之以素冠深衣也。始死之服，主人以下皆同，而未暇有所別異。」徐氏乾學云：「親始死，徒跣、扱衽無容，哀之至也！豈有下則徒跣而上仍著冠者乎？孝子之心固謂遭禍之深，以罪人自處也，倘猶加冠以爲飾，是見親死無異於平日矣。豈人情之所忍哉？」江氏筠云：「經但言『髺髮袒』，而不言去冠，蓋自始死時已去之矣。《問喪》『雞斯』注讀爲『笄纚』，非臆決也。下云『徒跣，扱上衽』，衣履如此，豈尚留一冠以爲飾？自來說此者多以叔孫武叔之母死，投冠在尸出户後而疑之。案：彼注云『尸出户，乃變服，失哀節』，此特其失之一耳。《喪大記》：卒小斂，『主人袒，說髦，括髮以麻』。初未聞有冠也。」沈氏彤云：「叔孫武叔爲其母，則非斬衰之主人。譙周云:『父卒爲母,始死去玄冠;尸襲之後,因其笄纚而加素冠。』蓋斬衰笄纚,自始死及於小斂之後不改,如括髮之自小斂後及於成服而始改也。爲母笄纚,尸襲之後而即加素冠,如括髮之于即堂下位而即代以免也。始死首服之節,笄纚與括髮並重,父母之喪皆然。但家無二尊,故又以時之久暫稍爲差等。聖人之尤重父喪,于始死之首服即見之。陳于《檀弓》、《問喪》不別齊、斬,無父母之差,失聖人制親喪輕重之義。若敖謂『始死之服,主人以下皆同』,則斬衰之主人可竟同於齊衰以下者乎?其說雖與陳殊,其誤則一。」

釋髻髮免髽

髻髮、免、髽之制,説者各殊。鄭氏珍曰:「括髮、免、髽三者皆去笄而露紒之名。男子露紒,斬衰用麻束之者稱括髮,齊衰以下用布束之者稱免,又以爲輕重之別。婦人質,無問麻布,止稱髽。括髮最重,爲母,止以奉尸侇堂,於又哭即易免。爲父,亦止於三哭後易免。以爲時甚暫,爲服止爲父母,不似免之通於五服。又皆至卒哭始除,故《小記》云:『男子免而婦人髽。』其義爲男子則免,爲婦人則髽,止以免與髽對言,不及括髮也。括髮者,猶云束髮,《説文》:『括,絜也。』絜,《説文》:「麻一耑也。」一耑猶一束,故「繆」訓「枲之十絜」,「綮」訓「絜緼」,則絜是束義。凡物圓束而量之即曰絜。賈子「度長絜大」,莊子「絜之百圍」皆是也。絜束其散漫者,則物皆總會其中,結髮亦然,故稱括髮。省文則止稱括,以括與會聲同,又稱會。《莊子》『會撮指天』是也。以其總髮,故又稱總。此經括笄,括用組，記括無笄，古文皆止作括，今文以是死者束髮，別用會而從髟、作鬠，爲尸髻專字。猶之古文作括髮，今文改從髟作髺，以爲喪髻專字耳。鬠，《周禮·弁師》注引又從手作擖，要皆由括字增變。免者，《問喪》云：『不冠者之所服也。冠至尊，不居肉袒之體，故爲免以代之。』據此，則程大昌説免止是免冠，並無他物，誤甚。然則以其去纚、免冠而露紒，即謂之免。經師復讀此服爲問，以與解免義別。今文又或從『糸』作絻，別之也。哀二年《左傳》「使太子絻」，亦從糸。《説文》則以「絻」爲「冕」別體。髽即坐也。吉髻廣而高，如人之立；遭喪則少狹而卑，如人之坐；至盤之若蛇盤，則極卑如人之卧。《説文》『髮』訓『卧髻』，是也。夫子誨兄女之髽曰：毋縱縱、扈扈，戒其太廣、太高。知喪髻宜略收髻令緊窄，而視吉髻爲卑，視卧髻爲高，以其似坐即謂之坐。作字者加髟，以專名此制。經師又別讀『陟瓜切』耳。古之男女櫛髮訖，乃以廣二尺二寸、長六寸之纚韜其髮，以笄貫之，因盤其髮於笄下使縮之。而髮末與髮際無束者，猶易散也，然後用總由項後束髮本，掠其四際，以前交於額，卻向後繞束髻端，又束髮末而垂其餘於髻後爲飾。《内則》子婦事父母、舅姑，皆櫛，縰、笄、總，髻之次也。《喪服》注：『總，束髮。謂之總者，既束其本，又總其末。』總之制也。至遭喪去纚則髻露，去笄則髻無所縮，所恃以束之者，唯總。然則此注説括髮、免、髽及《喪服》説髽皆云用麻布，自項中而前交於額上，卻繞紒如著幓頭者，即是謂總也。」今按：括髮、免、髽蓋總之類，其制不必一如總，而其用則同。鄭氏説得之。免以代冠，知亦代總者，免與齊衰婦人髽相當。齊衰，婦人露紒則免亦露紒矣。汪氏琬曰：「禮，秃者不免，爲其無紒可繞。」則免亦如總之繞紒矣。髺髮、免、髽制同而名異。

注曰：「始死，將斬衰者雞斯，將齊衰者素冠。括髮者，去笄纚而紒。免者以代冠。」又曰：「始死，婦人將斬衰者，去笄而纚，將齊衰者，骨笄而纚。髽者，亦去笄纚而紒。」然則以去笄纚言，謂之括髮，括髮之言束髮也。以去冠言，謂之免，免之言不冠也。以去纚言，謂之髽，髽之言露紒也。各承上事名之。又案：髽者，露紒之名。露紒有用麻布繞之者，此經婦人髽於室是也。有不用麻布繞之者，《喪服》「布總，箭笄，髽」是也。二者皆謂之髽。沈氏彤謂：「髽以麻布，爲其無笄總而代之，既布總、箭笄，則不復用麻布之幓頭。」其説良是。《喪服》注云：「髽，露紒也，猶男子之括髮。」以疏義考之，「露紒也」下，當有脱句，大旨謂其在成服前者，猶男子之括髮耳。

既　夕

朝廟日數辨

《禮經校釋》曰：「鄭謂下士一廟，請啟，先葬二日。其上士二廟，則先葬三日。疏推之至天子七廟，則先葬八日。吴氏紱據《曾子問》天子諸侯喪群廟主藏大祖，謂：『主既不各在其廟，則無容各别日朝之。』案：注但言士禮，不言大夫以上禮，謂天子諸侯亦每日朝一廟者，疏之誤耳。且《曾子問》但言天子諸侯，則大夫不從此禮。以大夫不皆得立大祖廟也，則當下同士禮矣。士朝廟，每廟一日。下記由禰適祖，無厥明之文，乃文省耳。禮不以殘日問人，而可以殘日朝祖乎？以朝禰殯日朝祖，尤非禮也，吴説非。」記朝禰，「重止于門外之西」，注云：「重不入者，主於朝祖而行，若過之矣。」《校釋》曰：「此亦事死如生之意。生時，父祖並有命，必先祖而後父。如或將見祖而先見父，則父必促之行，而子即當急趨祖以承父志，故今朝禰則止重于外，若過之然。蓋體禰廟之心，不欲其先己而後祖，而來朝者亦若曰：本爲朝祖，以過父而來省，非先親而後祖也。則禰與朝禰者之心皆安矣。此禮曲順死者先意承志之孝心，唯注能達之。所以必先朝禰者，親親也；所以止重於外、若過之者，尊祖也。所以必明日朝祖者，不敢以殯日事祖也，仁之至、義之盡矣。而姜氏、方氏、江氏、胡氏等乃紛紛糾駁，姜兆錫謂：『重止門外，露處越宿，非孝子意。』不知重平日在中庭，固未嘗屋之也。且在門外，當使甸人守之，若以爲非，則何以處葬日倚重道左之禮乎？又駁注自死至殯、自啟至葬變禮同、日數亦同之説，不知注特因二廟者日數與殯同，而著此義耳。非以此爲上下之通例，亦非以爲朝必異日之正解也。姜以辭害志，固哉！至『祝及執事舉奠』，自是明日事，『序從如初』中，自當有燭。經注隱括其文，疏分别甚精，方氏、胡氏説雖不同，皆非也。」《鄭志》：「崇精問曰：葬母亦朝廟否？焦氏答曰：婦未廟見，不朝廟耳。《内豎》職云：王后之喪，朝廟則爲之蹕。是母喪亦朝廟，明也。」

軸輴柩車辨

「遷于祖，用軸」。注云：「軸，輁軸也。軸狀如轉轔，刻兩頭爲軹，輁狀如長牀，穿桯。前後著金而關軸焉。大夫諸侯以上，有四周，謂之輴。天子畫之以龍。」疏云：「軸頭爲軹，刻軸使兩頭細，穿入輁之兩髀，前後二者皆然。此輁既云長如牀，則有先後兩畔之木，狀如牀髀，厚大爲之，兩畔爲孔，著金釧其中，❶前後兩畔皆然，然後關軸于其中。言桯者，以其厚大可以容軸也。士殯葬不用輁軸，朝廟得用之；則大夫殯葬雖不用輴，朝廟當用輴；諸侯天子殯葬、朝廟皆用輴。但天子畫輴爲龍，謂之龍輴。」李氏如圭云：「桯謂輁之兩旁木如牀髀者。」黄先生《禮書通故》云：「軸以持輪，輁以關軸。鄭注《士喪禮》『升棺用軸』云：『軸，輁軸也。輁狀如牀，軸其輪，輓而行。』此注云：『穿桯。前後著金而關軸。』輁狀如牀，牀之髀足似几。《廣雅》云：『桯，几也。』故輁之髀足謂之桯，桯有穿孔。賈疏云：『前後兩畔皆然。』謂左右面各前後皆有穿，爲用關軸也。輁軸之制與柩車相近，鄭注『遂匠納車于階閒』云：『其轝狀如牀，中央有轅，前後出，設前後輅，轝上有四周，下則前後有軸，以輇爲輪。』又注『當前輅』云：『輅，轅縛，所以屬引。』又注『屬引』云：『引，所以引柩車，在軸輴曰紼。』據此，引屬于輅，紼屬于軸，屬引之輅有前後輅，屬紼之軸亦有前後軸，柩車用人引與用牛馬之車不同。後人不明其制。方氏謂輁有『前後横木，兩旁直木』，是直同四周之輴矣，尤誤。《檀弓》：『三臣者廢輴而設撥，竊禮之不中者也。』鄭注云：『三臣于禮去輴。今有紼，是用輴，僭禮也。』鄭以大夫用輴爲僭，此云：『大夫諸侯以上，有四周之輴。』『大夫』二字衍文。賈疏謂大夫朝廟

❶「著」，原作「者」，據《儀禮注疏》改。

用輴，與天子諸侯同，則曰『大夫以上』可矣，何必更煩舉諸侯邪？ 輁軸用以升棺，用以引柩，而不用以載塗。其葬日，在塗載柩用輇車，見《雜記》『輇車者，蜃車也』。皇侃云：『天子諸侯以下載柩車者，皆用輇，其尊卑之異在棺飾。』是已。輴之用與輁軸同，但士之輁軸不以殯，啟殯遷祖而後用之。諸侯以上之輴亦用以殯，見《檀弓》、《喪大記》。行至壙，説蜃車，亦用以載柩，見《遂師》注。君葬用輴，大夫之葬廢輴。且君之輴，亦非用以在塗載柩，見《喪大記》注。孔疏謂大夫朝祖用輴，與殯葬異。與賈同誤。」又曰：「鄭注《遂師》『共蜃車之役』云：『蜃車，柩路也。柩路載柳，四輪迫地而行，有似于蜃，因取名焉。蜃，《禮記》或作槫，或作輇。』又注《雜記》『載以輲車』云：『輲讀爲輇，或作槫。《周禮》又有蜃車，天子以載柩。蜃、輇聲相近，其制同乎輇。崇蓋半乘車之輪。』又注《喪大記》『君大夫葬用輴，士用國車』云：『輴，皆當爲載以輇車之輇，聲之誤也。輇字或作團，是以又誤爲國。輇車，柩車也。』又注《既夕》記『遂匠納車』云：『轝上有四周，下則前後有軸，以輇爲輪。許叔重説有輻曰輪，無輻曰輇。』竊謂柩車有云輴車者，聲之誤。國車者，字之譌。有云槫、團者，字之借。謂之蜃者，車之形狀也。謂之輇者，車之輪，即車之正名。謂之輲者，《説文》無輲字，即輇之異文也。四句參用陳氏喬樅《禮記鄭讀考》義。凡車止一軸兩輪。柩車前後有軸，故云四輪。其崇半乘車之輪，故云迫地而行。又車之輈自輿下出，而前縛軶以駕牛馬。柩車之輈則前後出，各縛一横木謂之輅，以屬引而人輓之。此皆與他車異者。」今案：《通故》所考甚詳。鄭、賈又謂「元士葬用輁軸」，説當有所受，方氏駁之非也。

薦馬哭成踊右還出解

「御者執策立于馬後。哭成踊，右還，出」。注曰：「主人于是乃哭踊者，薦車之禮，成于薦馬。」敖繼公云：「哭成踊，圉人與御者也。《雜記》曰：『薦馬者哭踊。』」褚氏寅亮云：「注指主人爲是。《雜記》薦馬哭踊，亦指主人也。孔疏云『馬是牽車爲行之物，今見進馬，是行期已至，故孝子感之而哭踊』是也。」江氏筠云：「案：經於主人外，所特著哭踊者，上篇『朋友親襚，西階東，北面哭，踊三』一也。君視斂節，『君哭及君要節而踊』二也。此篇『拾踊』中，賓亦在焉，而不特著，自餘執事者，蓋皆以賤略之矣。如《喪大記》云：『斂者既斂，必哭。』經并不著，何獨於此著圉人與御者乎？」又云：「《雜記》云：『薦馬者哭踊，出乃包奠，而讀書。』孔疏：『薦馬凡有三：柩至祖廟，爲遷祖之奠訖，乃薦馬，一也；日側祖奠之時，又薦馬，二也；明日設遣奠時，又薦馬，三也。此薦馬下云「包奠，而讀書」，於《既夕禮》當第三薦馬之節。』然則圉、御豈三次薦馬皆哭踊耶？」

士不揄絞辨

「商祝飾柩，一池。」注曰：「士不揄絞。」案：《雜記》曰：「大夫不揄絞，屬於池下。」注云：「揄，揄翟也。采青黄之閒曰絞。屬，猶繫也。人君之柳，其池繫絞繒於下，而畫翟雉焉，名曰『振容』，又有銅魚在其閒。大夫去振容，士去魚。」《喪大記》：君三池、振容、魚躍拂池。大夫二池、不振容、亦魚躍拂池。士一池、揄絞。胡氏據此注「士不揄絞」，謂鄭所見《大記》本「揄絞」上有「不」字，至確。彼注引《雜記》而釋之曰：「是不振容也。」然則揄絞屬池下乃爲振容，大夫惟不屬池下爲振容耳，仍有揄絞。士則并不揄絞。又：大夫以上有魚，士無魚，皆自上而下降殺之差。孔氏謂大夫亦揄絞，但不屬池下爲振容，深得鄭意。賈氏：「士無揄絞，亦無魚。」亦是，惜其餘説未盡合耳。

披 戴 考

「設披」，注曰：「披絡柳棺上，貫結於戴，人居旁牽之，以備傾虧。」《喪大記》曰：「士戴前纁後緇，二披用纁。」按：尊卑披數，《周禮・司士》注，鄭司農云：「天子旁十二，諸侯旁八，大夫六，士四。」鄭君謂：「結披必當棺束，于束繫紐。天子諸侯載柩三束，大夫士二束。《喪大記》曰：『君纁披六。』謂圍數兩旁言六耳，其實旁三。」《禮書通故》云：「後鄭意披、戴同數。《喪大記》云：『君纁戴六，纁披六。大夫戴前纁後玄，披亦如之。士戴前纁後緇，二披用纁。』是披數同戴之明證也。戴之言值，用帛貫棺，束之皮紐而連繫於柳，使相值堅固。披則以帛横絡棺上，而結于戴，出其餘于外。其説有二：據賈疏云：『披在棺上絡過，然後穿戴之連繫棺束者，乃結之，餘披出之于外。』是用帛一條而爲二披也。據孔疏云：『頭繫柳戴，而出一頭于帷外。』則是帛一條止爲一披也。君棺三束，披亦兩旁各三，大夫士棺二束，披亦兩旁各二。《記》云士二披，據一旁之前後言，通兩旁則四披，披各二人執之。故《士喪・記》云：『執披者，旁四人。』鄭注云：『前後左右各二人。』謂前之左右、後之左右有四披，披各二人。故《既夕》注云『士執披八人』，君之棺旁三披，披之人數，傳、記無見。賈疏云：『人君三披，披各三人。』未知據何文以言之。竊謂先鄭之説必有所受，蓋據披之人數以言也。云士旁四即據記文：士執披，旁四人之文。是則天子旁十二，諸侯八，大夫六者，謂天子旁三披，披各四人。大夫旁二披，披各三人。諸侯前後披亦各三人，其中披二人也。諸侯之于天子，士之于大夫，其披數可同其人數，自有差等矣。」

士虞禮

虞禮考

《禮記·檀弓》孔疏云：「士三虞卒哭，同在一月。初虞已葬日而用柔，第二虞亦用柔日。假令丁日葬，葬日而虞，則己日二虞，後虞改用剛，則庚日三虞也。故鄭注《士虞禮》云『士則庚日三虞』，壬日卒哭也。《士虞禮》云：『明日祔于祖父。』則祭明日祔也。士之三虞用四日，則大夫五虞當八日，諸侯七虞當十二日，天子九虞當十六日，最後一虞，與卒哭例同，『用剛日』。」案：孔説本《異義》、古《春秋左氏》説，至確。此記云：「始虞用柔日，曰：『哀薦祫事。』再虞，皆如初，曰：『哀薦虞事。』三虞，卒哭，他，用剛日，亦如初，曰：『哀薦成事。』」自漢以來無異解。近儒乃謂虞祭皆用柔日。萬氏斯大讀記「三虞」二字爲一句上屬，既不辭之甚，王氏引之又移「三虞」二字置「再虞」下。

《校釋》曰：「上『再虞，皆如初』，謂再虞用日。祝辭除稱虞事外，皆如初虞也。何必兼三虞乃得言『皆』乎？《士冠禮》三醮云『皆如初』，與此文義正同。其不當以『三虞』二字移置『再虞』下，明矣。《雜記》注言『卒哭』，與虞異者，謂卒哭别一祭，非即虞。異其禮，異其日，兩日事。不必異其用日之剛柔也。《雜記》言『卒哭成事』，《檀弓》言『卒哭曰成事』，皆以成事屬卒哭者。卒哭在三虞後，三虞雖稱成事，至卒哭而祭事乃成。卒哭後不復稱成事，是祭成於卒哭。故舉辭則三虞與卒哭皆云『成事』，此記是也。論祭則卒哭專『成事』之名，《檀弓》、《雜記》是也。王氏謂『三虞』當在『皆如初』上，與初虞、再虞同用柔日，同稱虞事，無用剛日、稱成事之理，未免舉一廢百矣。三虞之用剛日，自此記至漢儒無異辭，《五經異義》古《春秋左氏》説可證。王氏强以爲用柔日，除其所改竄之記文外，别無一據，不可信明矣。《異義》所引古《春秋左氏》説有九虞者以柔日之文，孔氏廣林謂有脱譌，是也。何氏《公羊解詁》引此記與今本同，是公羊説亦如左氏説矣。又曰『他，用剛日』，王氏謂用三虞後之第二剛日。然則當云『用他剛日』，不得言『他，用剛日』，全經内未見有此文法也。」又曰：「卒哭本非三虞明日，三虞固用剛日也。大夫以上卒哭與虞相隔，則虞、卒哭之閒，正當如赴虞者之有他祭，不忍離其親也。此記士禮，則三虞與再虞相接，而卒哭在三虞後之第二日，不可易也。吴氏、江氏、胡氏誤與王同。《檀弓》孔疏意在專論卒哭，非謂卒哭祝辭乃可稱成事，而三虞不得稱成事也。」

祔已主反於寢練而後遷廟辨

鄭君説：「凡祔已，復於寢。如既祫，主反其廟，練而後遷廟。」胡氏《正義》曰：「此鄭推言天子諸侯之制，故云凡。祔祭於祖廟，祭訖，主仍反於寢。僖三十三年《左傳》云：『凡君薨，卒哭而祔，祔而作主，特祀於主。』服氏注云：『特祀於主，謂在寢。』與鄭説同。陳氏祥道云：『先儒謂既祔，主反其寢。大夫士無主，以幣告。然《坊記》曰：喪禮每加以遠。荀卿曰：喪事動而遠。故將葬而既祖，柩不可反，孰謂將祔而既餞，主可反乎？』萬氏斯大亦據《坊記》『喪禮每加以遠』，《檀弓》『喪事有進無退』二語，以駁祔已主反於寢之説。然鄭注，朱子實取之，嘗云：『吉凶之祭，其變有漸。故始死全用事生之禮，既卒哭祔廟，然後神之。然猶未忍盡變，故主復於寢，而以事生之禮事之。』又云：『既祔之後，主不當復於寢。陸子静力主此説，子壽疑之，皆以書來問。余以《儀禮注》告之，子静謂非經之本文，不足據信。今更言之，《大戴禮·諸侯遷廟》篇云君及從者皆玄服，則是大祥之後，除喪而遷矣。其初言祔不言遷，則既祔之後，主復於寢，至此方遷於廟矣。』徐氏乾學云：『《遷廟》篇中，載君先至廟告徙，即告於殯宫之几筵也。《士虞禮》注鬼神所在則言廟，是寢亦可得稱廟矣。中有奉衣服至碑語，據賈《聘禮》疏謂寢内亦有碑，則《遷廟》篇中所云出廟門，其爲出殯宫無疑。』近張氏履云：『《遷廟》篇：出廟門，奉衣服者升車，君升車，從者皆就車也。凡出入門及大溝渠，祝下擯。案：諸侯廟制，五廟並列，每門有隔牆，隔牆有通門，謂之閤門。從廟之廟，出所祔廟，過一閤門即入新廟矣，又安用車？即曰車以尊神也，而《記》曰國君下宗廟，則君車無入廟門、閤門之理也。今曰君升車，從者皆就車，則是君若臣皆於閤門之中、廟門之前乘車也，而豈有是哉？且一牆之隔，又安得有大溝渠乎哉？由君臣皆車及大溝渠之文，而知主之從寢之廟明也。從寢之廟，而祔後之復於寢又明也。寢則曷爲亦名廟？曰：盧注謂廟殯宫。時葬久矣，神所棲即廟也。』今案：以《大戴禮·遷廟》篇證鄭注，自朱子始，其説自確。篇中雖但言奉衣服，不言奉主，然不可以是臆斷爲無主，昔人已辨之矣。張氏又云：『古者事神之道，必多其方以求之。《記》曰：設祭於堂，爲祊乎外，於彼乎？於此乎？故喪之奠也在寢，而又別有下室之饋。今以神之將依於祖乎，則爲之餞其尸而祔祭之。以神之或猶安於寢乎，則爲之反其主而特祀之。魂氣無不之，非神之一進不可復退，一遠不可復近比也。』江氏筠云：『《曾子問》：已葬而世子生，孔子曰：太宰、大宗從大祝而告於禰。此未知其去葬久近，其文承君薨而下，則所謂禰者，其即上所云殯宫無疑也。而下云：三月，乃名於禰。夫諸侯五月而葬，七月而卒哭。周卒哭而祔，則其在祔後也明矣，而其文乃不異。且下云：以名徧告及社稷、宗廟、山川。別言宗廟，豈非復反於寢之明驗邪？』金氏榜云：『或有疑復寢之説，曰七廟無虚主，又曰喪事有進而無退，喪禮每加以遠。榜謂《曾子問》之文，爲取七廟之主以行者言之，非謂主本在寢者，爲不可反之於寢也。《檀弓》之言有進無退，所以明反柩之失，《坊記》之言每加以遠，所以立不葬之坊，其文皆據尸柩而言，與廟主不相涉。』凡此皆申明注祔已復寢之義也。云『練而後遷廟』者，賈疏謂鄭據《穀梁傳》云：『作主壞廟有時日，於練焉壞廟。壞廟之道，易檐可也，改塗可也。』是練而遷廟，與《左傳》『特祀于主，烝嘗禘於廟』，服注云：『三年喪畢，遭烝嘗則行祭皆於廟』者不同。又據《周禮・鬯人》『廟用卣』，以爲練而遷廟之祭。又謂練祭在廟，祭訖主反於寢。案：朱子云：『《穀梁》但言壞舊廟，不言遷新主，則安知其非於練而遷舊主，於三年而納新主邪？至於《禮》疏所據《周禮》廟用卣一句，亦非明驗。』故朱子主三年遷廟之説。徐氏《讀禮通考》亦斷以遷廟當在三年吉禘之時。吴氏《章句》據《穀梁》疏云『作主在十三月，壞廟在三年喪畢』，遂謂鄭誤解傳説。今案：鄭云『練而後遷廟』，明有『後』字。謂練後乃可遷廟，非謂練即遷廟也。《公羊傳》曰：『虞主用桑，練主用栗。』是古者虞時作桑主，練時作栗主。既作栗主，則埋虞主於道左，見鄭《駁五經異義》。虞主不可用以遷廟，故必俟既練作栗主之後，乃可遷廟，此注言『練而後遷廟』之義也。然則祔已復寢者，固由孝子之意，不忍盡變事生之禮。實亦以祔時用虞主，虞主不可藏於廟，故祔祭訖，主反於寢也。《公羊傳》又曰：『用栗者，藏主也。』是可證矣。朱子云：『祔與遷自是兩事。』又據《大戴禮・遷廟》篇『君及從者皆玄服』，謂遷廟在大祥除喪之後是也。近儒謂接神之道不可以純凶，故遷廟用玄服，皆由讀此注忘卻『後』字，謂練而遷廟，故爲此牽合附會耳。遷廟既在除喪後，則練、祥、禫之祭，自當在寢行之。賈疏謂練祭在廟，祭訖主反於寢。則是祔時主反於寢，練而遷廟，祭訖仍反於寢，將來又必遷廟。禮豈有如是之煩瀆者乎？其必不然矣。」

中月而禫辨

「中月而禫」。注曰：「中，猶間也。禫，祭名也。與大祥間一月。自喪至此，凡二十七月。」《正義》曰：三年之喪，二十五月而大祥，二十七月而禫。猶期之喪十三月而大祥，十五月而禫。皆與大祥間隔一月。故云：「自喪至此，凡二十七月。」《釋名》云：「間月而禫。」説與鄭同。《檀弓》曰：「祥而縞，是月禫，徙月樂。」祥而縞，謂二十五月也。是月禫，二十七月也。徙月樂，二十八月也。戴德《喪服變除禮》云：「二十五月大祥，二十七月而禫。」《白虎通》云：「二十五月而大祥，飲醴酒，食乾肉。二十七月而禫，通祭宗廟，去喪之殺也。」《鄭志·答趙商》云：「祥謂大祥，二十五月。是月禫，謂二十七月，非謂上祥之月也。」自王肅誤讀「祥而縞，是月禫」之文，以禫亦在二十五月，祥禫同月。又以《士虞禮》「中月而禫」爲月中而禫，謂在祥月之中，與鄭異説。李氏云：「《聘禮·記》『士中日則二雙』，《喪服小記》『亡則中一以上而祔』，《學記》『中年考校』，中皆謂間也。王肅謂禫在祥是月之中，讀此『中月』與『文王中身享國』之『中』同。案：是月禫，自爲下生文，猶『子于是日哭，則不歌』。是日之文亦上無所屬，王義非也。」汪氏琬云：「案：禮，親喪外除，兄弟之喪内除。杖期猶祥禫間月，豈三年重服而反祥禫同月乎？《春秋》文二年冬，『公子遂如齊納幣』，蓋僖公之喪已二十六月矣，而公羊氏譏其『喪娶』。由此言之，當從鄭義無疑。」金氏榜云：「《三年問》曰『三年之喪，二十五月而畢』者，謂至親以期斷，加隆焉使倍之，故再期也。明喪三年者爲再期。《喪服小記》

亦云：『再期之喪，三年也。』據再期言之爲二十五月，通數禫月爲二十七月，義本相通。」杜氏《通典》載鄭學之徒曰：伯叔無禫，十三月而除。爲母、妻有禫，則十五月而畢。爲君無禫，二十五月而畢。爲父、長子有禫，二十七月而畢。明所云『喪以期斷』者，禫不在期中也。《禮記》『二十五月畢』者，則禫不在祥月。三年之喪二十五月而畢者，論其正。二十七月而禫者，明其加。」又云：「《通典》承用鄭義，謂『二十五月終而大祥，受以祥服，素縞麻衣。二十六月終而禫，受以禫服。二十七月終而吉，吉而除。』榜謂：《雜記》注云：『祥祭朝服，始即吉正祭服也。《喪服小記》曰除成喪者，其祭也，朝服縞冠是也。祭猶縞冠，未純吉也。既祭，乃服大祥，素縞麻衣。《釋禫之禮》云玄衣黄裳，則是禫祭玄冠矣。黄裳者，未大吉也。既祭，乃服禫服朝服綅冠。踰月吉祭，乃玄冠朝服。既祭，玄端而居，復平常也。』是《通典》言二十七月終而吉，與鄭義合。祥禫異月，兩漢經師更相傳授者無異説也。自子雍好爲野言，浮辨蜂起，雖鄭學之徒申明之，學者猶或依違其閒。甚矣，禮學之難明易晦也！」今案：《禮記·閒傳》曰：「期而小祥，食菜果；又期而大祥，有醯醬；中月而禫，禫而飲醴酒。始飲酒者，先飲醴酒；始食肉者，先食乾肉。」又曰：「期而小祥，居堊室，寢有席。又期而大祥，居復寢。中月而禫，禫而牀。」又曰：「期而小祥，練冠縓緣，要絰不除。又期而大祥，素縞麻衣。中月而禫，禫而纖，無所不佩。」據《閒傳》凡三言「中月而禫」與「期而小祥」、「又期而大祥」，皆爲特起之辭，文不相屬，則禫與大祥異月，明甚。若如王肅之説，則必改「中月」之文爲「月中」而後可。且一月之中，既舉祥祭，又舉禫祭，不嫌於數乎？《雜記》云：「期之喪，十一月而練，十三月而祥，十五月而禫。」是禫與祥異月之明證，不得謂十五月而禫者，禫亦在祥月中也。禮文章顯如是，而後人猶有謂王説實本于禮，親喪宜厚，故鄭説沿用至今，何歟？

特牲饋食禮

饋　食　解

鄭君説：「祭祀自孰始，曰饋食。」胡氏匡衷云：「《周禮·大宗伯》『以肆獻祼享先王，以饋食享先王』，鄭注：『肆者，進所解牲體，謂薦熟時也。獻，獻醴，謂薦血腥也。祼之言灌，灌以鬱鬯，謂始獻尸求神時也。言饋食者，著有黍稷。』蓋天子諸侯宗廟之祭，先祼獻而後薦熟、薦黍稷。大夫士之祭，直自饋熟始，無祼獻之禮，故曰饋食。」胡氏培翬云：「《司尊彝》云祼云朝踐，朝踐即謂薦血腥。又云饋獻，即謂薦熟。是宗廟之祭，始祼神，次薦腥，次薦熟。故《禮運》曰：『腥其俎，孰其殽。』鄭注：『腥其俎，謂豚解而腥之，及血毛，法大古也。孰其殽，謂體解而爓之，法中古也。』《周禮》肆獻祼、饋食分三節：祼爲一節，獻爲一節，肆與饋食共爲一節。以薦孰言曰肆，以薦黍稷言曰饋食，實一時事。故鄭云『祭祀自孰始，曰饋食』也。又《周禮·籩人》有朝事之籩，饋食之籩。朝事即朝踐，鄭注：『朝事謂祭宗廟薦血腥之事。』饋食，薦熟也。今吉禮存者，《特牲》、《少牢》，諸侯之大夫士祭禮也。不祼、不薦血腥，而自薦熟始，是以皆云饋食之禮。』義與此同。」萬氏斯大云：「《曲禮》

曰：『大夫無故不徹縣，士無故不徹琴瑟。』衆仲言羽數，大夫四，士二。是大夫士皆有樂舞矣。《特牲》、《少牢》皆不用樂何歟？嘗考之《郊特牲》云：『饗禘有樂，而食嘗無樂。凡飲，養陽氣也，故有樂。食，養陰氣也，故無聲。』竊意《特牲》、《少牢》皆用食禮，故名曰『饋食』，而無樂也。」吴氏紱云：「古者大夫士四時之祭用燕禮，則有樂。用食禮則無樂，觀《特牲》尸九飯，《少牢》尸十一飯，則用食禮明矣。」

考正淩氏廷堪《周官九祭解》凡諸家以禮説他經之文例，入《會通》。惟此及《九拜解》通説禮經祭法拜法，故入此類。

《大祝》九祭，後鄭破杜子春及先鄭説，以爲皆飲食之祭，博引傳記證之。今一據《禮經》演贊其志，推廣其義，以示學者舉一反三之法。按九祭「博引」以下三十二字，今易。一曰命祭，鄭康成説以《玉藻》君命之祭，此命祭之一端，其在祭禮，則隋祭也。「鄭康成」以下至「則」字，今易。隋祭即挼祭。《士虞》作「隋祭」。注：「今文『隋』爲『綏』。《特牲》作『挼祭』，注《周禮》曰：『既祭，則藏其隋。』隋與挼讀同耳。」按：「隋」字原本皆作「墮」，今據段氏、阮氏、胡氏説訂正。《士虞禮》「祝命佐食隋祭」，注曰：「隋之言猶墮下也。」以墮釋隋，明經字本作隋，注除猶墮外亦皆作隋字。俗本多亂之，惟《集釋》不誤，隋祭謂墮下毀損其饌而祭。必祝命之，故曰命祭。《特牲饋食禮》尸入，「祝命挼祭，尸執觶，右取菹，抨亦作「擩」。于醢，祭于豆閒。佐食取黍稷肺祭授尸。尸祭之，祭酒，啐酒，告旨。祭鉶，嘗之，告旨」。《士虞禮》「祝命佐食隋祭」，祭豆在祝命之前，與《特牲》小異，餘大率同也。《特牲》不云命佐食者，文不具也。《少牢饋食禮》尸入，「祝反南面」注：「未有事也。隋祭、爾敦，官各肅其職，不命。」此當命而不命者，猶尸不啐奠、不嘗鉶、不告旨，祝不饗，皆大夫禮與士異者。「此當命」以下，今易。命祭在尸未飯時，悉備諸祭，蓋祭食之最重者，故以爲首。二曰衍祭，鄭康成讀「衍」爲「延」，説以《曲禮》「主人延客祭」。此鄭不敢臆撰儀法，以延祭二字，《記》有成文，故讀從之。但鄭注三禮多異義，若就《禮經》鄭注推之，則「衍」讀如字，「鄭康成」以下，今易。謂祭酒也。《詩・小雅・伐木》：「釃酒有衍，籩豆有踐。」毛傳：「衍，美貌。」又《特牲饋食禮》：「主人洗角，升，酌，酳尸。」注：「酳猶衍也。」是知衍祭爲祭酒也。飲酒之禮，獻酒必祭，如《鄉飲酒》、《鄉射》、《燕禮》、《大射》、《士虞》、《特牲》、《少牢》、《有司徹》之獻酒皆祭。雖獻工、獻笙、獻獲者、獻釋獲者、獻祝、獻佐食之屬，無不祭者。酢酒、酬酒以及舉觶媵爵爲旅酬無算爵始之酒，亦必祭。唯至旅酬無算爵，乃不祭耳。凡祭酒，皆左手執爵，于豆閒祭之。又醴亦啐之，祭鉶亦嘗之而告旨，則祭禮、祭鉶當附于衍祭也。三曰炮祭，謂祭豆籩也。鄭康成曰：「炮字當爲包，聲之誤也。包猶兼也。」按：籩實爲脯，豆實爲醢，則用擩祭或振祭。籩實爲糗脩，豆實爲菹醢，則用兼祭。《有司徹》主婦受尸酢，「左執爵，右取菹擩于醢，祭于豆閒」，此祭豆也。又取糗蕡兼祭于豆祭，此祭籩也。豆、籩同祭，故謂之兼祭。不儐尸之禮，主婦亞獻尸，左執爵，取棗糗，祝取栗脯以授尸，尸兼祭于豆祭，亦兼祭也。他如《特牲》主人獻尸，《有司徹》主人獻侑，受尸酢，主婦獻尸，獻侑，致爵於主人；不儐尸之禮，主婦獻祝，致爵于主人，賓致爵于主婦；皆豆、籩同祭。經或云兼祭，或云同祭，其實皆兼祭也。後鄭所舉《有司徹》宰夫贊者取白黑以授尸，尸受，兼祭于豆祭，則主人獻尸之禮也。四曰周祭，鄭康成曰：「周猶徧也。《曲禮》曰：殽之序，徧祭之。」按：《公食大夫禮》，賓祭正饌，「坐取韭菹，以辯即「徧」字。擩于醢，上豆之閒祭」，此祭豆也。豆有六，故云辯。又云：「贊者東面坐取黍，實于左手，辯，又取稷，辯，反于右手，興以授賓。賓祭之。」此祭黍稷也，簋有六，故云辯。又云：「三牲之肺不離，贊者辯取之，壹以授賓。賓興受，坐祭。」此祭肺也，食禮用牛羊豕，故云辯。又云：「扱上鉶以柶，辯擩之，上鉶之閒祭。」此祭鉶也，鉶有六，故云辯。又賓祭加饌，「贊者北面坐，辯取庶羞之大，興，一以授賓。賓受，兼一祭之」，此祭庶羞也，庶羞十六豆，故云辯。皆周祭也。至於《少牢》隋祭，「尸取韭菹，辯擩于三豆，祭于豆閒」，則又命祭中之周祭矣。五曰振祭，六曰擩祭，皆謂祭薦俎也。鄭康成曰：「振祭、擩祭本同，不食者擩則祭之，將食者既擩必振乃祭也。」按：《士虞》、《特牲》尸入九飯，佐食舉肺脊，舉幹，舉骼，《士虞》作「胳」。舉肩，皆振祭，嚌之。《少牢》尸入十一飯，上佐食舉牢幹、魚、腊肩、牢骼、牢肩，尸亦振祭，嚌之。前此上佐食舉牢肺正脊以授尸，當亦振祭嚌之。經不云者，文不具也。此皆祭俎不擩而即振者也。《士虞》、《特牲》、《少牢》、《有司徹》凡以肝燔從者，皆擩于俎鹽，振祭，嚌之，此則擩而後振者也。將食故必振。《鄉飲酒》、《鄉射》、《燕禮》、《大射》所云祭薦，皆是擩祭。《鄉射·記》云：「薦，脯五膱，祭半膱，横于上。」蓋祭者左執爵，右取祭脯，擩于醢，而祭於豆閒，不食故不振。經不云擩者，省文也。若籩實是糗脩之屬，不可擩，則必取菹擩于醢，兼取籩實祭之，又爲兼祭矣。賈疏引《特牲》、《少牢》

挼祭，以明不食則不振，非注意也。《少牢》主人獻祝，「祝取菹擩于醢，祭于豆閒」，此方是擩祭。若挼祭所云，則命祭中之擩祭。《公食大夫》祭豆祭鉶，則周祭中之擩祭。七曰絶祭，八曰繚祭，皆謂祭肺也。鄭司農曰：「絶祭，不循其本，直絶肺以祭也。繚祭，以手從肺本循之，至于末，乃絶以祭也。」鄭康成曰：「絶祭、繚祭亦本同。禮多者繚之，略者絶則祭之。」按：《鄉射》、《燕禮》、《大射》主人獻賓，《大射》主人獻卿，《特牲》主婦致爵于主人，主人獻賓，《有司徹》主人獻尸，主人、主婦受尸酢，不儐尸之禮，主婦致爵于主人，賓致爵于主婦，經皆云「興取肺，坐絶祭」，是大夫士皆絶祭，非繚祭也。唯《鄉飲酒禮》主人獻賓，賓「興，右手取肺，卻左手執本，坐，弗繚，右絶末以祭，尚左手，嚌之。興，加于俎」，注以弗繚爲繚祭，鄭司農亦引此以爲繚祭之證。疏云：「《鄉飲酒》大夫禮，故云繚祭，《鄉射》士禮，故云絶祭。但繚必兼絶，絶不得兼繚，是以此經云繚兼言絶也。」《燕禮》、《大射》諸侯禮，不繚祭者，臣在君前，殺其禮也。《有司徹》大夫禮，不繚祭者，祭禮異於飲酒也。《說文》：「弗，撟也；撟，舉也。」弗繚者，舉左手以垂紾，肺乃以右手絶之。張氏爾岐以弗繚爲不繚，則經當如《鄉射》諸篇直言絶祭矣。《燕禮》、《大射》以下，今易。九曰共祭，鄭康成曰：「共猶授也，謂授祭也。」按：《燕禮》，主人獻公，膳宰贊授肺，《大射》主人獻公，庶子贊授肺，此絶祭也。《士虞》、《特牲》、《少牢》隋祭，皆佐食授之，此命祭也。尸入飯時，舉牲體亦佐食授之，此振祭也。《有司徹》主人獻尸，宰夫贊者取白黑以授尸；不儐尸之禮，主婦亞獻，祝取栗脯以授尸，此兼祭也。《公食大夫》祭黍稷，祭肺，祭庶羞，亦贊者授之，此周祭也。皆爲共祭也。《有司徹》主婦致爵于主人，其祭糗脩，祭鉶，祭酒，皆如尸禮。張忠甫疑「其」字是「共」字之誤，非也。前尸祭籩是兼祭，若祭鉶、祭酒，則不授也。凡祭，遠者授，近者不授。脯醢羹酒皆在席前，故祭薦、祭鉶、祭酒無授祭也。共祭亦備諸祭，故以爲九祭之終焉。

主人拜養辨

胡氏《正義》曰：「張氏爾岐云：『愚于此節，不能無疑。嗣子，子也，主人拜祝、拜酳、拜受酢，如事嚴賓然，爲之子者何以安乎？』今案：餕是食神惠之餘，故主人慎重其禮而拜之。初時拜祝、拜酳，係與兩養爲禮，不專拜嗣也。至酢時，則專與嗣爲禮，而拜受爵、拜卒爵，主人且先拜焉，宜足以致後儒之疑。然聖人制禮有精意存焉，未可以常情測也。吴氏紱云：『父拜之，爲行禮也。冠禮見于母，母拜之，與此義同。』官氏云：『凡酌酒無不拜，受者雖尸之尊猶然。燕禮臣獻爵，君亦拜受，父子可推矣。』方氏苞云：『主人受嗣子之爵，而卒爵又拜者，神惠之餘，不可以子將之而有異也。』《禮經釋例》云：『尸養鬼神之餘，養者又養尸之餘，故主人事養者卒食酳酢，略同事尸之禮，但節文則殺耳。』合此諸説觀之，可以得制禮之意矣。」

陰厭陽厭辨

「佐食徹尸薦、俎、敦，設于西北隅」。注曰：「此所謂當室之白，陽厭也。則尸未入之前爲陰厭矣。《曾子問》曰：『殤不備祭，何謂陰厭、陽厭也？』」淩氏廷堪曰：「鄭氏陰厭、陽厭之説，自孔、賈以來無異辭。至宋陸氏佃忽起而非之，元吴氏澄又從而和之。陸氏之言曰：『成人之祭，無陰厭、陽厭。』吴氏之言曰：『厭祭之名，不施於正祭。』敖氏繼公《儀禮集説》遂因之，近萬氏斯大亦主其論。竊以爲皆非也。考《曾子問》云：『殤不備祭，何謂陰厭、陽厭？』夫殤不備陰厭、陽厭，則成人之祭有陰厭、陽厭可知矣。《曾子問》又云：『攝主不厭祭。』夫攝主無厭祭，則正祭有厭祭可知矣。陳氏祥道曰：『夫尸以象神也，厭以飫神也。殤之有厭，爲無尸也。正祭有厭，爲尸不存也。陰厭尊有玄酒，陽厭納一尊而已。陰厭備鼎俎，陽厭俎釋三个而已。適殤陰厭，其禮詳，庶殤陽厭，其禮略也。』此數語，取鄭注未發之義引而申之，蓋有孔、賈所不及者矣。」江氏筠云：「《曾子問》曰：『殤不備祭，何謂陰厭、陽厭？』正謂唯備祭，乃備斯二者耳。即孔子分宗子殤與凡殤言之，亦見於二者各有其一，未嘗謂成人之祭無此也。況《曾子問》明有『攝主不厭祭』之文，其『厭』字將何解乎？」褚氏寅亮云：「案：《曾子問》孔子曰有陰厭，蓋指宗子爲殤者。有陽厭，蓋指凡殤言之。曾子誤會以爲惟成人之祭，則迎尸前有陰厭禮，迎尸後有陽厭禮，此備禮也。殤不備禮，何得陰厭、陽厭俱有？故又疑而問，孔子仍分别答之，言陰厭、陽厭各有所指，非一殤兼兩厭也。觀此問答，則成人之祭，陰厭、陽厭俱有，明矣。而宗子爲殤之陰厭，與凡殤之陽厭，俱因成人之祭之陰厭、陽厭而名之也，又明矣。故注以奥之祭爲陰厭，改設之饌爲陽厭也。且前之告利成，事尸禮畢也，此又告利成，陽厭而事神禮畢也。否則，此告爲贅矣。陸氏、吴氏、敖氏俱不主陽厭之説，未解其故。」胡氏云：「金氏《禮箋》據《雜記》『有父母之喪尚功衰，而附兄弟之殤，則練冠附於殤，稱陽童某甫』，注云：『陽童，謂庶殤也。宗子則曰陰童。』謂陰厭、陽厭以陰童、陽童得名，不繫於所祭之地。案：陰童之稱，唯見於注。陰厭、陽厭之稱，自古有之，是陰童、陽童正由祭以陰厭、陽厭得名也。否則，童何分於陰陽乎？且《曾子問》云『當室之白，是謂陽厭』，明是據所祭之地名之，金說未確。」

少牢饋食禮

天子諸侯大夫士廟制考

金氏榜《禮箋》曰：「《王制》：『天子七廟，三昭三穆，與大祖之廟而七。諸侯五廟，二昭二穆，與大祖之廟而五。大夫三廟，一昭一穆，與大祖之廟而三。士一廟。庶人祭于寢。』《祭法》：『天下有王，分地建國，置都立邑，設廟、祧、壇、墠而祭之，乃爲親疏多少之數。是故王立七廟，一壇一墠：曰考廟、曰王考廟、曰皇考廟、曰顯考廟、曰祖考廟，皆月祭之。遠廟爲祧，有二祧，享嘗乃止。去祧爲壇，去壇爲墠，壇、墠有禱焉，祭之；無禱，乃止。去墠爲鬼。諸侯立五廟，一壇一墠：曰考廟、曰王考廟、曰皇考廟，皆月祭之。顯考廟、祖考廟，享嘗乃止。去祖爲壇，去壇爲墠，壇、墠有禱焉，祭之；無禱，乃止。去墠爲鬼。大夫立三廟二壇：曰考廟、曰王考廟、曰皇考廟，享嘗乃止。顯考、祖考無廟，有禱焉，爲壇祭之。去壇爲鬼。適士二廟一壇：曰考廟、曰王考廟，享嘗乃止。顯考注云當爲「皇考」。無廟，有禱焉，爲壇祭之。去壇爲鬼。官師一廟，曰考廟，王考無廟而祭之，去王考爲鬼。庶士、庶人無廟，死曰鬼。』二經所記不同。《鄭志・答趙商》云：『《祭法》，周禮。《王制》之云，或以夏殷雜，不合周制。』榜案：天子七廟，諸侯五廟，大夫三廟，其受命之王、始封之君及大夫始爵者，後代皆爲太祖之廟，世世不毁，如《王制》所云者，周人之典祀也。其始有天下國家者，亦立七廟、五廟、三廟。然天子有祖考而無二祧，諸侯大夫並無祖考，所設廟、祧、壇、墠皆閲世迭遷，如《祭法》所云者，周初建設之制也。賈公彦《守祧》疏云：『當周公制禮之時，文武在親廟四之内，未毁，不得爲祧。然文武雖未爲祧，已立其廟，至後子孫，文武應遷而不遷，乃爲祧也。』是周初七廟，無文武二祧也。《喪服》傳：『公子之子孫有封爲國君者，則世世祖是人也，不祖公子。』此諸侯始封者無祖考廟也。今《祭法》云王立七廟，有二祧；諸侯立五廟，有祖考廟；大夫亦祭祖考于壇。以大夫三廟曰考廟、曰王考廟、曰皇考廟推之，此無大祖廟，以皇考當其處，則天子之二祧，即顯考之父若祖，諸侯大夫祖考即顯考之父，故《記》言去祧、去祖、去壇者，明其易世迭毁與親廟同。然則爲壇、爲墠，即祧與祖之父若祖可知也。至受命之王已居祧廟，始封之君已居祖考廟，皆世世不毁，則去顯考爲壇，其大夫有祖考廟者，亦爲壇祭其皇考，此又可與《王制》互求而得者。《正義》謂天子高祖之父，寄藏在祧。諸侯高祖之父，寄於太祖廟。唯有祈禱，則出就壇受祭。故謂去祧、去祖。此與下去壇、去墠、去王考文義俱不相應，其説非也。而疏義咸失其旨。」案：《祭法》去祧、去祖之義，千載晦塞，得金説乃豁然大通。金謂大夫有祖考廟者，亦爲壇祭其皇考。則無祖考廟者，仍立皇考廟而爲壇祭其祖考，如《記》文可知。鄭注《祭法》云：「大夫祖考，謂别子也。非别子，故知祖考無廟。」九字據《鄭志》趙商所引補。《祭法》所陳，蓋始來仕此國之大夫立廟之法，放始爵非别子者之禮爲之，金説能達鄭未言之旨。《鄭志》云：「《祭法》，周禮。《王制》之云，以夏、殷雜者。」周禮，大夫惟别子始爵者，後世得立祖考廟。非别子，則有皇考廟，無祖考廟。殷則無論别子與否，但始爵者，即得立其廟爲祖考廟。鄭注《王制》云「大祖謂别子始爵者」，此殷、周所同也。又云「雖非别子，始爵者亦然」，此殷人所獨也。《王制》一篇多雜陳夏、殷，故鄭兼殷法言之。

又案：鄭注《祭法》云：「大夫有祖考者，亦鬼其百世。其無祖考者，庶士以下鬼其考、王考，官師鬼其皇考，大夫、適士鬼其顯考而已。凡鬼者，薦而不祭。」《校釋》曰：「大夫、適士鬼其顯考而已。大夫下似脱『鬼其顯考之父祖』七字，顯考之父祖，天子諸侯祭之壇、墠，大夫鬼而薦之，正其差也。」考古人事鬼神之道，有祭有薦。其事鬼神之處，有廟有壇。廟所不及，壇及之；祭所不及，薦及之。據鄭義，自大夫有祖考者以上，皆薦其百世。其無祖考者，大夫薦及高祖之父祖，士薦及高祖。則自士以上，無不事高、曾、祖、禰者。至官師薦及曾祖，庶士、庶人薦及父祖，則鄭約祭之世數多少差之。《喪服》傳曰：「野人曰：父母何算焉？都邑之士，則知尊禰。大夫及學士，則知尊祖。」其義類也。然考之禮文，祭有定制，薦無定制，以鄭注「鬼者，薦而不祭」之義推之，禮無去鬼之文，則薦亦無窮期。孝子慈孫苟能報本追遠，不忘其所由生，雖庶人薦及高、曾，固禮之所許。古人祭禮甚繁，其薦則如後人之祭。後世祭禮名存實衰，祭之外更無薦，則祭所不及之祖，遂同於若敖之鬼。揆之人情，實有不安，而要非所論於古人廟、祧、壇、墠多少之數。何則？限於廟、祧、壇、墠者，祭也，尊者尊統上，卑者尊統下，尊尊之義也。不限於廟、祧、壇、墠者，薦也，祖雖遠，必不可曰有可以不事之祖，親親之恩也。《記》文鄭注甚明，讀者自不察耳。《大傳》曰：「大夫士有大事，省于其君，干祫及其高祖。」是大夫士又或有祫祭于壇、墠之事。《禮經》《特牲》、《少牢》二篇則特祭于廟之禮，士廟祭祖、禰，大夫祭祖考若皇考有于壇者。惟祖、禰必于廟，故鄭皆以祭祖、禰言之。

牲體之數及載辨

經曰：「佐食二人。上利升羊，載右胖，髀不升，肩、臂、臑、膊、骼；正脊一、脡脊一、横脊一，短脅一、正脅一、代脅一，皆二骨以並；腸三、胃三，長皆及俎拒；舉肺一，長終肺；祭肺三，皆切。肩、臂、臑、膊、胳，在兩端，脊、脅、肺，肩在上。」注曰：「凡牲體之數及載，備於此。」案：此經升鼎載俎，歷敘牲體皆不及觳。賈疏乃去兩髀，而通二觳爲二十一體，與經不合。陳氏祥道沿其誤，朱子嘗辨之。以上六句，胡氏《正義》文。陳氏《禮書》云：「肱骨三：肩、臂、臑也。股骨三：肫、胳、觳也。肫亦作膊，胳亦作骼。脊骨三：正脊、脡脊、横脊也。脅骨三：代脅、長脅、短脅也。正脊之前則膉也，膉亦謂之脰。肫之上則髀也。然則左右肱之肩、臂、臑與左右股之肫、胳、觳而爲十有二，脊骨三與左右脅骨六而爲九。祭之所用者，去髀、膉而二十有一，去二觳而爲十九矣。」又云：「《士喪禮》：『特豚，四鬄，去蹏，兩胉、脊。』胉，脅也。《既夕》鼎實，羊左胖亦如之。然則四鬄者，殊左右肩髀而爲四，又兩胉一脊而爲七，此所謂豚解也。《士喪禮》略，豚解而已，至虞，然後豚解、體解兼有焉。若夫正祭，則天子諸侯有豚解、體解。《禮運》曰：『腥其俎，孰其殽，體其犬豕牛羊。』腥其俎，謂豚解而腥之，爲七體；孰其殽，謂解之爓之，爲二十一體。大夫士有體解無豚解，以其無朝踐獻腥之禮故也。」朱子云：「豚解之義，陳説得之。體解則析脊爲三，兩胉、兩肱、兩股各三，通爲二十一體。凡牲與腊，方解割時皆是如此。但牲則兩髀以賤，而不升於正俎耳。故《少牢禮》具列自髀以下凡二十一體，但髀不升耳。而鄭注云：『凡牲體之數備于此。』不及他體也，况此言腊則又不殊賤也。至而《周禮·内饔》及此經《昏禮》兩疏皆言二十一體，乃不數兩髀，而不計其數之不足，蓋其疏略。《少牢》疏及陳祥道乃去髀而以兩觳足之，蓋見此經後篇猶有脰及兩觳可以充數。然欲盡取之，則又衍其一，故獨取兩觳而謂脰非正體。若果如此，則觳亦非正體，又何爲而取之邪？此其爲説雖巧而近於穿鑿，不可承用。」褚氏寅亮云：「二十一體當數髀而去觳，蓋觳附於骼，可析可合，不得爲體。經言『髀不升』，則髀明是體之一，安得去之而取觳乎？疏未是，陳亦同誤。」張氏爾岐疑經「肩在上」之「肩」字爲誤。盛氏世佐云：「張氏蓋失於分句之不審耳。『肩、臂、臑、膊、骼，在兩端』爲句，『脊、脅、肺』爲句，『肩在上』爲句。此三言者，所以明其載於俎之次也。云『肩、臂、臑、膊、骼，在兩端』，則脊、脅、腸、胃、肺之在中央明矣。舉脊、脅、肺而不言所在者，以其可知也，不言腸胃，文省也。俎端有上下，故又言『肩在上』以别之。云『肩在上』，則臂、臑從肩而皆在俎之上端，膊、骼在其下端亦可知矣。此立言之法也。」王氏士讓云：「復言『肩在上』者，以上文直言兩端，未分上下，故須别之也。載不言腸、胃者，以既言『長皆及俎拒』，拒當俎中節，則腸、胃在俎之中可知。」胡氏云：「經不云肩、臂、臑在上，而云肩在上，亦以肩爲貴體，故特舉之以該臂、臑。且肩又在臂、臑之上，故舉其最上者言之也。張氏以肩爲誤，固非。敖氏以不言腸、胃爲文脱，亦非矣。」

有司徹

祊繹辨

鄭君説：「卿大夫既祭而儐尸。天子諸侯，明日祭於祊而繹。」胡氏云：「賈疏及《郊特牲》孔疏皆謂祊有二種，一是正祭之祊，一是繹祭之祊。案：《詩·楚茨》曰：『祝祭于祊。』毛傳：『祊，門内也。』鄭箋：『孝子不知神之所在，故使祝博求之平生門内之旁，待賓客之處。』孔疏引孫炎云：『祊謂廟門也。』知門内者，以正祭之禮不宜出廟門也。祊，《説文》作鬃，云：『門内祭，先祖所旁皇也。』亦引《詩》『祝祭于鬃』。又云鬃或作祊。是正祭之祊也。《禮器》曰：『爲祊乎外。』鄭注：『祊祭，明日之繹祭也。』孔疏：『爲祊乎外，稱外，故知明日繹祭也。』《家語》云：『周禮繹祭於祊。』《家語》雖王肅僞撰，然其不謬處，當襲古書成文。是繹祭之祊也。《郊特牲》：『索祭祝於祊。』鄭注：『索，求神也。廟門曰祊，謂之祊者，以於繹祭名也。』孔疏：『此索祭於祊，是正祭日之祊。下云：斦之爲言敬也。相，饗之也，嘏，大也。毛、血，告幽全之物。是皆據正祭之日，明此祊亦正祭日。注云謂之祊者，以於繹祭名也者，以祊是廟門，明日繹祭稱祊，名同稱之曰祊也。』《禮器》疏引《郊特牲》『索祭祝於祊』，亦以爲正祭之祊，其説是矣。而『祊之於東方』疏及《詩·楚茨》疏引乃又以爲繹祭，賈此疏引『索祭祝於祊』，亦以爲祭之明日祊，皆誤。江氏永云『索祭祝於祊，文承直祭祝於主之下，當在薦熟之後』是也。《祭統》『詔祝於室，而出於祊』，鄭注：『出於祊，謂索祭也。』是亦以爲正祭之祊矣。而孔疏乃謂明日繹祭而出廟門求神，不知出於祊，與詔祝於室連言，即《詩》所云『祝祭於祊』。出者，出室，非出廟門。此疏亦誤也。又《郊特牲》引孔子曰：『繹之於庫門內，祊之於東方，朝市之於西方，失之矣。』鄭注：『祊之禮，宜於廟門外之西室，繹又於其堂，神位於西也。此二者同時，而大名曰繹。其祭禮簡，而事尸禮大。』竊疑此祊與繹對言，明亦是正祭之祊。考正祭時，設席於奥東面，以神位在室之西，此求神於門內，亦當在西方，今乃於東方；猶繹當在廟門，今乃於庫門，均爲失禮之事。且此經言繹、言祊、言朝市，明是三事，鄭乃繹與祊合爲一解之，恐非。」今案：胡氏分别二祊，甚是。但《郊特牲》「祊之於東方」，當仍是繹祭之祊。蓋繹者，祭之明日又祭之大名。其禮，先祭於廟門外之西室，謂之祊。又事尸於其堂，謂之賓尸，經傳有據。祊言繹，别出賓尸禮者，詩序云：「繹，賓尸也。」《楚茨》傳云「繹而賓尸」是也。有據賓尸言繹别出祊禮者，孔子曰「繹之於庫門內，祊之於東方」是也。祊、繹二者，時同禮同，孔子見魯繹與祊東西遠近異處，竟似二禮不相屬者，又與朝市皆失其處，故連譏之。此注云：「卿大夫既祭而賓尸。天子諸侯明日祭於祊而繹。」此繹亦主儐尸，言謂卿大夫於祭日賓尸，天子諸侯則明日祭於祊而爲繹禮。繹禮，祭事略，而事尸禮大也。又引《春秋》「壬午，猶繹」以見繹之在明日，引《爾雅》「繹，又祭」以見繹禮之不徒賓尸，皆證其與卿大夫禮異者。

釋俎

淩氏廷堪曰：「儐尸之禮，尸羊俎，尸羊肉湇俎，尸豕俎，侑羊俎，侑豕俎，主人羊俎，主人羊肉湇俎，主人豕俎，主婦羊俎，尸、侑、主人三魚俎，共十二俎。而匕湇、燔俎不與焉。然唯尸、侑、主人、主婦四羊俎爲正俎，其餘八俎，及尸、主人、羊匕湇、豕匕湇四俎，匕湇有湇無肉，故載俎時不列之。皆以雍人所執二俎益送之。上經云：『雍人合執二俎，陳于羊俎西，並，皆西縮。覆二疏匕于其上，皆縮俎，西枋。』注：『其南俎，司馬以羞羊匕湇、羊肉湇。其北俎，司士以羞豕匕湇、豕肉湇。豕脀，湇魚。』所謂南俎、北俎者，即益送之二俎也。主人獻尸，賓長設羊俎于豆南，此尸正俎也。又云：『雍人授次賓疏匕與俎，受于鼎西，左手執俎左廉，縮之，卻右手執匕枋，縮于俎上，以東面受于羊鼎之西。司馬在羊鼎之東，二手執桃匕枋以挹湇，注于疏匕，若是者三。』尸祭肺祭酒後，『次賓縮執匕俎以升，若是以授尸。尸卻手受匕枋，坐祭，嚌之，興，覆手以授賓。賓亦覆手以受，縮匕于俎上，以降』。此羞羊匕湇也。又云：『司馬羞羊肉湇，縮執俎。』尸祭肺，『嚌之，興，反加于俎。司馬縮奠俎于羊湇俎南，楊氏復曰：「湇」字衍。張氏爾岐曰：觀下受酢羞肉湇節，當是縮奠湇俎于羊俎南。乃載于羊俎，卒載，縮執俎以降』，此羞羊肉湇也。主婦獻尸，『次賓羞豕匕湇，如羊匕湇之禮』，此羞豕匕湇也。又云：『司士羞豕脀。』尸受，『如羊肉湆之禮』，此羞豕脀也。上賓獻尸，『司士羞湆魚，縮執俎以升。尸取膴祭祭之』，卒爵後，『司士縮奠俎于羊俎南，横載于羊俎，卒，乃縮執俎以降』，此羞湆魚也。皆益送之俎也。主人獻侑，『司馬横執羊俎以升，設于豆東』，此侑正俎也。主婦獻侑，『司士縮執豕脀以升』，侑祭肺後，『司士縮奠豕脀于羊俎之東，載于羊俎，卒，乃縮執俎以降』，此羞豕脀也。上賓獻侑，『司馬羞湆魚一，如尸禮』，此羞湆魚也。皆益送之俎也。主人受尸酢，『長賓設羊俎于豆西』，此主人正俎也。又云：『次賓羞匕湆，如尸禮。』此羞羊匕湆也。又云：『司馬羞羊肉湆，縮執俎。』主人祭肺，『嚌之，興，反加于湆俎。司馬縮奠湆俎于羊俎西，乃載之，卒載，縮執虚俎以降』。注：「言虚俎者，羊湆俎訖，于此虚不復用。」此羞羊肉湆也。主婦致爵于主人，受豕匕湆，受豕脀，皆如尸禮。此羞豕匕湆、豕脀也。上賓致爵于主人，『司士羞一湆魚，如尸禮』，此羞湆魚也。皆益送之俎也。又主婦受尸酢，『司馬設羊俎于豆南』，是爲主婦正俎，主婦不備三獻，故無益送之俎也。至于主人獻尸，『次賓羞羊燔，縮執俎，縮一燔于俎上，鹽在右』，尸受祭，嚌後，『興，加于羊俎。賓縮執俎以降』。主婦獻尸，次賓羞豕燔，如羊燔之禮，主人獻侑，次賓羞羊燔，主婦獻侑，次賓羞豕燔，皆如尸禮。主人受尸酢，次賓羞羊燔，主婦致爵于主人，受豕燔，亦皆如尸禮。主婦受尸酢，次賓羞羊燔，如主人之禮。李氏如圭曰：『羞燔亦當以羊肉湆之俎。』考《士虞禮》：『羞燔俎在内西塾上，南順。』注：『南順，於南面取縮執之便也。肝俎在燔東。』然則羞燔别有俎以載之，不用雍人所執之俎，李氏之説非也。」今按：淩氏剖析甚明，考經無豕肉湆，而注云：「其北俎，司士以羞豕匕湆、豕肉湆。」盧氏文弨云：「注『豕肉湆』三字，李云衍。吴氏云案：『下司士匕豕即豕脅也，絶無「豕肉湆」之名。』今删，疏文並同。」蔡氏云：「四羊俎設于鼎西，自北而南爲一列，饔人又執二俎設于其西，别爲一列。並者，南北並列也。南俎以羞羊匕湆、羊肉湆，北俎以羞豕匕湆、豕脅、湆魚。蓋羊，陽類；豕、魚，陰類，故二俎不相通也。前四羊俎爲正俎，皆奠于席上。後二俎爲益送之俎，則既羞之後，即以其實併于羊俎，而執虚俎以降焉。」又云：「六俎之用，鄭注確不可易，郝仲輿等從而紛更之，謬甚。」

不儐尸者旅酬無算爵辨

「賓、兄弟交錯其酬，無算爵」。注曰：「此亦與儐同者，在此篇。」《正義》曰：「經云『交錯其酬』，謂旅酬也，與上儐尸賓及兄弟交錯其酬指無算爵言者異。注云『此亦與儐同者，在此篇』者，蓋以上大夫旅酬、無算爵皆於此篇堂上儐尸時行之，故云『與儐同者，在此篇』，係言禮之節限大概如此，非謂此經交錯其酬與儐尸同也。賈疏泥於注説，謂下大夫『闕旅酬，直行無算爵』，敖氏疑經『不言如儐，未詳』，皆非也。上大夫儐尸於堂，尸亦與旅，以二人舉觶于尸、侑爲發端。此不儐尸及《特牲》則但言賓兄弟者，以無尸、侑，主人與酬，是不盡如儐也。旅酬、無算爵之禮，《特牲》及此篇儐尸言之特詳，經於此文略者，亦以其儀節已詳具於彼，讀者可參互以得之耳。盛氏云：『以《特牲禮》考之，其第一番旅酬也，賓取主人酬之之觶以酬長兄弟，長兄弟酬衆賓長，衆賓及衆兄弟交錯以辯，卒受者實觶于篚。所謂旅西階一觶也。第二番旅酬，則長兄弟取弟子所舉之觶以酬賓，其儀亦如之，所謂旅阼階一觶也。二番酬訖，于是賓弟子兄弟、弟子各舉觶於其長，而無算爵始矣。此經云賓、兄弟交錯其酬，是亦謂賓取主人酬觶以酬長兄弟，長兄弟取弟子所舉觶以酬賓，二觶先後迭舉，而爲二番旅酬也。云無算爵，則謂賓長、兄弟長各取其弟子所舉之觶以相酬，而二觶並行也。特是賓長獻于尸之上，亦當有兄弟弟子舉觶於其長一條。無爵算之上，亦當有賓弟子、兄弟弟子各舉觶於其長一條。而文皆不具，故啟後人不旅酬之議耳。然詳味經文，參觀諸禮，其義未始不顯然也。若謂不旅酬爲辟人君禮，則豈上大夫與士皆無所辟，而下大夫獨當辟耶？其説固不可通矣。」秦氏蕙田云：「儐尸，旅酬者再，而後行無算爵。尸、侑在堂上與於旅酬，而不與無算爵。《特牲》與不儐尸，尸、祝、主人皆在室中，並旅酬亦不與，又無侑，故無二人舉觶及賓一人舉爵之事。其旅也，特賓與兄弟交相酬而已。然亦有二番旅酬而後及無算爵，《特牲》先旅西階一觶，次旅阼階一觶是也。此經云交錯其酬，亦謂二番旅酬。」方氏苞云：「旅酬之禮，自天子達於士，祭之大節也。無算爵，因旅酬而旁推之禮也。廢旅酬而行無算爵，則無其本矣。」王氏士讓云：「由獻而有酢，由獻酢而有酬，由酬而有旅，由旅之爵有算以至于爵之無算。若不行旅酬，無由驟行無算爵也。」章氏平云：「案：上、下大夫儐尸不儐尸皆有旅酬，與《特牲》同。此經文略，故總云交錯其酬。其異者，上大夫儐尸於堂，尸亦與酬。不儐尸則同《特牲》，唯事尸于室，尸不與酬。又士不嫌與人君同，旅酬得堂下各設尊。大夫不敢同於君，堂下旅酬，亦與神靈共尊耳。賈疏謂『與神靈共尊，故闕旅酬』，殆未必然。」《禮經釋例》云：「上經儐尸之禮，賓及兄弟交錯其酬，皆遂及私人，爵無算。此專爲無算爵也。此經云賓兄弟交錯其酬者，謂旅酬也。云無算爵者，謂無算爵也，與上經爵無算承上文而言者不同。考《鄉射》詳言無算爵之禮，《鄉飲酒》則但云無算爵，不復及其儀節，亦此例。是不儐尸未嘗無旅酬也。」今按：諸家辨正賈疏無旅酬之説，甚是，故詳録之。

闕疑第六　禮經

學者治經，每苦難解。《易》之取象，《書》之屬讀，《春秋》之例，言人人殊，莫可折衷。而禮皆無慮此，其事則倫常日用之閒，其文則儀法度數之實。自高堂生以下，五傳弟子止一家之學，鄭注、賈疏又極精詳，朱子分其章，張稷若離其句，張皋文繪其圖，淩次仲釋其例，重規疊矩，昭炳光明。雖有王肅、敖繼公、郝敬及近時程氏瑶田等各奮私智，顛倒是非，而通人達士固已摧陷而廓清之，薈萃於《儀禮正義》，補苴於《儀禮私箋》，雖以末學淺闇寡聞，階數君之成訓，思事義之是非，亦不揆檮昧，爲之《校釋》。函丈之儒、青衿之士，不難一覽而悟，心目俱朗。讀書之樂，莫樂于此！由此以節性修身，正人心而振物恥，聚百順以事君親，直方而大，不疑所行。譬如周道，前人既除荆棘，後人斯履之而安；譬如嘉穀，前人既勤耕穫，後人可食之而肥。慎言慎行，無尤無悔，是所望於隆禮、由禮之君子！

流别第七　禮經

《禮經》注解傳述人

陸氏德明《經典釋文·敘録》曰：「安上治民，莫善於禮。鄭子太叔云：『夫禮，天之經，地之義，民之行也。』《左傳》云：『禮，所以經國家、定社稷、序民人、利後嗣者也。』禮教之設，其源遠哉！帝王質文，世有損益，至於周公，代時轉浮。周公居攝，曲爲之制。故曰：『經禮三百，威儀三千。』及周之衰，諸侯始僭，將踰法度，惡其害己，皆滅去其籍，自孔子時而不具矣。孔子反魯，乃始删定。值戰國交争，秦氏坑焚，惟故《禮經》崩壞爲甚。漢興，有魯高堂生傳《士禮》十七篇，即今之《儀禮》也。而魯徐生善爲容，孝文時爲禮官大夫。景帝時，河閒獻王好古，得古《禮》獻之。鄭《六藝論》云：「後得孔氏壁中、河閒獻王古文《禮》五十六篇，《記》百三十一篇，其十七篇與高堂生所傳同，而字多異。」《藝文志》曰：「《禮古經》五十六篇，出于魯淹中。」蘇林云：「淹中，里名。」瑕丘蕭奮以禮至淮揚太守。授東海孟卿，孟喜父。卿授同郡后蒼及魯閭丘卿。其《古禮經》五十六篇，蒼傳十七篇，所餘三十九篇以付書館，名爲《逸禮》。蒼説禮數萬言，號曰《后蒼曲臺記》。在曲臺校書著記，因以爲名。孝宣之世，蒼爲最明。蒼授沛聞人通漢，字子方，以太子舍人論石渠，至中山中尉。及梁戴德，字延君，號大戴，信都太傅。戴聖，字次君，號小戴，以博士論石渠，至九江太守。沛慶普。字孝公，東平太傅。由是，禮有大、小戴、慶氏之學，普授魯夏侯敬，又傳族子咸。豫章太守。大戴授琅邪徐良。字斿卿，爲博士，州牧郡守，家世傳業。小戴授梁人橋仁字季卿，大鴻臚，家世傳業。及楊榮。字子孫，琅邪太守。《後漢書》云：『鄭玄本治《小戴禮》，後以古經校之，取其於義長者、順者，❶故爲鄭氏學。』漢初立高堂生禮博士，後又立大、小戴、慶氏三家，後漢三禮皆立博士。今按：三禮當爲三家，即二戴、慶氏也。然范書敘十四博士，《禮》止有大、小戴。今惟鄭注列學官，而《喪服》一篇又別行於世。」

鄭玄注《儀禮》十七卷，馬融、王肅、孔倫、字敬序，會稽人，東晉廬陵太守。集衆家注。陳銓、不詳何人。裴松之、字士期，河東人，宋太中大夫、西鄉侯。雷次宗、蔡超、字希遠，濟陽人，宋丞相、諮議參軍。田僧之、字僧紹，馮翊人，齊東平太守。劉道拔、彭城人，宋海豐令。周續之。自馬融以下，並注《喪服》。

賈氏公彦《儀禮疏》序曰：「《儀禮》所注，後鄭而已。其爲章疏，則有二家：信都黄慶者，齊之盛德；李孟悊者，隋曰碩儒。今裁此疏，以諸家爲本。」

《禮經纂疏序》曰：「賈氏《儀禮疏》據黄、李爲本，又旁摭各家，貫穿經傳，鄭學之徒遺言奥義，多賴以存。惜當時以《禮記》配《易》、《書》、《詩》、《春秋》爲五經，而禮之本經反居後。唐制，以《禮記》爲大經，《儀禮》爲中經。經、記分習，絶非后氏以來治經舊法，是以《禮經》傳習者少，賈氏之疏

❶「順者」，「者」字原脱，據《經典釋文》補。

譌舛日滋。唐人實貴文章，薄於經術，孔、賈以後，禮學名儒未有著者。唯杜氏佑作《通典》，薈萃歷代禮制、漢儒佚説、六朝禮議，學者取則焉。宋初，聶氏崇義作《三禮圖》，據舊圖爲本，考正疑譌，申釋隱滯，猶近唐儒精實之學。其後，儒臣多敦崇古學，横遭憸人王安石變亂舊制，廢罷《儀禮》，非聖無法，天下憤之！南渡後，張氏湻據當時所存各本，校嚴州所刊《儀禮》經注作《識誤》，有功此經。朱子晚年與弟子編《儀禮經傳通解》，自定家、鄉、學、邦國、王朝諸禮，而以喪、祭二禮屬弟子黄氏幹。黄氏成《喪禮》，於祭禮未及精專修改，復以其書授弟子楊氏復。楊氏别成《祭禮通解》，蓋禮書若此之難也。朱子弟子又有李氏如圭，與修《通解》，别撰《儀禮集釋》，闡發亦多。自朱子作《通解》後，鄭氏禮學復興，朱子嘗稱鄭注三禮大有功，歎爲大儒。又於宋孝宗之喪，得《鄭志》『天子諸侯之喪，皆斬衰無期』一條，深服鄭君，以爲其説足以補經定制。元明之際，經術荒蕪，學者名宗朱子，而於朱子深信篤好之《禮經》，束之不讀。妄人敖繼公襲王肅故智，務與鄭立異，或隱竊疏義而小變之，即成巨謬，改竄經文以就其私。郝敬繼之，重性貤謬，狂妄之極，至於詆經！當時無有能正言力辨之者，蓋聖經雖存若亡矣。聖清之興，右文稽古，《欽定三禮義疏》以鄭氏康成冠百代師儒之首，褒而不名。於是四方好學之士莫不鑽研經術，誦法注疏。《禮經》自張氏爾岐創通大義後，婺源大儒江氏永繼之作《禮書綱目》，成朱子之志，又作《儀禮釋宫增注》、《儀禮釋例》。弟子達者戴氏震、金氏榜。戴氏校《儀禮識誤》、《儀禮集釋》，武英殿刊板行世，又爲《學禮篇》未成。以其學授段氏玉裁、孔氏廣森，段氏以六書、聲音、訓詁考《儀禮漢讀》未成，後胡氏承珙作《儀禮古今文疏義》，足以補之。孔氏作《禮學卮言》。金氏著《禮箋》九篇以授張氏惠言。張氏作《儀禮圖》，詳審精密，勝於宋楊氏書。淩氏廷堪承江、戴之學，作《禮經釋例》，以言禮之節文等殺；作《復禮》三篇闡明禮教，以授胡氏培翬。胡氏本承其祖匡衷之學，又從淩氏問，爲學深通洽孰，作《儀禮正義》。其餘專精此經之儒，若沈氏彤作《儀禮小疏》，江氏筠作《讀儀禮私記》，説多精確。褚氏寅亮作《儀禮管見》，斥敖繼公、郝敬之謬；鄭氏珍作《儀禮私箋》，袪程氏瑶田之妄，尤爲有功。其爲校勘者，盧氏文弨有《儀禮詳校》，金氏曰追有《儀禮經注疏正譌》，而阮氏元徧校《十三經注疏》，於《儀禮》尤詳。集諸本異同，以唐石經、宋嚴州本注、景德本疏爲主，綜核諸家。校勘以阮氏爲宗，解誼以胡氏爲備，但阮書有校讐而無發正，胡書《士昏》及《鄉飲》以下四篇未成，餘亦大純不免小疵。元弼不揆檮昧，讚而辨之，作《禮經校釋》。」

禮經各家撰述要略

鄭氏《禮注》　詳《明例》。又陳氏澧曰：「以漢儒經學之盛而注《儀禮》者，自《后蒼曲臺記》之後惟鄭君一人。蓋群儒無能爲此者，馬季長亦但注《喪服》而已。元時敖君善作《集説》，其自序云：『此書舊有鄭康成注，然其間疵多而醇少，予今輒删其不合於經者而存其不謬者。』澧案：《士冠禮》『筮於廟門』，《集説》删去鄭注『不於堂者，嫌蓍之靈由廟神』二句，而云：『繼公謂必于門者，明其求於外神也。』此删鄭注，而竊其意以爲己説。然則鄭注合耶不合耶、謬耶不謬耶？其《自序》又云：

『或曰此十七篇，豈其本數但如是而已乎，抑或有亡逸而不具者乎？曰：是不可知也。但以經文與其禮之類考之，恐其篇數本不止此也。』此竟似未見漢《藝文志》所云『《禮古經》多三十九篇』者。且《藝文志》此語，賈疏亦載之，而亦未見耶？如是而輕詆鄭注，多見其不知量也。」

賈氏《儀禮疏》 詳《明例》。

張氏湻《儀禮識誤》凡諸家書可緩讀者，低一格書之，其不當讀者，不録。詳下

朱子《儀禮經傳通解》 按：朱子嘗草疏《乞修三禮疏》曰：「臣聞之，六經之道同歸，而禮樂之用爲急。遭秦滅學，禮樂先壞。漢晉以來，諸儒補緝，竟無全書。其頗存者，三禮而已。《周官》一書，固爲禮之綱領，至其儀法度數，則《儀禮》乃其本經。而《禮記·郊特牲》、《冠義》等篇，乃其義疏耳。前此，猶有三禮、通禮、學究諸科，禮雖不行，而士猶得以誦習而知其説。熙寧以來，王安石變亂舊制，廢罷《儀禮》而獨存《禮記》之科，棄經任傳，遺本宗末，其失已甚。而博士諸生，又不過誦其虚文以供應舉。至於其閒，亦有因儀法度數之實而立文者，則咸幽冥而莫知其源，一有大議，率用耳學臆斷而已。若乃樂之爲教，則又絶無師授，律尺短長、聲音清濁，學士大夫莫有知其説者，而不知其爲闕也。故臣頃在山林，嘗與一二學者考訂其説，欲以《儀禮》爲經，而取《禮記》及諸經史雜書所載有及於禮者，皆以附於本經之下，具列注疏諸儒之説，略有端緒。而私家無書檢閲，無人抄寫，久之未成。會蒙除用，學徒分散，遂不能就。而鍾律之制，則士友閒亦有得其遺意者。竊欲更加參考，別爲一書，以補六藝之闕，而亦未能具也。欲望聖明特詔有司，許臣就秘書省關借禮樂諸書，自行

招致舊日學徒十餘人與之居處，令其編類，以興起廢墜，垂之永久，使士知實學。異時可爲聖朝制作之助，則斯文幸甚！」陳氏澧曰：「朱子《通解》之書，純是漢唐注疏之學。即以《士冠禮》一篇言之，『筮人還，東面旅占』疏曰：『《少牢》，大夫禮，亦云三人占。』《通解》云：『今案：《少牢》禮無此文。』『乃宿賓』鄭注：『其不宿者爲衆賓，或悉來，或否。』《釋文》：『爲，于僞反。』疏曰：『云不宿者爲衆賓，或來或否者，此決正賓與贊冠者戒而又宿，不得不來也。』《通解》云：『鄭注本謂正賓，或時不來則將不得成禮，故雖已戒而又宿之，欲其必來。其非正賓，則不更宿。蓋但使爲衆賓，雖不悉來，亦無闕事也。疏與音皆非。是爲只合作如字讀，賓字句絶。』『水在洗東』鄭注：『水器，尊卑皆用金罍，及大小異。』《通解》云：『今詳注文，罍下及字，恐誤。』『爵韠』鄭注：『士皆爵韋爲韠，其爵同。』《通解》云：『其爵同三字未詳。』『玄端黑屨』、『素積白屨』、『爵弁纁屨』，《通解》云：『經既不言屨所陳處，注疏亦無明文，疑亦在房中，故既加冠，而適房改服，即得并易屨而出也。但不知的在何處，疑服既北上，則或各在其裳之南也。』『兄弟畢袗玄』鄭注：『袗，同也。古文袗爲均也。』《通解》云：『今案：袗，古文作均，而鄭注訓同。《漢書》字亦作袀，則是當從均。袀爲是矣。但疏乃云當讀如《左傳》均服振振一也，則未知其以袗字爲均耶，抑以袗音爲振也？《集韻》又釋袀爲戎服偏裻，今亦未詳其義，姑記此以俟知者。』『贊者立于房中，西面，南上』，《通解》云：『贊者西面則負墉，而在將冠者之東矣。』『主人之贊者，筵于東序少北，西面。將冠者出房，南面』，鄭注：『南面，立于房外之西，待賓命。』疏曰：『知在房外之西者，以房外之東南當阼階故也。』《通解》云：『今案：此疏則阼階切近東序之西，正當房户之東壁矣。』澧案：此諸條有補疏者，有駁疏者，有校勘者，有似繪圖者，與近儒經學考訂之書無異。近儒之經學考訂，正是朱子家法也。」案：朱子喪、祭二禮未成，黄氏榦、楊氏復續之。

李氏如圭《儀禮集釋》 胡氏培翬曰：「此書全録鄭注，而博采經傳爲釋，以相證明。蓋注疏以後，釋《儀禮》全經者，此爲第一書矣。惜元、明兩代習此經者少，遂至亡佚。國朝乾隆中，從《永樂大典》録出其十五篇，尚完全無恙，唯闕《鄉射》、《大射》二篇。録是書者，以宋本經注補之，武英殿聚珍板印以行世。任校讐者爲戴庶常震，所附案語亦多精覈。」按：此書多取賈疏義而損益之，使文從字順，胡氏《正義》采録略備。

張氏爾歧《儀禮鄭注句讀》 自序曰：「在昔周公制禮，用致太平。據當時施於朝廷鄉國者，勒爲典籍，與天下共守之。其大體爲《周官》，其詳節備文則爲《儀禮》。周德既衰，列國異政，典籍散亡，獨魯號秉禮，遺文尚在。孔子以大聖生乎其地，得其書而學焉。與門弟子修其儀，定其文，無所失墜。子思曰：『仲尼祖述堯舜，憲章文武。』孔子亦自謂曰：『吾學周禮，今用之，吾從周。』『文王既没，文不在兹乎？』並謂此也。秦氏任刑廢禮，此書遂熄。漢初，高堂生傳《儀禮》十七篇。武帝時，有李氏得《周官》五篇，河閒獻王以《考工》補《冬官》，共成六篇奏之。後復得《古經》五十六篇於魯淹中，其中十七篇與高堂生所傳同，餘三十九篇無師説，後遂逸。《漢志》所載傳禮者十三家，其所發明皆《周官》及此十七篇之旨也。十三家獨小戴大顯，近代列於經以取士。而二禮反日微。蓋先儒於

《周官》疑信各半，而《儀禮》則苦其難讀故也。夫疑《周官》者，尚以新莽荆國爲口實。《儀禮》則周公之所定，孔子之所述，當時聖君賢相、士君子之所遵行，可斷然不疑者。而以難讀廢，可乎？愚三十許時，以其周、孔手澤，慕而欲讀之，讀莫能通，旁無師友可以質問。偶於衆中言及，或阻且笑之。聞有朱子《經傳通解》，無從得其傳本。坊刻《考注》、《解詁》之類，皆無所是正，且多謬誤。所守者，惟鄭注、賈疏而已。注文古質而疏説又漫衍，皆不易了。讀不數繙，輒罷去。至庚戌歲，愚年五十九矣，勉讀六閲月，乃克卒業焉。於是取經與注章分之，定其句讀，疏則節録其要，取足明注而止。或偶有一得，亦附於末，以便省覽。且欲公之同志俾世之讀是書者，或少省心目之力，不至如愚之屢讀屢止，久而始通也。」互詳《明例》。案：此書分章極細，按語亦多精確，經注讀本莫此爲善。

吴氏廷華《章句》有經無注，其自爲説多謬，若但讀經文則可。

江氏永《禮書綱目》　自序曰：「禮、樂全經，廢缺久矣。今其存者，唯《儀禮》十七篇，乃禮之本經。所謂『周監二代，郁郁乎文』者，此其儀法度數之略也。《周禮》爲諸司職掌，非經曲正篇。此語未允。又逸其《冬官》，蓋周公草創未就之書。《禮記》四十九篇，則群儒所記録，或雜以秦漢氏之言，純駁不一。其《冠》、《昏》等義，則《儀禮》之義疏耳。自三禮而外，殘篇逸義，亦或頗見於他經《論語》、《孟子》、《爾雅》、《春秋》內、外傳《大戴》等書。諸子則管子、荀況，漢儒則伏生、賈誼、劉向、班固之徒，亦能記其一二，然皆紛綸散出無統紀。至於聲律器數，則又絶無完篇。《樂記》但能言其義，已失其數矣。夫禮、樂之全，雖不可復見，然以《周禮・大宗伯》考之，禮之大綱有五：吉、凶、賓、軍、嘉皆有其目。其他通論制度之事，與夫雜記威儀之細者，尚不在此數。樂則統於《大司樂》，律同度數，鏗鏘鼓舞亦必别有一經與禮相輔。竊意制作之初，當如《儀禮》之例，事别爲篇，綱以統目，首尾借貫，條理秩然，所謂『曲禮三千』者，此也。散佚之餘，《儀禮》正篇猶存。二戴之《記》者，如投壺、奔喪、遷廟、釁廟之類，已不可多覯。其他或一篇雜録吉凶，一事散見彼此，又或殷周異制，紀載互殊，學者未由觀其聚，則亦不能會其通。夫禮、樂之全，已病其闕略，而存者又病其紛紊，此朱子《儀禮經傳通解》所爲作也。朱子之書，以《儀禮》爲經，以《周官》、《戴記》及諸經史雜書輔之，其所自編者，曰《家禮》、曰《鄉禮》、曰《學禮》、曰《邦國禮》、曰《王朝禮》。而喪、祭二禮，屬之勉齋黄氏；其篇類之法，因事而立篇目，分章以附傳記，宏綱細目於是燦然。秦漢而下，未有此書也。顧朱子之書，修於晚歲，前後體例亦頗不一。《王朝禮》編自衆手，節目闊疏，且未入疏義。黄氏之書，《喪禮》固詳密，亦閒有漏落。《祭禮》未及精專修改，較《喪禮》疏密不倫。信齋楊氏有《祭禮通解》，議論詳贍而編類亦有未精者。蓋纂述若斯之難也！永竊謂是書規模極大，條理極密，當别立門目以統之，更爲凡例以定之。蓋裒集經傳，欲其該備而無遺；釐析篇章，欲其有條而不紊。尊經之意，當以朱子爲宗；排纂之法，當以黄氏《喪禮》爲式。竊不自揆，爲之增損隱括以成此編。其門凡八：曰嘉禮，十九篇，十二卷。曰賓禮，十篇，五卷。曰凶禮，十七篇，十六卷。曰吉禮，十五篇，十四卷。皆因《儀禮》所有者。而附益之曰軍禮，五篇，五卷。曰通禮，二十八篇，二十三卷。曰曲禮，六篇，五卷。今按：曲禮之名未當，詳《解紛》。皆補《儀禮》之所不備。樂一門居後，六篇，五卷。總百單六篇，八十有五卷，並首三卷共八十八卷。凡三代以前禮樂制度，散見經傳雜書者，蒐羅略備。而篇章次第較《通解》尤詳密焉。屢易藁而書成，姑繕寫本文及舊注，一通名曰《禮書綱目》。若夫賈、孔諸家之疏，與後儒考正之説，文字繁多，力不能寫，且以俟諸異日。嗚呼！禮樂之書精微廣大，前賢勤勤補綴，具有深旨，末學何敢與知！顧敢以其謭陋之識，輒改已成之緒，蓋欲卒朱子之志，成禮樂之完書。雖僭妄有不辭也，世之君子取《通解》正、續三書參之，是編考其本末，究其離合異同之故，或亦諒永之心也夫。」

《儀禮釋例》　止釋衣服一類，蓋未成之書。

《儀禮釋宫增注》　考正詳備，惟東房、西室發一大疑，尚未確當。

沈氏彤《儀禮小疏》　止釋《冠》、《昏》、《公食》、《喪服》、《士喪》、《既夕》數篇，雖不能一宗鄭注，而考覈精處，自不可及，當分别觀之。

盧氏文弨《儀禮詳校》　校勘甚詳，惜多引諸家解經誤説。

褚氏寅亮《儀禮管見》　錢氏大昕序曰：「三禮之有鄭注，所謂縣諸日月，不刊之書也。宋儒説經，好爲新説，棄古注如土苴。獨《儀禮》爲樸學，空談義理者無從措辭，而朱晦菴、黄勉齋、楊信齋諸大儒又崇信之，故鄭氏專門之學未爲異義所汩。至元，吴興敖君善出，乃詆爲疵多醕少，其所撰《集説》，雖云采先儒之言，其實自注疏而外，皆自逞私意，非有所依據也。然自敖氏之説興，學者厭注疏之繁而樂其易曉，往往舍古訓而從之。近儒方侍郎苞、沈徵士彤亦頗稱其善。予雖不敢以爲然，而所得膚淺閒有駁正，釐百之一二耳。同年友褚君鶴侶於經學最深，持論最平，從事禮經者幾三十年，乃確然知鄭義之必可從，而敖説之無所據。嘗謂予曰：『君善意似不在解經，而專與鄭立異。特其言含而不露，若無意於排擊者，是以入其玄中而不悟。至于説有不通，甚且改竄經文以曲就其義，不幾于無忌憚乎！』予益拊掌歎服，以爲篤論。然未得讀其全藁也。鶴侶没後，仲子鳴皞始出其《儀禮管見》稿本，將付諸梓而屬予序之。披讀再四，乃知鶴侶用心之細密。即如《鄉飲酒・記》『若有北面者，東上』，敖改『東』爲『西』，鶴侶辨之曰：『注明言統于門。門在東，則不得以西爲上也。』《鄉射・記》『勝者之弟子洗觶，升酌，南面坐奠於豐上。降，袒執弓，反位』，敖以『袒執弓』句爲衍，鶴侶辨之曰：『勝者之弟子，即射賓中年少者。以是勝黨，故袒執弓，非衍文也。』《燕禮》『媵觚於賓』，敖改『觚』爲『觶』，鶴侶辨之曰：『凡獻以爵者，酬以觶。燕禮辟正主，獻既不以爵，則酬亦不以觶矣。安可破觚爲觶乎？』《大射儀》『以耦左還，上射于左』，敖依《鄉射》改爲『于右』，鶴侶辨之曰：『上射位在北，下射位在南，《鄉射》、《大射》所同。但鄉射位在楅西，從楅向西，則北爲右。大射次在楅東，從楅向東，則北爲左。敖比而同之，昧於東西之别矣。』《喪服・記》『公子爲其妻，縓冠』，敖改『縓』爲『練』，鶴侶辨之曰：『練冠之紕，亦緣以縓，故《閒傳》云練冠縓緣。就其質言之曰練冠，就其紕言之曰縓冠。母重，故言其質。妻輕，故言其紕，非有二也。』《士虞禮》『明齊溲酒』，敖以『溲酒』爲衍文，鶴侶辨之曰：『注明言有酒無醴，據下文普薦、溲酒，亦專言酒，不及醴，豈得妄解明齊爲醴，輒删經文乎？』《特牲饋食禮》『三拜衆賓，衆賓答再拜』，敖改『再』爲『一』，鶴侶辨之曰：

『《鄉飲酒》衆賓答一拜者，大夫爲主人也。《有司徹》之答一拜者，大夫爲祭主也。此士禮，安得以彼相例乎？』皆貫串全經，疏通證明，雖好辨者莫能置其喙。夫經與注相輔而行，破注者，荒經之漸也。敖書今雖未大行，然實事求是之儒少，而喜新趨便之士多，不亟辭而闢之，恐有視鄭學爲可取而代者，而成周制作之精意益以茫昧。則是編，洵中流之砥柱矣夫！」

胡氏匡衷《儀禮釋官》 詳《明例》

淩氏廷堪《禮經釋例》 詳《明例》

阮氏元《儀禮校勘記》 自序曰：「《儀禮》最爲難讀，昔顧炎武以唐石刻九經校明監本，惟《儀禮》譌脱尤甚。經文且然，況注疏乎？賈疏文筆冗蔓，詞意鬱轖，不若孔氏《五經正義》之條暢，傳寫者不得其意，脱文誤句往往有之。宋世注、疏各爲一書，疏自咸平校勘之後，更無別本，誤謬相沿，迄今已無從一一釐正。朱子作《通解》，於疏之文義未安者多爲刪潤，在朱子自成一家之書，未爲不可。而明之刻注疏者，一切惟《通解》之從，遂盡失賈氏之舊。臣於《儀禮注疏》舊有校本，奉旨充石經校勘官，曾校經文上石。今合諸本，屬德清貢生徐養原詳列異同，臣復定其是非。大約經、注則以唐石經及宋嚴州單注本爲主，疏則以宋單行本爲主，參以《釋文》、《識誤》諸書，於以正明刻之譌。雖未克盡得鄭、賈面目，亦庶還唐宋之舊觀。鄭注疊古今文最爲詳覈，語助多寡，靡不悉紀。今挍是經，寧詳毋略，用鄭氏家法也。」

引據各本目録

唐石經明王堯惠補缺。案：此刻自五季以來，名儒俱不窺之。不特張淳、李如圭諸人生於南宋，固不及見，即敖繼公當元一統之時，亦未嘗過而問焉。至國朝顧炎武、張爾岐始取以校監本，多所是正。

宋嚴州單注本宋本之最佳者，張淳所據即此本也。元和顧廣圻用鍾本校其異者，書於簡端，今據以采入。

今案：此本後黄氏丕烈影寫重刊，行於世。

翻刻宋單注本明徐姓翻刻於嘉靖時，祖嚴本而稍異。記中凡與嚴州本及鍾人傑本合者，則稱徐本。

明鍾人傑單注本全同徐本，其偶異者是失於讎校耳。

明永懷堂單注本全與閩刻注疏本同。

宋單疏本此北宋時咸平、景德閒所校勘開雕者也。注、疏合刻，起於南北宋之閒，惟《儀禮》又在後。朱子自述《通解》云：「前賢嘗苦《儀禮》難讀，以經不分章，記不隨經，而注、疏各爲一書，故讀者不能遽曉。今訂此本，盡去諸弊。」是朱子時注、疏各爲一書也。馬廷鸞曰：「余從敗篋中得景德中官本《儀禮疏》四帙，正經、注語皆標起止，而疏文列其下。家有監本《儀禮》經注，因取而附益之。」是馬氏時注、疏猶各爲一書也。此本與馬氏所見正同。又按：宋人各經，皆以經、注分附於疏，其分卷依疏之卷數，如《禮記注疏》七十卷是也。惟《儀禮》以疏分附經注，其分卷依經注之卷數。如《舊唐書・經籍志》、《新唐書・藝文志》並云《儀禮疏》五十卷，而注疏本則分爲十七卷。賈公彦五十卷之本，今之學者每恨不可得見。近年吴中黄丕烈家有其書，每葉三十行，每行二十七字，末葉列宋時諸臣官銜。今併將每卷起止具述於記中，俾學者知唐時舊式也。今案：此本後汪氏士鍾影寫刊行，又張氏敦仁據顧氏廣圻所校異文款式，合嚴本、單疏本刻注疏，單疏缺卷依《要義》補編，阮刻《儀禮注疏》即用其本。

李元陽注疏本刻於閩中，故稱閩本。每半葉九行，每行二十一字。監本、毛本俱仿此。

國子監注疏本明神宗時北京國子監刊。

汲古閣注疏本今校《正義》以此本爲據。記中凡云「某誤作某」而不言何本者，是此本獨誤者也。

國朝重修國子監注疏本

《經典釋文》內《儀禮》一卷。

《儀禮識誤》聚珍板本。宋乾道八年曾逮命張淳校刊《儀禮》，因爲《識誤》三卷。今刊本未見，惟《識誤》存焉。其書專宗《釋文》，意在復古，然所辨或衹係偏旁形體，則六朝時俗書最多，既不足據，且無關語句之異同也。至其精審之處自不可没。以嚴本爲據，參以監本及汴京巾箱本、杭細字本，又有湖北漕司本。監本初刊于廣順，復校于顯德，而宋因之。

《儀禮集釋》聚珍板本。李如圭著。全載鄭注，微遜嚴本。書中引石本與唐石經異，疑是成都石經。

《儀禮經傳通解》全載鄭注，節録賈疏。明刻注疏多與此同。近世校《儀禮》者奉此爲準則，然於其佳處不能盡依，而移易删潤之處則多據之，是取其糟粕而遺其精華也。又引温本及成都石經。至喪、祭二禮，門人黄幹續成。

抄本《儀禮要義》魏了翁著。專録賈疏，多與單疏本合。有删節而絶無改竄，遠勝《通解》。閒録經注，雖不盡與嚴本合，終勝今本。亦引温本異同。

《儀禮圖》通志堂本。與《通解》略同。注内疊今古文俱刪去。

《儀禮集説》通志堂本。敖繼公著。所載鄭注多移易點竄，不足盡憑。今案：繼公於經文尚敢妄改，何論鄭注？阮氏過而存之耳。

浦鏜十三經正字，内《儀禮》二卷據重修監本校其誤字。

《儀禮詳校》盧文弨著。多採諸家之説，記中所稱金曰追正譌，即本諸此。

《九經誤字》顧炎武著。以唐石經正明監本。又《金石文字記》載石經誤字。

《儀禮誤字》張爾岐著。

《石經考文提要》

張氏惠言《儀禮圖》 詳《明例》

淩氏曙《禮説》 此書專説喪服、喪禮，力闢敖繼公、郝敬、吴廷華、程瑶田輩之謬，兼及徐氏乾學、盛氏世佐、秦氏蕙田、金氏榜及歷代諸儒禮説、禮議之誤。除翦荆棘，示我周行，其學甚正，其功甚大。淩氏學術至正，故一傳爲陳氏立作《白虎通疏證》，沈實精博，蔚爲禮家巨觀。《公羊義疏》雖雜引諸説，未及删裁，而所自爲説皆平實無弊。使治公羊者居心皆能如此，何至有非聖無法、犯上作亂之禍哉！天下治亂，繫乎人心，人心邪正，本乎學術，故術不可不慎也。

胡氏培翬《儀禮正義》 羅氏惜衍序曰：「績溪户部胡先生夙承家學，邃精三禮。以《儀禮經》爲周公作，有殘闕而無僞託。鄭注而後惟唐賈氏公彦疏盛行。而賈疏或解經而違經旨，或申注而失注意，因參稽衆説，覃精研思，積四十餘年，成《正義》若干卷。先生自述其例有四：曰補注，補鄭君注所未備也。曰申注，申鄭君注義也。曰附注，近儒所説雖異鄭恉，義可旁通，附而存之，廣異聞、祛專己也。曰訂注，鄭君注義偶有違失，詳爲辨正，别是非、明折衷也。夫禮者，履也。禮者，體也。使人約其心於登降、揖讓、進退、酬酢之閒，目以處義，足以步目，考中度衷，昭明物則，以是觀其容而知其心，即其敬惰以考其吉凶之故。《春秋》所記，其應如響，故先王所以教，君子所以履，莫不於是盡心焉。顧嬴秦滅學，而後高堂生傳禮十七篇，五傳而有大、小戴、慶氏三家之學，其時雖並置博士，而范史所紀《儒林》未有顯者。賴康成鄭君本小戴之學，又校以古經爲鄭氏學，而是經以明，宜其爲百代師表也。然自是鄭注孤行，雖有荀崧宜置博士之請，而爲其學者絶少。自王肅、沈重、黄慶、李孟悊而外，如袁準、孔倫十數家，大都專解《喪服》而已。故賈氏並疏二禮，而《儀禮》不逮《周禮》之該洽，即《儀禮》一經而衆篇亦不逮《喪服》之該洽。觀其《自序》，稱《喪服》南北章疏甚多，其解全經惟取裁黄、李二家，則其詳略之殊致，亦以所本者多寡不同歟！案：此不盡然。《周禮》説制度，非博引群籍不明。《儀禮》詳儀節，當文自明。至《喪服》一篇，精微廣大，六朝禮議異説最多，自不能不致其詳。《喪服》詳於餘篇，《周禮》詳於《儀禮》，鄭君已然。凡説禮者無不然，不獨賈氏。況自高堂生推《士禮》以合之天子，後儒雖錯綜全經，旁推午貫，而先王制禮，貴多貴少，主減進文，精意所存，有非一端可例。則即鄭注以考經文，亦不免偶有歧合之殊。案：鄭君去聖未遠，不免有歧合之殊，更歷千載，豈反能有合無歧？勢必并鄭所不歧者而歧之矣。而疏家例取專門，即有違失，必爲曲解。又所申釋，必取經注正文，彼此殊科或亦彊爲比傅，則其解經而反違經旨，申注而并失注義，亦勢所必然。曷若無所依違，期於大通哉？雖然三代以上，典物具存，服其服，則帶、裳、韠、舄之異等易明也；履其地，則堂、室、奧、阼之殊方易識也；接其人，則南鄉、北鄉、東面、西面之異位易辨也；舉其器，則几、席、筐、篚、尊、俎、觚、觶之殊制易考也。故其時君子務察位稱之義，而器數則有司存。三代以後，即鄭君去古未遠，而先王法物已罕有知者。故其注禮時，即漢制以相譬況，及賈疏時則并漢制亦多有不能知者，況其更歷千載乎？是非旁搜博考，神與古會，念釋所在，回翔反覆，即器數以考誼理之存，使精融形釋，若親接古人而與之進退酬酢於其閒，亦安能抉經之心、析異同之見，以折衷一是哉？余於茲，識先生爲之之勤，研之之久，而益信其所擇者精，所成者大也。」《禮經纂疏序》曰：「胡氏之書融會全經，旁通午貫，參稽衆説，擇精語詳。自訓故名物、儀節器數、微言大義，以及傳記之參錯，同事相違，注義之深微，言不盡意，莫不廣尋道意，條貫科分。其盡思窮神之處，實能洞見本原，不墜周公之遺法。惜《士昏》、《鄉飲》、《鄉射》、《燕》、《大射》五篇未及寫定，弟子楊大堉取其叢殘之稿，率爾付刊，脱爛錯誤，至不可讀。此書刊在離亂之際，未及覆校，或不盡楊氏之過。又多引謬説而無案語，蓋先生未及辨正者也。又先生之疏，以鄭義爲宗，而旁采各家以解經誼。於後儒説之異於鄭、而義似可從者附録之，謂之附注。於鄭義之深遠難見、覽文如詭者，或以爲違失而訂之，謂之訂注。夫注本以解經，治經爲經也，非爲注也。苟後人之説果是，鄭君之説果未是，何必唯鄭之從？

且從善服義者，君子之心也。屈經以就傳，學者之惑也。鄭君之意在經義之明，不在己說之申，苟其說果有未合于經者，方深望後人之彌縫其闕而匡救其違，又何必反爲曲護！然今就先生所訂、所附一一考之，多與經不合。附既不必附，而訂又非所訂，蓋鄭君時去古未遠，師傳未失，邪說未興，先秦傳記、曲臺石渠、劉氏《五經通義》、許君《異義》、盧氏《三禮解詁》等書完然具存，足以取證。而又重之以上哲之姿，純賢之德，博極淵深之學，沈静精妙之思，神與古會，心與道一，宜其囊括大典，網羅衆家，删裁繁誣，刊改漏失，確得乎先聖之元意，非後儒所可輕議也。若賈氏之書，誠不能無誤，然誤者十之二，不誤者猶十之八，皆平實精確，得經注本意，蓋承爲鄭學者相傳古義，非賈氏一人之私言。特唐中葉後，治此經者鮮，故其文衍脱誤錯，多非其舊，學者當依文剖裂，以雪其誣，不得遂以爲非。李氏如圭、張氏爾岐取其文而删節之，飲水思源，義固猶賈義也。」今案：賈疏是處多，胡疏精處多，不可偏廢。

鄭氏珍《儀禮私箋》　道、咸之閒，世運漸變，而學者之心術先變。小有才未聞道之徒，懷悖禮廢學之心，而巧爲飾智驚愚之計，利西漢經師佚説無多，可以開「不説學」之方便，於是棄東漢而言西漢；利公羊家「有爲爲之」之説，有所謂素王改制、黜周王魯者可以爲不奉法之藉口，公羊家此説，乃漢人尊漢之言。所謂素王，所謂王魯，皆以託漢天子，詳公羊説。於是盡棄六藝而專言公羊。六藝中，《周禮》、《左傳》文尤繁博，排之尤力。西漢經師之書有《詩毛傳》，完具平正，則斥以爲僞。鄭君，東漢人。《詩》箋、《禮》注完然具存，其書非旬日所可勦襲，且必讀疏乃明，其言又循循然皆有法度，大不便於彼所圖；於是群起而攻，欲滅去其學，蓋鄭學廢而後六經可廢。鄭學廢，則六經皆無真本定解。唐、宋人説彼固以爲不足道，六經可任其去取革易矣。六經廢，則聖人之道、三綱五常皆可廢。有無君之心，而後動於惡，其智奸於諸侯去籍，其禍烈於暴秦焚書，邪説横流，不數十年賊民遂興，履霜堅冰，非一朝一夕之故。溯厥由來，乃程氏瑶田、金氏鶚輩實階之厲。金鶚淺妄不足責，程氏通儒也，以慎修爲之師，以東原爲之友，立身不苟，見道亦深，豈不知鄭義之不可妄易？而乃爲奪席之謀，肆違心之論，作《考工創物小記》以奪鄭君典章制度之學；作《喪服文足徵記》以奪鄭君微言大義之學。在彼固不料異日流禍之至於此，而攻擊之習自此而開，學者之心囂然不靖矣。同時諸老師未及糾駁其後，淩氏廷堪、淩氏曙、胡氏培翬、張氏履相繼有所駁正，張書據胡氏《正義》引，原書未見，故不著録。而子尹先生精思力學，其《輪輿私箋》義據通深，剖裂至當，雖程氏復起無可置辨。《儀禮私箋·喪服篇》亦力斥程謬。雖其謂姑姊妹無在室服，及庶孫中殤不從鄭讀，猶爲百密一疏，而除此等數事之外，無一條不精。有功聖經，有功世道，《正義》而後，斷推此書矣。

曹元弼《禮經校釋》　此書專爲學者通疏文、達注意、解經有所適從而作。蓋國朝禮家校勘以阮氏爲宗，解誼以胡氏爲備。但阮氏校各本異同，而衆本並譌，則未及讀正。學者於疏文仍不免隔閡難通。胡氏依注解經，而於注之曲尋道意、迴異俗説者，或反以爲違失而易之。又多采妄人敖繼公、郝敬説，而引賈疏特少，時議其非，皆其千慮之失也。元弼治是經有年，憫賈氏之書條理詳整，而剥蝕叢殘，沈薶千載，平心讀之，順其上下，推其本意，正譌補脱，乙衍改錯不下千餘處，而後賈免於誣。又以胡氏之書體大思精，深恐小疵或累大純，取其所引各説異於注者，推其致誤之由，駁而釋之，而後經義不爲異説所淆。元弼之辨正各説，非敢與胡氏立異，祛其疑所以堅其信，糾其違所以成其美。且胡氏之訂注，非求勝注也，於注意偶有未達耳，後人苟能達其所未達，固胡氏之所取也。《喪服》一篇用功最久，考核尤詳，以人倫大義所在，禮律之本，政教之原，失之毫釐，差以千里，故悉鄙情力爲申辨。自惟檮昧，不足紹業先儒，然行遠自邇，登高自卑，學者苟合《校勘記》、《正義》觀之，經注疏之義當無不可通矣。

歷代用禮功效

劉子政《戰國策序》曰：「周室自文、武始興，崇道德，隆禮義，設辟雍、泮宫、庠序之教，陳禮樂、絃歌、移風之化，敘人倫，正夫婦，天下莫不曉然論孝悌之義、惇篤之行，故仁義之道滿乎天下，卒致之刑措四十餘年。遠方慕義莫不賓服，雅頌歌詠以思其德。下及康、昭之後，雖有衰德，其綱紀尚明。及春秋時已四五百載矣，然其餘業遺烈，流而未滅。五霸之起，尊事周室。五霸之後，時君雖無德，人臣輔其君者若鄭之子產、晉之叔向、齊之晏嬰，挾君輔政以並立於中國。猶以義相支持，歌詠以相感，聘覲以相交，期會以相一，盟誓以相救。天子之命猶有所行，會享之國猶有所恥。小國得有所依，百姓得有所息，故孔子曰：『能以禮讓爲國乎，何有？』周之流化，豈不大哉！」《史記・儒林傳序》曰：「夫周室衰而《關雎》作，幽、厲微而禮樂壞，諸侯恣行，政由强國。故孔子閔王路廢而邪道興，於是論次《詩》、《書》，修起禮樂。適齊聞《韶》，三月不知肉味。自衛反魯，然後樂正，《雅》、《頌》各得其所。世以混濁莫能用，是以仲尼干七十餘君無所遇，曰：『苟有用我者，期月而已矣。』西狩獲麟，曰：『吾道窮矣。』故因史記作《春秋》，以當王法，王法，周文、武之法。《中庸》所謂「憲章文武」，孟子所謂「春秋，天子之事也」。春秋始乎隱東遷以前，王法秉乎天子東遷以後。王法存乎《春秋》，尊周室貶吴楚，賞善罰惡，討亂臣賊子，使文武之道粲然分明。夫是之謂以《春秋》當王法，絶不如公羊家依託之説。其辭微而指博，後世學者多録焉。自孔子卒後，七十子之徒散遊諸侯，大者爲師傅卿相，小者友教士大夫，或隱而不見。故子路居衛，子張居陳，澹臺子羽居楚，子夏居西河，子貢終於齊。如田子方、段干木、吴起、禽滑釐之屬，皆受業於子夏之倫，爲王者師，是時獨魏文侯好學。後陵遲以至於始皇，天下並争於戰國，儒術既絀焉，然齊魯之閒，學者獨不廢也。於威、宣之際，孟子、荀卿之列咸遵夫子之業而潤色之，以學顯於當世。及至秦之季世，焚《詩》、《書》，坑術士，六藝從此缺焉。陳涉之王也，而魯諸儒持孔氏之禮器往歸陳王。於是孔甲爲陳涉博士，卒與涉俱死。言此以明儒者之成仁取義，臨節不奪。陳涉起匹夫，驅瓦合適戍，旬月以王楚，不滿半歲竟滅亡，其事至微淺，然而縉紳先生之徒負孔子禮器往委質爲臣者何也？以秦焚其業，積怨而發憤於陳王也。及高皇帝誅項籍，舉兵圍魯，魯中諸儒尚講誦習禮樂，絃歌之音不絶，豈非聖人之遺化好禮樂之國哉？故孔子在陳曰：『歸與歸與！吾黨之小子狂簡，斐然成章，不知所以裁之。』夫齊魯之閒於文學，自古以來其天性也。故漢興，然後諸儒始得修其經藝，講習大射、鄉飲之禮，叔孫通作漢禮儀，因爲太常，諸生弟子共定者，咸爲選首。於是喟然歎興於學。」按：周公、孔子禮教之功如是。

《後漢書·儒林傳序》曰：「光武中興，愛好經術，建武五年迺修起太學，稽式古典，籩豆干戚之容，備之於列；服方領習矩步者，委它乎其中。中元元年，初建三雍。明帝即位，親行其禮。天子始冠通天，依日月，備法物之駕，盛清道之儀。坐明堂而朝群后，登靈臺以望雲物。袒割辟雍之上，尊養三老、五更。饗射禮畢，帝正坐自講，諸儒執經問難於前，冠帶縉紳之人，圜橋門而觀聽者蓋億萬計。其後復爲功臣子孫、四姓末屬別立校舍，搜選高能以受其業，自期門、羽林之士，悉令通《孝經章句》，匈奴亦遣子入學。濟濟乎，洋洋乎，盛於永平矣。論曰：自光武中年以後，干戈稍戢，專事經學，自是其風世篤焉。其服儒衣、稱先王、遊庠序、聚横塾者，蓋布之於邦域矣。若迺經生所處，不遠萬里之路；精廬暫建，羸糧動有千百。其耆名高義開門受徒者，編牒不下萬人，皆專相傳祖，莫或訛雜。所談者仁義，所傳者聖法，故人識君臣父子之綱，家知違邪歸正之路。自桓、靈之閒，君道秕僻，朝綱日陵，國隙屢啟，自中智以下，靡不審其崩離；而權彊之臣，息其闚盜之謀；豪俊之夫，屈於鄙生之議者，人誦先王言也，下畏逆順埶也。至如張温、皇甫嵩之徒，功定天下之半，聲馳四海之表，俯仰顧盼則天業可移，猶鞠躬昏主之下，狼狽折扎之命，散成兵，就繩約，而無悔心。暨乎剥橈自極，人神數盡，然後群英乘其運，世德終其祚。跡衰敝之所由致，而能多歷年所者，斯豈非學之效乎？故先師垂典文，褒勵學者之功，篤矣。不循《春秋》，至迺比於殺逆，其將有意乎！」不循《春秋》其害如此，而況誣《春秋》者乎！案：東漢崇禮勸學之功如是。

陳氏澧曰：「盧子幹云：『修禮者，應徵有道之人，若鄭玄之徒。』《後漢書》本傳。然則鄭君禮學，非但注解，且可爲朝廷定制也。袁彦伯云：『鄭玄造次顛沛，非禮不動』。《後漢紀》卷二十九。《後漢紀》之語，皆掇會諸古書，非袁彦伯虛造。然則鄭君禮學，非但注解，實能履而行之也。孔子告顔子非禮勿動，顔子請事斯語，鄭君亦非禮勿動，故范武子以爲仲尼之門不能過也。」又曰：「《孝經正義序》云：『魏晉朝賢辯論時事，鄭氏諸經無不撮引。』此劉知幾語，見《文苑英華》卷七百六十六，《唐會要》卷七十七。澧案：不獨魏晉爲然，南北朝議禮者尤多引鄭説，見諸史及《通典》者，不可勝舉也。蓋自漢季而後，篡弑相仍，攻戰日作，夷狄亂中國，佛老蝕聖教，然而經學不衰，議禮尤重其源，皆出於鄭學。即江左頗遵王肅，然王肅亦因讀鄭君書，乃起而角勝耳。然則自魏晉至隋數百年斯文未喪者，賴有鄭君也。」案：漢末而後學者誦法鄭君，鄭學在禮，故六朝禮議尤精。中國人倫，周、孔名教賴以維持。是以民之秉彝，不盡汩于凶暴淫昏之世，而魏周得以用夏變夷，貞觀遂以勝殘去殺，禮學之功大矣哉。

陳氏又曰：「韓昌黎《讀儀禮》云：『考於今，誠無所用。』澧謂此語過矣。《抱朴子》云：『冠、婚、飲、射何煩碎之甚耶？好古官長時或修之，至乃講試累月，猶有過誤，而欲以此爲生民之常事，至難行也。余以爲可命精學治聞之士，使删定三禮，割棄不要，次其源流，總合其事類，集以相從，務令約儉，無令小碎。條牒各別，令易案用。』《自煩篇》。此則至當之論也。朱子云：『司馬氏書，澧案：此謂《書儀》也。讀者見其節文度數之詳，往往未見習行而已有望風退怯之意。又或見其堂室之廣，給使之多，儀物之盛，而竊自病其力之不足，未有能舉而行之者也。殊不知禮書之文雖多，而身親試之，或不過於頃刻；其物雖博，而亦有所謂不若禮不足而敬有餘者。今乃逆憚其難，以小不備之故，而反就於大不備，豈不誤哉？』跋《三家禮範》。《讀儀禮》以爲不可行，而藉口於文之多、物之博者，此説足以破之矣。」又曰：「《通典》云：『自古至周，天下封建。故盛朝聘之禮，重賓主之儀。秦皇帝蕩平九國，置列郡縣，易於臨統，便俗適時。滯儒常情，非今是古。禮經章句，名數尤繁，方今不行之典，於時無用之儀，空事鑽研，競爲封執，與夫從宜之旨，不亦異乎！』卷七十四。王西莊謂『唐中葉經學已亂，故杜佑《通典》多狥俗。』《十七史商榷》卷九十。然讀《儀禮》者亦宜知此意。十七篇中，冠、昏、喪、祭諸篇爲要，蓋古今同有之禮，倍宜鑽研。今祭禮則與《特牲》、《少牢》二篇不同。今所不行者，但掇其大要可矣，若專治此經，則不在此論也。」案：陳説治禮之法是矣。抑又有説焉，夫禮，有本有文，以言乎文，則冠、昏、喪、祭雖古今同有之禮，而魏晉以來儀法已各不同。以言乎本，則尊尊、親親、長長、賢賢、男女有别、忠厚、敬文、辭讓、和睦十七篇之大義，所謂「天不變，道亦不變」。由則治，不由則亂，何嘗一日之能廢、一人之能離乎？温公、朱子勤勤修冠、昏、喪、祭諸儀，非徒以爲文也，欲人因其文以得其本，以正人心而厚風俗也。風俗人心，國所與立。以南宋之弱，而能多歷年所，及其末造，忠臣義士殺身成仁，綱常萬古，節義千秋！歷元至明，忠節尤盛，雖屢經喪亂之餘，而孝弟任恤之風，不絶於窮鄉僻壤。裂冠毁冕之行，不容於婦人孺子。豈非教化已行，習俗已成，人識君親，家尊孔孟之效哉？嗚呼！天下之生，一治一亂，天之未喪斯文也！漢之亡而禮教不行，有鄭君以維持之；唐之衰而禮學不明，有温公、朱子及程、張諸賢以振興之。故先儒謂康成爲議禮大宗，温公、朱子則既絶復續之别子。《語》曰：「如有所譽，其有所試。」鄭君之學，温公、朱子之業，已試之效者也。孟子以無禮無學爲賊民所由興，蓋不讀書、不講禮是以爲賊。然則禮學者，去賊之本也。禮學非有二事，以禮爲政，謂之禮。以禮爲教，謂之學。六經所言皆禮也，故《經解》入《禮記》。觀六朝衰亂之可爲唐，宋世風俗之到於今，忠義豪傑之士，苟欲紓君父之憂，閑周、孔之道，正人心、息邪説、激智勇、興政藝、强中國、禦外患，其必自講學崇禮始乎，其必自講學崇禮始乎！

附：禮經學目録

士冠禮爲士身加冠説　大夫以上冠年及天子諸侯加數考　張氏爾岐所疑冠禮數事辨　冠月考
昏禮爲士禮説　昏期辨　奠菜祭禰辨　昏禮告廟説　問名女爲誰氏解
士相見篇侍食禮辨　非以君命使節解
鄉飲酒禮通考　鄉飲酒賓席所在并禮經房室制度通考　鄉飲酒燕禮升歌合樂並天子以下饗燕用樂大例述　遵入禮辨
鄉射並鄉學通考　州學爲謝制考　獸侯辨　駁淩氏廷堪鄉射五物考
燕禮考　主人　庶子　賓爲苟敬
大射擇士辨　三侯見鵠辨　更定戴氏震樂器考并辨陳氏奂詩疏説諸樂器之誤　射官辨　記決拾極
聘禮通考　天子諸侯朝門及宗廟社稷所在辨　裼襲袒辨　執玉無藉者襲辨
食禮考　宰　東遷所　賓入門左没霤北面再拜稽首
朝覲禮通考　受舍于朝　胡氏宗廟路寢明堂同制考　庭實辨　會同巡守禮辨　朝日祀方明
朝諸侯先後辨

解紛下

喪服變除考　婦人不杖辨　庶子不得爲長子三年辨　父卒即爲母服三年説　庶子爲所生母

服辨　慈母辨　出妻之子爲母繼母嫁從服辨　降其小宗解　適子不得後大宗辨　唯子不報辨　妾服得遂辨　高祖元孫服辨　大夫尊降服辨　大夫之妾爲君之庶子兩節經傳注校文并女子子逆降旁親義述　緦麻章長殤中殤降一等四句傳文非經文辨
士喪禮爲周公原書辨　主婦　拜稽顙成踊辨并删定淩氏周禮九拜解　死者不冠説　設決法解　始死將斬衰齊衰者首服辨　釋髻髮免髽
既夕篇朝廟日數辨　軸輴柩車辨　薦馬哭成踊右還出解　士不揄絞辨　披戴考
虞禮考　祔已主反於寢練而後遷廟辨　中月而禫辨
饋食解　考正淩氏廷堪周官九祭解　主人拜蓑辨　陰厭陽厭辨
天子諸侯大夫士廟制考　牲體之數及載辨　祊繹辨　釋俎　不儐尸者旅酬無算爵辨

闕疑

流別

禮經注解傳述人

禮經各家撰述要略

附經注疏各本得失

《儒藏》精華編選刊

已出書目

白虎通德論
誠齋集
春秋本義
春秋集傳大全
春秋左氏傳賈服注輯述
春秋左氏傳舊注疏證
春秋左傳讀
道南源委
桴亭先生文集
復初齋文集
廣雅疏證
龜山先生語録
郭店楚墓竹簡十二種校釋
國語正義
涇野先生文集
康齋先生文集
孔子家語　曾子注釋
李文公集
論語全解
毛詩後箋
毛詩稽古編
孟子正義
孟子注疏
閩中理學淵源考
木鐘集
群經平議

三魚堂文集　外集
上海博物館藏楚竹書十九種校釋
尚書集注音疏
尚書全解
詩本義
詩經世本古義
詩毛氏傳疏
詩三家義集疏
書疑　東坡書傳　尚書表注
書傳大全
四書集編
四書蒙引
四書纂疏
宋名臣言行録
孫明復先生小集　春秋尊王發微

文定集
五峰集　胡子知言
小學集註
孝經大全
孝經注解　温公易説　司馬氏書儀　家範
犨經室集
伊川擊壤集
儀禮集釋
儀禮圖
儀禮章句
易漢學
游定夫先生集
御選明臣奏議
周易口義　洪範口義
周易姚氏學